国家社会科学基金重点项目"北京方言地图集"（20AYY004）资助
北京市社会科学基金重点项目"北京方言的实验语言学研究"（17YYA001）资助

MENTOUGOU
FANGYAN YANJIU

门头沟方言研究

卢小群 ◎ 著

中央民族大学出版社
China Minzu University Press

图书在版编目（CIP）数据

门头沟方言研究/卢小群著.—北京：中央民族大学出版社，2024.3

ISBN 978-7-5660-2251-6

Ⅰ.①门… Ⅱ.①卢… Ⅲ.①北方方言—方言研究—门头沟区 Ⅳ.① H172.1

中国国家版本馆 CIP 数据核字（2023）第 204151 号

门头沟方言研究

著　　者	卢小群
责任编辑	杨爱新
封面设计	舒刚卫
出版发行	中央民族大学出版社
	北京市海淀区中关村南大街 27 号　邮编：100081
	电话：（010）68472815（发行部）　传真：（010）68933757（发行部）
	（010）68932218（总编室）　（010）68932447（办公室）
经 销 者	全国各地新华书店
印 刷 厂	北京鑫宇图源印刷科技有限公司
开　　本	787×1092　1/16　印张：24
字　　数	310 千字
版　　次	2024 年 3 月第 1 版　2024 年 3 月第 1 次印刷
书　　号	ISBN 978-7-5660-2251-6
定　　价	116.00 元

版权所有　翻印必究

前　言

（代序）

　　门头沟，北京西部山区的一颗璀璨的明珠，这里历史悠久，人杰地灵；有崇山峻岭，高山大壑；也有平原腹地，鸟语花香。早在西汉时期，门头沟就是北京的西大门，明代沈榜在《宛署杂记》中曾考证门头沟的"大汉岭"即今之"大寒岭"，是传统农耕与草原地带的分界线，历代这里都是重要的边防重地，今天斋堂镇的沿河城则是唯一一个完整保留古代城墙遗址的村庄。一代代的军户在这里保卫故土，繁衍后代，休养生息。漫长的历史中，门头沟这片土地见证了幽燕大地的历史烟云，也见证了民族融合和血脉相连的手足之情。在这里，天然的地理优势，使其成为古刹名寺林立之地，"先有灵泉寺，后有斋堂村"，早在唐代，这里就有不少佛寺，人们在这儿吃斋念佛，"斋场"就是当初的名称，久而久之口口相传成了"斋堂"；百姓们常常还称"斋腾"，这是"堂"在口语中音变的结果。"先有潭柘寺，后有北京城"，这里也是北京城的重要拱卫之地，仙家道场与人间烟火交织，形成了门头沟独特的人文地理景象。门头沟是一片发出光和热的土地，这里一度蕴藏着丰厚的煤炭资源，千百年来她是北京城重要的煤炭基地，一列列送煤的驼峰队伍，一声声驼铃悠远回响，为京城带来了温暖和热力，也养育了北京城，带来了生命的延续和生生不息。这里山民们勤劳朴实、心地仁厚，自然地理条件不佳，从未改变人们与穷山恶水抗争的斗志。这种宁折不弯、不畏强权的精神也体现在伟大的抗日战争时期。据统计，当时斋堂川约142个村庄的18350间房屋遭日寇焚毁，面对日寇铁蹄的践踏，为了民族独立与解放，门头沟有一万四千多子弟加入抵御外敌的洪流，并在这里建立了第一个平西革命根据地，八百多位优秀儿女为国捐躯，用青春和热血捍卫了中华民族的尊严！门头沟是一片英雄的热土，她厚实的历史文化和独特的风土人情，吸引着无数有识之士为她辛勤工作，门头沟一批民俗专家为其编写志书，已经出版了一批记录门头沟历史、风俗、物产、建筑的志书。如今笔者也加入这个阵营，为门头沟撰写一部方言志书，是作者一直以来的宏愿，也是对这片土地的致敬！

是为序。

作者记于2023年9月金秋

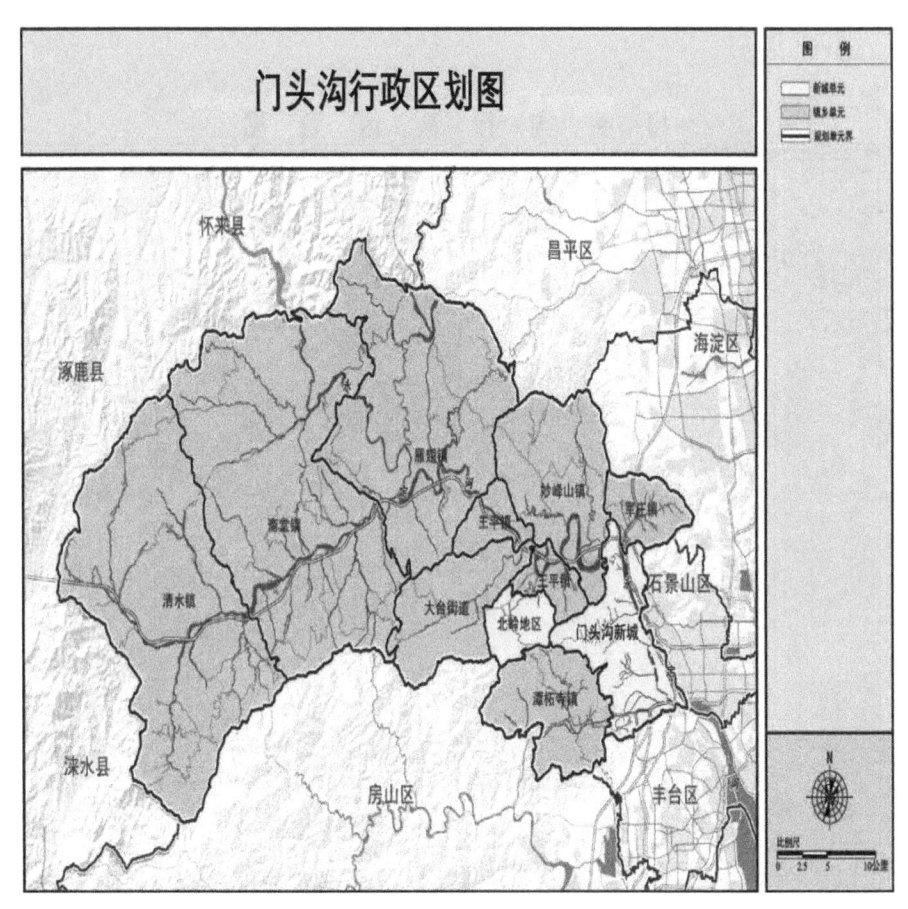

图1：新版门头沟行政区划图[①]

[①] 根据北京市门头沟区人民政府官网：https://www.bjmtg.gov.cn/bjmtg/zwxx/ghjh/201912/1037083/files/

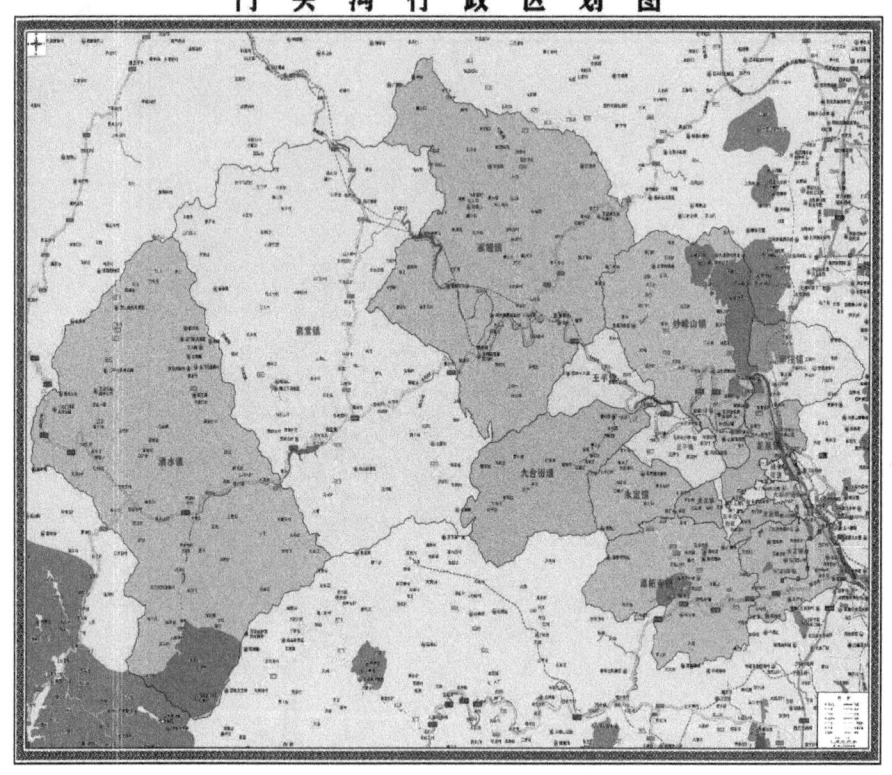

图2：旧版门头沟行政区划图

目 录

第一章	绪论	1
	一、门头沟概况	1
	二、门头沟方言概况	5
	三、门头沟方言内部差异	7
	四、本书音标符号	30
第二章	门头沟斋堂话音系	34
	一、声韵调分析	34
	二、声韵调配合关系	54
	三、同音字表	82
	四、门头沟斋堂音与北京音的比较	109
	五、门头沟斋堂音与中古音的比较	113
第三章	门头沟斋堂话词汇	143
	一、斋堂话词汇的造词特点	143
	二、斋堂话分类词表	173
第四章	门头沟斋堂话语法	274
	一、词法	274
	二、句法	310
	三、语法例句	317

第五章　门头沟斋堂话语料记音 ………………………… 331
　　一、谚语（俗语） ………………………………………… 331
　　二、歇后语 ………………………………………………… 333
　　三、民谣 …………………………………………………… 334
　　四、儿歌 …………………………………………………… 337
　　五、谜语 …………………………………………………… 342
　　六、传说　故事 …………………………………………… 346

附录：门头沟方言代表点语音系统 ……………………… 364
　　一、龙泉镇大峪村音系（东片区） ……………………… 364
　　二、潭柘寺镇赵家台村音系（东片区） ………………… 365
　　三、雁翅镇苇子水村音系（北片区） …………………… 367
　　四、斋堂镇江水河村音系 ………………………………… 368

参考书目 …………………………………………………… 370
后　　记 …………………………………………………… 372

第一章 绪论

一、门头沟概况

（一）地理人文面貌

门头沟区地处北京市西南部，位于东经115°25'00"～116°10'07"，北纬39°48'34"～40°10'37"。东与海淀区、石景山区紧邻；西部与河北省涞水县、涿鹿县交界；南部与房山区、丰台区毗邻；北部与昌平区、河北省怀来县相连。全区东西长约62公里，南北宽约34公里，总面积为1455平方公里，其中山地面积占98.5%，平原面积仅占1.5%，有北京市最高峰的灵山，海拔2303米，有"京都第一峰"之称，此外还有百花山、妙峰山、髽髻山等高峰。门头沟地势险要，崇山峻岭，属太行山余脉，海拔1500米左右的山峰约160座，地处华北平原向蒙古高原过渡地带，地势总体呈西北高、东南低之势，前人云"东望都邑，西走塞上而通大漠"，全区由东向西整个地势呈现阶梯状上升的趋势。境内有三条主要山脉：东灵山—黄草梁—棋盘山；百花山—清水尖—妙峰山；铁驼山—九龙山—香峪梁，呈东北向平行排列，各岭脊将山地切割分开，形成大小沟谷300余条。有三条水系流经全区，分别为海河水系，以永定河流域面积最大，有1368.03平方公里；其次为大清河水系，白沟河流域面积为73.2平方公里；北运河水系流域面积最小，为13.82平方公里。永定河自北向南穿境而过，是全区最大的河流，长100余公里，因史上其河道迁徙不定，又称"小黄河""洋河""无定河"，主要支流有刘家峪沟、清水河、湫水、下马岭沟、清水涧、苇甸沟、樱桃沟、门头沟等大小支流300余条。清水河是境内第二大河，全长28公里，上游北支发源于灵山，南支发源于百花山，两支于塔河口汇合。

门头沟区属中纬度大陆性季风气候，西部山区和东部平原温差差异较大，年平均气温东部平原11.7°C，西部山区斋堂川10.2°C。据气象部门统计，全区春季60天，夏季76天，秋季60天，冬季169天，漫长的冬季是其他季节近三倍时间。年平均无霜期200天左右，在海拔最高的江水河村，无霜期仅为100天。全年日照时数较多，降水量自西向东逐渐减少，年平均降水量约600毫升。在物产上，赵永高先生（2007）以及《北京百科全书·门头沟卷》（2001）曾详细描述了该区的植被、动物和矿产的种类：境内高等维管束植物123科，1064种，包括蕨类15科59种；裸子植物5科23种；被子植物103科982种。野生动物12类，114科，700余种；包括哺乳类14科40余种；鸟类29科150余种；昆虫类33科500余种；爬行类6科10余种；两栖类3科5种；鱼类4科14种；甲虫类、多足类等15科近20种。矿产方面有非金属矿物：煤、石灰岩、玄武岩、花岗岩、辉绿岩、紫砚石、硅石、大理石、叶蜡石、耐火黏土、陶粒页岩、白花玉和冰洲石；金属矿物有铁、铜、锌、铝、钼、金、银等。其中以煤、石灰石储量大，分布广，长期以来，门头沟都是北京重要的产煤区。

门头沟区辖4个街道9个镇：城子街道、大峪街道、大台街道、东辛房街道，龙泉镇、永定镇、潭柘寺镇、妙峰山镇、王平镇、军庄镇、雁翅镇、斋堂镇、清水镇。根据北京市统计局、北京市第七次全国人口普查领导小组办公室2021年5月19日发布的《北京市第七次全国人口普查公报（第二号）——人口分布情况》，2020年11月1日零时，门头沟区常住人口为392606人[①]。

（二）历史沿革

门头沟在距今1万年前的新石器时代，就有人类活动的踪迹，今门头沟斋堂镇东胡林村就有北京历史上著名的"东胡林人"遗址，是继北京人和山顶洞人旧石器文化遗址之后的又一重要发现。据考古发现，东胡林人的生活遗址中，有用小螺壳制成的项链，牛肋骨打磨的骨镯，反映了早期人类的生活轨迹。在斋堂镇的柏峪村、沿河城的大东宫村都有类似的发现，这是史前文明时期的遗迹。周武王十一年（前1066）设燕、蓟政区，地属幽州；春秋战国时地属燕国，燕设上谷、渔阳、右北平、辽西、辽东5郡，今龙泉、永定、潭柘寺三镇范围均属渔阳郡，其余地域属上谷郡。在今军庄村一带，有春秋战国墓葬，出土文物就有燕国刀币、青铜剑、青铜戈等，是春秋战国时期的历史物证。秦并六国后，大部分区域属上谷郡，东端属广阳郡蓟县。汉代本始元年（前73），封广阳郡为广阳国，区境东部属广阳国蓟县，西部属上谷郡沮阳县地。三国时，区境属幽州。魏晋时代，公元250年，魏征北将军刘靖屯兵幽州，为解决粮草问题，开垦农田，组织1000余军士，修建车厢渠（引水渠）和戾陵渠（拦水坝），于今三家店处引漯水（今永定河）入高粱河，使蓟城南北2000顷粮田得到灌溉，这是北京最早兴建的水利工程。在西晋晋愍帝建兴四年（316），修建佛教名刹嘉福寺，因不断扩建，寺后有龙潭，寺前有柘树，故改名潭柘寺。后人常道"先有潭柘寺，后有北京城"。东晋政权偏安杭州，北方进入"五胡十六国"时期，少数民族政权先后大兴土木修筑畿上塞围，北魏太平真君七年（446），太武帝发动司、幽、定、冀四州10余万人修筑长城，今境内尚存北魏长城遗址。隋朝南北统一后，设州县二级行政建制，今上苇甸乡、王平镇范围以东属幽州蓟县，其余地域

[①] 参见北京市统计局、国家统计局北京调查总队网站：http://tjj.beijing.gov.cn/tjsj_31433/tjgb_31445/rpgb_31449/

属燕州沮阳县。大业三年（607），废州，设蓟、怀戎二县。唐武德五年（662），在马鞍山修建慧聚寺（今戒台寺），唐天宝元年（742），析蓟县置广宁、广平二县，区境大部分属广平县，部分属怀戎县。建中二年（781），析蓟县西部与广平县东部置幽都县，区境东部属广平县。县治所由原古城（今石景山区）迁至区境内辛枰村，此为境内设县之始。光启年间（885—888），置矾山、永兴二县，区境西部属矾山县。唐末，幽州地区的军阀刘仁恭撤矾山县、幽都县设立玉河县，区境除西北部沿河城地区属矾山县外，余均属幽州玉河县地。唐末至辽末的二百年间均属玉河县。后晋天福元年（936）十一月，辽太宗耶律德光册石敬瑭为皇帝，改元天福，国号晋，石敬瑭割幽燕十六州归契丹，玉河县亦归契丹。

辽会同元年（938）辽太宗升幽州为南京，改名燕京。到辽圣宗开泰元年（1012），改名"析津府"，据《辽史·地理志》称，析津"以燕分野旅寅为析木之津，故名"，取古人以星宿分野的办法，以燕为析木之津，故辽的南京（燕京）又称"析津府"。析津府领顺义、易州、檀州、涿州、苏州、景州以及析津县、宛平县、香河县、昌平县、良乡县、武清县、潞县、安次县、永清县、玉河县、郭阴县六州十一县。析津府的治所在宛平，即今北京西南。辽开泰元年（1012），改幽都县为宛平县，此为宛平县设县之始，金初并入宛平县治下。金灭辽后，海陵王改燕京为"中都"，析津府之名亦废。北宋宣和五年至七年（1123—1125），收南京，玉河县属宋。金天眷元年（1138），玉河县并入宛平县，区境属宛平县。1340年，元代著名学者熊梦祥在斋堂村完成最早的北京地方志书《析津志》的写作。明洪武元年（1368），元大都改为北平府，后又改名顺天府，宛平县属之。明景泰二年（1451），为加强西部防御，在沿河口设守备营，辖石港口、天津关口、洪水峪口、黎元岭口、东小龙门口等隘口，总长200多公里。嘉靖三十三年（1554），境内沿河城归属宛平县，全境至此统一归属。此后，又在沿河城、斋堂城修筑要塞，著名将领戚继光曾驻兵把守40余公里，并加修长城和敌台，使该地成为京师北部、西部的重要防线。民国三年（1914）10月，顺天府改为京兆地方，宛平县随属。1928年成立北平特别市，区境部分属宛平县。1937年后，八路军邓华、宋时轮支队在斋堂开辟平西抗日根据地，1938年3月中共在东斋堂村建立了北京地区最早的抗日民主政权——宛平县政府。1944年9月，昌宛房联合县撤销，区境永定河南建宛平县，先后隶属察哈尔省平西专区和河北省通县专区。新中国成立之初，先后是北京市属的28区、20区、16区，自1949年1月起，划归北平市。1952年9月河北省宛平县、北京市第16区合并成立京西矿区，今门头沟区全境属京西矿区辖界。1958年5月经国务院批准，调整辖界改称门头沟区。[①]

二、门头沟方言概况

（一）方言归属

贺巍、钱曾怡、陈淑静（1986）《河北省北京市天津市方言分区（稿）》将门头沟区方言归入北京官话区京师片；刘援朝（1991）《北京话与四周邻近地区四声调值的差异》根据声调调型特征将门头沟区方言归入京畿片的北京——承德方言区京北小区；张志敏（2008）《北京官话》将阴平调值的高低作为北京官话区内部分区的一级标准，再根据在北京话里读开口呼的古疑、影、云、以母字，读[Ø]声母还是读[ŋ]或[n]声母作为二级标准，将门头沟区方言归入北京官话区的京承片京师小片；《中国语言地图集》（2012）则将门头沟区方言连同昌平区、顺义区、通州区等地方言归入北京官话区京承片中的京师小片。

与上述各家观点不同的是林焘的《北京官话区的划分》（1987）认为，

[①] 参见北京市门头沟区地方志编纂委员会：《北京市门头沟区志》，北京：北京出版社，2006年6月，第43页。

门头沟区方言不属于北京官话范围。据其调查，其中北京东部远郊平谷县、西部远郊延庆县和门头沟区斋堂一带所调查各点不属于北京官话范围，但该文并未对门头沟区方言的具体归属做出阐述。

（二）方言研究状况

门头沟方言研究成果较少，目前还没有系统进行研究的著作，只有几部代表性的方志和有关北京方言研究的著作中涉及对该区语言状况的描写。

《北京市门头沟区志》（2006）是门头沟区第一部地方志，该志书对区内方言做了极简单的描述，主要以门头沟斋堂方言为主，描写了语音、词汇、语法几个方面的现象。其中，语音只是描述了声调的音值和个别韵母的变化；词汇仅对名词、动词、形容词的一些有特色的词汇进行了描写；语法也仅对词序、词缀两个语言现象做了说明，此外，对熟语中的一些谚语、歇后语进行了收集。

《京西斋堂话》（2007）是门头沟民俗学者张万顺先生撰写的著作。作者凭借自己身为斋堂人的母语优势，集中描写了门头沟区斋堂方言的特点。全书共分六章：第一章，斋堂话的地域范围和历史传承；第二章，斋堂话的特点；第三章，斋堂话的语音声调特征；第四章，斋堂话的构词特征；第五章，斋堂话的词汇类别；第六章，斋堂话的成因及其现状；第七章，斋堂方言渐被北京语音普通话同化的趋势。作者根据自己对斋堂方言的朴素理解，描写了该地方言形成的地理和历史环境，特别是作者能尽力解释斋堂话的历史成因并预测斋堂方言的未来趋势。当然，作为民俗学者不可能从语言学的高度来研究该地方言，因此一些基础理论及其概念的提法有待商榷，同时在描写语言的系统性方面也有待加强。

《京郊方言》（2015）是北京市方志馆编写的有关北京各郊区方言的介绍性著作。篇中第三章是专门介绍门头沟方言的一章，该章首先介绍了门头沟方言的基本状况，描述了该地区方言的复杂性，并从地理和历史的角度解释了该区方言的源流。接着描述了该区方言的特点，同样以斋堂话为主描述了语音特征、构词特征及词汇的语义特征。在语音方面认为斋堂音是"介乎于北京官话京城语音和北京官话宣涿怀语音之间的语音"[①]；在词汇方面，主要针对构词的特点进行了描述，指出其具有民俗性和口头性的特点；最后，从语义类别角度重点列举了一些有特点的方言词汇，具体是：一、自然和自然现象类；二、时间、空间和度量类；三、动物类；四、植物类；五、人物称谓类；六、婚姻、家庭、生育类；七、宗教信仰和风俗类；八、劳动类；九、劳动工具类；十、食品类；十一、服装鞋帽类；十二、生活用具类；十三、身体类；十四、形意类；十五、俚语类。从以上可以看到，这些研究还不具备系统性，语音上没有系统描述该地区的音系及其具体特点，语法完全没有涉及，因此还不是严格意义上的方言学研究。

除以上研究外，近十余年陆续也有一些单篇的硕士学位论文从不同角度描写门头沟方言的语言特点：中岛教之（1998）《北京门头沟区斋堂话词汇调查报告》；朱炼（2015）《京西门头沟斋堂镇方言调查研究》；谢汉江（2020）《门头沟方言语音格局的实验研究》，这些论文或从传统的田野调查或从实验语音学的角度，重点观察描写了门头沟斋堂方言的语音系统和词汇系统以及对语音格局进行描写研究。对于方言研究还处于"处女地"的门头沟区来说，应该是一个进步了。

三、门头沟方言内部差异

门头沟区方言分为三个片区，具体分为东片区、西片区、北片区。

东片区属于门城地区，现称为门头沟新城，是门头沟的政治、经济、文化中心地带。1986年11月成立区规划局后，经过多年的发展，市区规

---

① 北京市方志馆编著：《京郊方言》，北京：中国书店，2015年8月，第106页。

模由原来的16.7平方公里扩大到33平方公里，城市布局以新桥大街为政治、文化中心；河滩一带为商业中心。主要分布有大峪街道办事处、城子街道办事处、东辛房街道办事处、龙泉镇、永定镇（现东部并入门头沟新城，西部为北岭地区）、潭柘寺镇、军庄镇。该片区为东部平原地带，与北京市石景山区、海淀区、丰台区接壤。以龙泉镇方言为代表。

北片区，主要分布有王平镇、妙峰山乡、大台街道、上苇甸乡、雁翅镇，以雁翅镇方言为代表。北片区是语言过渡地带，当地民俗及语言研究工作者认为，以雁翅镇青白口村一带为分界线，往东是浅山区，往西是深山区，语言也在产生过渡性变化。

西片区，主要分布在斋堂镇、清水镇，以斋堂镇方言为代表。西片区北面与河北怀来县、涿鹿县交界；南与房山区大安山、史家营二乡毗邻；东与雁翅镇接壤，西与河北涞水相连。该地区方言与东片和北片有着明显的差异，主要是地理位置的独特性，斋堂镇、清水镇地处门头沟深山区，四周重峦叠嶂，全区地势最高的村子就在斋堂镇的江水河村，在海拔2303米的东灵山上。从大台地区进入大寒岭关口往西，有东西走向的河谷中心，即经斋堂镇到清水镇有长80里的斋堂川，门头沟最具特色的"斋语"就在当地流行。"斋语"又称斋堂土话。张万顺先生（2007）对斋堂土话的流行范围进行了界定："斋堂话这一方言岛，地域面积800多平方公里，占全区总面积的60%，100多个自然村落，使用人口近4万余人，占全区农村总人口的50%，全区总人口的17.3%。"[①] 斋堂川原有58个村落，除清水镇江水河村之外，其他村落都说斋堂话。由于历史原因，原沿河城一带的35个自然村清雍正以前属于德兴府矾山县，雍正五年（1727）划归顺天府，虽然行政区划有变化，但沿河城一带一直使用的也是斋堂话。除此之外，还有"雁翅镇西部的青白口村、黄土贵村、碣石村、书字岭村、杨树地村、避静寺、塔儿上等村"[②] 以及永定河北岸的珠窝村、向

[①] 张万顺著：《京西斋堂话》，北京：北京燕山出版社，2007年4月，第2页。
[②] 张万顺著：《京西斋堂话》，北京：北京燕山出版社，2007年4月，第2页。

阳口村均属斋堂话流行范围，包括河北省涞水县与斋堂川接壤的部分村落也讲斋堂话。

以上三个方言片土语各有特点，除了极个别村落属于晋语和冀鲁官话，主要的归属还是北京官话，因此，在语音、词汇方面，语音主要是声调的差异，词汇各区稍有不同，语法的差异不够明显。以下主要从语音和词汇角度谈谈门头沟区方言的内部区别与联系。

（一）语音方面

1.门头沟语音的总体特点

卢小群（2019）门头沟方言共调查16个代表点，其声母23个，韵母38个，声调普遍为4个，但在门头沟清水镇江水河村，声调为5个，多出一个入声调。下文具体介绍其语音特点。

（1）音系特点

门头沟古今音变今读特点主要体现在：

①中古全浊塞音、塞擦音声母今读全部清化，平声送气，仄声不送气。例如：婆[ₛp'o]、步[pu³]、桃[ₛt'ɑu]、道[tɑu³]、瞧[ₛtɕ'iɑu]、匠[tɕiaŋ³]、除[ₛtʂ'u]、住[tʂu³]、床[ₛtʂ'uɑŋ]、状[tʂuɑŋ³]、逵[ₛk'uei]、柜[kuei³]；奉母、邪母、船母、禅母、匣母多读清擦音，如：肥[ₛfei]、随[ₛsuei]、剩[ʂəŋ³]、时[ʂʅ²]、学[ₛɕyɛ]。

②古影疑母开口一二等字在门头沟方言各点今读为[ŋ]声母，少数字有读[n]声母的情况。

表1：影疑母开口一二等字今读例字

例字 地点	鹅疑 果开一	艾疑 蟹开一	挨影 蟹开二	袄影 效开一	藕疑 流开一	暗影 咸开一	按影 山开一	恩影 臻开一	昂疑 宕开一	额疑 梗开二
斋堂镇沿河口村	ŋɤ²	ŋai³	ₛŋai	ₛŋɑu	nou³	ŋan³	ŋan³	ₛnəŋ	ŋɑŋ²	ₛŋɤ
斋堂镇桑峪村	ɤ²	ai³	ₛnai	ₛŋɑu	ŋou³	ŋan³	ŋan³	ₛnəŋ	ŋɑŋ²	ₛŋɤ

· 9 ·

续表

例字 地点	鹅疑 果开一	艾疑 蟹开一	挨影 蟹开二	袄影 效开一	藕疑 流开一	暗影 咸开一	按影 山开一	恩影 臻开一	昂疑 宕开一	额疑 梗开二
斋堂镇吕家沟村	ˤɤ	aiˀ	ˤai	ˤou	ˤou	ŋanˀ	ŋanˀ	ˤnə	ŋɑˀ	ˤɤ
斋堂镇柏峪村	ˤɤ	ŋaiˀ	ˤŋai	ˤŋou	ˤŋou	ŋanˀ	ŋanˀ	ˤŋnə	ŋɑˀ	ˤŋɤ
清水镇塔河村	ˤŋɤ	aiˀ	ˤai	ˤŋou	ˤou	anˀ	anˀ	ˤnə	ŋɑˀ	ˤŋɤ
清水镇江水河村	ˤŋɤ	ŋaiˀ	ˤŋai	ˤŋou	ˤou	ŋanˀ	ŋanˀ	ˤnə	ŋɑˀ	ˤŋɤ
永定镇上岸村	ˤŋɤ	aiˀ	ˤai	ˤau	ˤnou	ŋanˀ	ŋanˀ	ˤnə	ŋɑˀ	ˤŋɤ
王坪镇西石古岩村	ˤŋɤ	ŋaiˀ	ˤŋai	ˤŋou	ˤŋou	ŋanˀ	ŋanˀ	ˤŋnə	ŋɑˀ	ˤŋɤ
军庄镇东杨坨村	ˤŋɤ	ŋaiˀ	ˤŋai	ˤŋou	ˤou	anˀ	anˀ	ˤŋnə	ŋɑˀ	ˤŋɤ
潭柘寺镇赵家台村	ˤŋɤ	ˤai	ˤŋau	ˤou	ˤou	ŋanˀ	ŋanˀ	ˤnə	ŋɑˀ	ˤŋɤ
潭柘寺镇鲁家滩村	ˤŋɤ	ŋaiˀ	ˤŋai	ˤŋou	ˤou	ŋanˀ	ŋanˀ	ˤŋnə	ŋɑˀ	ˤŋɤ
雁翅镇青白口村	ˤŋɤ	naiˀ	ˤŋai	ˤŋou	ˤou	anˀ	anˀ	ˤnə	ŋɑˀ	ˤɤ
雁翅镇苇子水村	ˤŋɤ	naiˀ	ˤŋai	ˤŋou	ˤŋou	ŋanˀ	ŋanˀ	ˤŋnə	ŋɑˀ	ˤŋɤ
雁翅镇太子墓村	ˤɤ	naiˀ	ˤŋai	ˤou	ˤou	anˀ	anˀ	ˤnə	ŋɑˀ	ˤɤ
妙峰山镇丁家滩村	ˤŋɤ	ŋaiˀ	ˤŋai	ˤŋou	ˤnou	ŋanˀ	ŋanˀ	ˤŋnə	ŋɑˀ	ˤŋɤ
大台镇千军台村	ˤŋɤ	ŋaiˀ	ˤŋai	ˤnou	ˤnou	ŋanˀ	ŋanˀ	ˤŋnə	ŋɑŋˀ	ˤŋɤ

门头沟区影疑母开口一二等字普遍读为[ŋ]声母，但在雁翅镇所调查各村中，有一个字例外，"艾"字都读为[n]声母。影母字中，果摄开口一等平声歌韵字"屙~屎"，在清水镇江水河村读为[ˤŋɤ]。

③疑母梗摄开口二等庚韵个别字如"硬",北京话今读为零声母[iŋˀ],而在门头沟斋堂镇、清水镇等地,则读为舌尖鼻音声母[niŋˀ]。

④古日母字今读

门头沟区方言中,古日母字今读在有些方言点有读为[ŋ]声母的情况,这些字主要分布在止摄开口三等支脂之等韵部中。

表2:古日母今读为[ŋ]声母例字

例字 地点	儿	尔	二	贰	而	耳	饵
妙峰山镇丁家滩村	₅ŋɿ	ˆŋɿ	ŋɿˀ	ŋɿˀ	₅ŋɿ	ˆŋɿ	ˆŋɿ
潭柘寺镇鲁家滩村	₅ŋɿ	ˆŋɿ	ŋɿˀ	ŋɿˀ	₅ŋɿ	ˆŋɿ	ˆŋɿ
潭柘寺镇赵家台村	₅ŋɿ	ˆŋɿ	ŋɿˀ	ŋɿˀ	₅ɿ	ˆɿ	ˆɿ
王坪镇西石古岩村	₅ŋɿ	ˆŋɿ	ŋɿˀ	ɿˀ	₅ɿ	ˆŋɿ	ˆŋɿ
军庄镇东杨坨村	₅ɿ	ˆɿ	ŋɿˀ	ɿˀ	₅ɿ	ˆŋɿ	ˆŋɿ

⑤古宕开三药韵、江开二觉韵少数入声字,北京音今读为[yɛ]韵母的字,门头沟音今读为[iɑu],例如约[iɑuˀ]、疟_发~子_[iɑuˀ]、学[ˌɕiɑu]、觉_~得；着_[ˈtɕiɑu]、雀[ˈtɕʻiɑu]_家~_、鹊_喜~_[tɕʻiɑuˀ]。

⑥效摄开口一等平声豪韵彻母、床母、见母字,北京音今读为[ɑu]韵母的字,在清水镇江水河村今读为[ou],例如:超[ˌtsʻou]、烧[ˌsou]、高[ˌkou]、羔[ˌkou]、熬[ˌŋou],开口一等平声肴韵见组个别字,也读为[ou],例如:胶_阿~_[ˌtɕiou]。

⑦咸摄开口一等、深摄开口三等、山摄开口二等部分字,北京音今读为[an]韵母的字,在清水镇江水河村今读为[ei],例如:参[ˌtsʻei]、甘[ˌkei]、山[ˌsei]、删[ˌsei]、疝[seiˀ]_~气_。

⑧咸摄、深摄、山摄部分字,北京音今读为[an]韵母的字,在清水镇江水河村今读鼻音韵尾[n]消失,主要韵腹变为口鼻音。例如:煎[ˌtɕiɛ̃]、陕[ˈsã]、沉[ˌtsʻə̃]、婶[ˈsə̃]、旦[tãˀ]、眼[ˈiɛ̃]。

⑨古四声与今声调的关系。门头沟方言大部分地区今声调各点分化为

· 11 ·

阴平、阳平、上声、去声四个调类，但各点在具体调值和调型上差异性较大：例如同为斋堂镇，沿河口村的声调除上声同样为曲折调外，其余三个声调均为降调，其中阴平为高降调，调值为52，阳平为低降调，调值为21，去声为中降调，调值为43；而桑峪村阴平却为全降调，调值为51，阳平字则是降升调，调值为323，上声为降升调，调值为215，去声为高降调，调值为51。其他村镇的声调调值和调型的差异性各不相同，较为复杂。

从古四声的演变来看，门头沟方言大部分村镇的演变和北京话基本一致，即阴平字来自古平声清声母字和部分古入声的全清和次清声母字；阳平字来自古平声浊声母字、古入声全浊声母字和部分古入声清声母字；上声字来自古上声的清上和次浊声母字、少数古入声清声母字；去声字来自古去声的全部、古上声的全浊声母字、古入声的全浊声母字和少数清声母字。

门头沟方言入声其演变规律与北京音入声演变规律一致，即：全浊声母入声字归入阳平；次浊声母入声字归入去声；清声母入声字分别归入阴平、阳平、上声和去声。

但是与以上多数调查点不同的是，清水镇江水河村有5个调类，分别是阴平，调值43；阳平，调值53；上声，调值24；去声，调值51；入声，调值42，该方言是门头沟方言调查点中，唯一一个还保留入声调类的方言，并且其入声还带有明显的喉塞音[ʔ]，江水河村位处北京海拔最高的山区灵山之上，环境十分封闭，据当地村民说，其祖上都是从山西移民而来，从其语音特点上看，该村方言应该属于晋语方言系统。

（2）儿化特点

门头沟方言儿化的音变规律与北京城区话基本相同，但在不同的地点，还有一些个性差异，比如在王坪镇西石古岩村，当地百姓凡是说地名时，"儿"都可以自成音节，并且还能把这种现象概括称为"化而不化"，例如：

葡萄嘴儿[˗pʻu˨tʻɑu˨tsuei˥ɚ]　　北岭儿[˗pei˗liŋ˨ɚ]

色树坟儿[˗ʂai ʂu˨ ˗fən ɚ]　　丁家滩儿[˗tiŋ˗tɕia˗tʻan˨ɚ]

在斋堂镇的柏峪村，儿化韵母比普通话少，韵尾是[o]、[uəŋ]的一般不儿化，例如：

韵母	北京城区	柏峪村
[uo]	[uoɻ]	[uo]
	大伙儿、发火儿、酒窝儿	大伙、发火、酒窝
[uəŋ]	[uə̃ɻ]	[uəŋ]
	酒瓮儿	酒瓮

此外，一些能加"子"缀的词多不儿化，如：渣子、锯末子、眼珠子、锅盖子、竹竿子、树枝子，其中的规律性还需要进一步调查。

（3）文白异读

①韵母的文白异读

韵母	声调	文读	白读	例字
通摄烛韵	入声	ly˥	lu˥	绿
梗摄麦韵	入声	mo˧˥	mai˧˥	脉

②声调的文白异读

声调	文读	白读	例字
上声	˗tɕi	˗tɕi	几

③声母和声调的不同

声母	声调	文读	白读	例字
澄母	平声	˗tʂʻəɲ	təŋ˗	澄

④韵母和声调的不同

韵母	声调	文读	白读	例字
梗摄陌韵	入声	pʻoʾ	ʻpʻai₋击炮	迫

⑤声母、韵母的不同

声母	韵母	文读	白读	例字
澄母	梗摄陌韵	₌tsɤ	₌tʂai	择

⑥声母、韵母、声调的不同

声母	韵母	声调	文读	白读	例字
心母	通摄屋韵	入声	suʾ	ʻɕiou借₋	宿
见母	梗摄麦韵	入声	₌kɤ	₌tɕiɛ	隔

值得提出的是，在门头沟还有一些字音读音较为特殊，有的还不止一种形式。例如：

声母	韵母	声调	读音	例字
帮母	果摄戈韵	平声	₌pʻo	波
疑母	果摄哿韵	上声	ʻŋɤ	我
匣母	假摄马韵	上声	₌xua	踝
影母	假摄祃韵	去声	ʻiaʾ	亚
船母	假摄祃韵	去声	ʂuoʾ	射
见母	效摄效韵	去声	ʻtɕiɑu/ʻtɕyo	觉
匣母	效摄筱韵	上声	ʻʂuo/ʻɕyo	芍
帮母	效摄晧韵	上声	ʻpʻu	堡
生母	咸摄咸韵	平声	₌ʂa	杉
泥母	深摄沁韵	去声	lənʾ	赁

续表

声母	韵母	声调	读音	例字
船母	深摄寝韵	上声	z̩ⁿə³	葚
影母	山摄翰韵	去声	əⁿ³	按
禅母	臻摄真韵	平声	₍ɕin	晨
从母	宕摄药韵	入声	₍tɕiau/₍tɕyo³	嚼
见母	宕摄药韵	入声	₍tɕy³/₃tɕyo	脚
精母	宕摄药韵	入声	ʹtɕiau/tɕʹyo₃	雀
精母	宕摄药韵	入声	₍tɕiau³	嚼
清母	宕摄药韵	入声	ʹtɕiau/uiʹtɕ₃	鹊
疑母	宕摄药韵	入声	iau³/yo³	疟
以母	宕摄药韵	入声	yɛ³/yo³	钥
以母	宕摄药韵	入声	iau³/yo³	跃
以母	宕摄药韵	入声	yɛ³/yo³	药
影母	宕摄药韵	入声	yɛ³/yo³	约
章母	宕摄药韵	入声	₍ʂuo³/₍ɕyo³	勺
章母	宕摄药韵	入声	₍tʂʹuo/yo³/tʂʹ	焯
来母	宕摄铎韵	入声	lau³	洛
来母	宕摄铎韵	入声	lau³/lɤ³	落
来母	宕摄铎韵	入声	lɤ³	骆
澄母	江摄江韵	平声	₍tʂʹuaŋ³	撞
匣母	通摄东韵	平声	tɕiaŋ³	虹
帮母	江摄觉韵	入声	₍pau³	剥
匣母	江摄觉韵	入声	₍ɕiau³	学
疑母	江摄觉韵	入声	iau³	岳
生母	曾摄职韵	入声	₍ʂai³	色
生母	曾摄职韵	入声	ʂɿ³	啬
见母	梗摄庚韵	平声	₍tɕiŋ³	更
见母	梗摄庚韵	平声	₍tɕiŋ³	梗

续表

声母	韵母	声调	读音	例字
澄母	梗摄耕韵	平声	tsʻəŋ₅	橙
见母	梗摄耕韵	平声	tɕiŋ₅	耕
初母	梗摄麦韵	入声	tsʻai₅	册
帮母	梗摄陌韵	入声	pai₅	伯
溪母	梗摄陌韵	入声	tɕʻiɛ₅	客
疑母	梗摄陌韵	入声	ɤŋ₅	额
以母	梗摄昔韵	入声	ɤ₅	腋
见母	梗摄静韵	上声	kəŋ₅	颈
禅母	通摄屋韵	入声	ʂou₅	熟
书母	通摄屋韵	入声	ʂou₅/ʂu₅	叔
泥母	通摄冬韵	平声	ɳəu₅	脓

2.门头沟语音的差异性特点

门头沟各片内部语音的差异性特点可以运用实验语音学手段进行微观的分析和研究。为保证语音调查数据的真实性，本书对门头沟的语音系统进行了相关的实验语音学的分析研究，发音合作人年龄都在60岁以上。采用南开大学"桌上语音工作室"（Minispeech-Lab）对样品字进行声学实验，并得出具体的分析数据。

（1）元音的差异

元音采用元音V值图的计算公式，对斋堂话各片区的一级元音分别进行了具体分析。具体方法是依次选择九个测量点，测算出每组样品的实验例字不同测量点的平均值，并从中找到最大值和最小值，测算出元音的V值。元音V值图的计算公式[①] 如下：

$$V1=[(B1x-B1min)/(B1max-B1min)] \times 100$$

---

① 石锋、时秀娟：《语音样本的选取和实验数据的分析》，《语言科学》，2007年第2期，第28页。

V2=[（B2x-B2min）/（B2max-B2min）]×100

下图分别是门头沟三个片区的基础元音声位图和格局图。

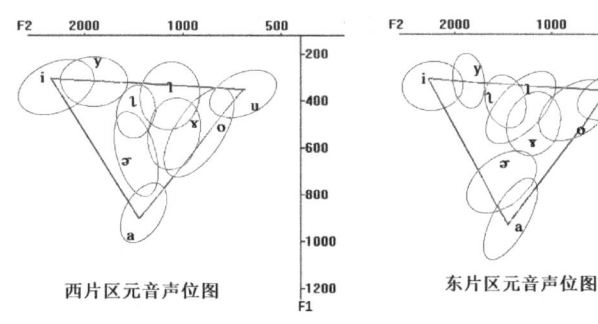

图3：西片区基础元音声位　　图4：东片区基础元音声位

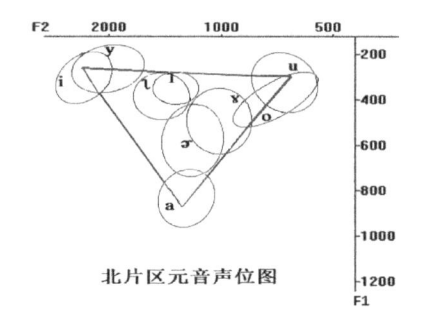

图5：北片区基础元音声位

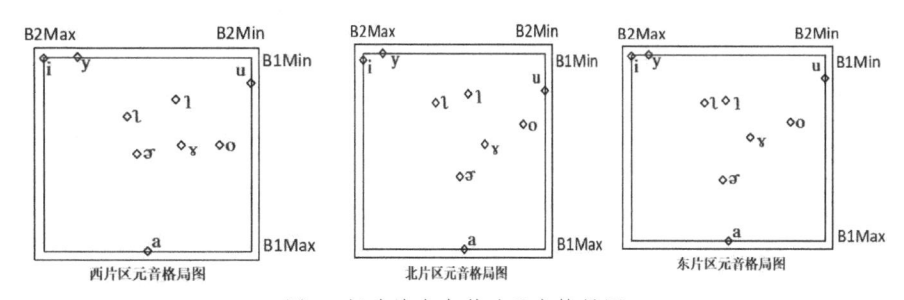

图6：门头沟方言基础元音格局图

由图3—图5可见，门头沟各片区的顶点元音[i u a]之间的连线都呈

· 17 ·

近似的等边三角形。

门头沟三个片区基础元音的特点主要体现在：

○ 从F1值来看（图3—图5），西片区顶点元音[iua]的F1值在367.9Hz～1103.2Hz之间，而东片区的顶点元音[i u a]的F1值在329.1 Hz～792.4Hz之间、北片区的顶点元音[i u a]的F1值在274.3 Hz～827.2 Hz之间，西片区即斋堂话的基础元音舌位高低维整体比东片区、北片区偏低，西片区基础元音舌位高低维的空间跨度大于东片区、北片区；而东片区基础元音舌位高低维的空间跨度是最小的。

○ 从F2值来看（图3—图5），西片区的基础元音舌位前后维整体较比东片区、北片区偏前，西片区的顶点元音[i u]的F2值在2727.1Hz～770.5Hz之间，而东片区顶点元音[i u]的F2值在2255.5Hz～597.40Hz之间、北片区的顶点元音[i u]的F2值在1929.1Hz～671.3Hz之间，西片区基础元音舌位前后维的空间跨度要大于东片区、北片区；而北片区前后维的空间跨度是最小的。

○ 从元音声位图来看（图3—图5），各片区元音[i y ɿ ʅ u o ɤ ɚ]在水平方向的位次是稳定的，其中各相邻元音都出现部分重合。说明其游移性都较大。

○ 从元音格局图来看（图6），西片区方言各基础元音位置高低的区别度与东片区、北片区一样都很清楚。根据V2值，西片区低元音[a]和东片区、北片区一样，V2值都在45～50的范围，其实际读音应该都是央元音[ɐ]。

（2）辅音的差异

辅音部分主要分析了塞音、擦音在门头沟方言中的具体表现形式。

①塞音格局

闭塞段时长（GAP）和嗓音起始时间（VOT）是塞音声学特征的两个重要参量。

经过实验数据分析，门头沟方言的塞音格局对比如图7所示。

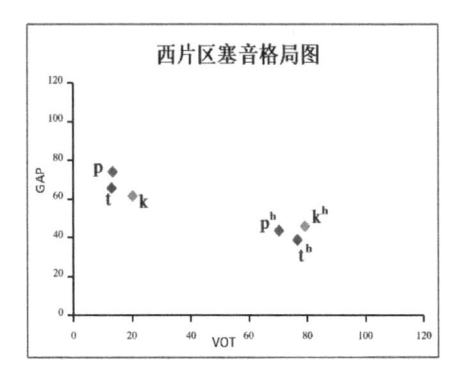

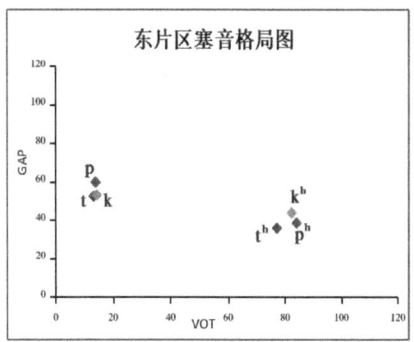

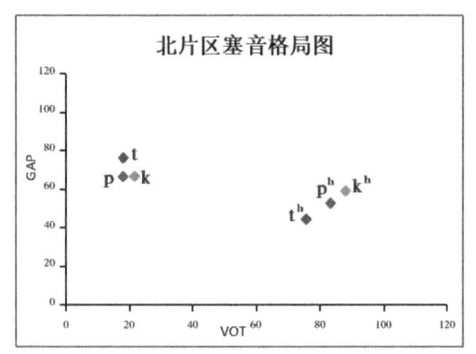

图7：门头沟方言的塞音格局比较

由图7可见，西片区和东片区、北片区一样，不送气塞音和送气塞音分别构成左右两个聚合群，而根据塞音闭塞段时长GAP值和嗓音起始时间VOT值两个参数，西片区的不送气塞音[p][t][k]的GAP值（分别为74、66、61）和VOT值（分别为14、13、20），与东片区[p][t][k]的GAP值（分别为60、52、53）和VOT值（分别为14、13、14）、北片区[p][t][k]的GAP值（分别为66、76、67）和VOT值（分别为18、18、22）相比，西片区[p]的GAP值均高于东片区和北片区，VOT值与东片区持平，但低于北片区，其发音时肌肉紧张程度高于东片区和北片区，而送气程度与东片区一样，但强度低于北片区；西片区[t]的GAP值高于东片区，低于北片区，VOT值与东片区持平，但低于北片区，其发音时肌肉紧张程度比东片区强，但弱于北片区；西片区[k]的GAP值和VOT值

· 19 ·

均高于东片区，低于北片区，说明[k]发音时肌肉紧张度比东片区强比北片弱，而送气程度即爆破程度强于东片区，弱于北片区。

西片区的送气塞音[p'][t'][k']的GAP值（分别为43、39、46）和VOT值（分别为70、77、79），与东片区[p'][t'][k']的GAP值（分别为38、36、44）和VOT值（分别为84、77、82）、北片区[p'][t'][k']的GAP值（分别为53、44、59）和VOT值（分别为83、76、88）相比，西片区的送气塞音[p'][t'][k']的GAP值均高于东片区，低于北片区，说明该片区[p'][t'][k']发音时肌肉紧张度高于东片区而弱于北片区；西片区的送气塞音[p'][t'][k']的VOT值，[p']的VOT值均低于东片区、北片区，说明其送气强度要弱；[t']的VOT值与东片区持平，稍高于北片区，说明三个片区[t']的爆破程度一样强；[k']的VOT值均低于东片区和北片区，说明西片区[k']的送气程度是最弱的。

②擦音格局

频谱重心（center of gravity）和分散程度（dispersion）是考察擦音的两个参量，"擦音空间是二维的，但由于它是从一段擦音样点得出的声学数据，所以实际上反映了擦音三个方面的信息，即某个时间点上频谱重心的高低，分散程度的大小以及频谱重心、分散程度在时间维度上的变化情况。擦音空间分析综合了这三个方面的信息，不同擦音在声学频谱上的特点基本上能够从擦音空间中直观地反映出来，因而对于揭示擦音的语音特性以及比较不同擦音之间的差异具有较为明显的意义。"[1] 本书参照石锋、冉启斌擦音格局的理论模式，使用以下谱重心（G）和离散度（D）的归一化和相对化处理公式[2]：

$$G=(Gx-Gmin)/(Gmax-Gmin) \times 100$$

$$D=(Dx-Dmin)/(Dmax-Dmin) \times 100$$

---

[1] 冉启斌：《辅音声学格局研究》，《当代外语研究》，2011年，第9期，第15页。
[2] 冉启斌，石锋：《北京话擦音格局》，《华文教学与研究》，2012年，第1期，第69页。

依据桌上语音工作室MiniSpeechLab自动测算擦音的频谱重心和离散度，把某一方言中所有擦音的坐标点置于坐标系中，得出不同擦音在声学空间图中所占据的位置；再根据擦音归一化和相对化后的声学参数数据，用上述公式求出平均值并进行相对化处理得到相对值，最后根据相对值制作出方言点的擦音格局图。

西片区的擦音格局

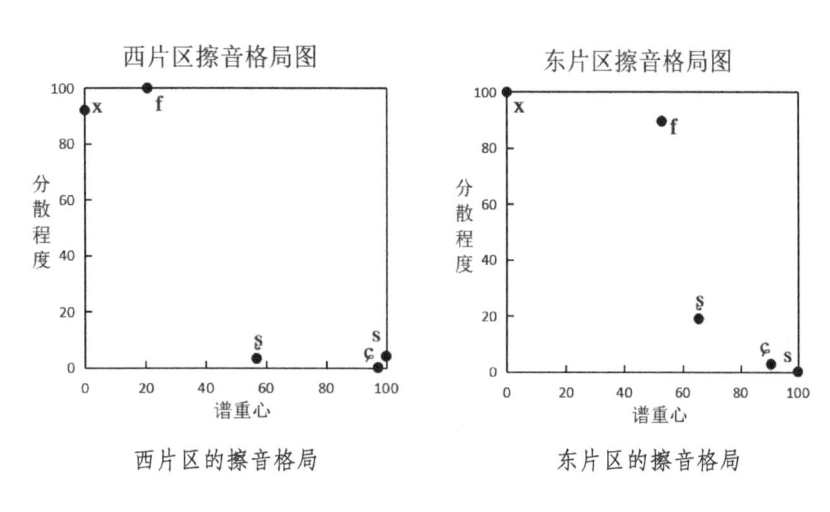

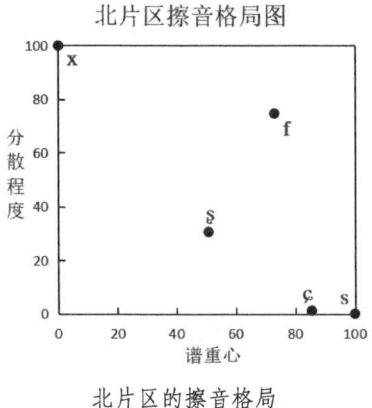

东片区的擦音格局

北片区的擦音格局

图8：门头沟方言的擦音格局比较

上图中，西片区和东片区、北片区擦音格局有一定的差异，擦音的离散程度整体偏低。其中，东片区和北片区[x]的离散程度都是最高的，D

· 21 ·

值为100，而频谱重心最低，G值为0，可见东片区、北片区是舌面后擦音[x]的摩擦缝隙最大，能量分散程度最高，气流最强，音长较长，音强最弱，发音时最柔和。比较西片区的[x]，D值为92，G值为0，其摩擦缝隙较之东片区和北片区要小，气流稍弱。再看舌尖前擦音[s]，东片区、北片区高度一致，D值为0，G值为100，说明发音时，两地的[s]摩擦缝隙最小，而能量分散程度最低，发音时摩擦性较强，均属于刚性摩擦。而西片区的[s]，D值为4，G值为100，能量分散程度稍稍高一些，摩擦缝隙稍大。从擦音格局总体图来看，东片区、北片区是由[x]和[s]构成整个格局图的极限范围；而西片区则是[x][f]和[s][ɕ]分别具有分散程度和频谱重心的最大值和最小值，共同构成整个格局图的极限范围。此外，西片区的[ʂ][ɕ]和[s]一起构成分散程度较低，频谱重心较高的一组音。东片区、北片区的[ʂ][ɕ]和[s]一起也构成分散程度较低，频谱重心较高的一组音。西片区[ʂ]在格局图中分散程度D值为3，远远低于东片区D值19和北片区D值31，频谱重心G值为57，低于东片区G值66，高于北片区G值51，可见，西片区[ʂ]分散程度最低，发音时摩擦缝隙最小，能量最分散，但音强较强，刚性摩擦要低于东片区但高于北片区。从舌面前擦音[ɕ]来看，西片区的擦音[ɕ]分散程度低，D值为0，频谱重心高，G值为97；而东片区擦音[ɕ]D值为3，G值为91；北片区擦音[ɕ]D值为1，G值为85；说明西片区[ɕ]发音时摩擦缝隙最小，气流最强，音强最强，刚性摩擦明显要比东片区、北片区大。

（3）声调的差异

声调采用T值的计算方法，对样品字进行声学实验，依次测算出每组样品（阴平、阳平、上声、去声）实验字（每组10个字）各测量点（每一声调取9个点）的频率数据的平均值，从中找到最大值和最小值，计算得出每个测量点的T值。声调T值的计算公式如下：

$$T=[lgx-lg（min）/lg（max）-lg（min）]×5$$ [1]

经过分析实验数据图例如下：

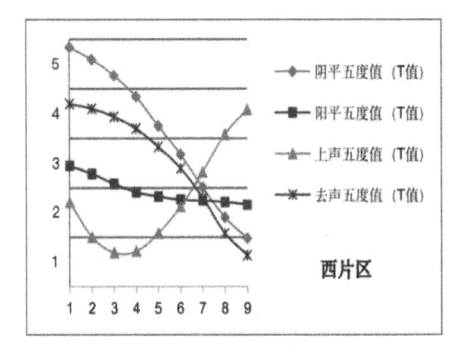

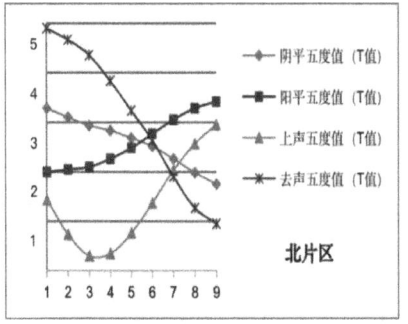

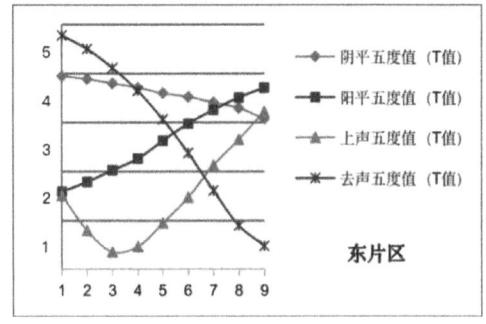

图9：门头沟方言的声调格局比较

由上图可见，各区声调特征和差异性体现为：

①阴平调，西片区是全降调52，与北片区的阴平调是次高降调42相似，而与东片区的阴平调是平调44不同。

②阳平调，西片区是中低降调32，由3度降到2度，其调域较窄；北片区的阳平调是中升调34，东片区的阳平调也是升调24，东片区和北片区阳平调接近，而与西片区类型明显不同。

③上声调三个片区都是曲折调，西片区、东片区调值都是214，北

---

[1] 石锋：《天津方言双字组声调分析》，《语言研究》，1986年第1期，第78页。

片区也是曲折调，调值是213，与其他片区稍有出入，但总体是高度相似的。

④去声调三个片区也都是降调，只是调值稍有差异，西片区为41，东片区、北片区都是51，去声调三个片区也是高度相似的。

表3：门头沟方言声调调型的比较

方言点	调型与调值			
	阴平	阳平	上声	去声
西片区	降调52	降调32	曲折调214	降调41
北片区	降调42	升调34	曲折调213	降调51
东片区	平调44	升调24	曲折调214	降调51

从上表声调调型可以观察到，北片区阳平调与东片区接近，都是升调；阴平调则与西片区接近，都是降调，明显体现出过渡区方言的特色。

此外，江水河村的声调调值调型为：阴平43是次高降调，阳平53是高降调，上声24是升调，只是起始前端有一个凹的表现特征，去声51是全降调，入声42是一个次高降调，可见其舒声调与西片区一样都是降调，二者相同，但该村有入声调类，这与门头沟各片区相比是较为特殊的。

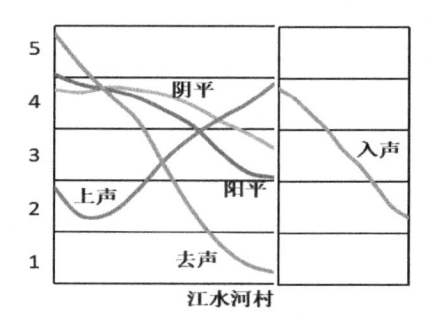

图10：斋堂镇江水河村声调格局

（二）词汇方面

门头沟方言词汇的差异主要体现在日常生活的一些基本词汇上，如日月星辰、山川湖海、草木虫兽、衣食住用等等，越是深山区其差异越大，而在交际、商业、交通、文化教育、文体活动、讼事、数字、量词等方面差异性较小，由于江水河村的特殊性，下面就三个片区以及江水河村的一些日常口语词汇做一个大致的比较。

表 4：门头沟方言各片区相同词语比较

例词	东片区	北片区	西片区	江水河村
虹	绛tɕiaŋˇ	绛tɕiaŋˇ	绛tɕiaŋˇ	绛tɕiaŋˇ
早霞	早烧tsauˇsauˊ	早烧tsauˇsauˊ	早烧tsauˇsauˊ	早烧tsauˇsauˊ
晚霞	晚烧uanˇsauˊ	晚烧uanˇsauˊ	晚烧uanˇsauˊ	晚烧uanˇsauˊ
闪电	打闪taˇsan	打闪taˇsan	打闪taˇsan	打闪taˇsan
银河	天河tʰianˊxɤˊ	天河tʰianˊxɤˊ	天河tʰianˊxɤˊ	天河tʰianˊxɤˊ
彗星	扫帚星sauˇtsouˇɕiŋ	扫帚星sauˇtsouˇɕiŋ	扫帚星sauˇtsouˇɕiŋ	扫帚星sauˇtsouˇɕiŋ
鹅卵石	河流石xɤˊliouˊʂʅˊ	河流石/河流蛋/河光石 xɤˊliouˊʂʅˊ xɤˊliouˊtanˊ xɤˊliouˊkuaŋˊ	河流石xɤˊliouˊʂʅˊ	河流石xɤˊliouˊʂaʔˊ
谷子	谷子kuˇtsʅ	谷子kuˇtsʅ	谷子kuˇtsʅ	谷崴kuˊuai
锄地	耪地pʰaŋˇtiˋ	耪地pʰaŋˇtiˋ	耪地pʰaŋˇtiˋ	耪地pʰaŋˇtiˋ
马铃薯	山药ʂanˊiauˋ	山药（蛋）ʂanˊiauˋ（tanˋ）	山药（蛋）ʂanˊyoˋ（tanˋ）	山药ʂeiˊyoʔˋ
玉米	棒子paŋˇtsʅ	棒子paŋˇtsʅ	棒子paŋˇtsʅ	棒崴paŋˇuai
南瓜	倭瓜uoˊkua	倭瓜uoˊkua	倭瓜uoˊkua	倭瓜uoˊkua
肥皂	胰子iˊtsʅ	胰子iˊtsʅ	胰子iˊtsʅ	胰崴iˊuai
火柴	取灯tɕʰyˇtəŋ	取灯tɕʰyˇtəŋ	取灯tɕʰyˇtəŋ	取灯tɕʰyˇtəŋ
油饼	油炸鬼iouˊtʂaˋkuei	油炸鬼iouˊtʂaˋkuei	油炸鬼iouˊtʂaˋkuei	油炸鬼iouˊtʂaʔˋkuei

续表

例词	东片区	北片区	西片区	江水河村
老鼠	耗子 xɑuˇtsʅ˧	耗子 xɑuˇtsʅ˧	耗子 xɑuˇtsʅ˧	耗崴 xɑuˇuai˧
壁虎	蝎虎子/蝎拉虎子 ɕieˊxu˧tsʅ˧ ɕieˊlaxu˧tsʅ˧	蝎虎子 ɕieˊxu˧tsʅ˧	蝎虎子 ɕieˊxu˧tsʅ˧	蝎虎崴 ɕiaʔˊxu˧uai˧
飞蛾	扑灯蛾（儿） pʰu˧təŋˇɤ(r)˧	扑灯蛾子 pʰu˧təŋˇɤ˧tsʅ˧	扑灯蛾子 pʰu˧təŋˇɤ˧tsʅ˧	扑灯蛾（崴） pʰu˧təŋˇɤ˧uai˧
蝼蛄	蜊蜊蛄 laˇlaˇku˧	蜊蜊蛄 laˇlaˇku˧	蜊蜊蛄 laˇlaˇku˧	蜊蜊蛄 laˇlaˇku˧
蜘蛛	蛛蛛 tʂuˇtʂu˧	蛛蛛 tʂuˇtʂu˧	蛛蛛 tʂuˇtʂu˧	蛛蛛（儿）tʂuˇtʂu(r)˧
蛇	长虫 tʂaŋˊtʂʰuŋ˧	长虫 tʂaŋˊtʂʰuŋ˧	长虫 tʂaŋˊtʂʰuŋ˧	长虫 tʂaŋˊtʂʰuŋ˧
乌鸦	老鸹 lauˇkua˧	老鸹 lauˇkua˧	老鸹 lauˇkua˧	老鸹 lauˇkuaʔ˧
公马	儿马 ərˊma˧	儿马 ərˊma˧	儿马 ərˊma˧	儿马 ərˊma˧
母马	骒马 kʰɤˇma˧	骒马 kʰɤˇma˧	骒马 kʰɤˇma˧	骒马 kʰɤˇma˧
公驴	叫驴 tɕiauˇly˧	叫驴 tɕiauˇly˧	叫驴 tɕiauˇly˧	叫驴 tɕiauˇly˧
母驴	草驴 tsʰauˇly˧	草驴 tsʰauˇly˧	草驴 tsʰauˇly˧	草驴 tsʰauˇly˧
公牛	犍牛 tɕianˉniou˧	犍牛 tɕianˉniou˧	犍牛 tɕianˉniou˧	犍牛 tɕianˉniou˧
母牛	乳牛 zuˇniou˧	乳牛 zuˇniou˧	乳牛 zuˇniou˧	乳牛 zuˇniou˧
狐狸	骚狗子 sauˇkou˧tsʅ˧	骚狗子 sauˇkou˧tsʅ˧	骚狗子/骚狐子 sauˇkou˧tsʅ˧ sauˇxu˧tsʅ˧	骚狗崴 sauˇkou˧uai˧
野兔	野猫 ieˇmau˧	野猫 ieˇmau˧	野猫 ieˇmau˧	野猫 ieˇmau˧
祖父	爷爷 ieˊie˧	爷爷 ieˊie˧	爷爷 ieˊie˧	爷爷 ieˊie˧
伯父	大爷 taˇie˧	大爷 taˇie˧	大爷 taˇie˧	大爷 taˇie˧
伯母	大妈 taˇma˧	大妈 taˇma˧	大妈 taˇma˧	大妈 taˇma˧
叔父	叔叔 ʂu˧ʂu˧	叔叔 ʂu˧ʂu˧	叔叔 ʂu˧ʂu˧	叔叔 ʂu˧ʂu˧
叔母	婶子（儿） ʂən˧tsʅ(ər)˧	婶子（儿） ʂən˧tsʅ(ər)˧	婶子（儿） ʂən˧tsʅ(ər)˧	婶子（儿） ʂən˧tsʅ(ər)˧
柱下石	柱顶石 tʂuˇtiŋ˧ʂʅ˧	柱顶石 tʂuˇtiŋ˧ʂʅ˧	柱顶石 tʂuˇtiŋ˧ʂʅ˧	柱顶石 tʂuˇtiŋ˧ʂɑʔ˧
喜欢	待见 taiˇtɕianˇ	待见 taiˇtɕianˇ	待见 taiˇtɕianˇ	待见 taiˇtɕianˇ

续表

例词	东片区	北片区	西片区	江水河村
今天	今天/今儿个 tɕinˉtʰianˉ/tɕiəɹˇkɤ	今儿个 tɕiəɹˇkɤ	今儿个 tɕiəɹˇkɤ	今儿个 tɕiəɹˇkɤ
唾沫	吐沫 tʰuˇmoˇ	吐沫 tʰuˇmoˇ	吐沫 tʰuˇmoˇ	吐沫 tʰuˇmoˇ
潜水	扎猛子 tʂaˉməŋˇ	扎猛子 tʂaˇməŋˇ	扎猛子 tʂaˇməŋˇ	—
游泳	洗澡 ɕiˇtsauˇ	洗澡 ɕiˇtsauˇ	洗澡 ɕiˇtsauˇ	—

表5：门头沟方言各片区不同的词语比较

例词	东片区	北片区	西片区	江水河村
太阳	老爷儿/太阳 lauˇiəɹˇ tʰaiˇiaŋ	老爷儿/太阳 lauˇiəɹˇ tʰaiˇiaŋ	老爷儿/老爷爷/老佛爷 lauˇiəɹˇ lauˇiɛˇiɛ lauˇfoˉiɛ	日头/佛爷 zʅˇtʰou foʔˇiɛ
月亮	月亮 yɛˇliaŋˇ	月亮 yɛˇliaŋˇ	月色/老奶奶儿 yɛˇsai lauˇnaiˇnəɹ lauˇnəɹ	月色/后佛爷 yoʔˇsai xouˇfoʔˇiɛ
月晕	月晕 yɛˇynˇ	月晕 yɛˇynˇ	月拦 yɛˇlanˇ	月拦 yɛˇlanˇ
北斗星	北斗星 peiˉtouˇɕiŋˉ	北斗星 peiˉtouˇɕiŋˉ	勺儿星 ʂauɹˇɕiŋˉ	勺儿星 ʂauɹˇɕiŋˉ
雪珠子	雪糁儿 ɕyɛˇsə̃ˉ	雪糁儿 ɕyɛˇsə̃ˉ	雪糁儿/雪疙渣 ɕyɛˇsə̃ˉ ɕyɛˇkɤˇtsa	雪糁崴 ɕyɛˇsə̃ˉuai
结冰	结冰 tɕiɛˉpiŋˉ	结冰 tɕiɛˇpiŋˇ	冻冰 tuŋˇpiŋˉ	冻冰 tuŋˇpiŋˉ
冰锥	冰锥儿 piŋˉtʂuaɹˉ	冰葫（芦）/凌水 piŋˉxuˉ(ˇlu) liŋˇsueiˇ	拉拉葫（芦）/冰棱核儿/冰葫/冰柱 laˇlaxuˉlu piŋˉləŋˇxuɹˇ piŋˉxuˉ piŋˉtʂuˇ	冰挂 piŋˉkuaˇ
父亲	爸爸/爸 paˇpa paˇ	爸爸/爸/爹 paˇpa paˇ tiɛˇ	爹 tiɛˇ	爹 tiɛˇ

续表

例词	东片区	北片区	西片区	江水河村
母亲	妈ma˥	妈ma˩	娘nia˩	娘niaŋ˥
儿子	儿子ər˩tsɿ˩	儿子ər˩ɛ	儿子ər˩tsɿ˩	后生xou˩ʂəŋ˥
女儿	闺女儿 kuei˩nyər˩	闺女儿 kuei˩nyər˩	闺女 kuei˩nyər˩ / 丫头 ia˩tou˩	女子ny˩tsɿ
舅母	舅母 tɕiou˩mu˩	舅母 tɕiou˩mu˩	妗子 tɕin˩tsɿ	妗子tɕin˩tsɿ
岳母	老丈母娘 lau˩tʂaŋ˩mu˩niaŋ˩	老丈母娘 lau˩tʂaŋ˩mu˩niaŋ˩	丈母娘 tʂaŋ˩mu˩niaŋ˩	外母娘uai˩mu˩niaŋ˥
去年	去年tɕ'y˩nian˩	去年tɕ'y˩nian˩	去年/过年/年生个 niɛn˩ʂəŋ˩·kɤ kuo˩nian˩ nian˩ʂəŋ˩·kɤ	年生nian˩ʂəŋ˥
昨天	昨天/昨儿 tsuo˩t'ian˩ tsuor˩	昨儿个tsuor˩·kɤ	列列个/列个/夜儿个 liɛ˩liɛ˩·kɤ liɛ˩·kɤ iər˩·kɤ	夜个iɛ˩·kɤ
明天	明天/明儿 miŋ˩t'ian˩ miər˩	明个儿 miŋ˩·kɤr	明个儿 miŋ˩·kɤr	明个儿miŋ˩·kɤr
前天	前天/前儿个/前个儿 tɕ'ian˩t'ian˩ tɕ'iər˩·kɤ tɕ'ian˩·kɤr	前儿个/前个儿 tɕ'iər˩·kɤ tɕ'ian˩·kɤr	前儿个/前个儿 tɕ'iər˩·kɤ tɕ'ian˩·kɤr	前儿个/前个儿 tɕ'iər˩·kɤ tɕ'ian˩·kɤr
后天	后儿xour˩	后儿xour˩	后儿个xour˩·kɤ	后儿个儿xour˩·kɤr
大后天	大后儿/大后个儿 ta˩xour˩ ta˩xour˩·kɤr	大后儿 ta˩xour˩	外后儿/大后个儿 uai˩xour˩ ta˩xou˩·kɤr	大后儿个儿 ta˩xour˩·kɤr
端午节	端午节/五端午 tuan˩u˩tɕiɛ˩ u˩tan˩u˩	粽子节/五端午 tsuŋ˩tsɿ˩tɕiɛ˩ u˩tan˩u˩	五端（儿）午 u˩taŋ˩(tɤr˩)u˩	五月端午 u˩yoʔ˩taŋ˩u˩
虫子	虫儿tʂũr˩	虫儿tʂũr˩	虫子tʂuŋ˩tsɿ	牛妞niou˩niou

续表

例词	东片区	北片区	西片区	江水河村
啄木鸟	啅得儿木 pənˋtɤˉmuˋ	啅得儿木 pənˋtɤˉmuˋ	啅啅凿/啅啅凿凿/啅哒拉木 pənˋpənˋtsɑuˋ pənˋpənˋtsɑuˋtsɑuˋ pənˋ·ta·lamuˋ	啅树虫 pənˋʂuˋtʂʰuŋˋ
公羊	骚葫芦 sɑuˋxuˉlu	骚葫芦 sɑuˋxuˉlu	呱呱/骚胡 kuaˋkua sɑuˋxu	呱呱kuaˋkua
薅草	拔草paˋtsʰɑuˋ	拔草paˋtsʰɑuˋ	拔草paˋtsʰɑuˋ	锄草tʂʰuˋtsʰɑuˋ
马铃薯	土豆tʰuˋtouˋ	土豆/山药（蛋）tʰuˋtouˋ ʂanˋiɑuˋ（tan）	山药（蛋）/山药子 ʂanˋyoˋ（tan） ʂanˋyoˋtʂ	山药ʂeiˉyoʔˋ
圆白菜	圆白菜 yanˋpaiˋtsʰaiˋ	洋白菜/圆白菜 iɑŋˋpaiˋtsʰaiˋ yanˋpaiˋtsʰaiˋ	洋白菜/圆白菜 iɑŋˋpaiˋtsʰaiˋ yanˋpaiˋtsʰaiˋ	疙瘩菜kɤˋtaˋtsʰaiˋ
杜鹃花	杜鹃花 tuˋtɕyanˋxuaˋ	杜鹃花 tuˋtɕyanˋxuaˋ	蓝荆子 lanˋtɕiŋˋtʂ	菀荆花儿 uanˋtɕiŋˋxuarˋ
向日葵	葵花/转转莲 kʰueiˋxuaˋ tʂuanˋtʂuanˋlian	葵花/转转莲 kʰueiˋxuaˋ tʂuanˋtʂuanˋlian	黄金塔 xuaŋˋtɕinˋtʰaˋ	向日葵 ɕiaŋˋzˋkʰueiˋ
牵牛花	喇叭花 laˋpaˋxuaˋ	喇叭花/牵牛子 laˋpaˋxuaˋ tɕʰianˋnioutʂ	喇叭花/大碗花/黑丑/白丑 laˋpaˋxuaˋ taˋuanˋxuaˋ xeiˋtʂʰou paiˋtʂʰou	喇叭花laˋpaˋxuaˋ
蚯蚓	曲曲tɕʰyˋtɕʰy	曲曲（儿）tɕʰyˋtɕʰyˋ（tɕʰyɹ）	地龙tiˋluŋ 曲串儿tɕʰyˋtʂʰuan	地龙tiˋluŋ
蝙蝠	檐目虎子 yanˋmuˋxuˋtʂ	夜蝙蝠/檐蝙蝠 iɛˋpianˋfu yanˋpianˋfu	圆蝙蝠 yuenˋpienˋxu	圆蝙蝠 yuenˋpienˋxu
萤火虫	火虫儿 xuoˋtʂʰuɹ	火虫儿 xuoˋtʂʰuɹ	明火虫 mianˋxuoˋtʂuŋ	亮尾股虫儿 liaŋˋiˋxuˋtʂʰuɹ
蝉	乌音哇 uˋinˋuaˋ	乌音哇 uˋinˋua	乌音（牛）哇子 uˋinˋ（niou）uaˋ·tʂ	乌牛哇崴 uˋniouˋuaˋuai

续表

例词	东片区	北片区	西片区	江水河村
捉迷藏	藏没儿/藏闷儿狗咬 tsʻaŋ↗moʋ tsʻaŋ↗mər↙kou↙	藏蒙蒙儿 tsʻaŋ↗məŋ↙ŋəɹ↗	藏没儿没儿 tsʻaŋ↗mər↙mər↗	藏猫猫 tsʻaŋ↗mau↙mau
闻闻	听听 tʻiŋ↙tʻiŋ	听听 tʻiŋ↙tʻiŋ	听听 tʻiŋ↙tʻiŋ	闻闻 uən↙uən

（三）语法方面

语法方面门头沟各片区的差异性不大。

综上所述，门头沟方言既有相同的特点，也有较明显的内部差异，其中差异性特征主要体现在语音和词汇方面，语音的差异性是最大的，其次是词汇，语法的差异性较小。由于斋堂土话具有鲜明的特色，本书主要记录斋堂话，这也是门头沟区的代表性方言。

四、本书音标符号

本书标音采用国际音标，本书所用到的辅音、元音、声调符号列表如下。

1. 辅音符号

表6：国际音标辅音

发音方法		发音部位	双唇	唇齿	舌尖前	舌尖中	舌尖后	舌面前	舌面后
塞音	清	不送气	p			t			k
		送气	pʻ			tʻ			kʻ
塞擦音	清	不送气			ts		tʂ	tɕ	
		送气			tsʻ		tʂʻ	tɕʻ	
鼻音	浊		m			n			ŋ

续表

发音方法＼发音部位		双唇	唇齿	舌尖前	舌尖中	舌尖后	舌面前	舌面后
边音	浊				l			
擦音	清		f	s		ʂ	ɕ	x
	浊					ʐ		

（零声母用符号 ∅ 表示。）

2. 元音符号

本书所用的元音符号如下图。

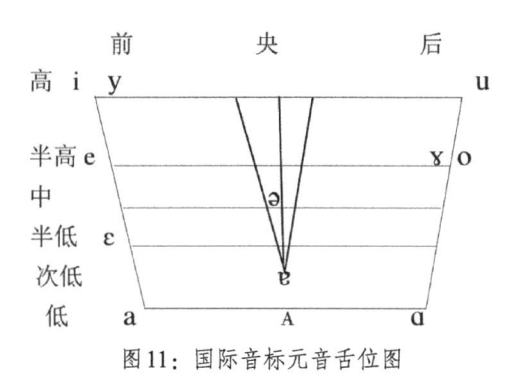

图11：国际音标元音舌位图

除元音图上的舌面元音外，还有两个舌尖元音：

[ɿ] 舌尖前不圆唇元音

[ʅ] 舌尖后不圆唇元音

3. 声调符号

（1）声调采用五度制声调符号。本书所用声调符号共5个。

阴平 ˥˨52　　上声 ˨˩˦214　　去声 ˦˩41　　入声 ˦˨42

阳平 ˧˨32

（3）声调采用发圈法式声调符号。用于方言内部比较需要时运用。

阴平 ˳□　　上声 ʻ□　　去声 □ʼ　　入声 □ˎ　　阳平 ˏ□

4.其他符号

~加在元音音标上面表示鼻化音，如：ã是a的鼻化音，õ是o的鼻化音。

ø表示零声母

5.发音合作人信息

表7：发音合作人（截至2019年）

所属村	姓名	年龄	性别	民族	文化程度	职业
斋堂镇沿河口村	高某某	78	男	汉族	高中	教师
斋堂镇燕家台村	赵某某	78	男	汉族	中专	干部
斋堂镇桑峪村	杨某某	66	男	汉族	大专	乡干部
斋堂镇吕家沟村	吕某某	67	男	汉族	初中	农民
	吕某某	66	男	汉族	高中	农民
斋堂镇柏峪村	谭某某	68	男	汉族	大专	乡干部
	王某某	73	男	汉族	小学	农民
清水镇塔河村	韩某某	68	男	汉族	初中	农民
	杜某某	71	男	汉族	初中	农民
清水镇江水河村	周某某	72	男	汉族	小学肄业	农民
	周某某	71	男	汉族	中专	村医
永定镇上岸村	安某	77	男	汉族	高中	乡干部
王坪镇西石古岩村	张某某	83	男	汉族	小学肄业	村干部
军庄镇东杨坨村	安某某	70	男	汉族	大学	公务员
	霍某某	70	男	汉族	大专	乡干部
潭柘寺镇赵家台村	孙某某	65	男	汉族	大专	教师
潭柘寺镇鲁家滩村	高某某	72	女	汉族	小学肄业	农民
雁翅镇青白口村	孔某某	54	男	汉族	小学	农民
雁翅镇苇子水村	高某某	80	男	汉族	文盲	农民
	高某某	78	男	汉族	小学肄业	农民

续表

所属村	姓名	年龄	性别	民族	文化程度	职业
雁翅镇太子墓村	彭某某	71	男	汉族	文盲	农民
妙峰山镇丁家滩村	刘某某	71	男	汉族	初中	农民
大台镇千军台村	刘某某	74	男	汉族	小学	村医
龙泉镇高家园新区（旧大峪村）	马某某	70	女	汉族	大专	公务员

注：为保护发音合作人个人信息，特将名字隐去。

第二章 门头沟斋堂话音系

一、声韵调分析

(一) 声母

1.声母系统

斋堂话声母共23个，包括零声母：

p包班帮八   p'普皮配劈   m米美面目   f飞富福发

t朵塔地德   t'桃腾天题   n拿尼年捏   l连柳李录

ts字紫资自   ts'从粗村催   s思斯丝梢

tʂ真证照哲   tʂ'床唱查戳   ʂ尚神顺实   ʐ如日润热

tɕ建姐结菊   tɕ'千钱区切   ɕ先向西吸

k感根工谷   k'看靠跨阔   ŋ鹅庵岸安   x汗浩凰喝

ø英恒舞屋

说明：斋堂话中辅音[ŋ]可以作声母。

2.辅音的实验语音数据分析

为保证语音调查数据的真实性，本书对斋堂话的语音系统进行了相关的实验语音学的分析研究，发音合作人年龄都在60岁以上，基本为男性。采用南开大学"桌上语音工作室"（Minispeech-Lab）对样品字进行声学实验，并得出具体的分析数据。辅音部分主要分析了塞音、擦音在斋堂话中的具体表现形式。下文以斋堂镇的大样本数据展开研究。

下文从实验语言学角度对斋堂话方言的辅音格局进行语音实验分析。

A.斋堂话和北京城区的塞音格局对比

经过实验数据分析，斋堂话和北京城区的塞音格局对比如下图。

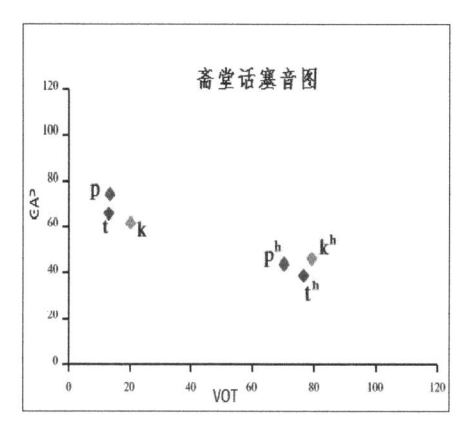

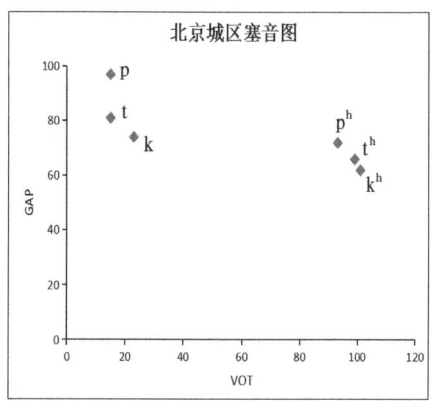

图 12：斋堂话和北京城区的塞音格局

由上图可见，斋堂话和北京城区话一样，不送气塞音和送气塞音分别构成左右两个聚合群，而根据塞音闭塞段时长 GAP 值和嗓音起始时间 VOT 值两个参数，斋堂话的不送气塞音 [p][t][k] 的 GAP 值（分别为 74、66、61）和 VOT 值（分别为 14、13、20），与北京城区 [p][t][k] 的 GAP 值（分别为 97、81、74）和 VOT 值（分别为 15、15、23）相比，斋堂话 [p][t][k]GAP 值和 VOT 值都低于城区，其发音时肌肉紧张程度和送气程度、爆破力都比城区弱。

斋堂话的送气塞音 [p'][t'][k'] 的 GAP 值（分别为 43、39、46）和 VOT 值（分别为 70、77、79），与北京城区 [p'][t'][k'] 的 GAP 值（分别为 72、66、62）和 VOT 值（分别为 93、99、101）相比，斋堂话的送气塞音 [p'][t'][k'] 的 GAP 值和 VOT 值都低于城区，说明斋堂话的送气塞音 [p'][t'][k'] 发音时肌肉紧张度和送气强度也都低于城区。

B、斋堂话和北京城区的擦音格局对比

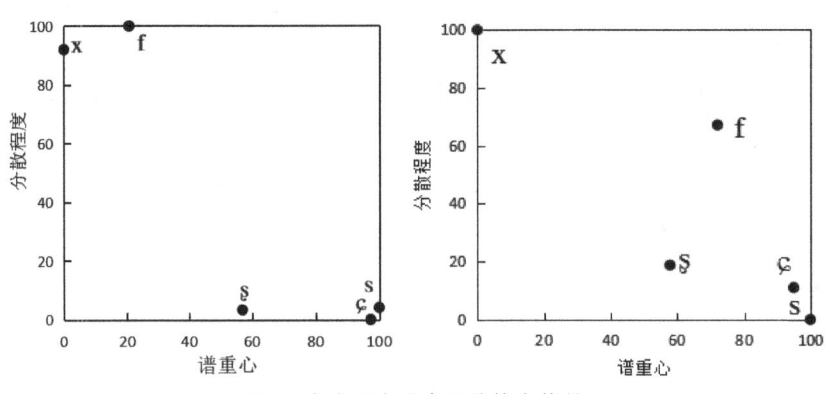

图13：斋堂话和北京话的擦音格局

上图中，斋堂话和北京城区擦音格局差异较大，斋堂话擦音的离散程度整体偏低，其中，[f]的离散程度最高，D值为100，频谱重心G值为21；而斋堂话的[x]频谱重心才是最低的，G值为0。比较城区的[f]，D值为67，G值为72，证明斋堂话[f]的摩擦缝隙最大，能量分散程度最高，发音时最柔和，但音强相对较弱。反之，城区是[x]的离散程度最高，频谱重心最低，D值为100，G值为0，可见城区是舌面后擦音[x]的摩擦缝隙最大，能量分散程度最高，发音时最柔和。再看舌尖前擦音[s]，斋堂话D值为4，G值为100，而北京城区，D值为0，G值为100，说明发音时，北京城区[s]的摩擦缝隙最小，能量分散程度最低，发音时摩擦性较强，属于刚性摩擦，斋堂话[s]的气流要弱，时长也稍短。从擦音格局总体图来看，斋堂话的[x][f]和[s][ɕ]分别具有分散程度和频谱重心的最大值和最小值，共同构成整个格局图的极限范围，而城区则是由[x]和[s]构成整个格局图的极限范围。此外，斋堂话的[ʂ][ɕ]和[s]一起构成分散程度很低，而频谱重心较高的一组音。城区的[ʂ][ɕ]和[s]一起也构成分散程度较低，频谱重心较高的一组音。北京城区话的[ʂ][ɕ]在格局图中分散程度和频谱重心都分别高于斋堂话，证明其发音时都比斋堂话的摩擦缝隙大，音长长于斋堂话，但音强弱于斋堂话，其摩擦的力度要柔性一些。

（二）韵母

1.韵母系统

斋堂话韵母共39个：

ɿ 姿咨词赐	i 丽妮蕾粒	u 猪注书畜	y 曲剧趣续
ʅ 指赤市室			
a 插砂楂达	ia 芽压恰鸭	ua 画娃挎挖	
o 博泼墨佛		uo 措锁左作	yo 脚雀药钥
	iɛ 姐茄鞋业		yɛ 雪确月学
ɚ 而儿耳贰			
ɤ 歌科骒册			
ai 寨开腮窄		uai 怪快槐拽	
ɑu 吵造草凿	iɑu 浇消悄嚼		
ei 类垒煤肋		uei 喂辉回亏	
ou 丑谋周酬	iou 秋修酒六		
an 喊贪兰腌	ian 盐电甜篇	uan 船赚卵乱	yan 悬娟园炫
ən 镇身门森		uən 坤淳滚困	
	in 新敏霖闽		yn 群俊匀寻
ɑŋ 棒放搡苍	iɑŋ 江痒巷	uɑŋ 黄皇逛装	
əŋ 城盛政睁		uəŋ 翁嗡瓮	
	iŋ 英行柠凝	uŋ 孔中宋叾	yŋ 勇泳胸炯

说明：

（1）斋堂话韵母系统单韵母9个，鼻音韵母16个，双元音或三元音复合韵母14个。

（2）斋堂话39个韵母由10个元音和2个辅音组成。10个元音是[ɿ ʅ a ɑ o e i u y ɤ]，2个辅音是[n ŋ]。

（3）斋堂话有一个特殊的韵母[yo]。

下文以斋堂柏峪村为例，将采用元音V值图的计算公式，对斋堂话的一级元音进行实验分析，并与北京城区一级元音展开对比。具体方法、步骤见前文介绍。

下图分别是斋堂话方言和北京话的基础元音声位图和格局图。

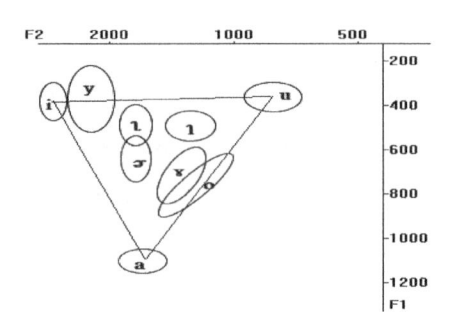

图14：斋堂话基础元音声位　　图15：北京话基础元音声位

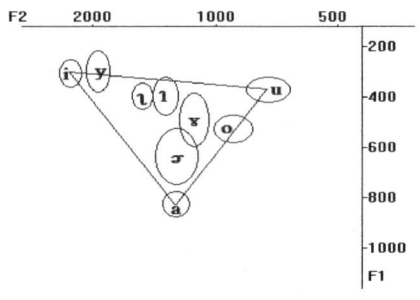

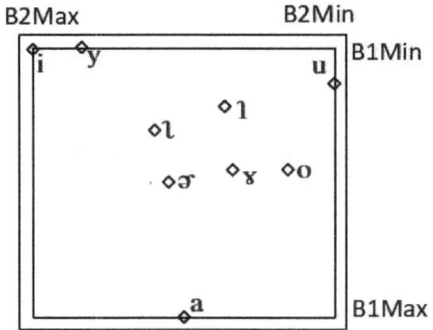

图16：斋堂话基础元音格局　　图17：北京话基础元音格局

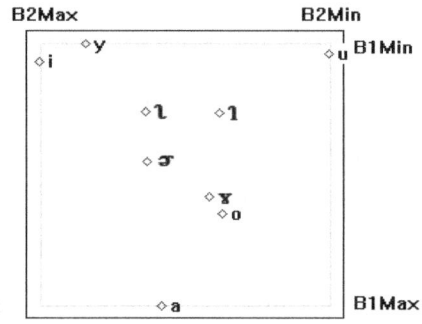

由上文（图14－15）可见，斋堂话方言和北京城区的顶点元音[i u a]之间的连线都呈近似的等边三角形。

斋堂话方言基础元音的特点主要体现在：

〇 从F1值来看（图14－15），斋堂话的基础元音舌位高低维整体比北京城区偏低，斋堂话顶点元音[i u a]的F1值在367.9Hz～1103.2Hz之间，而北京城区的顶点元音[i u a]的F1值在310.7 Hz～827.5 Hz之间，斋堂话基础元音舌位高低维的空间跨度大于北京城区，同时，从格局图可见，斋堂话的后元音[u]比前元音[i]舌位要高；

○ 从F2值来看（图14-15），斋堂话的基础元音舌位前后维整体较比北京城区偏前，斋堂话的顶点元音[i u]的F2值在2727.1Hz～770.5Hz之间，而北京城区的顶点元音[i u]的F2值在2264.3Hz～708.0Hz之间，斋堂话基础元音舌位前后维的空间跨度要大于城区；

○ 从元音声位图来看（图14-15），元音[i y u ɿ ʅ]在水平方向的位次是稳定的，其中[ɿ ʅ]有部分重合，而北京城区是相对独立的。斋堂话的前高元音[y]声学空间面积较大，其游移性要比城区的[y]大；斋堂话的中元音[ɤ]和[o]，有较大面积的重合，舌尖元音[ɿ]和[ɚ]也出现部分重合。就[ɤ]来看，斋堂话的F1、F2值分别为733.6Hz～1354.1Hz，城区[ɤ]的F1、F2值分别为482.7Hz～1092.9Hz；就[o]来看，斋堂话[o]的F1、F2值分别为785.5Hz～1276.3Hz，城区[o]的F1、F2值分别为514.0Hz～891.8Hz，很明显，斋堂话的[ɤ]和[o]的游移性要大过城区。此外，柏峪村的卷舌央元音[ɚ]的F1、F2值分别为733.6Hz～1354.1Hz，比较城区的[ɚ]（F1值、F2值分别为610.3Hz～1301.1Hz），斋堂话的卷舌央元音舌位要偏低偏前，但游移性要比城区小。

○ 从元音格局图来看（图16-17），斋堂话方言各基础元音位置高低的区别度与北京城区一样都很清楚。根据V2值，斋堂话低元音[a]和北京话一样，V2值都在40～60的范围，其实际读音应该都是央元音[ʌ]。

（三）声调

1.声调系统

声调共4个：

调类	调值	调型	例字
阴平	52	˥	煲教苏敲

阳平	32	↘	糖羊桥俗
上声	214	↘	宝喜雨百
去声	41	↘	庆路厚禄

说明：斋堂话声调中阴平、阳平和上声都是降调，上声保持曲折调。

2.声调的实验语言学数据分析

声调采用T值的计算方法，对样品字进行声学实验，经过分析实验数据图例如下：

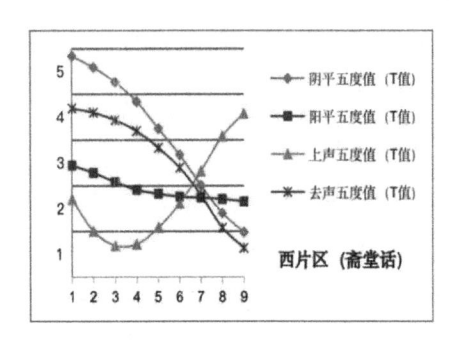

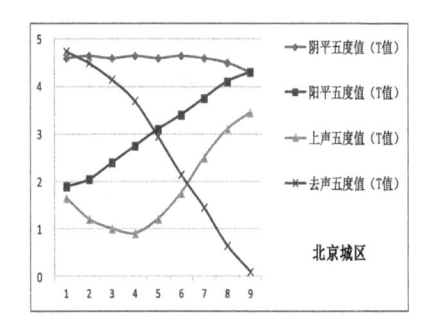

图18：斋堂话与北京城区话声调对比

由上图可见：斋堂话①阴平调是全降调，由5度降到2度，与北京话的去声调刚好相反；②阳平调是中高降调，由3度降到2度，其调域较窄；③上升调是曲折调，与北京话的214调值一致；④去声调不是全降调，是在次高音4度的音高降到1度。该方言出现3个降调，1个曲折调调型。该点声调的调值和调型明显与北京话的差异是较大的。

（四）连读变调

门头沟斋堂话连读变调十分复杂，其连读变调不仅与轻重音格式有关，还与词语的结构关系有关，因此有必要将连读变调与词语的上述两个因素联系起来考察。本书主要对斋堂话的连读变调进行重点调查。

1.两字组的连读变调

下面主要讨论轻重重型和重轻型两种情况：

（1）重重型：是指两个音节都是能读出实际声调的，即带调音节＋带调音节，口语实际读音具体又分为轻重式和重轻式两种：

表8：斋堂话非叠字两字组重重型连读变调

前字＼后字	阴平 52	阳平 32	上声 214	去声 41
阴平 52	32+52 搬家 开车	32+12 天桥 开门	32+214/41 抓紧 风水	32/41+24 天气 春夏
阳平 32	32+52 良心 磨刀	32+32 羊毛 牛羊	32+214 红枣 骑马	32+24 咸菜 肥瘦
上声 214	（21+52/52+214） 酒杯 喜欢	214+32 口粮 腿长	35+214 胆小 手巧	（214+41/32） 韭菜 走路
去声 41	41+52 汽车 看书	41+32 菜园 太平	41+214 政府 半碗	41+41 贵重 送客

①阴平字作前字：

1）阴平＋阴平（32+52）

搬家 pan˩ tɕia˩　　开车 kʻai˩ tʂʻɤ˩　　天黑 tʻian˩ xei˩

阴平＋阴平连读时，动宾结构、主谓结构一般是轻重式，前字变调后字不变调。

2）阴平＋阳平（32+12）

天桥 tʻian˩ tɕiɑu˩　　开门 kʻai˩ mən˩　　花钱 xua˩ tɕian˩

阴平＋阳平连读时，所有结构前后字都变调。

3）阴平＋上声（32+214/41）

抓紧 tʂua˩ tɕin˩　　偷马 tʻou˩ ma˩　　浇水 tɕiɑu˩ ʂuei˩

风水 fəŋ˩ ʂuei˩　　安稳 ŋan˩ uən˩ ŋ　　安静 ŋan˩ tɕiŋ˩

阴平＋上声连读时动宾结构一般是轻重式，前字变调后字不变调；并列结构是重轻式，前字和后字都变调。

4）阴平+去声（32/41+24）

阴平+清去（32+41）

山货ʂanꜛ xuoꜜ　　　天气tʻianꜛ tɕʻiꜜ　　　霜降ʂuaŋꜛ tɕiaŋꜜ

阴平+清去连读时，所有结构前字变调，后字不变调。但有些主谓结构出现例外：

鸡叫tɕiꜛ tɕiauꜜ，与阴平+浊去变调相同。

阴平+浊去（32+24）：

山洞ʂanꜛ tuŋꜛ　　　春夏tʂʻuŋꜛ ɕiaꜛ　　　新旧ɕinꜛ tɕiouꜛ

阴平+浊去连读时，所有结构前后字都变调。但有些动宾式结构出现例外：

生病ʂəŋꜛ piŋꜜ，与阴平+清去变调相同。

②阳平字作前字

1）阳平+阴平（32+52）

良心liaŋꜛ ɕinꜛ　　　门窗mənꜛ tʂʻuaŋꜛ　　　名声miŋꜛ ʂəŋꜛ

2）阳平+阳平（32+32）

羊毛iaŋꜛ mauꜛ　　　牛羊niouꜛ iaŋꜛ　　　爬墙pʻaꜛ tɕʻiaŋꜛ

3）阳平+上声（32+214）

红枣xuŋꜛ tsauꜛ　　　锣鼓luoꜛ kuꜛ　　　长远tʂʻaŋꜛ yanꜛ

4）阳平+去声（32+24）

咸菜ɕianꜛ tsʻaiꜛ　　　肥瘦feiꜛ ʂouꜛ　　　流汗liouꜛ xanꜛ

阳平字作前字连读变调时，只有阳平+去声的连读变调不管轻重音和词的结构，都是前字不变调，后字发生变调。其他类型都是前字后字均不变调。

③上声字作前字

1）上声+阴平（21+52/52+214）

酒杯tɕiouꜛ peiꜛ　　　洗衣ɕiꜛ iꜛ　　　起风tɕʻiꜛ fəŋꜛ

手巾ʂouꜛ tɕinꜛ　　　喜欢ɕiꜛ tɕinꜛ

上声+阴平连读变调时，有的前字变成半上，后字不变调；有的前字变成平声，后字变成上声调。

2）上声+阳平（214+32）

口粮k'ou˧˥ liaŋ˧˨　　酒瓶tɕiou˧˥ p'iŋ˧˨　　打雷ta˧˥ lei˧˨

上声+阳平连读变调时，前后字都不变调。

3）上声+上声（35+214）

保守pau˧˥ ʂou˨˩˦　　胆小tan˧˥ ɕiau˨˩˦　　早晚tsau˧˥ uan˨˩˦

上声+上声连读变调时，不管轻重音和词的结构关系，前字一律变成35调，后字不变调。

4）上声+去声（214+41/32）

好受xau˨˩˦ ʂou˦˩　　板凳pan˨˩˦ təŋ˦˩　　草帽ts'au˨˩˦ mau˦˩

韭菜tɕiou˨˩˦ ts'ai˦˩　　好事xau˨˩˦ ʂʅ˦˩

上声+去声连读变调时，前字不变调，后字一种不变调，一种变成阳平调。

④去声字作前字

1）去声+阴平（41+52）

汽车tɕ'i˦˩ tʂ'ɤ˥˨　　跳高t'iau˦˩ kau˥˨　　放心faŋ˦˩ ɕin˥˨

2）去声+阳平（41+32）

菜园ts'ai˦˩ yan˧˨　　太平t'ai˦˩ p'iŋ˧˨　　性急ɕiŋ˦˩ tɕi˧˨

3）去声+上声

政府tʂ'əŋ˦˩ fu˨˩˦　　中暑tʂuŋ˦˩ ʂu˨˩˦　　半尺pan˦˩ tʂʅ˨˩˦

4）去声+去声（41+41）

降价tɕiaŋ˦˩ tɕia˦˩　　贵贱kuei˦˩ tɕian˦˩　　送客ʂuŋ˦˩ k'ɤ˦˩

去声作前字和四声相组合时，连读变调前后字均不变调。

（2）重轻型：指两个音节一个是带调音节，一个是轻声音节，即带调音节+轻声音节。

门头沟斋堂话连读变调时，后字轻声音节对变调没有太大影响，但是其自身会根据前字的音高发生变化。

表9：斋堂话非叠字两字组重轻型连读变调

后字 前字	阴平52	阳平32	上声214	去声41
阴平52	52+2 新鲜 声音	52+2 烟筒 风俗	52+2 筋骨 辛苦	52+2 惊蛰 车上
阳平32	32+1 皮肤 棉衣	32+1 明年 石头	32+1 牙齿 口里	32+1 黄豆 白菜
上声214	214+4 手巾 北边	214+4 酒席 枕头	214+4 椅子 耳朵	214+4 骨肉 角落
去声41	41+3 树根 外甥	41+3 事情 后头	41+3 豆腐 豆饼	41+3 厚道 棍棒

①阴平字作前字

1）阴平＋阴平→轻声（52+2）

声音 ʂəŋ˥˨ in˨　　　新鲜 ɕin˥˨ ɕian˨

2）阴平＋阳平→轻声（52+2）

烟筒 ian˥˨ tʻuŋ˨　　　风俗 fən˥˨ su˨

3）阴平＋上声→轻声（52+2）

筋骨 tɕin˥˨ ku˨　　　辛苦 ɕin˥˨ kʻu˨

4）阴平＋去声→轻声（52+2）

惊蛰 tɕiŋ˥˨ tʂɤ˨　　　车上 tʂʻɤ˥˨ ʂaŋ˨

②阳平字作前字

1）阳平＋阴平→轻声（32+1）

皮肤 pʻi˧˨ fu˩　　　棉衣 mian˧˨ i˩

2）阳平＋阳平→轻声（32+1）

明白 miŋ˧˨ pai˩　　　男人 nan˧˨ zən˩

3）阳平＋上声→轻声（32+1）

牙齿 ia˧˨ tʂʅ˩　　　口里 kʻou˧˨ li˩

4）阳平+去声→轻声（32+1）

黄豆 xuaŋ˧˨ tou˩   白菜 pai˧˨ ts'ai˩

③上声字作前字

1）上声+阴平→轻声（214+4）

手巾 ʂou˨˩˦ tɕin˩   北边 pei˨˩˦ pian˩

2）上声+阳平→轻声（214+4）

斧头 fu˨˩˦ t'ou˩   枕头 tʂən˨˩˦ t'ou˩

3）上声+上声→轻声（214+4）

椅子 i˨˩˦ tʂɿ˩   耳朵 ər˨˩˦ tuo˩

4）上声+去声→轻声（214+4）

地道 ti˨˩˦ tau˩   角落 tɕiau˨˩˦ luo˩

④去声字作前字

1）去声+阴平→轻声（41+3）

树根 ʂu˦˩ kən˩   外甥 uai˦˩ ʂən˩

2）去声+阳平→轻声（41+3）

事情 ʂɿ˦˩ tɕ'iŋ˩   后头 xou˦˩ t'ou˩

3）去声+上声→轻声（41+3）

豆腐 tou˦˩ fu˩   豆饼 tou˦˩ piŋ˩

4）去声+去声→轻声（41+3）

厚道 xou˦˩ tau˩   棍棒 kuən˦˩ paŋ˩

　　门头沟斋堂话两字组连读音变，主要受词语轻重音和结构的影响，轻声音节对前字的变调不产生影响。此外，连读变调时，两字组后字的儿化对后字的变调影响也很大，这也是门头沟连读变调中的一个重要特点，本书对该现象不做探讨。

2. 三字组的连读变调

　　斋堂话三字组变调极为复杂，本书将按照阴平、阳平、上声、去声的顺序进行描写分析，将发生变调的组合先列表总括、再列举例词。不发生

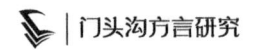

变调的组合均不予列举。

表10：首字为阴平的三字组连读变调

序号	三字组声调组合	原调调值	变调调值	例词
1	阴平+阴平+阴平	52+52+52	32+52+52	收音机　开天窗
			52+32+52	公积金
			32+32+41	搬书桌
2	阴平+阴平+阳平	52+52+32	32+32+32	梳妆台　天安门
			52+32+214	中秋节
3	阴平+阴平+上声	52+52+214	32+32+214	天花板　花生米
4	阴平+阳平+上声	52+32+214	32+32+214	光荣榜　中南海
5	阴平+阳平+阴平	52+32+52	32+32+52	工农兵　西洋参
6	阴平+阴平+去声	52+52+41	52+32+41	西安市　新花样
			32+32+214	交通线　师兄弟
7	阴平+阳平+阳平	52+32+32	52+35+214	清明节　抓蝴蝶
8	阴平+阳平+去声	52+32+41	32+32+35	宣传部　交流会
			52+32+35	新棉裤　西游记
			52+35+41	花颜色　安眠药
9	阴平+上声+阴平	52+214+52	32+214+52	抽水机　开火车
10	阴平+上声+阳平	52+214+32	32+35+32	三里河　秋海棠
			52+35+32	交表格　当主席
11	阴平+上声+上声	52+214+214	52+35+214	申请表　新产品
12	阴平+上声+去声	52+214+41	52+35+41	钟表店　山水画
13	阴平+去声+阴平	52+41+52	52+41+32	兄弟间　生意经
			52+35+32	遭旱灾
14	阴平+去声+阳平	52+41+32	52+41+24	干电池　关大门
15	阴平+去声+去声	52+41+41		司令部　开布店

（1）阴平+阴平+阴平（52+52+52→32+52+52，52+32+52，32+32+35）

32+52+52　收音机ʂou˨˩ in˥˨ tɕin˥˨　开天窗kʻai˨˩ tʻian˥˨ tʂʻuaŋ˥˨

52+32+52　公积金kuŋ˥˨tɕi˨˩ tɕin˥˨

32+32+41　搬书桌pan˨˩ ʂu˨˩ tʂuo˦˩

（2）阴平+阴平+阳平（52+52+32→32+32+32，52+32+214）

32+32+32　梳妆台ʂu˨˩ tʂuaŋ˨˩ mən˨˩ 天安门

52+32+214　中秋节tʂuŋ˥˨ tɕʻiou˨˩ tɕiɛ˨˩˦ ts

（3）阴平+阴平+上声（52+52+214→32+32+214）

32+32+214　天花板tʻian˨˩ xua˨˩ pan˨˩˦　花生米xua˨˩ ʂəŋ˨˩ mi˨˩˦

（4）阴平+阳平+上声（52+32+214→32+32+214）

32+32+214　光荣榜kuaŋ˨˩ zuŋ˨˩ paŋ˨˩˦　中南海tʂuŋ˨˩ nan˨˩ xai˨˩˦

（5）阴平+阳平+阴平（52+32+52→32+32+52）

32+32+52　工农兵kuŋ˨˩ nəŋ˨˩ piŋ˥˨　西洋参ɕi˨˩ iaŋ˨˩ sən˥˨

（6）阴平+阴平+去声（52+52+41→52+32+41；32+32+214）

52+32+41　西安市ɕi˥˨ ŋan˨˩ ʂʅ˦˩　新花样ɕin˥˨ xua˨˩ iaŋ˦˩

32+32+214　交通线tɕiau˨˩ tʻuŋ˨˩ ɕian˨˩˦　师兄弟ʂʅ˨˩ ɕyŋ˨˩ ti˨˩˦

（7）阴平+阳平+阳平（52+32+32→52+35+214）

52+35+214　清明节tɕʻiŋ˥˨ miŋ˧˥ tɕiɛ˨˩˦　抓蝴蝶tʂua˥˨ xu˧˥ tiɛ˨˩˦

（8）阴平+阳平+去声（52+32+41→32+32+35，32+32+35，52+35+41）

32+32+35　宣传部ɕyan˨˩ tɕʻuan˨˩ pu˧˥　交流会tɕiau˨˩ liou˨˩ xuei˧˥

52+32+35　新棉裤ɕin˥˨ mian˨˩ kʻu˧˥　西游记ɕi˥˨ iou˨˩ tɕi˧˥

52+35+41　花颜色xua˥˨ yan˧˥ sɤ˦˩　安眠药ŋan˥˨ mian˧˥ iɑu˦˩

（9）阴平+上声+阴平（52+214+52→32+214+52）

32+214+52　抽水机tʂʻou˨˩ ʂuei˨˩˦ tɕi˥˨　开火车kʻai˨˩ xuo˨˩˦ tʂʻɤ˥˨

（10）阴平+上声+阳平（52+214+32→32+35+32，52+35+32）

32+35+32　三里河tɕiau˨˩ piɑu˧˥ kɤ˨˩　秋海棠tɕʻiou˨˩ xai˧˥ tʻaŋ˨˩

52+35+32　交表格tɕiau˥˨ piɑu˧˥ kɤ˨˩　当主席taŋ˥˨ tʂu˧˥ ɕi˨˩

（11）阴平+上声+上声（52+214+214→52+35+214）

52+35+214　申请表ʂən˩ tɕʻiŋ˥ pi̯ɑu˩　新产品ɕin˩ tʂʻan˥ pʻin˩

（12）阴平+上声+去声（52+214+41→52+35+41）

52+35+41　钟表店tʂuŋ˩ pi̯ɑu˥ tian˩　山水画ʂan˩ ʂuei˥ xua˩

（13）阴平+去声+阴平（52+41+52→52+41+32，52+35+32）

52+41+32　兄弟间ɕyŋ˩ ti˩ tɕian˩　生意经ʂəŋ˩ i˩ tɕin˩

52+35+32　遭旱灾tsɑu˩ xan˩ tsai˩

（14）阴平+去声+阳平（52+41+32→52+41+24）

52+41+24　干电池kan˩ tian˩ tʂʅ˩　关大门kuan˩ tɑ˩ mən˩

（15）阴平+去声+去声（52+41+41→52+41+24）

52+41+24　司令部sʅ˩ liŋ˩ pu˩　开布店kʻai˩ pu˩ tian˩

表11：首字为阳平的三字组连读变调

序号	声调模式	原调值	变调调值	例词
1	阳平+阴平+阴平	32+52+52	32+32+52	螺丝钉 何仙姑
2	阳平+阴平+阳平	32+52+32	32+32+32	鱼肝油 迎新娘
3	阳平+阴平+上声	32+52+214	32+32+214	图书馆 韩乡长
4	阳平+阴平+去声	32+52+41	32+32+41	毛巾被 堂兄弟
			32+32+24	绸花布 来开会
5	阳平+上声+阴平	32+214+52	32+214+41	裁纸张 娘子军
			32+35+52	红领巾 行李车
6	阳平+上声+阳平	32+214+32	32+21+24	红手巾 揉眼睛
				红手巾 头几条
			32+35+32	牛奶瓶 鹅卵石
7	阳平+上声+上声	32+214+214	32+35+214	寒暑表 提水桶
8	阳平+上声+去声	32+214+41	32+35+44	门诊部 锄小麦
			32+21+21	牙齿痛 王掌柜
9	阳平+去声+阴平	32+41+52	32+41+41	红汽车

48

续表

序号	声调模式	原调调值	变调调值	例词
10	阳平+去声+去声	32+41+41	32+41+24	门市部 皇太后
			32+41+32	麻醉药 前半月
11	阳平+阴平+去声	32+52+41	32+41+24	油漆店 咸鸭蛋
12	阳平+阳平+去声	32+32+41	32+32+24	同学录

（1）阳平+阴平+阴平（32+52+52→32+32+52）

32+32+52　螺丝钉luo˧˨ sɿ˧˨ tiŋ˥˨　何仙姑xɤ˧˨ ɕian˧˨ ku˥˨

（2）阳平+阴平+阳平（32+52+32→32+32+32）

32+32+32　鱼肝油y˧˨ kan˧˨ iou˧˨　迎新娘iŋ˧˨ ɕin˧˨ niŋ˧˨

（3）k阳平+阴平+上声（32+52+214→32+32+214）

32+32+214　图书馆t'u˧˨ ʂu˧˨ kuan˨˩˦　韩乡长xan˧˨ ɕiaŋ˧˨ tɕiaŋ˨˩˦

（4）阳平+阴平+去声（32+52+41→32+32+41，32+32+24）

32+32+41　毛巾被mau˧˨ tɕin˧˨ pei˦˩　堂兄弟t'aŋ˧˨ ɕyŋ˧˨ ti˦˩

32+32+24　来开会lai˧˨ k'ai˧˨ xuei˨˦　绸花布tʂ'ou˧˨ xua˧˨ pu˨˦

（5）阳平+上声+阴平（32+214+52→32+214+41，32+35+52，32+21+24）

32+214+41　裁纸张tʂ'ai˧˨ tʂɿ˨˩˦ tʂaŋ˦˩　娘子军niaŋ˧˨ tsɿ˨˩˦ tɕyn˦˩

32+35+52　红领巾xuŋ˧˨ liŋ˧˥ tɕin˥˨　行李车ɕiŋ˧˨ li˧˥ tʂ'ɤ˥˨

32+21+24　红手巾xuŋ˧˨ ʂou˨˩ tɕin˨˦　头几条t'ou˧˨ tɕi˨˩ t'iau˨˦

（6）阳平+上声+阳平（32+214+32→32+35+32）

32+35+32　牛奶瓶niou˧˨ nai˧˥ piŋ˧˨　鹅卵石ŋɤ˧˨ luan˧˥ ʂɿ˧˨

（7）阳平+上声+上声（32+214+214→32+35+214）

32+35+214　寒暑表xan˧˨ ʂu˧˥ piau˨˩˦　提水桶t'i˧˨ ʂuei˧˥ t'uŋ˨˩˦

（8）阳平+上声+去声（32+214+41→32+35+44，35+21+21）

32+35+44　门诊部mən˧˨ tʂən˧˥ pu˦˦　锄小麦tʂ'u˧˨ ɕiau˧˥ mai˦˦

32+21+21　牙齿痛ia˧˨ tʂɿ˨˩ t'uŋ˨˩　王掌柜uaŋ˧˨ tʂaŋ˨˩ kuei˨˩

（9）阳平+去声+阴平（32+41+52→32+41+41）

32+41+41　红汽车xuŋ↗ tɕʻi↘ tʂʻɤ↘

（10）阳平+去声+去声（32+41+41→32+41+24，32+41+32）

32+41+24　门市部mən↗ ʂʅ↘pu↘　皇太后xuɑŋ↗ tʻai↘ xou↘

32+41+32　麻醉药ma↗ tsuei↘ iɑu↘　前半月tɕʻian↘ pan↘ yɛ↘

（11）阳平+阴平+去声（32+52+41→32+41+24）

32+41+24　油漆店iou↗ tɕʻi↘ tian↘　咸鸭蛋ɕian↘ ia↘ tan↘

（12）阳平+阳平+去声（32+32+41→32+32+24）

32+32+24　同学录tʻuŋ↗ ɕyɛ↗ lu↘

表12：首字为上声的三字组连读变调

序号	声调模式	原调调值	变调调值	例词
1	上声+阴平+阴平	214+52+214	35+52+52	纺织机
2	上声+阳平+阳平	214+32+32	35+32+32	主席团 水蜜桃
3	上声+阳平+上声	214+32+214	35+32+214	补牙齿 海南岛
4	上声+阳平+去声	214+32+41	35+32+41	讲条件 打麻将
			35+32+44	委员会 点名册
5	上声+上声+阴平	214+214+52	21+35+52	保险箱 小米粥
6	上声+上声+阳平	214+214+52	21+35+32	保管员
7	上声+上声+上声	214+214+214	35+35+35	手写体 好处理
			214+21+214	女厂长 老古董
8	上声+上声+去声	214+214+41	21+35+44	保管费 许可证
			21+35+41	敢死队 摘水利
			21+41+41	抢座位
			214+35+32	管理局 烤马肉
			21+214+41	老表叔
9	上声+去声+阳平	214+41+32	35+41+32	走后门 子弹壳

续表

序号	声调模式	原调调值	变调调值	例词
10	上声+去声+上声	214+41+214	35+41+214	选社长 火电厂
			21+41+214	讲道理
			214+41+44	反动派 煮饭菜
11	上声+去声+去声	214+41+41	35+41+41	火药味 煮绿豆
			21+41+41	抢座位
12	去声+上声+阴平	41+214+52	41+35+52	重点班
13	去声+上声+阳平	41+214+32	41+35+32	稻草人 抱小孩
14	去声+上声+去声	41+214+41	41+35+44	户口簿
			41+21+41	重点县
			41+35+41	动手术

（1）上声+阴平+阴平（214+52+214→35+52+52）

35+52+52　纺织机 faŋ˧˥ tʂʅ˥˨ tɕi˥˨

（2）上声+阳平+阳平（214+32+32→35+32+32）

35+32+32　主席团 tʂu˧˥ ɕi˧˨ tʰuan˧˨　水蜜桃 ʂuei˧˥ mi˧˨ tʰɑu˧˨

（3）上声+阳平+上声（214+32+214→35+32+214）

35+32+214　补牙齿 pu˧˥ ia˧˨ tʂʰʅ˨˩˦　海南岛 xai˧˥ nan˧˨ tɑu˨˩˦

（4）上声+阳平+去声（214+32+41→35+32+41, 35+32+44）

35+32+41　讲条件 tɕiaŋ˧˥ tʰiɑu˧˨ tɕian˦˩　打麻将 ta˧˥ ma˧˨ tɕiaŋ˦˩

35+32+44　委员会 uei˧˥ yan˧˨ xuei˦˦　点名册 tian˧˥ miŋ˧˨ tsʰɤ˦˦

（5）上声+上声+阴平（214+214+52→21+35+52）

21+35+52　保险箱 pɑu˨˩ ɕian˧˥ ɕiaŋ˥˨　小米粥 ɕiɑu˨˩ mi˧˥ tʂou˥˨

（6）上声+上声+阳平（214+214+52→21+35+32）

21+35+32　保管员 pɑu˨˩ kuan˧˥ yan˧˨

（7）上声+上声+上声（214+214+214→35+35+35, 214+21+214）

35+35+35　手写体ʂou˧˥ ɕiɛ˧˥ tʻi˧˥　好处理xau˧˥ tʂʻu˧˥ li˧˥

214+21+214　女厂长ny˨˩˦ tʂʻaŋ˨˩ tʂaŋ˨˩˦　老古董lau˨˩˦ ku˨˩ tuŋ˨˩˦

（8）上声+上声+去声（214+214+41→21+35+44，21+35+41，21+41+41，214+35+32，21+214+41）

21+35+44　保管费pau˨˩ kuan˧˥ fei˦˦　许可证ɕy˨˩ kʻɤ˧˥ tʂəŋ˦˦

21+35+41　敢死队kan˨˩ sɿ˧˥ tuei˦˩　搞水利kau˨˩ ʂuei˧˥ li˦˩

21+41+41　抢座位tɕʻiaŋ˨˩ tsuo˦˩ uei˦˩

214+35+32　管理局kuan˨˩˦ li˧˥ tɕy˧˨　烤马肉kʻau˨˩˦ ma˧˥ ʐou˧˨

21+214+41　老表叔lau˨˩ piau˨˩˦ ʂou˦˩

（9）上声+去声+阳平（214+41+32→35+41+32）

35+41+32　走后门tsou˧˥ xou˦˩ mən˧˨　子弹壳tsɿ˧˥ tan˦˩ kʻɤ˧˨

（10）上声+去声+上声（214+41+214→35+41+214，21+41+214，214+41+44）

35+41+214　选社长ɕyan˧˥ ʂɤ˦˩ tʂaŋ˨˩˦　火电厂xuo˧˥ tian˦˩ tʂʻaŋ˨˩˦

21+41+214　讲道理tɕiaŋ˨˩ tau˦˩ li˨˩˦

214+41+44　反动派fan˨˩˦ tuŋ˦˩ pʻai˦˦　煮饭菜tʂu˨˩˦ fan˦˩ tsʻai˦˦

（11）上声+去声+去声（214+41+41→35+41+41，21+41+41）

35+41+41　火药味xuo˧˥ iau˦˩ uei˦˩　煮绿豆tʂu˧˥ ly˦˩ tou˦˩

21+41+41　抢座位tɕʻiaŋ˨˩ tsuo˦˩ uei˦˩

（12）去声+上声+阴平（41+214+52→41+35+52）

41+35+52　重点班tʂuŋ˦˩ tian˧˥ pan˥˨

（13）去声+上声+阳平（41+214+32→41+35+32）

41+35+32　稻草人tau˦˩ tsʻau˧˥ ʐən˧˨　抱小孩pau˦˩ ɕiau˧˥ xai˧˨

（14）去声+上声+去声（41+214+41→41+35+44，41+21+41，41+35+41）

41+35+44　户口簿xu˦˩ kʻou˧˥ pu˦˦

41+21+41　重点县tʂuŋ˦˩ tian˨˩ ɕian˦˩

41+35+41　动手术tuŋ˥˩ ʂou˧˥ ʂu˥˩

表 13：首字为去声的三字组连读变调

序号	声调模式	原调调值	变调调值	例词
1	去声+阴平+阴平	41+52+52	41+32+52	绣花针 自尊心
2	去声+阴平+去声	41+52+41	41+52+414	汽车道 电灯泡
3	去声+阳平+去声	41+32+41	41+32+414	剃头店 贺年片
			41+32+32	闰六月 卖白药
4	去声+上声+上声	41+214+214	41+35+214	建水塔 卖手表
			41+21+214	校长室 效果好
5	去声+上声+去声	41+214+41	41+35+41	建水库 大手术
			32+35+32	戴眼镜 数理化
6	去声+去声+去声	41+41+41	41+41+414	挂号信 地道战

（1）去声+阴平+阴平（41+52+52→41+32+52）

41+32+52　绣花针ɕiou˥˩ xua˧ tʂən˥˩　自尊心tsʮ˥˩ tsʻuən˧ ɕin˥˩

（2）去声+阴平+去声（41+52+41→41+52+414）

41+52+414　汽车道tɕʻi˥˩ tʂʻɤ˥˩ ˥˩　电灯泡tian˥˩ təŋ˥˩ pʻɑu˥˩

（3）去声+阳平+去声（41+32+41→41+32+414，41+32+32）

41+32+414　剃头店tʻi˥˩ tʻou˧˥ tian˥˩　贺年片xɤ˥˩ nian˧˥ pʻian˥˩

41+32+32　闰六月ʐuən˥˩ liou˧˥ yɛ˥˩　卖白药mai˥˩ pai˧˥ iɑu˥˩

（4）去声+上声+上声（41+214+214→41+35+214，41+21+214）

41+35+214　建水塔tɕian˥˩ ʂuei˧˥ tʻɑ˨˩˦　卖手表mai˥˩ ʂou˧˥ piɑu˨˩˦

41+21+214　校长室ɕiɑu˥˩ tʂaŋ˨˩ ʂʮ˨˩˦　效果好ɕiɑu˥˩ kuo˨˩ xɑu˨˩˦

（5）去声+上声+去声（41+214+41→41+35+41，32+35+32）

41+35+41　建水库tɕian˥˩ ʂuei˧˥ kʻu˥˩　大手术ta˥˩ ʂou˧˥ ʂu˥˩

32+35+32　戴眼镜tai˧˨ ian˧˥ tɕiŋ˧˨　数理化ʂu˧˨ li˧˥ xua˧˨

（6）去声+去声+去声（41+41+41→41+41+414）

41+41+414　挂号信kuaɧ xɑuɧ ɕinꜚ　地道战tiɧ tɑuɧ tʂanꜚ

二、声韵调配合关系

(一) 声韵配合表

斋堂话的声韵配合关系见下表。表中把韵母分成开齐合撮4类，声母分成10组。空格表示声韵不相配合。

表14：斋堂话声韵配合关系

声母 \ 四呼	开口呼	齐齿呼	合口呼	撮口呼
p pʻ m	+	+	+	
f	+		+（限于u）	
t tʻ	+	+	+	
n l	+	+	+	+
ts tsʻ s	+		+	
tʂ tʂʻ ʂ ʐ	+		+	
tɕ tɕʻ ɕ		+		+
k kʻ x	+		+	
ŋ	+			
∅	+	+	+	+

从表中可以归纳斋堂话声韵配合关系的几个特点：

1.[p pʻ m]能拼开口呼、齐齿呼、合口呼，不拼撮口呼。

2.[f]只拼开口呼、合口呼（限于u），不拼齐齿呼、撮口呼。

3.[t tʻ]能拼开口呼、齐齿呼、合口呼，不拼撮口呼。[n l]能拼开口呼、齐齿呼、合口呼、撮口呼。

4.[tsʰ ts' s]和[tʂ tʂ' ʂ ʐ]能拼开口呼、合口呼，不拼齐齿呼、撮口呼。

5.[tɕ tɕ' ɕ]能拼齐齿呼、撮口呼，不拼开口呼、合口呼。

6.[k k' x]能拼开口呼、合口呼，不拼齐齿呼、撮口呼。

7.[ŋ]只拼开口呼，不拼合口呼、齐齿呼、撮口呼。

8.[Ø]能拼开口呼、齐齿呼、合口呼、撮口呼。

（二）声韵调配合表

斋堂话声韵调配合关系见下表，表端是韵母和声调，表左是声母，表中空格表示没有声韵调配合关系。有音无字的用圆圈表示，并在表下加注。属于文白异读的字，字下加"–"表示白读，字下加"="表示文读。

表15：斋堂话声韵调配合表之一

韵母 声母 \ 声调	ɿ 阴平 ˥	ɿ 阳平 ˦	ɿ 上声 ˧˩	ɿ 去声 ˥˩	ʅ 阴平 ˥	ʅ 阳平 ˦	ʅ 上声 ˧˩	ʅ 去声 ˥˩	i 阴平 ˥	i 阳平 ˦	i 上声 ˧˩	i 去声 ˥˩
p									逼	鼻	彼	篦
pʻ									披	脾	匹	屁
m									迷	米		泌
f												
t									低	笛	底	帝
tʻ									梯	题	体	剃
n									妮	泥	你	腻
l										梨	礼	力
ts	滋		子	字								
tsʻ	疵	慈	此	赐								
s	撕		死	饲								
tʂ					芝	执	纸	智				
tʂʻ					眵	池	侈	翅				
ʂ					施	时	屎	嗜				
ʐ								日				
tɕ									鸡	集	挤	忌
tɕʻ									沏	棋	起	器
ɕ									熙	习	喜	细
k												
kʻ												
x												
ŋ												
ø									衣	移	蚁	异

饲 sʐ˅ ～养员：饲养牲畜的人

眵 tʂʻʐ˅ ～目糊：眼屎

芝 tʂʐ˅ 灵～

嗜 sʐ˅ ～好

篦 pi˅ ～子：比普通梳子齿更密的梳子

泌 mi˅ 分～

妮 ni˅ 小～子：小女孩

腻 ni˅ ～歪：很脏

忌 tɕi˅ ～讳

沏 tɕʻi˅ ～水：沏茶

熙 ɕi˅ 康～皇帝

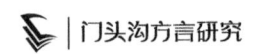

续表15：斋堂话声韵调配合表之二

韵母 声母	u 阴平 ˧	u 阳平 ˦	u 上声 ˨	u 去声 ˥	y 阴平 ˧	y 阳平 ˦	y 上声 ˨	y 去声 ˥	a 阴平 ˧	a 阳平 ˦	a 上声 ˨	a 去声 ˥
p		醭	补	布					巴	拔	把	霸
pʻ	扑	脯	普	铺					趴	爬		怕
m		模	亩	慕					妈	麻	马	骂
f	夫	扶	脯	付					发	乏	法	发
t	督	独	肚	肚					搭	答	打	大
tʻ	突	徒	土	兔					他		塔	踏
n		奴	努	怒			女			拿	哪	那
l		卢	鲁	路	驴	吕	绿		拉	刺		辣
ts	租	卒	祖							咂	杂	咋
tsʻ	粗			醋					擦			
s	苏	俗		嗉					撒		洒	萨
tʂ	猪	竹	煮	住					渣	闸		诈
tʂʻ	初	锄	楚	处					插	茶		差
ʂ	书	赎	黍	恕					沙		傻	厦
ʐ		如	乳	入								
tɕ					居	菊	举	锯				
tɕʻ					区	渠	娶	去				
ɕ					虚	徐	许	絮				
k	谷		古	姑								尬
kʻ	枯		苦	裤								
x	呼	狐	虎	瓠					哈			
ŋ												
ø	乌	蜈	五	误	淤	鱼	语	玉	阿			

醭 pu˩ 白~：酒、醋、酱油等因变质而在表面生出的白霉

脯 pʻu˩ 胸~

铺 pʻu˩ 公涧~：地名

模 mu˩ ~子子

脯 fu˩ 果~

肚 tu˩ 猪~子

肚 tu˩ ~子，指人的腹肚

卒 tsu˩ 象棋中的棋子

嗉 su˩ 鸟嗉子：鸟类的消化器官

乳 ʐu˩ ~牛：母牛

黍 ʂu˩ ~子：粮食作物，俗称黄米，其籽实煮熟后有黏性，可以酿酒、做糕等

谷 ku˩ 斋堂话单说，指谷子，籽实是小米

姑 ku˩ ~子：尼姑

裤 kʻu˩ 斋堂话单说，不说裤子

瓠 xu˩ ~子：瓠瓜

巴 pa˩ ~掌

趴 pʻa˩ 大马~：面朝下全身贴地的姿势

妈 ma˩ 伯母

哪 na˩ 疑问代词

那 na˩ 指示代词

剌 la˩ ~了一道口子

咋 tsa˩ 疑问代词：怎么

撒 sa˩ ~野

厦 ʂa˩ 偏~：正房侧面的简陋小屋

续表15：斋堂话声韵调配合表之三

韵母	ia				ua				o			
声调 声母	阴平 ˥	阳平 ˦	上声 ˨˩˦	去声 ˥˩	阴平 ˥	阳平 ˦	上声 ˨˩˦	去声 ˥˩	阴平 ˥	阳平 ˦	上声 ˨˩˦	去声 ˥˩
p									波	菠	簸	簸
p'									坡	婆		破
m									摸	魔	抹	磨
f										佛		
t												
t'												
n	娘											
l												
ts												
ts'												
s												
tʂ					髽							
tʂ'												
ʂ					刷		耍					
ʐ												
tɕ	家		甲	假								
tɕ'	掐		○	恰								
ɕ	虾	霞		吓								
k					瓜		寡	挂				
k'					誇		侉	跨				
x					花	划		化				
ŋ												
ø	丫	鸦	雅	研	挖	娃	瓦	瓦				

· 60 ·

娘 nia˩ 母亲

假 tɕia˩ 放～

鬏 tʂua˩ ～儿：鬏髻

○ tɕ'ia˩ ～牤：牛虻

鸦 ia˩ ～片

砑 ia˩ ～平

侉 k'ua˩ ～里～气：指人说话语音不纯正

瓦 ua˩ ～片

瓦 ua˩ 动作，～瓦：盖瓦

菠 po˩ ～菜

簸 po˩ 动作：～一～

簸 po˩ ～箕

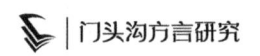

续表15：斋堂话声韵调配合表之四

韵母 声母\声调	uo 阴平˧	uo 阳平˧	uo 上声˧	uo 去声˧	iɛ 阴平˧	iɛ 阳平˧	iɛ 上声˧	iɛ 去声˧	yɛ 阴平˧	yɛ 阳平˧	yɛ 上声˧	yɛ 去声˧
p					鳖	别						
p'							撇					
m					咩			灭				
f												
t	多	夺	躲	剁	爹			迭				
t'	脱	驼	妥	拓	贴			铁				
n		挪		糯	捏	茶		聂				疟
l	啰	骡	裸	摞				猎				略
ts		昨	左	坐								
ts'	搓	矬		错								
s	梭		锁	塑								
tʂ	桌	浊										
tʂ'	戳			绰								
ʂ	说			朔								
ʐ				若								
tɕ					街	节	姐	藉	噘	蕨		愿
tɕ'					切	茄	客	妾	缺	瘸		确
ɕ					些	斜	写	屑	靴	○	雪	薛
k	锅		果	过								
k'				阔								
x	豁	和	火	货								
ŋ												
ø	倭	<u>我</u>		卧	噎	爷	也	夜	约		哕	月

驼 tʻuo˩ 骆~

糯 nuo˩ ~米，借自外地的说法，以前没有糯米一说，只有江米、黄米的说法

摞 luo˩ ~起来

矬 tsʻuo˩ ~子，矮个子

塑 suo˩ ~料

朔 ʂuo˩ ~望：旧历每月初一日和十五日

和 xuo˩ ~面

豁 xuo˩ ~子嘴：指唇腭裂，俗称兔唇

倭 uo˩ ~瓜：南瓜

我 uo˩ 人称代词

鳖 piɛ˩ 土~虫

咩 miɛ˩ 拟声词，羊叫声

苶 niɛ˩ 发~，指人没有精神

藉 tɕiɛ˩ ~个事由不去啊

客 tɕʻiɛ˩ ~人

斜 ɕiɛ˩ ~咕眼儿：斜着眼

噎 iɛ˩ ~住啊：噎着了

疟 nyɛ˩ ~疾：打摆子

噘 tɕyɛ˩ ~啊：哭了

蕨 tɕʻyɛ˩ ~菜，多年生草本植物。高一米多，根茎长。嫩叶可食用，根茎可制淀粉，纤维可制缆绳。

憋 tɕyɛ˩ 倔强

瘸 tɕʻyɛ˩ ~子，斋堂不说"跛"，而说"瘸""拐"，如"瘸子""拐子"

○ ɕyɛ˩ 小~子：小孩子

哕 yɛ˩ 干~：打呃；呕吐

续表 15：斋堂话声韵调配合表之五

韵母	ər				ɤ				ai			
声调 声母	阴平 ˥	阳平 ˧˥	上声 ˨˩˦	去声 ˥˩	阴平 ˥	阳平 ˧˥	上声 ˨˩˦	去声 ˥˩	阴平 ˥	阳平 ˧˥	上声 ˨˩˦	去声 ˥˩
p								擘		白	伯	拜
pʻ									拍	排		派
m										埋	买	卖
f												
t					嘚	得		嘚	呆			戴
tʻ						特			胎	台		态
n											奶	耐
l							骆			来		赖
ts						则			灾		宰	在
tsʻ							厕		猜	财	彩	菜
s							色		腮			赛
tʂ					遮	哲	者	蔗	斋	宅	窄	债
tʂʻ					车		扯	彻	钗	豺	蹅	
ʂ					赊	蛇	舍	射	筛		色	晒
ʐ̩							惹	热				
tɕ												
tɕʻ												
ɕ												
k					歌	格	葛	各	该		改	概
kʻ					科	咳	可	课	开		凯	
x					喝	河		鹤	孩		海	亥
ŋ						鹅	恶		挨		矮	碍
ø		儿	耳	贰		鹅	恶		哀			

贰 ɚ˅ ~心

嘚 tɤ˅ ~儿，拟声词，吆喝马、牛的声音

嘚 tɤ˅ ~瑟，形容人得意状或爱显摆

骆 lɤ˅ ~驼

色 sɤ˅ 颜~

伯 pai˧ 大~子：大伯

鹅 ŋɤ˧（nɤ˧）

鹅 ɤ˧

恶 ŋɤ˅ ~人

恶 ɤ˅ 善~

踃 tʂʻai˧ 破豆~子：碾碎了的豆子或破了的豆子

色 ʂai˧ ~树坟：地名

挨 ŋai˧ ~骂，~近

矮 ŋai˧ 高~

碍 ŋai˧ ~事

续表 15：斋堂话声韵调配合表之六

韵母 声母	uai 阴平 ˥	uai 阳平 ˧	uai 上声 ˨˩	uai 去声 ˥˩	ɑu 阴平 ˥	ɑu 阳平 ˧	ɑu 上声 ˨˩	ɑu 去声 ˥˩	iɑu 阴平 ˥	iɑu 阳平 ˧	iɑu 上声 ˨˩	iɑu 去声 ˥˩
p					包	雹	宝	报	彪		表	
p'					泡	刨	跑	炮	飘	瓢	漂	票
m					猫	毛	卯	冒	喵	苗	藐	庙
f												
t					刀	祷	到	刁		屌	钓	
t'					焘	桃	讨	套	挑	条	粜	
n					孬	挠	脑	闹			鸟	尿
l					捞	劳	老	涝	撩	辽	燎	料
ts					遭	凿	早	躁				
ts'					糙	槽	草	肏				
s					搔		扫	臊				
tʂ			拽		朝	着	爪	罩				
tʂ'			揣		抄	巢	炒					
ʂ	衰			帅	烧	勺	少	潲				
ʐ						饶	扰	绕				
tɕ									交	嚼	绞	酵
tɕ'									敲	樵	巧	俏
ɕ									削	学	小	校
k	乖		拐	怪	糕		稿	告				
k'			蒯	块			考	靠				
x	怀			坏	蒿	豪	好	号				
ŋ					熬		袄					
ø	歪		崴	外					妖	摇	咬	药

拽 tʂuai˅ ～子：指独臂之人

蒯 kʻuai˩ 姓～

崴 uai˩ ～泥：脚陷到泥里，指糟了

糙 tsʻɑu˅ ～米：粗米

肏 tsɑu˩ 骂人用的下流话，指男子的性交动作，通常写作"操"

搔 sɑu˩ ～挠子：形容不梳头，头发乱蓬蓬状

臊 sɑu˩ ～子：剁细的肉末，多指烹调好加在食物中，如臊子面

潲 ʂɑu˩ ～雨：雨飘进屋内或淋湿了衣服

蒿 xɑu˩ 艾～

熬 ŋɑu˩ ～白菜：炖煮白菜

袄 ŋɑu˩ 棉～

彪 piɑu˩ ～汉：健壮高大的男子

漂 pʻiɑu˩ ～一～：动作，漂洗

喵 miɑu˩ 拟声词，猫叫声

粜 tʻiɑu˩ ～米：卖粮食

酵 tɕiɑu˩ ～子：发面的酵母

学 ɕiɑu˩ 上～

续表15：斋堂话声韵调配合表之七

韵母	ei 阴平 ˥	ei 阳平 ˧	ei 上声 ˩	ei 去声 ˥	uei 阴平 ˥	uei 阳平 ˧	uei 上声 ˩	uei 去声 ˥	ou 阴平 ˥	ou 阳平 ˧	ou 上声 ˩	ou 去声 ˥
p	杯		北	辈								
pʻ	胚	陪		配								
m		煤	美	妹						某		
f	非	肥	匪	肺						否		
t					堆			对	兜		陡	豆
tʻ					推	颓	腿	退	偷	头		透
n			馁	内								
l	勒	雷	○	累					搂	楼	篓	漏
ts		贼					嘴	最	邹		走	奏
tsʻ					催			脆				凑
s	塞				○	随		岁	搜		叟	嗽
tʂ					追		缀	揌			肘	昼
tʂʻ					吹	垂			抽	绸	丑	臭
ʂ					谁	水	税	收	熟	守	寿
ʐ						蕊	锐			柔		肉
tɕ												
tɕʻ												
ɕ												
k					归		轨	桂	勾		狗	彀
kʻ					盔	奎	○	愧	抠		口	扣
x	黑	黑			灰	回	悔	会	齁	喉	吼	后
ŋ											藕	沤
∅					煨	唯	伟	味	欧			

○ lei˧ ○kʻuei˧ ~：一种面食

○ suei˧ 尿 ~：撒尿

○ kʻuei˧○lei˧：一种面食

<u>黑</u> xei˧ ~色

<u>黑</u> xei˧ ~豆

搂 lou˧ ~柴火

掫 tʂou˧ 往起~：从一侧或一端托起重物

抠 kʻou˧ ~门：吝啬

𢯎 kou˧ 往上~

齁 xou˧ ~咸：特别咸

藕 ŋou˧ 莲~

沤 ŋou˧ ~肥

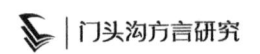

续表 15：斋堂话声韵调配合表之八

韵母\\声调\\声母	iou 阴平 ˥	iou 阳平 ˧	iou 上声 ˨˩˦	iou 去声 ˥˩	an 阴平 ˥	an 阳平 ˧	an 上声 ˨˩˦	an 去声 ˥˩	ian 阴平 ˥	ian 阳平 ˧	ian 上声 ˨˩˦	ian 去声 ˥˩
p					扳		板	扮	鞭		扁	变
pʻ					攀	盘	襻		偏	便		骗
m						蛮	满	慢	棉		免	面
f					翻	凡	反	饭				
t	丢				丹		胆	蛋	颠		点	店
tʻ					滩	潭	毯	炭	天	甜	舔	
n	妞	牛	纽	谬		南		难	蔫	黏	碾	念
l	溜	流	柳	馏		蓝	搂	烂		莲	脸	练
ts					簪		攒	赞				
tsʻ					餐	参	惨	灿				
s					三		伞	散				
tʂ					沾		展	站				
tʂʻ					搀	逸	铲	颤				
ʂ					杉	疝	陕	扇				
ʐ						然	染					
tɕ	揪		酒	舅					肩		减	荐
tɕʻ	秋	球	糗						牵	钳	潜	欠
ɕ	休		朽	秀					先	咸	险	线
k					甘		感	干				
kʻ					堪		坎	勘				
x					鼾	寒	喊	汉				
ŋ					安			岸				
∅	优	油	西	釉				<u>案</u>	烟	言	兖	燕

谬 niou˅ ～论

馏 liou˅ 蒸～水

糗 tɕʰiou˩ ～事

釉 iou˅ ～子：以石英、长石、硼砂、黏土等为原料，磨成粉末，加水调制而成的物质，用来涂敷泥土制品外表的一种玻璃质化合物

襻 pʰan˅ ～扣：纽襻

滩 tʰan˅ 鲁家～，门头沟地名

潭 tʰan˩ 龙～寺

漤 lan˩ ～柿子：用热水或石灰水浸泡柿子使去涩味

攒 tsan˩ ～钱

散 san˅ 分～

干 kan˅ ～部

鼾 xan˅ 打～睡：打瞌睡

岸 ŋan˅ 河～

窽 an˅ ～子：案件

黏 nian˩ ～糊糊

兖 ian˩ ～州：地名

续表 15：斋堂话声韵调配合表之九

韵母	uan				yan				ən			
声调 声母	阴平 ˧	阳平 ˧˥	上声 ˨˩˦	去声 ˥˩	阴平 ˧	阳平 ˧˥	上声 ˨˩˦	去声 ˥˩	阴平 ˧	阳平 ˧˥	上声 ˨˩˦	去声 ˥˩
p									奔		本	迸
pʻ									喷	盆		喷
m									闷	门		焖
f									分	焚	粉	粪
t	端		短	椴								扽
tʻ		团								吞	囤	
n												嫩
l		鸾	卵	乱								
ts	钻			钻								
tsʻ		㳿		窜					参	岑		
s	酸			蒜					森			
tʂ	专		转	传					针		枕	镇
tʂʻ	穿	橼	喘	串						陈		趁
ʂ	闩			涮					参	神	沈	渗
ʐ			软							人	忍	甚
tɕ					捐		卷	眷				
tɕʻ					圈	全	犬	劝				
ɕ					宣	旋	癣	旋				
k	官		管	惯					跟	艮		
kʻ	宽		款								啃	
x	欢	还	缓	换					痕	很	恨	
ŋ									恩			
ø	弯	玩	宛	腕	冤	圆	远	院				

团 tʰuan˩ 菜~子

鸾 luan˩ ~鸟

卵 luan˩ 虫~

钻 tsuan˥ 动词

钻 tsuan˩ ~子

椴 tuan˥ ~树

汆 tsʰuan˥ 水~子

窜 tsʰuan˥ 火~子

传 tʂuan˩ 树碑立~

闩 suan˥ 大门~

宛 uan˩ ~平

癣 ɕyan˩ 长~

旋 ɕyan˩ ~风

闷 mən˥ ~热

焖 mən˥ ~面

吞 tʰən˩ 动词

参 tsʰən˥ ~差

岑 tsʰən˩ 姓~

参 ʂən˥ 人~

葚 ʐən˥ 桑~儿

艮 kən˥ 指食物不易咬动或嚼烂，萝卜~俩

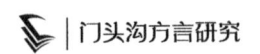

续表 15：斋堂话声韵调配合表之十

韵母 声母 \ 声调	uən 阴平 ˧	uən 阳平 ˧	uən 上声 ˨	uən 去声 ˥	in 阴平 ˧	in 阳平 ˧	in 上声 ˨	in 去声 ˥	yn 阴平 ˧	yn 阳平 ˧	yn 上声 ˨	yn 去声 ˥
p					宾		禀	鬓				
pʻ					拼	贫	品	聘				
m						民	敏					
f												
t	墩			遁								
tʻ		臀										
n												
l	抡	轮		论		磷	懔	赁				
ts	尊		撙	俊								
tsʻ	皴	存	忖	寸								
s	孙		榫									
tʂ			准									
tʂʻ	春	唇	蠢									
ʂ				顺								
ʐ				润								
tɕ					今		尽	晋	均		菌	郡
tɕʻ					亲	侵	吣		群			
ɕ					心		信	熏	寻			讯
k			滚	棍								
kʻ	昆		捆	困								
x	婚	魂	混									
ŋ												
∅	瘟	文	稳	璺	音	银	引	印	晕	云	允	熨

墩 tuən˨ 门～

遁 tuən˨ 土～：逃跑

抡 luən˨ ～大铁锤

榫 suən˦ ～子：榫头

皴 tsʻuən˨ 脸～啊

瘟 uən˨ ～灾

璺 uən˨ 裂啊～啊：砂锅裂缝

鬓 pin˨ ～角

燐 lin˦ ～火

尽 tɕin˦ ～前

晋 tɕin˨ 姓～

侵 tɕʻin˦ ～略

吣 tɕʻin˨ 胡～：胡说

菌 tɕyn˦ 细～

续表 15：斋堂话声韵调配合表之十一

韵母	aŋ				iaŋ				uaŋ			
声调 声母	阴平 ˧	阳平 ˧	上声 ˧	去声 ˧	阴平 ˧	阳平 ˧	上声 ˧	去声 ˧	阴平 ˧	阳平 ˧	上声 ˧	去声 ˧
p	帮		绑	傍								
p'	胖	旁		胖								
m		忙	莽									
f	方	妨	仿	放								
t	当		党	荡								
t'	汤	糖	躺	烫								
n	囔	囊	攘			娘		酿				
l		郎	朗	浪		梁	两	亮				
ts	赃			葬								
ts'	仓	藏										
s	桑		搡	丧								
tʂ	张		掌	帐					庄		壮	状
tʂ'	昌	肠	厂	唱					疮	床	闯	创
ʂ	商		赏	上					霜			爽
ʐ		瓤	嚷	让								
tɕ					江		奖	虹				
tɕ'					枪	强	抢	呛				
ɕ					香	降	想	向				
k	缸		耩	钢					光		广	逛
k'	康	扛		炕					筐	狂		矿
x	夯	行							荒	黄	谎	晃
ŋ		吭	昂									
ø					秧	羊	仰	样	汪	芒	网	望

郎 laŋ˧ 新~官

齉 laŋ˥ ~~鼻：指鼻子不通

攮 naŋ˧ 用刀子~了人

搡 saŋ˧ ~他：推搡他

缸 kaŋ˥ 水~

耩 kaŋ˧ ~地：耕地

钢 kaŋ˥ ~~刀：磨刀

炕 kʻaŋ˥ 火~

骯 ŋaŋ˥ ~脏

娘 niaŋ˧ 姥~：接生婆

梁 liaŋ˧ 山~

虹 tɕiaŋ˥ 放~：雨后出彩虹了

呛 tɕʻiaŋ˥ 油烟味~人

壮 tsuaŋ˧ 又高又~：指人十分壮实

疮 tsʻuaŋ˥ 生~

晃 xuaŋ˥ ~眼

芒 uaŋ˧ 麦~儿

续表15：斋堂话声韵调配合表之十二

韵母	əŋ				uəŋ				iŋ			
声调 声母	阴平 ˥	阳平 ˦	上声 ˨	去声 ˥˩	阴平 ˥	阳平 ˦	上声 ˨	去声 ˥˩	阴平 ˥	阳平 ˦	上声 ˨	去声 ˥˩
p	崩		绷	迸					冰		柄	病
pʻ	烹	朋	捧							平		
m		蒙	猛	孟						鸣		命
f	风	缝	讽	凤								
t	灯		等	澄					丁		顶	钉
tʻ	熥	腾							听	亭	挺	
n		脓		弄						宁		宁
l			冷	楞						菱	领	令
ts	增			赠								
tsʻ		层		蹭								
s	僧											
tʂ	征		拯	证								
tʂʻ	称	程	逞	秤								
ʂ	升	绳	省	圣								
ʐ	扔			仍								
tɕ									更	擎	井	静
tɕʻ									清	赌	请	亲
ɕ									星	行	醒	性
k			哽	更								
kʻ	坑											
x	亨	恒		横								
ŋ												
ø					翁			瓮	英	赢	影	应

崩 pəŋ˅ 天~地裂

绷 pəŋ˧ ~着：绷着脸

虻 məŋ˅ 瞎~：牛虻

澄 təŋ˅ ~水：水浑，使其澄清

熥 t'əŋ˅ ~馒头：指把蒸好的凉馒头放在笼屉里，使其加热

脓 nəŋ˅ ~带：鼻涕

弄 nəŋ˅ ~~，动词

横 xəŋ˅ 耍~：蛮横不讲理

翁 uəŋ˅ 渔~：打鱼为生的人

瓮 uəŋ˅ 水~：小口大腹的大水缸

菱 liŋ˅ ~角

钉 tiŋ˅ ~住，动词

听 t'iŋ˅ ~~：闻闻

宁 niŋ˅ 安~

宁 niŋ˅ ~可

更 tɕiŋ˅ 五~天：五更，夜与日的交替之际

睛 tɕ'iŋ˅ ~等着吧

续表 15：斋堂话声韵调配合表之十三

韵母 声调 声母	uŋ 阴平 ˥	uŋ 阳平 ˧	uŋ 上声 ˨˩	uŋ 去声 ˥˩	yŋ 阴平 ˥	yŋ 阳平 ˧	yŋ 上声 ˨˩	yŋ 去声 ˥˩
p								
pʻ								
m								
f								
t	东		懂	洞				
tʻ	通	铜	桶	痛				
n		脓		弄				
l		龙	拢					
ts	鬃		总	粽				
tsʻ	聪	丛						
s	嵩	夶	夶	送				
tʂ	中		冢	中				
tʂʻ	充	虫	宠	冲				
ʂ								
ʐ		荣		冗				
tɕ								迥
tɕʻ							琼	
ɕ					兄	熊		
k	公		汞	贡				
kʻ	空		孔	控				
x	烘	红	哄	哄				
ŋ								
ø					雍		永	用

脓 nuŋ˩ ~血：伤口感染化脓

中 tʂuŋ˥ 射~

怂 ʂuŋ˩ ~包：懦弱胆小的人

怂 nuŋ˩ ~恿：撺掇

粽 tsuŋ˥ ~子

嵩 suŋ˥ ~山

冲 tʂ'uŋ˥ ~鼻子：指气味刺激

哄 xuŋ˩ ~啦：指事情没办成

哄 xuŋ˥ 起~架秧子：指趁机作乱

雍 yŋ˥ ~正皇帝

三、同音字表

本字汇共收常用字约3800多个。以下具体说明：

（一）同音字汇按韵母、声母、声调的顺序排列。

1. 韵母的排列顺序是：

ɿ，ʅ

i，u，y

a，ia，ua

o，uo yo

iɛ，yɛ

ɚ，ɤ

ai，uai

ɑu，iɑu

ei，uei

ou，iou

an，ian，uan，yan

ən，uən

in，yn

ɑŋ，iɑŋ，uɑŋ

əŋ，uəŋ

iŋ，uŋ，yŋ。

2. 声母的排列顺序是：

p，pʻ，m，f

t，tʻ，n，l

ts，tsʻ，s

tʂ，tʂʻ，ʂ，ʐ

tɕ，tɕʻ，ɕ

k，k'，ŋ，x

ø。

3.声调的排列顺序是：

阴平，阳平，上声，去声

4.字下加双划线"＝"的表示是文读音，加单划线"－"的表示是白读音。

5.字的右下角加"又"表示又音。

6.注中用"～"代表本字。

ı

tʂ˩ 资姿咨兹滋辎

tʂ˥ 紫姊子梓滓

tʂ˨ 自字

tsʻ˥ 疵差~参~

tsʻ˨ 雌瓷慈磁辞词祠

tsʻ˥ 此

tsʻ˨ 刺赐次伺~候

s˩ 斯厮撕私司丝思

s˥ 死

s˨ 四肆似祀伺~机 巳寺嗣饲厕~东~：茅房俟

ɿ

tʂ˩ 知蜘支枝肢栀~子花 之芝汁织只 量词，一~

tʂ˨ 执侄直值职殖植

tʂ˨ 纸只~有脂~麻 芝麻 旨指止趾址

tʂ˨ 滞制智致雉稚至置痔治志痣秩质掷炙

tʂʻ˥ 眵~目糊 痴吃嗤

tʂʻ˨ 池驰匙迟持

tʂʻ˥ 侈豉~油耻齿尺

tʂʻ˨ 翅饬~捌赤斥

ʂ˨ 时十什拾实食蚀识石

ʂ˩ 豕矢屎使史驶始

ʂ˨ 世势誓逝舐是氏示视嗜士仕柿~大盖~事 试市恃侍室式饰适释

z˨ 日

i

p˩ 逼哔

p˨ 鼻

p˨ 彼鄙比笔

p˨ 蔽敝弊毙币蓖~麻 闭算~蒸~子 陛婢臂避篦~子 毕必愎弼碧璧壁庇辈~~子 背脚~子：脚背

pʻ˩ 批披坯丕邳劈砒纰

pʻ˨ 皮疲脾琵~琶 枇毗

pʻ˨ 匹痞

pʻ˨ 譬~如 痹屁僻辟

m˩ 眯咪

m˨ 迷谜糜弥靡

m˨ 米

m˨ 秘泌密蜜觅谧幂

t˩ 低堤滴的~目 嘀~咕

t˩ 嫡笛敌狄荻籴镝涤

t˨ 底抵诋砥柢邸

t˨ 帝蒂缔弟第递娣地的

tʻ˩ 梯踢

t'˧	题提蹄啼醍	ɕ˨˩	洗玺~徙喜禧僖
t'˥	体	ɕ˥˩	细系戏隙~瞭
t'˥˩	替涕剃屉剔悌惕嚏	∅˧	伊医衣依揖一壹
n˧	妮	∅˧	宜谊仪移胰~子;肥皂姨~大~夷疑饴
n˧	泥倪尼昵霓		遗沂怡眙贻痍彝迤颐
n˥	你拟	∅˥	蚁倚椅乙矣以尾~巴
n˥˩	腻匿逆溺	∅˥˩	艺刈缢瘗义议易意异毅逸忆亿
l˧	犁黎离篱璃离梨厘狸花~子;猞猁		抑熠翼益溢臆亦译驿~站懿翌羿
	俚漓羅蠡		弋易役疫肄亦裔邑
l˥	礼李里理鲤		
l˥˩	例厉励丽隶荔利痢吏立笠粒栗		u
	力历砾		
tɕ˧	鸡稽饥肌基几~茶~机绩姬箕缉	p˥	不
	讥饥屐木~子积击激圾叽	p˨˩	补捕哺卜~占
tɕ˧	集辑急级及疾吉即极籍藉	p˥˩	布布怖部簿~账~怖步埠
tɕ˨˩	挤几己几给载脊	p'˥	铺~路扑噗
tɕ˥˩	祭际穄济剂计继系髻~发~寄	p'˧	蒲~团菩脯果醭白~仆匍
	技妓冀纪记忌既季迹鲫~鱼绩寂	p'˨˩	谱普浦脯蹼圃朴
	荠~菜稷	p'˥˩	铺~子曝瀑
tɕ'˧	妻萋栖欺期七柒漆膝戚	m˧	模
tɕ'˧	齐脐荸~菜~奇骑岐祁鳍其棋期	m˨˩	亩牡母拇大~哥;大拇指
	旗祈绮琦淇麒歧	m˥˩	暮慕墓募幕木沐牟目穆睦牧
tɕ'˨˩	启企起杞岂乞	f˨˩	夫肤敷孵~小鸡麸麦~
tɕ'˥˩	砌契器弃气汽泣讫去	f˧	符扶芙浮孚蜉福幅蝠辐服伏
ɕ˧	西犀溪奚兮牺惜昔夕锡析晰浙		俘
	晳牺嬉熹熙希稀袭吸悉蟋息熄曦樨	f˨˩	府腑俯甫脯果~斧俯抚釜腐辅
ɕ˥	习席媳燩	f˥˩	付赋傅赴讣父附富副妇负阜

复缚腹覆

t˩ 都元大~督嘟

t˩ 独读犊㹀椟毒

t˨ 堵赌肚猪~子笃

t˥ 肚~子；肚腹杜度渡镀妒

t'˨ 突秃~子凸

t'˨ 徒屠途涂图

t'˧ 土吐~啊：呕吐

t'˥ 吐~沫；唾沫兔

l˥ 奴

l˧ 努

l˥ 怒

l˨ 卢炉芦鸬~鹚庐泸

l˨ 鲁噜橹虏掳卤

l˥ 路赂露鹭鹿禄录璐

ts˩ 租

ts˨ 卒兵~族足

ts˧ 祖组阻诅俎

ts'˩ 粗

ts'˥ 醋猝促簇蹙

s˩ 苏酥稣

s˨ 俗

s˥ 素诉塑嗉~子愫宿潄速肃宿粟凤簌

tʂ˩ 猪诸诛蛛~~；蜘蛛株朱珠侏

tʂ˨ 竹逐烛

tʂ˧ 煮拄主嘱瞩

tʂ˥ 著箸助驻注柱~下石住蛀铸筑祝伫苎~麻

tʂ'˩ 初殊特~出

tʂ'˨ 除锄厨雏橱滁

tʂ'˧ 褚储楚处~理杵础

tʂ'˥ 处~所畜触黜

ʂ˩ 梳疏蔬书舒枢输竖树殊叔淑

ʂ˨ 赎熟煮~孰塾秫

ʂ˧ 暑鼠黍署薯白~数~数属蜀

ʂ˥ 庶恕数数~戍术述秫束竖树述沭墅漱

ʐ˩ 如儒茹蠕孺

ʐ˧ 汝乳~牛；奶牛擩辱

ʐ˥ 入褥

k˩ 姑孤箍估

k˧ 古股鼓骨谷~子

k˥ 故固锢雇顾

k'˩ 枯窟哭

k'˧ 苦

k'˥ 库裤酷

x˩ 呼乎忽

x˨ 胡湖狐壶葫~芦

x˧ 虎浒水~

x˥ 戽~水户沪互护瓠~子；瓠瓜

ø˩ 乌~云污巫诬屋呜邬

ø˨ 吴蜈吾梧无

ø˧ 五伍午武舞侮鹉捂

第二章 门头沟斋堂话音系

ø˩ 误悟恶~可 务雾机~子：小板凳物勿物戊

ø˩ 芋御御誉预豫遇寓吁愉愈喻裕域郁育玉狱欲欲浴峪驭煜

y

n˨ 女
l˨ 驴
l˨ 吕旅缕屡履
l˩ 虑滤律率绿
tɕ˨ 居车拘驹鞠锔~碗
tɕ˨ 橘桔菊局
tɕ˨ 举矩
tɕ˩ 据锯巨拒距矩聚俱句具惧剧飓
tɕ'˨ 蛆趋区驱岖躯黢~黑屈曲蛐祛
tɕ'˨ 渠瞿
tɕ'˨ 取娶曲
tɕ'˩ 去趣焌觑
ɕ˨ 墟虚嘘须需戌
ɕ˨ 徐
ɕ˨ 许栩诩
ɕ˩ 絮序叙绪续婿畜蓄续煦畜牲~旭恤
ø˨ 淤迂吁
ø˨ 鱼渔於余馀愚虞娱迂吁于盂俞榆逾愉渝瑜舆臾
ø˨ 语与雨宇禹羽禹隅圄屿

a

p˨ 巴芭疤八叭扒~门笆篱捌
p˨ 拔
p˨ 把靶
p˩ 霸欛把坝爸罢
p'˨ 爬琶杷钯钉~耙
p'˨ 怕帕趴大马~啪拟声词葩
m˨ 妈抹~布吗
m˨ 麻痳蟆
m˨ 马码蚂~蚁
m˩ 骂
f˨ 发
f˨ 乏伐筏罚垡阀
f˨ 法
f˩ 发
t˨ 搭耷嗒瘩~瘩
t˨ 答达沓打~鞑~子妲~己
t˨ 打
t˩ 大
t'˨ 他她它塌
t'˨ 塔獭
t'˩ 踏拓榻溻

n˨ 拿

n ˧	哪~个		ia
n ˥	那~个 纳~鞋底 捺	l ˧	俩
l ˧	拉啦垃邋	tɕ ˥	家加痂~结 嘉傢佳夹枷
l ˥	腊蜡镴辣	tɕ ˥	假~真 贾甲胛~肩~骨
ts ˧	杂砸	tɕ ˥	假~放 架驾嫁稼价
ts' ˥	擦	tɕ' ˥	掐
s ˧	撒~手仨	tɕ' ˥	卡
s ˥	洒撒~水	tɕ' ˥	恰洽
s ˥	萨飒	ɕ ˧	虾瞎
tʂ ˧	查姓 渣楂山 喳扎札	ɕ ˧	霞瑕遐暇狭峡侠匣辖挟
tʂ ˧	闸炸~油 铡	ɕ ˥	吓下夏厦
tʂ ˧	眨~巴眼咋疑问代词，~的	Ø ˥	鸦丫桠鸭押压呀
tʂ ˥	诈榨炸~爆 乍~一看 栅	Ø ˧	牙芽衙涯崖伢蚜
tʂ' ˧	叉杈~子：挑柴草等的农具 插吃~面	Ø ˧	雅哑
tʂ' ˧	茶搽~粉 茬查察	Ø ˥	亚砑讶
tʂ' ˥	差岔杈树~儿		
ʂ ˧	沙纱杀鲨刹莎痧刮 裟杉~树		ua
ʂ ˧	啥疑问代词，干~	tʂ ˥	髽抓
ʂ ˧	傻	tʂ ˧	爪咋~儿办：怎么办
ʂ ˥	厦煞~气	ʂ ˥	刷
k ˧	嘎	ʂ ˧	耍
k ˧	尬	k ˥	瓜刮
k' ˧	卡	k ˧	寡剐
x ˧	喝吃~哈~气	k ˥	挂卦褂~子
x ˧	蛤~蜊拍子：蚌壳	k' ˥	夸
Ø ˥	阿啊		

· 88 ·

k'˥ 侉垮胯

k'˨˩ 跨挎

x˥˩ 花

x˧˥ 划华哗铧~铧滑猾

x˥˩ 化华桦画话划

Ø˥ 蛙洼蛙哇挖

Ø˧˥ 娃

Ø˨˩ 瓦

Ø˥˩ 袜

o

p˥ 波菠玻播拨钵剥朴膊钹

p˧˥ 勃饽博泊薄箔铂舶驳帛

p˨˩ 跛簸 动词,~一~ 钵

p˥˩ 簸~箕

p'˥ 颇坡泼波 又音,~浪

p'˧˥ 婆

p'˨˩ 叵

p'˥˩ 破魄

m˧˥ 魔磨~刀 摩馍模摹膜蘑

m˨˩ 抹

m˥˩ 磨末沫茉没莫漠寞墨默陌

f˧˥ 佛

uo

t˥ 多哆~嗦

t˧˥ 夺铎度咄掇拾~

t˨˩ 朵躲

t˥˩ 剁惰垛舵跺堕

t'˥ 拖脱托

t'˧˥ 驼驮舵驮陀沱砣坨鸵

t'˨˩ 妥椭

t'˥˩ 唾

n˧˥ 挪

n˨˩ 糯懦诺

l˥ 啰

l˧˥ 罗锣箩骡螺胴

l˨˩ 裸

l˥˩ 摞落骆洛络烙珞

ts˥ 嘬~跐

ts˧˥ 昨琢

ts˨˩ 左佐撮

ts˥˩ 坐座做作柞

ts'˥ 搓蹉磋

ts'˧˥ 矬~子:矮个子 莝

ts'˥˩ 锉措错挫厝

s˥ 蓑梭唆莎缩

s˨˩ 锁琐啧所索

tʂ˥ 桌捉

tʂ˧˥ 拙着酌卓浊苗灼琢啄涿濯镯

浞煋~木兰芽

tʂ'˩ 戳

tʂ'˩ 绰辍

ʂ˩ 说捎~信 烧~火

ʂ˩ 朔硕烁

ʐ˩ 饶~喽我吧

ʐ˩ 若偌弱饶~弯子

k˩ 锅郭聒

k˩ 国

k˩ 果裹馃

k˩ 过

k'˩ 括阔廓扩

x˩ 豁劐镬

x˩ 和活

x˩ 火伙

x˩ 货祸霍藿或惑获

ø˩ 倭踒窝蜗喔渥涡莴

ø˩ 我

ø˩ 卧握沃幄

yo

n˩ 尿~尿

tɕ˩ 浇~地

tɕ˩ 嚼~舌根

tɕ˩ 脚大~板子, 手架子搅~点面去! 觉

tɕ˩ 叫别~啦

tɕ'˩ 雀黑~子敲~扣门劁~猪

tɕ'˩ 荞麦皮翘~棱啦鞒鞽~子

tɕ'˩ 悄没声的雀家~子

tɕ'˩ 撬~棍

ɕ˩ 削铅笔销赃灭迹烧~水

ɕ˩ 小~姑子

ø˩ 吆喝腰~疼

ø˩ 窑垒~灰

ø˩ 药吃~疟发~子钥匙要~去耀~武扬威

iɛ

p˩ 鳖憋瘪

p˩ 别

p'˩ 瞥

p'˩ 撇

m˩ 咩

m˩ 灭蔑篾

t˩ 爹跌

t˩ 叠碟牒蝶谍喋迭

t'˩ 帖贴

t'˩ 铁

n˩ 茶

n˩ 聂镊蹑孽捏

l˩ 猎列烈裂冽劣

tɕ˩ 皆阶秸街接揭羯阶结嗟

tɕ˩ 藉襟

tɕ ˩ 劫杰节截结洁捷诘拮碣竭睫杰桀

tɕ ˩ 姐解

tɕ ˎ 借介界芥疥届戒械诫

tɕ' ˩ 切

tɕ' ˩ 茄

tɕ ˩ 且

tɕ' ˎ 妾怯窃惬

ɕ ˩ 些蝎楔歇

ɕ ˩ 邪斜谐鞋携协胁飗偕

ɕ ˩ 写

ɕ ˎ 泻卸谢懈解_{姓~}蟹胁泄屑械亵邂

ø ˎ 耶噎掖椰

ø ˩ 爷

ø ˩ 也野冶

ø ˎ 夜液腋页叶业谒

yɛ

n ˎ 疟虐_{~待}

l ˎ 略掠

tɕ ˎ 绝厥撅橛撅决抉诀掘爵觉獗觉镢蹶

tɕ ˎ 憠倔镢

tɕ' ˎ 缺

tɕ' ˎ 瘸

tɕ' ˎ 怯雀_儿鹊却确阙

ɕ ˎ 靴削

ɕ ˩ 学

ɕ ˩ 雪血

ɕ ˎ 薛穴

ø ˩ 哕约

ø ˎ 悦阅月越曰粤岳乐_{~曲}玥

ər

ø ˩ 儿而

ø ˩ 尔耳饵

ø ˎ 二贰_{~心}

ɣ

m ˎ 么

t ˩ 得德

t' ˎ 特

n ˩ 呢

l ˎ 乐

ts ˩ 则责择泽

ts ˎ 仄

ts' ˎ 厕侧测策册

s ˩ 涩瑟色啬

tʂ ˩ 遮蜇

tʂ ˩ 摺蛰哲辙折

tʂ˨ 者褶			ai
tʂ˨ 蔗浙这鹧˨			
tʂ'˨ 车		p˨ 掰	
tʂ'˨ 扯		p˨ 白	
tʂ'˨ 彻撤澈		p˨ 摆伯百柏	
ʂ˨ 赊佘奢畲		p˨ 拜稗败	
ʂ˨ 蛇舌折		p'˨ 拍	
ʂ˨ 舍		p'˨ 排牌徘	
ʂ˨ 射麝赦舍社摄涉设射骣		p'˨ 迫	
z˨ 惹		p'˨ 派湃	
z˨ 热		m˨ 埋霾	
k˨ 歌哥戈鸽割阁搁胳疙硌咯		m˨ 买	
k˨ 格革隔嗝阁骼		m˨ 卖迈麦脉	
k˨ 葛		t˨ 呆	
k˨ 个各		t˨ 歹逮~捕	
k'˨ 科棵颗磕瞌窠苛蝌柯轲珂		t˨ 戴贷待怠殆代袋带大~夫	
k'˨ 咳壳		t'˨ 胎苔	
k'˨ 可渴		t'˨ 台抬	
k'˨ 课刻克客		t'˨ 态太泰汰肽钛	
x˨ 喝		n˨ 乃奶	
x˨ 河何荷~花和禾蛤~蟆合盒核___		n˨ 耐奈	
x˨ 荷~薄贺鹤赫吓喝~彩褐		l˨ 来莱涞	
ŋ˨ 蛾鹅俄峨		l˨ 赖癞籁睐	
ŋ˨ 我		ts˨ 灾栽	
ŋ˨ 饿鄂鹗扼遏		ts˨ 宰载~年	
ŋ˨ 讹额恶		ts˨ 再载~重在	
ø˨ 阿~胶		ts'˨ 猜	

tsʻ ˩	才材财裁	ø ˥	哀埃挨哎
tsʻ ˧	彩采睬踩	ø ˩	皑
tsʻ ˥	菜棌蔡		
s ˥	腮鳃塞		uai
s ˥	赛		
tʂ ˥	斋摘	tʂ ˥	拽
tʂ ˩	宅翟	tʂʻ ˥	揣
tʂ ˧	窄	ʂ ˥	衰摔
tʂ ˥	债寨	ʂ ˩	甩
tʂ ˥	钗差拆	ʂ ˥	帅率蟀
tʂʻ ˩	册 户口~子	k ˥	乖
tʂʻ ˩	豺柴侪	k ˥	怪
ʂ ˥	筛	k ˧	拐~子；瘸子
ʂ ˥	色~树坟	kʻ ˩	蒯姓~
ʂ ˥	晒	kʻ ˥	块会块快筷刽侩市~脍哙樊~
k ˥	该赅垓	x ˩	怀槐淮踝徊
k ˧	改	x ˥	坏
k ˥	概溉盖丐钙	ø ˥	歪
kʻ ˥	开揩	ø ˩	崴~脚
kʻ ˧	凯慨楷锴恺铠	ø ˥	外
kʻ ˥	忾		
x ˩	孩还~有		ɑu
x ˩	海		
x ˥	亥害骇	p ˥	包苞胞鲍褒
ŋ ˩	挨	p ˩	雹
ŋ ˧	蔼矮	p ˧	保葆堡宝饱鸨
ŋ ˥	碍爱艾~蒿隘	p ˥	报抱暴菢豹爆曝鲍

p‘ ˅ 泡水~抛剖	tsʻ ˅ 操糙~米
p‘ ˩ 袍狍刨咆庖鲍	tsʻ ˩ 曹槽
p‘ ˩ 跑	tsʻ ˩ 草
p‘ ˅ 炮泡刨	s ˅ 骚~狐子：狐狸臊
m ˅ 猫摸	s ˩ 扫~地嫂
m ˩ 毛茅锚猫谋矛牦	s ˅ 扫~帚
m ˩ 卯铆	tʂ ˩ 朝昭招钊召
m ˅ 冒帽貌茂贸	tʂ ˩ 着
t ˩ 刀叨~咕絮叨掏	tʂ ˩ 爪找沼
t ˩ 祷岛倒导捣	tʂ ˅ 罩笊~篱赵兆召照诏
t ˅ 到倒道稻盗	tʂʻ ˅ 抄钞超焯~水
t‘ ˩ 涛叨~扰掏滔韬	tʂʻ ˩ 巢朝潮
t‘ ˩ 桃逃淘陶萄	tʂʻ ˩ 炒吵
t‘ ˅ 讨	ʂ ˅ 梢揩~信稍烧~火
t‘ ˅ 套	ʂ ˩ 韶山勺~子芍~药
n ˅ 孬	ʂ ˩ 少多~
n ˩ 挠铙	ʂ ˅ 少年~绍邵姓潲~雨
n ˩ 脑恼瑙	ʐ ˅ 饶~命
n ˅ 闹	ʐ ˩ 扰绕
l ˩ 捞唠	ʐ ˅ 绕~弯子
l ˩ 劳牢崂~山	k ˩ 高膏篙羔糕皋
l ˩ 老姥佬	k ˩ 稿搞镐
l ˅ 涝烙酪	k ˅ 告膏~油诰郜姓~
ts ˩ 遭糟	k‘ ˩ 考烤拷
ts ˩ 凿	k‘ ˅ 靠犒铐
ts ˩ 早枣蚤澡藻	x ˅ 蒿艾~薅~草
ts ˅ 躁灶皂造	x ˩ 豪壕毫嚎濠号和连词

· 94 ·

第二章　门头沟斋堂话音系

x ˋ 好郝

x ˋ 好耗~子:老鼠 浩号浩皓昊灏颢

ŋ ˋ 袄恶~心

Ø ˋ 奥~运会 懊澳

iɑu

p ˋ 膘标彪镖飙镳保~

p ˊ 表裱

p ˇ 鳔鱼~

p' ˋ 飘

p' ˊ 瓢嫖朴~姓~

p' ˋ 漂票

m ˋ 喵

m ˊ 苗描瞄

m ˇ 藐渺秒眇缈藐邈淼

m ˋ 庙妙

t ˋ 刁貂雕叼凋碉

t ˊ 屌

t ˋ 钓吊掉调

t' ˋ 挑

t' ˊ 条调笤~帚

t' ˋ 跳粜~米:卖米 眺

n ˊ 鸟袅

n ˋ 尿虐~待

l ˊ 燎~原 疗聊辽撩寥瞭燎僚镣

l ˊ 燎~火~了

l ˋ 料尥廖瞭撂~挑子

tɕ ˉ 交郊茭胶跤佼蛟教焦蕉礁椒骄娇浇~地

tɕ ˋ 嚼~用

tɕ ˊ 绞狡铰搅剿矫缴侥脚角饺

tɕ ˋ 教校较窖觉噍轿叫酵~子

tɕ' ˉ 敲锹缲悄~~

tɕ' ˊ 憔瞧乔侨桥荞~麦

tɕ' ˇ 巧雀家~儿

tɕ' ˋ 俏鞘撬窍翘~起来 峭诮壳跷

ɕ ˉ 消~灾 淆宵霄肖逍硝销~脏 嚣萧箫削

ɕ ˇ 小~子 晓筱

ɕ ˋ 孝效校笑~话

Ø ˉ 妖邀腰闪了~ 要么吆~喝

Ø ˊ 摇谣窑~煤~ 姚尧徭肴遥瑶爻肴

Ø ˇ 咬舀

Ø ˋ 药~房 钥~匙 跃要~需 耀炫~

ei

p ˉ 杯焙碑卑悲

p ˊ 北

p ˋ 贝辈背倍被备悖钡

p' ˉ 胚坯培陪赔披裴

p' ˋ 沛配佩呸辔霈

m ˊ 梅枚媒煤眉楣霉没嵋莓玫

湄酶

m ˩ 每美

m ˨ 妹昧媢寐魅

f ˨ 非飞妃蜚菲

m ˩ 肥

f ˩ 匪翡~榧诽

f ˨ 废肺吠痱~子费

t ˨ 逮~住

n ˩ 馁哪

n ˨ 内那

l ˨ 勒

l ˩ 雷镭檑

l ˩ 儡累垒蕾

l ˨ 累类泪肋擂~台

ts ˨ 贼

s ˨ 塞

x ˨ 黑嘿

x ˩ 黑~豆

ø ˨ 诶

uei

t ˨ 堆

t ˨ 对队兑

t' ˨ 推忒

t' ˩ 腿

t' ˨ 退蜕褪

ts ˨ 罪

ts ˨ 嘴

ts ˨ 最醉

ts' ˨ 催崔

ts' ˨ 脆翠粹

s ˨ 虽尿~:撒尿

s ˩ 随绥髓

s ˨ 碎岁遂隧穗

tʂ ˨ 追锥

tʂ ˨ 缀赘坠

tʂ' ˨ 吹炊

tʂ' ˩ 垂槌锤

ʂ ˨ 谁

ʂ ˩ 水

ʂ ˨ 税睡

ʐ ˩ 蕊

ʐ ˨ 锐瑞

k ˨ 圭闺规龟归

k ˩ 诡轨癸鬼

k ˨ 桂柜贵

k' ˨ 盔魁亏窥

k' ˩ 奎逵葵

k' ˩ 傀

k' ˨ 溃愧

x ˨ 恢灰挥辉徽

x ˩ 回茴

x ˨ 悔

96

第二章 门头沟斋堂话音系

x ˋ	贿晦汇刽桧会绘秽惠慧毁讳汇
ø ˋ	煨
ø ˊ	桅
ø ˋ	卫

ou

m ˊ	谋牟眸
m ˇ	某
f ˇ	否
t ˉ	都兜
t ˇ	斗~儿 抖陡
t ˋ	豆逗斗打~
t' ˉ	偷
t' ˊ	头投
t' ˇ	敨
t' ˋ	透
l ˉ	搂~柴火
l ˊ	楼耧喽溇髅蒌偻
l ˇ	篓搂~着
l ˋ	漏陋露~脸
ts ˇ	走
ts ˋ	奏揍邹
ts' ˋ	凑
s ˉ	搜飕馊锼
s ˇ	叟

s ˋ	嗽
tʂ ˉ	周舟州洲粥
tʂ ˊ	掫绉轴
tʂ ˇ	肘
tʂ ˋ	昼纣宙皱骤帚咒
tʂ' ˉ	抽搊
tʂ' ˊ	愁绸稠筹仇酬
tʂ' ˇ	丑瞅
tʂ' ˋ	臭
ʂ ˉ	收叔小~子
ʂ ˊ	熟
ʂ ˇ	手首守
ʂ ˋ	瘦兽受寿授售狩
ʐ ˊ	柔揉蹂糅
ʐ ˋ	肉
k ˉ	勾钩沟勾佝篝
k ˇ	狗苟
k ˋ	彀够构购购媾垢诟
k' ˉ	抠眍
k' ˇ	口
k' ˋ	叩扣寇蔻
x ˉ	齁~咸
x ˊ	侯喉猴瘊篌
x ˇ	吼
x ˋ	后~前~厚后候
ŋ ˇ	偶藕
ŋ ˋ	沤怄

97

ø ˋ	呕殴鸥瓯欧		an

	iou		
		p ˋ	班斑颁扳般搬
		p ˊ	板版阪钣舨
m ˋ	谬	p ˋ	半伴拌绊办扮瓣
t ˋ	丢	p' ˋ	攀扳襻潘
n ˊ	牛	p' ˊ	盘磐蟠_{~桃}蹒
n ˊ	纽扭	p' ˋ	盼判叛泮畔
n ˋ	谬_{又，~论}拗	m ˊ	蛮瞒馒
l ˋ	溜	m ˊ	满
l ˊ	流刘浏留榴硫琉琉瘤骝镏	m ˋ	慢漫幔镘曼蔓嫚鳗
l ˊ	柳绺	f ˋ	潘翻番帆幡藩
l ˋ	馏遛六陆_{数字}谬_又	f ˊ	凡烦藩矾繁樊
t ˋ	丢	f ˊ	反返
tç ˋ	揪鬏鸠阄纠究赳啾咎	f ˋ	泛范犯贩饭梵
tç ˊ	酒九久韭灸玖	t ˋ	担耽丹单眈郸聃
tç ˋ	就救究臼舅咎旧柩疚厩	t ˊ	胆掸疸
tç' ˋ	秋鞧丘邱蚯湫鳅_{泥~}萩雀_{喜~}	t ˋ	担蛋淡但旦诞弹氮诞弹惮
tç' ˊ	囚泅求球仇_姓裘俅逑酋遒虬	t' ˋ	贪坍滩摊瘫
tç' ˋ	糗	t' ˊ	潭谭谈痰檀坛弹
ç ˋ	修羞休咻	t' ˊ	毯坦袒忐
ç ˊ	朽	t' ˋ	探炭碳叹
ç ˋ	秀绣锈袖嗅岫	n ˊ	南楠男难
ø ˋ	幽尤优忧悠攸黝	n ˊ	暖_{~壶}
ø ˊ	邮由油游犹蚰尤犹猷	n ˋ	难
ø ˊ	有友酉	l ˊ	蓝篮褴兰拦栏篮阑澜岚
ø ˋ	莠诱又右佑祐柚釉黝幼铀宥囿	l ˊ	㦬_{~柿子}览揽榄缆懒

l ˋ	滥烂	k ˋ	干绀淦赣
ts ˋ	簪	k' ˉ	堪堪龛勘看刊
ts ˊ	咱	k' ˇ	坎砍槛侃
ts ˇ	昝~时 攒	k' ˋ	看瞰阚
ts ˋ	赞瓒暂錾	x ˉ	憨酣鼾
ts' ˉ	餐参	x ˊ	含函寒韩涵晗颔邯
ts' ˊ	蚕残惭	x ˇ	喊罕
ts' ˇ	惨	x ˋ	撼憾旱汗汉焊瀚
ts' ˋ	灿	ŋ ˉ	安氨庵谙胺鞍桉鹌
s ˇ	散~喇 伞	ŋ ˇ	俺埯~豆子
s ˋ	散~步	ŋ ˋ	按暗案岸黯
tʂ ˉ	沾粘瞻詹占毡拈		
tʂ ˇ	斩盏展崭辗		ian
tʂ ˋ	站蘸占绽栈战颤湛		
tʂ' ˉ	搀	p ˉ	边编煸鞭蝙鯿蝙
tʂ' ˊ	谗馋蟾缠蝉禅婵潺	p ˇ	贬扁匾褊匾砭
tʂ' ˇ	铲产	p ˋ	变辨辩辫汴便遍下弁
tʂ' ˋ	忏颤	p' ˉ	篇偏翩
ʂ ˉ	杉~树 衫钐珊山删扇	p' ˊ	便~宜
ʂ ˊ	痁	p' ˋ	骗片
ʂ ˇ	陕闪	m ˉ	绵棉眠
ʂ ˋ	善擅缮膳扇骟~羊 膳鳝单~姓~禅讪疝赡	m ˇ	免勉娩缅腼渑黾沔丏
ʐ ˊ	然燃	m ˋ	面
ʐ ˇ	染冉苒髯	t ˉ	掂颠癫滇巅跕
k ˉ	甘柑泔干杆肝竿尴	t ˇ	点典碘
k ˇ	感敢橄杆秆撑赶	t ˋ	店簟电殿奠佃钿甸垫靛淀玷惦玷

t' ˧	添天	∅ ˧	言研沿严炎阎颜延蜒檐芫妍
t' ˨	甜田填恬阗		盐岩_石鼓~
t' ˥	舔忝殄腆	∅ ˨	兖俨眼掩魇演衍
t' ˩	栝	∅ ˩	堰砚燕咽宴验焰厌餍雁赝谚
n ˨	蔫		筵艳唁
n ˨	黏鲇拈年鲶		
n ˥	碾辇捻撵		uan
n ˩	念		
l ˨	廉镰濂帘连涟琏莲联怜鲢	t ˧	端
l ˥	脸敛潋	t ˥	短
l ˩	敛殓练炼链楝恋	t ˩	断锻断段缎椴
tɕ ˧	监鉴尖歼兼搛艰间奸煎笺肩	t' ˧	湍
	坚兼犍菅煎缄	t' ˨	团
tɕ ˥	减碱捡检俭睑简柬拣锏剪 茧	l ˨	鸾峦挛栾銮滦脔娈
	趼蕳	l ˥	卵
tɕ ˩	监舰渐剑间谏涧箭溅践贱饯	l ˩	乱
	件毽建键健腱键荐鑑	n ˥	暖_温~
tɕ' ˧	签谦迁千阡扦纤仟芊钎牵铅	ts ˧	钻_石
	籤牵悭骞愆	ts ˧	钻_空子 攥
tɕ' ˨	钳钺乾虔前掮黔	ts' ˧	佘
tɕ' ˥	潜浅遣谴襻	ts' ˩	窜蹿揎篡爨~底下：斋堂村名
tɕ' ˩	嵌欠歉芡_实 堑茜倩	s ˧	酸
ɕ ˧	锨仙鲜掀先杴_木~ 籼	s ˩	算蒜_紫皮~
ɕ ˨	咸衔嫌闲娴痫宪献贤弦涎	tʂ ˧	专砖
ɕ ˥	险鲜显藓	tʂ ˥	转~移
ɕ ˩	陷馅限线羡现县苋献宪岘腺	tʂ ˩	赚转_打~ 传篆
∅ ˧	烟淹阉焉湮咽腌	tʂ' ˧	川穿钏

tʂʻ ˪ 传椽船	tɕʻ ˪ 全泉拳权颧荃诠痊蜷权醛
tʂʻ ˩ 喘	tɕʻ ˩ 犬
tʂʻ ˥ 串	tɕʻ ˥ 券劝
ʂ ˥ 闩拴栓	ɕ ˥ 轩宣喧暄萱
ʂ ˪ 涮	ɕ ˪ 旋玄悬弦眩漩
ʐ ˪ 软阮	ɕ ˩ 癣选
k ˥ 官倌棺观冠鳏关	ɕ ˥ 镟楦炫绚
k ˩ 管馆	∅ ˪ 冤渊鸢鸳
k ˥ 贯灌罐观冠惯掼纶观道~鹳盥	∅ ˪ 圆员缘元原源袁辕猿园援塬园爰援媛瑗垣
kʻ ˥ 宽	∅ ˩ 远
kʻ ˪ 款	∅ ˥ 院愿怨苑
x ˥ 欢獾	
x ˪ 桓还环寰嬛洹鬟	ən
x ˩ 缓	
x ˥ 唤焕换奂涣痪腕幻患宦浣豢	p ˥ 奔锛
∅ ˥ 弯湾碗豌剜豌蜿	p ˩ 本
∅ ˪ 玩完丸顽纨	p ˥ 奔笨苯
∅ ˩ 皖晚挽宛~平惋腕婉莞脘脘绾琬畹	pʻ ˥ 喷
∅ ˥ 万蔓瓜~儿	pʻ ˪ 喷
	m ˪ 门们
yan	m ˥ 闷
	f ˥ 分芬纷吩酚
tɕ ˥ 捐涓娟鹃	f ˪ 焚坟汾
tɕ ˩ 卷	f ˩ 粉
tɕ ˥ 眷卷绢圈上~：上厕所倦狷	f ˥ 粪奋愤忿份氛
tɕʻ ˪ 圈鬈	t ˥ 扽

n ˋ	嫩		uən
ts ˋ	怎	t ˋ	敦墩蹲吨礅
ts' ˊ	岑	t ˊ	盹
s ˋ	森	t ˋ	顿囤沌钝炖遁盾踲
tʂ ˉ	针真珍榛臻斟砧贞侦甄箴	t' ˉ	吞
tʂ ˊ	枕枕诊疹缜轸稹	t' ˊ	屯囤豚饨臀
tʂ ˋ	镇阵振赈震圳朕枕～枕头鸩	l ˊ	仑伦沦轮抡纶囵
tʂ' ˉ	嗔	l ˋ	论
tʂ' ˊ	陈尘辰晨臣沉宸忱谶	ts ˉ	尊遵樽鳟
tʂ' ˋ	趁衬称	ts ˊ	撙
ʂ ˉ	参深身申伸呻砷绅娠	ts ˋ	俊
ʂ ˊ	神	ts' ˉ	村皴手～
ʂ ˊ	沈审婶	ts' ˊ	存
ʂ ˋ	渗甚肾慎葚桑～蜃	ts' ˋ	忖
ʐ ˊ	人仁	ts' ˋ	寸
ʐ ˊ	忍	s ˋ	孙荪狲
ʐ ˋ	葚桑～儿壬任饪衽妊茬纫仞刃认韧	s ˊ	损笋榫
k ˉ	跟根	tʂ ˋ	谆
k ˋ	亘	tʂ ˊ	准
k' ˊ	恳垦龈肯	tʂ' ˉ	椿春
x ˉ	痕	tʂ' ˊ	唇纯醇淳莼
x ˊ	很狠	tʂ' ˋ	蠢
x ˋ	恨	ʂ ˋ	顺舜瞬
ŋ ˉ	恩	ʐ ˊ	允
ŋ ˊ	摁	ʐ ˋ	润闰
Ø ˋ	嗯	k ˊ	滚衮磙

第二章　门头沟斋堂话音系

k ↘	棍	tɕ ↘	今金襟津巾斤筋禁矜
kʻ ↘	昆醌崑鹍琨鲲坤堃	tɕ ↗	锦紧仅谨堇馑瑾槿
kʻ ↗	捆绲阃	tɕ ↘	浸妗~子:舅母 尽进晋缙劲近劲烬禁噤劲觐靳
kʻ ↘	困	tɕʻ ↘	钦亲侵钦衾
x ↘	昏婚荤阍	tɕʻ ↗	琴禽噙擒秦勤芹溱螓
x ↗	魂馄浑混	tɕʻ ↘	侵寝
x ↘	混诨	tɕʻ ↘	吣沁
ø ↘	温瘟	ɕ ↘	心芯辛新薪欣心锌欣馨鑫
ø ↗	文纹蚊汶闻玟炆雯	ɕ ↗	信莘
ø ↗	稳吻刎紊	ø ↘	因姻洇茵氤殷音喑愔阴荫窨
ø ↘	问璺		
		ø ↗	银寅龈淫霪吟 地~子
	in	ø ↗	引隐瘾尹饮蚓
p ↘	彬宾槟滨缤斌濒	ø ↘	印饮~马
p ↗	禀		
p ↘	殡鬓膑		yn
pʻ ↘	姘拼	tɕ ↘	均钧君军
pʻ ↗	贫频颦	tɕ ↗	菌
pʻ ↗	品	tɕ ↘	郡
pʻ ↘	聘	tɕʻ ↗	群裙
m ↗	民	ɕ ↘	熏勋薰
m ↗	闽闵悯敏抿皿岷泯珉	ɕ ↗	寻荀旬循巡
n ↗	您	ɕ ↘	讯逊迅殉训
l ↗	林淋琳临邻鳞磷麟遴凛	ø ↘	晕
l ↗	檁凛	ø ↗	匀云
l ↘	赁吝蔺躪		

ø ˧ 允

ø ˩ 熨韵运孕

ɑŋ

p ˩ 帮邦浜梆

p ˧ 榜绑膀

p ˩ 谤傍磅棒蚌

p' ˩ 胖乓

p' ˧ 滂旁螃庞彷

p' ˩ 胖

m ˧ 忙芒茫硭盲虻氓

m ˧ 莽蟒

f ˩ 方芳

f ˧ 肪妨房防

f ˧ 仿纺访舫

f ˩ 放

t ˩ 当裆铛

t ˧ 党挡档

t ˩ 当荡宕砀

t' ˩ 汤

t' ˧ 堂棠膛螳唐糖塘溏搪

t' ˧ 倘躺淌

t' ˩ 烫趟

n ˩ 囊馕

n ˧ 攮曩

n ˩ 齉~~鼻: 鼻子不通

l ˧ 郎廊狼螂榔琅鎯

l ˧ 朗

l ˩ 浪

ts ˩ 赃脏

ts ˩ 葬藏臧

ts' ˩ 仓苍沧舱

ts' ˧ 藏

s ˩ 桑丧

s ˧ 嗓搡

s ˩ 丧

tʂ ˩ 张章樟漳璋彰瘴蟑獐

tʂ ˧ 长涨掌

tʂ ˩ 帐账胀丈仗杖障瘴

tʂ' ˩ 昌菖娼猖伥

tʂ' ˧ 长肠场常裳尝偿徜嫦

tʂ' ˧ 厂场敞

tʂ' ˩ 畅唱倡怅

ʂ ˩ 商墒伤殇

ʂ ˧ 赏晌饷垧

ʂ ˩ 上尚裳

ʐ ˩ 瓤穰

ʐ ˧ 壤攘嚷

ʐ ˩ 让

k ˩ 冈岗刚纲钢缸肛罡

k ˧ 港岗

k ˩ 钢

k ˩ 杠

k'˘ 康糠慷

k'˩ 扛

k'˘ 抗炕

x˘ 夯

x˩ 行航杭吭

x˘ 沉巷又

ŋ˘ 肮

ŋ˩ 昂

iaŋ

n˩ 娘姥~：接生婆

n˘ 酿

l˩ 良凉量粮梁粱

l˘ 两

l˘ 亮谅晾~凉辆量

tɕ˘ 将浆疆僵姜缰姜江豇

tɕ˘ 蒋奖桨讲耩巷~子

tɕ˘ 酱将匠降虹绛犟

tɕ'˘ 枪羌腔戗炝锵呛

tɕ'˩ 墙强襁蔷樯

tɕ'˩ 抢强勉~

ɕ˘ 相箱厢湘襄瓖镶香乡

ɕ˩ 降翔详祥

ɕ˘ 想享响饷

ɕ˘ 相详祥象像橡向项

ø˘ 央秧殃鞅鸯

ø˩ 羊洋杨阳扬疡佯炀烊

ø˘ 仰养痒氧

ø˘ 样恙漾

uaŋ

tʂ˘ 庄装桩妆

tʂ˘ 壮状撞幢

tʂ'˘ 疮窗

tʂ'˩ 床

tʂ'˩ 闯

tʂ'˘ 创怆

ʂ˘ 霜孀双

ʂ˘ 爽

k˘ 光胱咣

k˘ 广

k˘ 桄逛

k'˘ 匡筐眶框

k'˩ 狂

k'˘ 旷况矿

x˘ 荒慌

x   黄磺潢璜蟥簧皇蝗惶湟煌徨凰隍篁

x˘ 幌恍谎

x˘ 晃

ø˘ 汪

ø˩ 亡王

∅ ˪ 网辋魍罔枉往	ʦ ˪ 曾增
∅ ˥ 忘妄望旺	ʦ ˥ 赠锃憎
	ʦʻ ˪ 曾层
### əŋ	ʦʻ ˥ 蹭
	s ˪ 僧
p ˪ 崩绷嘣	ʈʂ ˪ 征蒸铛争峥睁正峥狰
p ˥ 甭	ʈʂ ˥ 拯整
p ˥ 迸蹦泵	ʈʂ ˥ 证症正政郑挣
pʻ ˪ 烹怦砰抨嘭	ʈʂʻ ˪ 称撑
pʻ ˥ 朋彭膨澎棚鹏篷蓬	ʈʂʻ ˥ 惩橙乘承丞澄橙呈程成城诚盛
pʻ ˥ 捧	
m ˪ 盟蒙濛檬萌	ʈʂʻ ˥ 逞
m ˥ 猛懵蠓锰艋	ʈʂʻ ˥ 秤掌
m ˥ 孟梦	ʂ ˪ 升生牲笙甥声
f ˪ 风枫疯丰封峰蜂锋烽	ʂ ˥ 绳什~么
f ˥ 冯逢缝	ʂ ˥ 省
f ˥ 讽	ʂ ˥ 剩胜圣盛
f ˥ 奉俸凤缝	ʐ ˪ 扔
t ˪ 登灯蹬	ʐ ˥ 仍
t ˥ 等	k ˪ 更庚羹耕
t ˥ 凳镫邓澄瞪磴	k ˥ 哽埂梗耿粳鲠
tʻ ˪ 熥	k ˥ 更
tʻ ˥ 堂又腾誊藤滕誊疼	kʻ ˪ 坑吭
n ˥ 能农~民脓浓	x ˪ 亨哼
n ˥ 弄	x ˥ 恒衡横
l ˥ 冷	x ˥ 横~蛮
l ˥ 楞愣棱	

uəŋ

ø ˥ 翁
ø ˩ 瓮

iŋ

p ˥ 冰兵
p ˨ 丙柄炳饼秉禀摒
p ˩ 并病
pʻ ˥ 乒
pʻ ˨ 平坪评苹萍瓶凭屏
m ˨ 名茗酩铭佲洺明鸣冥暝溟瞑螟
m ˩ 命
t ˥ 丁叮盯钉酊仃
t ˨ 顶鼎
t ˩ 定锭腚订
tʻ ˥ 厅听汀
tʻ ˨ 亭停婷葶廷庭蜓霆
tʻ ˨ 挺艇铤珽
n ˨ 宁拧柠狞咛凝
n ˩ 宁佞
l ˥ 拎
l ˨ 灵铃棂凌菱陵绫鲮羚伶零玲聆龄翎囹苓
l ˩ 领岭
l ˩ 令另
tɕ ˥ 京荆惊鲸精晶睛经粳睛兢旌
tɕ ˨ 景警井憬璟阱
tɕ ˩ 茎境敬竟镜竞静靖净颈径儆胫痉泾婧
tɕʻ ˥ 卿清轻青蜻清氢氰鲭
tɕʻ ˨ 情晴睛擎黥檠
tɕʻ ˨ 请倾顷
tɕʻ ˩ 庆磬亲~家馨
ɕ ˥ 兴星惺猩腥馨
ɕ ˨ 行形型刑陉荥邢荥硎
ɕ ˨ 省醒擤
ɕ ˩ 兴杏幸性姓悻荇
ø ˥ 应鹰莺鹦樱英婴缨罂璎膺瑛
ø ˨ 蝇迎盈楹赢嬴营茔萤荥莹滢萦
ø ˨ 影颖郢
ø ˩ 应映硬

uŋ

t ˥ 东冬咚
t ˨ 董懂
t ˩ 冻栋动洞胨侗
tʻ ˥ 通
tʻ ˨ 同铜桐童瞳潼僮橦佟彤砼胴
tʻ ˨ 桶捅筒统

t'˥ 痛恸

n˥ 弄农脓浓

l˧ 笼聋隆龙珑窿胧泷咙砻

l˩ 拢陇垄垄

ts˥ 棕鬃粽宗综踪

ts˩ 总

ts˥ 纵

ts'˥ 聪匆葱囱

ts'˧ 丛从淙琮

s˧ 松嵩淞忪

s˩ 怂

s˧ 耸悚竦

s˥ 送宋诵颂讼

tʂ˧ 中忠终钟盅衷

tʂ˩ 冢种肿踵

tʂ˥ 中仲众重种

tʂ'˧ 充冲春忡

tʂ'˧ 虫崇重

tʂ'˩ 宠

tʂ'˥ 铳

ʐ˧ 荣戎绒融茸容蓉熔榕嵘

ʐ˩ 冗

k˥ 龚

k˧ 公蚣工功攻弓躬宫恭供肱

k˩ 汞拱巩

k˥ 贡共供

k'˥ 空

k'˩ 孔恐

k'˥ 控空

x˧ 轰烘哄

x˧ 弘宏红洪鸿虹泓

x˩ 哄

x˥ 讧

Ø˧ 翁嗡

Ø˩ 瓮

yŋ

tɕ˩ 迥窘炯窘囧炅

tɕ'˧ 琼穹穹

ɕ˧ 兄胸凶匈汹

ɕ˧ 熊雄

Ø˧ 雍痈拥庸臃佣墉慵

Ø˩ 永泳咏甬勇涌蛹

Ø˥ 佣用

四、门头沟斋堂音与北京音的比较

（一）声母的比较

门头沟斋堂话有二十三个声母，与北京话基本一致，比北京话多一个[ŋ]声母。下面举例比较每个声母所包含的字，从中可看出斋堂话声母与北京话声母的对应关系。比较的顺序是：先列斋堂音，再列北京音，最后列出例字。

表16：斋堂话声母与北京音声母对应

斋堂音	北京音	例字
p	p	巴跛步别班边本把表被白比半笔贝败帮
p'	p'	怕盘坡排跑片潘偏皮旁胖盆铺批排袍
	p	庇痹
m	m	门麻没名买木梦迷忙慢民模米埋庙忙
f	f	发飞法分房方凤福夫法废粉放
t	t	到堵对刀多对第夺爹等但短东掉凳
t'	t'	他特台逃天图同条铁谈添太拖吐腿讨藤
n	n	你年能那拿女弄男哪蔫脑攘挪乃奶内娘耐奈
	m	谬
l	l	拉裸乐列略黎庐里类老浪冷庐缕雷燎两
ts	ts	在字自作攒脏租则杂载贼最左租糟簪增
ts'	ts'	擦醋才草村苍曾从厕猜催凑搓惨蹭
s	s	撒素色赛扫桑岁塞俗四所松碎三撒索僧
tʂ	tʂ	站中真者止只找正撰着住装蔗朱制罩乍
tʂ'	tʂ'	出成吃车查传穿陈唱处床初茶车雏吹炒
ʂ	ʂ	傻说上时山声社书事水省沙蛇戍世税
ʐ	ʐ	如芮饶然燃染冉戎绒任入软热人瓤嚷认润日若肉
tɕ	tɕ	就叫句将级即卷家交见经江机居祭骄九巷

续表

斋堂音	北京音	例字
tɕ	tɕʻ	戚
	ɕ	械
tɕʻ	tɕʻ	去清亲期请全且钱起前切枪区茄瘸妻桥
ɕ	ɕ	想下先向形咸新小学熊选县下墟西消修
	x	巷
k	k	个给跟歌过高共梗古戈哥贵歌过姑该乖
kʻ	kʻ	看可考开卡课快块口苦抗宽可枯开葵砍
x	x	好和会号话后或还黑很汉回荷火呼孩坏
ŋ	ŋ	鹅蛾俄挨蔼爱艾熬袄傲
∅	∅	危微外矮有余屋衣月鄂哀摇牙乌哀迁

斋堂话和北京话声母主要对应规律是：

斋堂话[ŋ]声母，北京话是零声母，一些零声母字读为[ŋ]声母，如：鹅[ŋɤ˩]、爱[ŋai˥]、袄[ŋau˩]、恶₋心[ŋau˥]、昂[ŋaŋ˩]等；北京话则分别是[ɤ˩]、[ai˥]、[au˩]、[ɤ˥]、[aŋ˩]。此外，其他声母的对应，除了少数例外情况，基本都是相同的。

（二）韵母的比较

斋堂话有39个韵母，有一个[yo]韵母是北京话没有的；其他与北京话的韵母对应较为一致，除少数一些例字存在例外，其对应是比较整齐的。

表17：斋堂话韵母和北京话韵母对应

斋堂话	北京话	例字
ɿ	ɿ	紫姊子此撕四资赐疵雌此斯伺思
ʅ	ʅ	知直纸滞至胝侈翅时之世支驰示
A	a	霸茶洒骂拿拔爸爬怕麻乏答大撒叉

· 110 ·

续表

斋堂话	北京话	例字
ər	ər	儿而尔耳饵二贰迩騋
o	o	波菠跛破磨波剥薄跛卜簸坡摸魔抹佛
ɤ	ɤ	歌荷课齿浙奢蛇惹歌科咳社得特
ɤ	a	蛤
ɤ	uo	落
ai	ai	拜拍派呆胎台耐来猜窄在概乃白
ei	ei	贝赔妹雷费杯北背胚坯培沛媒美妹妃
ei	i	披壁
ɑu	ɑu	宝袍帽裤沼包抱泡毛卯倒陶皂臊兆勺
ɑu	ou	剖
ou	ou	否抖豆偷透走搜搊丑柔肉某逗狗
an	an	班半盼藩范耽搂惨三伞沾贪砍暗蓝喊
ən	ən	本盆门分焚吞珍辰森痕恩沉婶森枕跟
ɑŋ	ɑŋ	榜旁忙方肪当攘齉葬昂夯蟒郎葬炕
əŋ	əŋ	崩烹萌孟等澄熥弄正生亨朋等赠剩
əŋ	uŋ	弄
i	i	鼻彼蔽批皮脾低帝替泥齐蔽米细契
ia	ia	家挟假掐恰霞陕下崖牙雅贾涯匣恰鸭
iɛ	iɛ	别撇跌爹帖捏虐烈皆捷姐怯些且憋
iau	iau	彪漂瓢苗秒跳交嚼巧小孝郊巧要跳
iou	iou	丢牛扭擎究求朽酉祐就嗅丢幼留六
ian	ian	鞭瓣免典店蔫奸柃弦现眼碱陷脸验钳
in	in	彬拚民吝金芹禁琴寝呤音赁饮彬
iɑŋ	iɑŋ	娘将想养抢凉亮蒋腔强相祥央羊样
iŋ	iŋ	冰明丁停宁陵拎京精清星形醒盈映
u	u	布仆普模某孵俘杜突土唾苦铺徒租苏
ua	ua	抓爪刷耍瓜剐卦垮跨花划华蛙

· 111 ·

续表

斋堂话	北京话	例字
uo	uo	多剁挪骡糯裸桌拙戳蓑若括果过
yo	iɑu	嚼浇脚搅叫雀悄剿鞘荞翘撬吆要腰窖疟药耀
uai	uai	拽揣衰率乖枴怪蒯筷坏淮歪外
uei	uei	堆推腿翠遂追瑞遂危畏回崔碎盔悔
uan	uan	端暖卵氽蒜拴拎管款桓玩酸款晚篡涮
uən	uən	敦盾屯吞遵村寸准椿损昆昏馄滚
uəŋ	uəŋ	翁甕
uɑŋ	uɑŋ	装撞窗牀霜爽光匡眶汪王亡芒广黄双
uŋ	uŋ	公龙送荣孔
y	y	女驴旅律吕滤绿居菊矩渠取去徐序徐与
yɛ	yɛ	略厥缺瘸靴穴雪曰悦月绝怯
yɛ	iɛ	劣
yan	yan	捐卷泉宣旋楦渊元袁院远选绢券圆
yn	yn	匀均俊君群裙训迅殉韵匀云允熨旬
yŋ	yŋ	琼穷兄胸熊雄凶庸雍永勇泳用

（三）声调的比较

斋堂话与北京话声调调类相同，都有阴平、阳平、上声和去声四个调类，但调值和调型有较大差异。斋堂话声调与北京话声调对应规律见下表：

表 18：斋堂话声调与北京话声调对应表

斋堂话	北京话	例字
阴平 52	阴平 55	诗梯衣灯高开说多拖他巴坡
阳平 32	阳平 35	时穷寒神扶龙文驮挪罗爬拿
阳平 32	阴平 55	叔

续表

斋堂话	北京话	例字
上声 214	上声 214	把马体礼每
去声 41	去声 51	内退沛贝报

从上表可见，斋堂话与北京话在调类上是相同的，但在调值上有较大的差异，斋堂话声调调值阴平、阳平、去声都是降调，上声和北京话是一致的，都是曲折调。此外，斋堂话在少数例字上存在一些例外的情况。

五、门头沟斋堂音与中古音的比较

斋堂音指现代门头沟斋堂川方言代表的语音系统，下文称今音；中古音是指《切韵》《广韵》所代表的语音系统，下文称古音，古今对比主要观察斋堂音古今演变的情况。本书声母韵摄的分类按照《方言调查字表》的次序开展。

（一）声母的古今比较

声母的古今对比主要见下表。表端按发音方法把古声母分为清、全浊、次浊三类；表左和表右把古声母分为帮组、非组、端泥组、精组、知组、庄组、章组、日组、见晓组、影组十组；表中是古声母的今读法，全浊声母栏内按平声、仄声分别举例。

表 19：斋堂话古今声母的比较

古声母	清		全浊	
			平	仄
帮组	帮 波 ₌po	滂 坡 ₌pʻo	並 婆 ₌pʻo	布 puˀ
非组	非 夫 ₌fu	敷 麸 ₌fu	奉 浮 ₌fu	阜 fuˀ
端组	端 多 ₌tuo	透 拖 ₌tʻuo	定 驼 ₌tʻuo	垛 tuoˀ

续表

古声母		清				全浊	
						平	仄
精组	今洪	精	租 ₋tsu	清	粗 ₋tsʻu	从	才 ₋tsʻai	载 tsai²
	今细		姐 ⁻tɕiɛ		秋 ₋tɕʻiou		齐 ₋tɕʻi	就 tɕiou²
知组	今洪		知 蛛 ₋tsu		徹 痴 ₋tsʻʅ		澄 厨 ₋tsʻu	宙 tsou²
	今细							
庄组	今洪		庄 楂 ₋tʂa		初 权 ₋tʂʻa		崇 锄 ₋tʂʻu	晒 ʂai²
	今细							
章组	今洪		章 针 ₋tʂən		昌 杵 ⁻tʂʻu		船 蛇 ₋ʂɤ	顺 ʂuən²
	今细							
日组								
见晓组	今洪	见	瓜 ₋kua	溪	烤 ⁻kʻau	群	葵 ₋kʻuei	柜 kuei²
	今细		举 ⁻tɕy		糗 ⁻tɕʻiou		渠 ₋tɕʻy	拒 tɕy²
影组			窝 ₋uo 鸭 ₋ia 袄 ⁻ŋau					

续表 19：斋堂话古今声母的比较

次浊	清			全浊		古声母	
				平	仄		
明 马 ⁻ma						帮组	
微 舞 ⁻u						非组	
泥 女 ⁻ny	来 骡 ₋luo					端组	
	心	腮 ₋sai	邪	祠 ₋tsʻʅ	寺 sʅ²	今洪	精组
		修 ₋ɕiou		寻 ₋ɕyn	续 ɕy²	今细	
		生 爽 ⁻ʂuaŋ				今洪	知组
						今细	
		书 舜 ʂuən²				今洪	庄组
						今细	

114

续表

次浊	清	全浊 平	全浊 仄	古声母	
		禅 谁₂ʂei	寿ʂouˀ	今洪	章组
				今细	
	日 人₂nəˀ			今洪	日组
				今细	
疑 蜈₂u 熬₂ŋɑu 岸 ŋanˀ	汉 xanˀ	晓	猴₂xou 厚xouˀ	今洪	见晓组
鱼₂y 酽₂ianˀ 牛₂niou	显₂ɕian	匣	畦₂tɕʻi 桓ɕyanˀ	今细	
云于₂y 围₂uei 邮₂iou	以 野₂iɛ 榆₂y 摇₂iɑu 异ˀi			影组	

从上表可见斋堂话古今声母的对应关系是：

1. 帮系声母今读[p pʻ m f ø]

帮母字今读[p]，如"波、霸、保、彪"，读[pʻ]的字有"谱""迫"，读[m]的有"秘、泌"。

滂母字今读[pʻ]，如"普、派、潘、胖"，读[p]的有"泊、怖、玻、扳"。

并母平声字今读[pʻ]，如"婆、爬、蒲、盘"，今读[p]；仄声字今读[p]，如"拌、笨、勃、傍"，今读[pʻ]的有"鳔、叛、辟、仆、瀑、曝"。

明母字今读[m]，如"谋、面、满、梦"，今读[n]的有"谬"。

非母字今读[f]，如"肤、妃、富、藩"，今读[pʻ]的有"脯"。

敷母字今读[f]，如"孵、肺、副、芳"，今读[pʻ]的有"捧"。

奉母字今读[f]，如"符、凡、缝、乏"。

微母字今读[ø]，如"无、雾、蔓、网"。

2.**端系声母今读**[t tʻ n l ts tsʻ s tɕ tɕʻ ɕ]

端母字今读[t]，如"朵、胆、貂、德"，今读[n]的有"鸟"。

透母字今读[tʻ]，如"太、添、汤、脱"，今读[t]的有"贷"。

定母平声字今读[tʻ]，如"图、台、题、跳"；仄声字今读[t]，如"度、袋、第、豆"，今读[tʻ]的有"驮、突、特"。

泥母字今读[n]，如"挪、耐、泥、腻"，今读[l]的有"赁"。

来母字今读[l]，如"利、卵、捞、灵、辇"。读[n]的有"弄"。

精母字今洪音读[ts]，如"左、栽、奏、走"；今细音读[tɕ]，如"酒、津、笺、节"。

清母字今洪音读[tsʻ]，如"脆、次、佘、村"；今细音读[tɕʻ]，如"千、切、皴、雀"。

從母平声字今洪音读[tsʻ]，如"痤、财、材、催"；仄声字今洪音读[ts]，如"在、座、褯、自"；從母平声字今细音读[tɕʻ]，如"齐、潜、前、全"；仄声字今细音读[tɕ]，如"剂、就、渐、捷"，今读[t]的有"蹲"。

心母字今洪音读[s]，如"思、酸、赛、孙"，今细音读[ɕ]，如"须、西、线、恤"。

今读[tsʻ]的有"赐、粹"，今读[tɕʻ]的有"鞘""膝"，今读[ʂ]的有"珊"。

邪母平声字今洪音读[tsʻ]，如"辞、词"，仄声字今洪音读[s]，如"似、寺、饲、隧"；邪母今细音有的读[tɕʻ]，如"瞧、樵、囚、泗"；今细音有的读[ɕ]，如"寻、斜、续、袖"。

3.**知系声母今读**[tʂ tʂʻ ʂ ʐ ø]

知母字今读[tʂ]，如"株、昼、抓、涿"，今读[t]的有"爹"。

徹母字今读[tʂʻ]，如"痴、耻、超、抽、戳"，今读[tʂ]的有"侦"。

澄母平声字今读[tʂʻ]，如"茶、储、池、持"，仄声字今读[tʂ]，如

"柱、滞、稚、直"；今读[tʂ]的有"泽、择"，今读[t]的有"瞪"。

庄母字今读[tʂ]，如"榛、臻、壮、捉"；今读[ts]的有"阻、辎、淬、责"；今读[tsʻ]的有"侧"。

初母字今读[tʂʻ]，如"楚、钗、揣、钞"；今读[tsʻ]的有"参~差、测、册、策"。

崇母平声字今读[tʂʻ]，如"查、锄、柴、愁"，仄声字今读[tʂ]的有"乍、助、寨、闸"，仄声字今读[ʂ]的有"傻、晒、士、柿"；今读[tsʻ]的有"岑"；今读[s]的有"俟"。

生母字今读[ʂ]，如"沙、梳、筛、使"，今读[s]的有"所、洒、搜、飕、馊、漱、参人~、涩、色、啬、缩"；今读[tʂʻ]的有"产"。

章母字今读[tʂ]，如"珠、制、志、终"。

昌母字今读[tʂʻ]，如"车、冲、处、齿"，今读[ʂ]的有"枢"。

船母字今读[ʂ]，如"舒、鯈、舌、剩"，今读[ʐ]的有"葚"，今读[tʂʻ]的有"唇、乘、塍"，今读[t]的有"盾"。

书母字今读[ʂ]，如"水、扇、商、胜"，今读[tʂʻ]的有"春、翅"。

禅母字今读[ʂ]，如"薯、时、上、石"，今读[tʂ]的有"植、殖"，今读[tʂʻ]的有"豉、垂、蟾、蝉、禅、辰、晨、臣、纯、醇、常、尝、偿"，今读[ʐ]的有"瑞"。

日母字今读[ʐ]，如"惹、热、蕊、润"，今读[Ø]的有"儿、尔、二、贰、而、耳、饵"。

4.见系声母今读[k kʻ x ŋ tɕ tɕʻ ɕ Ø]

见母平声字今洪音读[k]，如"果、古、盖、乖"；今细音读[tɕ]，如"家、锯、驹、街、虹"。今读[kʻ]的有"会、剑、愧、括、昆、崑、扛、矿"，今读[ɕ]的有"懈"；今读[x]的有"桧"，今读[l]的有"脸"，今读[tɕʻ]的有"讫"，今读[Ø]的有"蜗"。

溪母字今洪音读[kʻ]，如"夸、凯、楷、筷"，今细音读[tɕʻ]，如"去、启、企、气"。

今读[tʂʻ]的有"吃",今读[x]的有"恢"。今读[ɕ]的有"墟"。

群母今洪音平声字读[kʻ],如"逵、葵",今洪音仄声字读[k],如"跪、柜";今细音平声字读[tɕʻ],如"茄、骑、鳍、旗",今细音仄声字读[tɕ],如"舅、臼、妗、杰"。

疑母字今读[ŋ],如"讹、岸、藕、熬",今读[ø],如"玩、研、严、蚁、玉",今读[n]的有"倪、拟、牛、孽、虐、凝~固、凝~成冻、逆",今读[ʐ]的有"阮"。

晓母字今洪音读[x],如"火、花、虎、海",今细音读[ɕ],如"靴、虾、虚、喜"。今读[ø]的有"吁、歪",今读[kʻ]的有"况"。

匣母字今洪音读[x],如"河、华、狐、孩",今细音读[ɕ],如"霞、鞋、携、咸"。

今读[ø]的有"肴、完、丸、萤、皖",今读[tɕ]的有"茎",今读[k]的有"汞",今读[kʻ]的有"溃",今读[tɕ]的有"舰、迥",今读[tɕʻ]的有"畦"。

影母字今读[ŋ],如"恶、袄、暗、庵、怄",今读[ø],如"衣、优、鹰、腕",今读[n]的有"蔫、杳",今读[x]的有"秽"。

云母字今读[ø],如"雨、芋、卫、伟",今读[ʐ]的有"荣",今读[ɕ]的有"雄熊",今读[x]的有"汇"。

以母字今读[ø],如"爷、裕、姨、鹞"。今读[ʐ]的有"锐、融、容、蓉、镕",今读[tʂ]的有"拽",今读[tɕ]的有"捐",今读[tɕʻ]的有"铅"。

(二)韵母的古今比较

韵母的古今比较见下表。表端是古音等呼及古声母情况;表左和表右是古音十六摄,有开、合口之分的摄,先开口后合口。表中是斋堂韵母读音及例字。

表 20：斋堂话古今韵母比较之一

		一等			二等			
		帮系	端系	见系	帮系	泥组	知庄组	见系
果	开		uo a	ɤ uo				
	合	o	uo	ɤ uo				
假	开				a	a	a	ia
	合						ua a	ua uo
遇	合	u	u uo	u ɤ				
蟹	开	ei	ai	ai	ai	ai	ai a	ia iɛ ai
	合	ei i	ei uei	uei uai				uai ua
止	开							
	合							
效	开	ɑu uo	ɑu	ɑu	ɑu	ɑu	ɑu uo	ɑu iɑu
流	开	ɑu ou u	ou	ou				
咸舒	开		an	an			an, uan	an, ian
	合							
深舒	开							
山舒	开		an	an	an		an	ian
	合	an	uan an	uan			uan	uan
臻舒	开		ən	ən				
	合	ən	uən	uən				
宕舒	开	ɑŋ	ɑŋ	ɑŋ				
	合			uɑŋ				
江舒	开				ɑŋ	ɑŋ	uɑŋ uəŋ	iɑŋ ɑŋ
曾舒	开	əŋ	əŋ	əŋ				
	合			uŋ				
梗舒	开				ɑŋ ũɛ	ũɛ	ũɛ	iŋ ũɛ
	合							uŋ ũɛ uŋ

续表

			一等			二等		
			帮系	端系	见系	帮系	泥组	知庄组	见系
通舒	合		əŋ	uŋ	ũŋ uen				
咸入	开			a	ɤ		a		ia
	合								
深入	开								
山入	开			a	ɤ	a		a	ia
	合		o	uo y	uo			ua	ua
臻入	开								
	合		u	u	u				
宕入	开		o u au	uo ɤ au	ɤ				
	合				uo				
江入	开					o, u, au iau		uo	ɤ yɛ io, i au uo
曾入	开		ei o	ɤ ei uei ai	ɤ ei				
	合				uo				
梗入	开					ai o		a ai ɤ	ɤ
	合								uo ua
通入	合		u	u	u uo				

			三四等						
帮系	端组	泥组	精组	庄组	知章组	日母	见系		
							iɛ	开	果
							yɛ	合	
			iɛ		ɤ		iɛ	开	假
								合	
u	u y	y	y	u	u	u	y	合	遇
i		i	i		ʅ		i	开	蟹
ei			uei		uei		uei	合	

续表

三四等									
帮系	端组	泥组	精组	庄组	知章组	日母	见系		
i ei	i	i	ɿ	ɿ	ɿ	ɚ	i	开	止
ei uei		ei	uei	uai	uei	uei	uei	合	
iɑu	iɑu	iɑu	iɑu yo		ɑu yo	ɑu uo	iɑu yo	开	效
u ou ɑu i ɑu iou	iou	iou	iou	ou	ou	ou	iou	开	流
ian	ian	ian	ian		an	an	ian	开	咸舒
an								合	
in		in iŋ	in iŋ yn	an ən	ən	ən	in	开	深舒
ian	ian	ian	ian		an	an	ian yan	开	山舒
an uan		ian	yan		uan	uan	ian uan yan	合	
in		in	in	ən	ən	ən	in	开	臻舒
ən		uən	uən yn		uən	uən	yn uən	合	
		iɑŋ	iɑŋ	uɑŋ	ɑŋ iɑŋ	ɑŋ	iɑŋ	开	宕舒
ɑŋ uɑŋ						uɑŋ		合	
								开	江舒
								合	
		iŋ		iŋ		əŋ	iŋ yn	开	曾舒
								合	
iŋ əŋ	iŋ	iŋ	iŋ		əŋ		iŋ	开	梗舒
						iŋ uŋ yŋ		合	
əŋ		uŋ	uŋ	uŋ	uŋ	uŋ	uŋ yŋ iou	合	通舒
		iɛ	iɛ	iɛ	ɣ		iɛ iɛi	开	咸入
a								合	
		i	i	ɣ	ɣɿ	u	i	开	深入
iɛi	iɛ	iɛ	iɛ yɛ	ɣ	ɣ	iɛ	开	山入
a ua		iɛ	yɛ		uo		yɛ	合	

续表

	三四等								
帮系	端组	泥组	精组	庄组	知章组	日母	见系		
i	i	i	i	ɤ ʅ	ʅ	ʅ	i	开	臻入
u o		y	y	uai	u		y yɛ	合	
		yɛ	iɑu iou		ɑu	uo	iɑu yɛ yo	开	宕入
			yo				u	合	
								开	江入
i	i	i	i		ɤ	ʅ	i	开	曾入
							y	合	
i	i	i	i		ʅɤ		i y iɛʅ i	开	梗入
u		u y iou	u	uo	u ou	ou u	y	合	通入

表21：斋堂话古今韵母比较之二

		一等			二等			
		帮系	端系	见系	帮系	泥组	知庄组	见系
果开	例字		多 大	歌				
	斋堂音		tuo ta	kɤ				
果合	例字	波	坐	课 果				
	斋堂音	po	tsuo	kʻɤ kuo				
假开	例字				霸	拿	茶	家
	斋堂音				pa	na	tʂʻa	tɕia
假合	例字						髽 傻	瓜 蜗
	斋堂音						tʂua ʂa	kua uo
遇合	例字	蒲	赌 做	姑 恶				
	斋堂音	pʻu	tu tsuo	ku ŋ				
蟹开	例字	埋	财	开	拜 罢	奶	柴 洒	佳 街 挨
	斋堂音		tsʻai	kʻai	pai pa	nai	tʂʻai sa	ia tɕie ŋai

续表

		一等			二等			
		帮系	端系	见系	帮系	泥组	知庄组	见系
蟹合	例字	杯坯	对	崔外				乖话
	斋堂音	pei pʻi	tuei	tsʻuei uai				kuai xua
止开	例字							
	斋堂音							
止合	例字							
	斋堂音							
效开	例字	褒	淘糟	高	貌	闹	抓炒捎	交孝
	斋堂音	pɑu	tʻɑu tsuo	kɑu	mɑu	nɑu	tʂuɑ tʂʻɑu ʂuo	tɕɑu ɕiɑu

	三四等							
帮系	端组	泥组	精组	庄组	知章组	日母	见系	
						茄	例字	果开
						tɕʻiɛ	斋堂音	
						靴	例字	果合
						ɕyɛ	斋堂音	
			姐		蔗		爷	例字	假开
			tɕiɛ		tʂɤ		iɛ	斋堂音	
							例字	假合
							斋堂音	
扶	卢女	序	初	书	如	举	例字	遇合
u	u y	y	u	u	u	y	斋堂音	
币	例	祭	世		艺	例字	蟹开
pi	li	tɕi	ʂʅ		i	斋堂音	
肺		脆	税	芮	桂	例字	蟹合
xei		tsʻuei	ʂuei	ʐuei	kuei	斋堂音	

123

续表

帮系	端组	泥组	精组	庄组	知章组	日母	见系	三四等		
被 皮	地	梨	紫	师	知	儿	奇	例字	止开
pei p'i	ti	li	tsʅ	sʅ	tʂʅ	ər	tɕ'i	斋堂音	
非		累	嘴	揣	追	瑞	葵季	例字	止合
fei		lei	tsuei	tʂ'uai	tʂuei	zuei	k'uei tɕi	斋堂音	
苗	貂	燎	椒笑		赵 烧	绕	娇要	例字	效开
iɑu	tiɑu	liɑu	tɕiɑu ɕyo		tʂɑu suo	zɑu zuo	tɕiɑu yo	斋堂音	

表 22：斋堂话古今韵母比较之三

		一等			二等			
		帮系	端系	见系	帮系	泥组	知庄组	见系
流开	例字	某茂母	头	吼				
	斋堂音	mou mɑu mu	t'ou	xou				
咸舒开	例字		潭	感		蓝	三赚	甘咸
	斋堂音		t'an	kan		lan	san tʂuan	kan ɕian
咸舒合	例字							
	斋堂音							
深舒开	例字							
	斋堂音							
山舒开	例字		丹	兰	盼		山	眼
	斋堂音		tan	lan	p'an		ʂan	iɛn
山舒合	例字	搬拼	团攒	宽			栓	环
	斋堂音	pan p'in	t'uan tsan	k'uan			ʂuan	xuan
臻舒开	例字		吞	根				
	斋堂音		t'ən	kən				

续表

		一等			二等			
		帮系	端系	见系	帮系	泥组	知庄组	见系
臻舒合	例字	本	墩退逊	坤				
	斋堂音	pən	tuən tʻuei ɕyn	kʻuən				
宕舒开	例字	帮	狼	康				
	斋堂音	paŋ	laŋ	kʻaŋ				
宕舒合	例字			光				
	斋堂音			kuaŋ				

三四等								
帮系	端组	泥组	精组	庄组	知章组	日母	见系	
浮谋茅彪	丢	柳	酒	瞅漱	手	柔	牛	例字
fu mou mau piau	tiou	liou	tɕiou	tʂʻou su	ʂou	ʐou	niou	斋堂音	流舒开
贬		帘	甜		沾	染	盐	例字
pian		lian	tʻian		tʂan ʐan		ian	斋堂音	咸舒开
凡								例字
an								斋堂音	咸舒合
品	林檩	心寝寻	簪森	针	任	金	例字
pʻin	lin liŋ	ɕin tɕʻin ɕyn	tsan sən	tʂən	ʐən	tɕin	斋堂音	深舒开
鞭	莲	仙		扇	燃	乾轩	例字
pian	lian	ɕian		ʂan	ʐan	tɕʻian ɕyan	斋堂音	山舒开
藩晚	恋	全		船	软	沿宛圈	例字
fan uan	lian	tɕʻyan		tʂʻuan	ʐuan	ian uan tɕʻyan	斋堂音	山舒合

续表

三四等								
帮系	端组	泥组	精组	庄组	知章组	日母	见系	
民		燐	亲	榛	珍	仁	印	例字	臻舒开
min		lin	tɕʻin	tʂən	tʂən	zən	in	斋堂音
分		论	遵巡		春	润	群尹	例字	臻舒合
fən		luən	tsuən ɕyn		tʂʻuən	zuən	tɕʻyn in	斋堂音
		梁	奖	庄	丈爽	让	香	例字	宕舒开
		liaŋ	tɕiaŋ	tʂuaŋ	tʂaŋ ʂuaŋ	zaŋ	ɕiaŋ	斋堂音
方忘							王	例字	宕舒合
aŋ uaŋ							uaŋ	斋堂音

表23：斋堂话古今韵母比较之四

		一等			二等			
		帮系	端系	见系	帮系	泥组	知庄组	见系
江舒开	例字				棒	攘	窗椿	江夯
	斋堂音				paŋ	naŋ	tʂʻuaŋ tʂʻuən	tɕiaŋ xaŋ
曾舒开	例字	朋	等	恒				
	斋堂音	pʻəŋ	təŋ	xəŋ				
曾舒合	例字			弘				
	斋堂音			xuŋ				
梗舒开	例字				烹盲	冷	生	羹杏
	斋堂音				pʻəŋ maŋ	ləŋ	ʂəŋ	kəŋ ɕin
梗舒合	例字							矿横轰
	斋堂音							kʻuaŋ xəŋ xuŋ

续表

		一等			二等			
		帮系	端系	见系	帮系	泥组	知庄组	见系
通舒合	例字	篷	冬弄	公瓮				
	斋堂音	p'əŋ	luŋ nəŋ	kuŋ uəŋ				
咸入开	例字		答	喝			眨	袷
	斋堂音		ta	xɤ			tʂa	tɕia
咸入合	例字							
	斋堂音							
深入开	例字							
	斋堂音							
山入开	例字		獭	葛	八		察	辖
	斋堂音		t'a	kɤ	pa		tʂ'a	ɕia
山入合	例字	钵	脱捋	阔				刮
	斋堂音	o	uo y	uo				ua

		三四等							
帮系	端组	泥组	精组	庄组	知章组	日母	见系		
								例字	江舒开
								斋堂音	
冰		菱			橙	扔	凝孕	例字	曾舒开
piŋ		liŋ			tʂ'əŋ	zəŋ	niŋ yn	斋堂音	
								例字	曾舒合
								斋堂音	
兵盟	顶	岭	精		贞		赢	例字	梗舒开
piŋ məŋ	tiŋ	liŋ	tɕiŋ		tʂəŋ		iŋ	斋堂音	
							倾荣琼	例字	梗舒合
							tɕ'iŋ zuŋ tɕ'yn	斋堂音	
风		隆	嵩	中	崇	绒	宫雄熊	例字	通舒合

续表

	三四等								
帮系	端组	泥组	精组	庄组	知章组	日母	见系		
fəŋ		luŋ	suŋ	tʂuŋ	tʂʻuŋ	zuŋ	kuŋ ɕyŋ ɕiou	斋堂音	通舒合
	跌	猎	接		褶		叶腌	例字	咸入开
	tiɛ	liɛ	tɕiɛ		tʂɤ		iɛ iɛn	斋堂音	
法							例字		咸入合
fa							斋堂音		
		立	集	涩	蛰十	入	及	例字	深入开
		li	tɕi	sɤ	tʂɤ ʂɿ	zu	tɕi	斋堂音	
别闭	铁	捏	薛泄		辙	热	杰拽	例字	山入开
piɛ pi	tʻiɛ	niɛ	ɕyɛ ɕiɛ		tʂɤ	zɤ	tɕiɛ tʂuai	斋堂音	
发袜		劣	雪		说		月	例字	山入合
fa ua		liɛ	ɕyɛ		ʂuo		yɛ	斋堂音	

表24：斋堂话古今韵母比较之五

		一等			二等			
		帮系	端系	见系	帮系	泥组	知庄组	见系
臻入开	例字							
	斋堂音							
臻入合	例字	不	突	骨				
	斋堂音	pu	tʻu	ku				
宕入开	例字	博 幕薄	托乐烙	各				
	斋堂音	po mu pau	tʻuo lɤ lau	kɤ				
宕入合	例字			郭				
	斋堂音			kuo				
江入开	例字				剥 樸雹朴		桌	壳 觉角 学握

128

续表

		一等			二等			
		帮系	端系	见系	帮系	泥组	知庄组	见系
江入开	斋堂音				po p'u pa u p'iau		tʂuo	k'ɤ tɕyɛ tɕio ɕiau uo
曾入开	例字	北 墨	特 忒 肋 塞	刻 黑				
	斋堂音	pei mo	t'ɤ t'uei lei sai	k'ɤ xei				
曾入合	例字			国				
	斋堂音			kuo				
梗入开	例字				百 陌		栅 摘 泽 皺	革
	斋堂音				pai mo		tʂa tʂai tsɤ tʂ'uen	kɤ
梗入合	例字							获
	斋堂音							xuo
通入合	例字	木	秃	谷 沃				
	斋堂音	mu	t'u	ku uo				

	三四等								
帮系	端组	泥组	精组	庄组	知章组	日母	见系		
笔		栗	漆	瑟 虱	侄	日	乙	例字	臻入开
pi		li	tɕ'i	sɤ, ʂɿ	tʂɿ	zʅ	i	斋堂音	
物 佛		律	焌	蟀	出		橘 倔	例字	臻入合
u fo		ly	tɕ'y	ʂuai	tʂ'u		tɕy tɕyɛ	斋堂音	
		略	嚼 雀		着	若	药 脚	例字	宕入开
		lyɛ	tɕiau tɕyo tɕ'yo tɕ'iou		tʂau tʂuo	zuo	iau tɕyɛ tɕyo	斋堂音	
							缚	例字	宕入合
							fu	斋堂音	

续表

帮系	端组	泥组	精组	庄组	知章组	日母	见系		
三四等									
								例字	江入开
								斋堂音	
逼		力	息	色	织		翼	例字	曾入开
pi		li	ɕi	sɤ	tʂʅ		i	斋堂音	
							域	例字	曾入合
							y	斋堂音	
碧	踢	历	绩		石射		益腋吃	例字	梗入开
pi	t'i	li	tɕi		ʂʅ ʂɤ		i iɛ tʂʅ	斋堂音	
							役	例字	梗入合
							i	斋堂音	
福		录绿六	肃续	缩	竹畜粥	肉褥	玉	例字	通入合
fu		lu ly liou	su ɕy	suo	tʂu ɕy tʂou	zou zu	y	斋堂音	

下文按十六摄顺序说明古今韵母的对应关系及例外情况。

1.果摄

帮系一等合口韵今读[o]，如"波、婆、簸、磨"；端系一等开口今读[uoa]，如"多、拖、舵、驮、他、大、那"；端系一等合口今读[uo]，如"剁、糯、螺、锁"；见系一等开合口今读[ɤuo]，如"歌、贺、科、禾、我、锅、伙、货"，见系三等开合口今读[iɛyɛ]，如"茄、瘸、靴"。

2.假摄

帮组、泥组、知庄组二等开口今读[a]，如"巴、坝、马、拿、茶、岔、纱"；见系二等开口今读[ia]，如"嘉、丫、雅、霞、亚"。

知庄组二等合口今读[uaa]，如"髽、傻"；见系二等合口今读[uauo]，如"瓜、瓦、花、蜗"。

精组、知系三等开口今读[iɛɤ]，如"借、些、爹、遮、扯、蛇、惹"；见系以母三等开口今读[iɛ]，如"爷、也、野、夜"。

3. 遇摄

帮系一等合口今读[u]，如"铺、普、步、幕"；端系一等合口今读[u uo]，如"都~城、徒、努、炉、租、做、措、错、塑"。见系一等合口今读[u ɤ]，如"鼓、裤、五、胡、恶"。

帮系三等合口今读[u]，如"府、抚、武、雾"；泥组三等合口今读[u y]，如"庐、驴、缕、屡"；精组三等合口今读[y]，如"娶、趣、聚、需"；庄组三等合口今读[u]，如"雏、数_{动词}、数_{名词}"；知系三等合口今读[u]，如"蛛、朱、住、主、树、乳、如"；见系三等合口今读[y]，如"举、区、具、愚、吁、迂、羽、愉"。

4. 蟹摄

帮系一等开口今读[ei]，如"贝、沛"，端系见系一等开口今读[ai]，如"胎、太、彩、蔡、概、艾、海、爱"。

帮系一等合口今读[ei i]，如"杯、陪、妹、坏"；端系一等合口今读[ei uei]，如"腿、蜕、雷、内、催、最"；见系一等合口今读[uei uai]，如"盔、灰、茴、煨、块、会~计、外"。

帮系二等开口今读[ai a]，如"摆、派、排、买，罢"；泥组二等开口今读[ai]，如"奶"。

知庄组二等开口今读[ai a]，如"债、柴、寨、筛、洒"；见系二等开口今读[ia iɛ ai]，如"佳、涯、解、鞋、矮、隘"。

见系二等合口今读[uai ua]，如"怪、快、怀、槐、卦、画、话、蛙"。

帮系三四等开口今读[i]，如"蔽、闭、弊、迷"；端组三四等开口今读[i]，如"低、涕、蹄、弟"；泥组三四等开口今读[i]，如"泥、犁、例、黎"；精组三四等开口今读[i]，如"际、妻、脐、细"；知章组三四等开口今读[ʅ]，如"滞、制、世、誓"；见系三四等开口今读[i]，如"鸡、溪、倪、系"。

帮系三等合口今读[ei]，如"废、肺"；精组三等合口今读[uei]，如"脆、岁"；知章组、日母三等合口今读[uei]，如"缀、赘、税、芮"；见系三四等合口今读[uei]，如"闰、桂、卫、锐"。

5.**止摄**

帮组三等开口今读[i ei]，如"碑、眉、眉、皮、鼻"；端泥组三等开口今读[i]，如"地、尼、篱、荔、梨"；精组三等开口今读[ɿ]，如"刺、姊、自、斯"；庄组、知章组三等开口今读[ʅ]，如"蜘、师、指、屎"；日母三等开口今读[ər]，如"儿、尔、贰、耳"；见系三等开口今读[i]，如"寄、祁、椅、希"。

帮系三等合口今读[ei uei]，如"肥、痱、微、味"；泥组三等合口今读[ei]，如"累、垒、类、泪"；精组三等合口今读[uei]，如"嘴、髓、翠、虽"；庄组三等合口今读[uai]，如"揣、衰、帅、摔"；知章组、日母三等合口今读[uei]，如"锤、吹、锥、睡、蕊"；见系三等合口今读[uei]，如"亏、龟、魏、苇"。

6.**效摄**

帮系、端系见系一等开口今读[ɑu]，如"宝、抱、桃、老、早、高、豪"；"糟"文读[ɑu]，白读[uo]。

帮系、泥组二等开口今读[ɑu]，如"饱、猫、铙、闹"；知庄组二等开口今读[ɑu]，如"罩、笊、巢、稍"；"捎"文读[ɑu]，白读[uo]；见系二等开口今读[ɑu iɑu]，如"教、淆、搞、坳"；"敲"文读[iɑu]，白读[yo]。

帮组、端组、泥组、精组三等开口今读[iɑu]，如"表、妙、跳、燎、聊、萧"；心母字文读[iɑu]，白读[yo]，如"消、销、少、笑"；知章组、日母三四等开口今读[ɑu]，如"兆、昭、照、扰"；日母字"饶、绕"文读[ɑu]，白读[uo]；见系三四等开口今读[iɑu]，如"娇、轿、妖、晓"，影母字"要、腰"白读[yo]。

7. 流摄

帮系一等开口今读[ɑu ou u]，如"剖、茂、贸、某、亩、拇、牡、母"；端系见系一等开口今读[ou]，如"兜、偷、走、凑、狗、候"。

帮系三等开口今读[u ou ɑu iɑu iou]，如"浮、否、谋、矛、彪、谬"；端组、泥组、精组三等开口今读[iou]，如"丢、纽、榴、秀"；庄组三等开口今读[ou]，如"愁、搜、瞅、瘦"；知章组、日母三等开口今读[ou]如"肘、绸、兽、州、柔、揉"；见系三等开口今读[iou]，如"韭、球、休、油、鼬、幽、幼"。

8. 咸摄_舒

端系见系一等开口今读[an]，如"耽、探、南、溇、榄、蚕、三、感、龛、庵、甘"。

知庄组二等开口今读[an, uan]，如"站、蘸、搀、逸、钐、赚"；见系二等开口今读[an, ian]，如"尴、碱、馅、监、嵌、岩"。

帮系三等开口今读[ian]，如"贬"；端组四等开口今读[ian]，如"点、舔、店、甜"。

泥组三四等开口今读[ian]，如"黏、镰、敛、鲇、念"；精组三等开口今读[ian]，如"尖、渐、签、潜"；知章组、日母三等开口今读[an]，如"沾、占、闪、蟾、染、冉"；见系三四等开口今读[ian]"脸、钳、掩、腌、歉、搛"。

帮系合口三等今读[an]，如"帆、范、犯、泛"。

咸摄_入

端系一等开口今读[a]，如"塔、塌、蜡"，见系一等开口今读[ɤ]，如"磕"。

知庄组二等开口今读[a]，如"眨、插、闸"，见系二等开口今读[ia]，如"夹、掐、狭、押"。

端组四等开口今读[iɛ]，如"跌、贴、碟"；泥组三四等开口今读[iɛ]，如"镊、猎、茶"；精组三等开口今读[iɛ]，如"接、妾、捷"；章组三等开口今读[ɤ]，如"折、摄、涉"；见系三四等开口今读[iɛ iɛn]，如"叶、怯、协、腌"。

帮系三等合口今读[a]，如"法、乏"。

9. 深摄_舒

帮系三等开口今读[in]，如"禀、品"；泥组三等开口今读[in iŋ]，如"赁、林、淋、临、檩"；泥组三等开口今读[in，iŋ，yn]，如"侵、呲、心、寝、寻"；庄组三等开口今读[an ən]，如"簪、岑、深、渗"。知章组、日母三等开口今读[ən]，如"沉、枕、婶、甚、壬、任"。

见系三等开口今读[in]，如"金、钦、琴、吟、阴、淫、饮"。

深摄_入

泥组、精组三等开口今读[i]，如"立、粒、集、习"；庄组、知组三等开口今读[ɤ]，如"蛰、涩"，章组三等开口今读[ɤɻ]，如"汁、湿、拾"。日母三等开口今读[u]，如"入"。

见系三等开口今读[i]，如"急、给、泣、吸、揖"。

10. 山摄_舒

端系见系一等开口今读[an]，如"单、坦、栏、灿、肝、看、寒、安"。

帮系一等合口今读[an]，如"搬、伴、盘、满"；端系一等合口今读[uan an]，如"端、暖、乱、钻、蒜、攒"；见系合口一等今读[uan]，如"观、罐、欢、丸、换、豌"。

帮系二等开口今读[an]，如"扮、瓣、攀、蛮"；知庄组二等开口今读[an]，如"绽、铲、删、栈"；见系二等开口今读[ian]，如"艰、眼、涧、颜、雁"。

庄组二等合口今读[uan]，如"闩、栓、拴、撰、涮"；见系二等合口今读[uan]，如"顽、幻、惯、环"。

帮系、泥组、精组三四等开口今读[ian]，如"编、骗、扁、天、面、田、年、碾、联、辇、钱、仙、羡、前、先"；知章组、日母三等开口今读[an]，如"缠、毡、善、膻、然、燃"；见系三四等开口今读[ian]，如"遣、乾、谚、蔫、延、坚、显、燕"。

帮系三等合口今读[an uan]，如"翻、反、饭、挽、完"；泥组三等合口今读[ian]，如"恋"。

精组三等合口今读[yan]，如"泉、宣、选、旋"。知章组、日母三等合口今读[uan]，如"篆、砖、串、喘、软"；见系三四等合口今读[yan ian uan]，如"绢、圈、元、圆、犬、眩、沿、兖、县、阮、宛"。

山摄入

端系一等开口今读[a]，如"獭、捺、辣、擦、撒、萨"；见系一等开口今读[ɤ]，如"割、葛、渴、喝吆~"。

帮系一等合口今读[o]，如"钵、拨、泼、末"；端系一等合口今读[uo y]，如"掇、脱、夺、撮、捋"；见系一等合口今读[uo]，如"括、阔、豁、活"。

帮系二等开口今读[a]，如"八、拔、抹"；庄组二等开口今读[a]，"扎、察、杀、铡"；见系二等开口今读[ia]，如"瞎、辖、轧"。

庄组二等合口今读[ua]，如"刷"；见系二等合口今读[ua]，如"猾、挖、刮"。

帮系三四等开口今读[iɛ i]，如"别、鳖、灭、蔑、撇、闭"；端组四等开口今读[iɛ]，如"铁"；泥组三四等开口今读[iɛ]，如"列、烈、裂、捏"；精组三四等开口今读[iɛ yɛ]，如"泄、节、切、屑、薛"；见系三四等开口今读[iɛ]，如"杰、孽、蝎、结、噎"。

帮系三等合口今读[a ua]，如"发、伐、罚、袜"；泥组三等合口今读[iɛ]，如"劣"；精组三等合口今读[yɛ]，如"绝、雪"；章组三等合口今读[uo]，如"拙、说"；见系三四等合口今读[yɛ]，如"倔、掘、月、哕、越、粤、诀、缺、血、穴"。

11. 臻摄舒

端组一等开口今读[ən]，如"吞"；见系一等开口今亦读[ne]，如

"根、啃、痕、恩"。

帮系一等合口今读[ən]，如"本、喷、笨、闷"；端系一等合口今读[uən]，如"敦、豚、论、嫩、寸"；见系一等合口今读[uən]，如"滚、捆、昏、稳"。

端系三等开口今读[in]，如"彬、频、敏、抿"；泥组、精组三等开口今读[in]，如"邻、晋、秦、新"；庄组三等开口今读[ən]，如"榛、臻、衬"；知章组、日母三等开口今读[ən]，如"珍、尘、真、慎、人、忍"；见系三等开口今读[in]，如"紧、银、崟、芹、引"。

帮系三等合口今读[ən]，如"分、芬、愤、问"；泥组三等合口今读[uən]，如"伦、轮、沦"；精组三等合口今读[uən yn]，如"俊、皴、桦、旬、巡、讯"；知章组、日母三等合口今读[uən]，如肫、春、纯、顺、润、闰"；见系三等合口今读[yn uən]，如"均、菌、军、群、匀、允、运、荤"。

臻摄入

帮系、端系、见系合口一等今读[u]，如"不、饽、没、突、卒、猝、骨、窟、杌、忽、核白"。

帮系、泥组、精组三等开口今读[i]，如"笔、弼、蜜、密、栗、漆、悉、膝"；庄组三等开口今读[ɤ ɿ]，如"瑟、虱"；知章组、日母三等开口今读[ʅ]，如"侄、秩、质、实、失、室、日"；见系三等开口今读[i]，如"吉、乙、一、逸、乞、讫"。

帮系三等合口今读[u o]，如"佛仿~、物、佛"；泥组、精组三等合口今读[y]，如"律、率、黜、焌、恤、戌"；庄组三等合口今读[uai]，如"率、蟀"；知章组三等合口今读[u]，如"术白~、出、术、述"；见系三等合口今读[y yɛ]，如"橘、屈、倔、掘"。

12. 宕摄舒

帮系、端系、见系一等开口今读[ɑŋ]，如"榜、滂、螃、蟒、党、烫、堂、囊、狼、脏、仓、丧、缸、炕、昂、航、肮"。

见系一等合口今读[uaŋ]，如"广、旷、黄、汪"。

泥组、精组三等开口今读[iaŋ]，如"娘、酿、凉、亮、浆、匠、象、祥"；庄组三等开口今读[uaŋ]，如"庄、床、壮、爽"；知章组三等开口今读[aŋ，iaŋ]，如"张、肠、唱、掌、晌、饷"；日母三等开口今读[aŋ]，如"瓤、壤、嚷、让"；见系三等开口今读[iaŋ]，如"姜、强、乡、央、羊"。

帮系三等合口今读[aŋ uaŋ]，如"肪、纺、房、亡、网、望"；见系三等合口今读[uaŋ]，如"眶、逛、狂、况、往"。

宕摄入

帮系开口一等今读[o u au]，如"博、泊、摸、幕、薄"；端系开口一等今读[uo ɤ au]，如"诺、落lau˅文、落lɤ˅白、骆luo˅文、骆lɤ˅白、烙lau˅~饼"；精组三等开口今文读[iau yɛ]，白读[yo]，如"嚼tɕiau˅文、tɕyo˅白；削ɕiau˅文、ɕyo˅白；雀tɕʻyɛ˅文、tɕʻyo˅白"。

见系开口一等今读[ɤ]，如"阁、搁、胳、鹤、恶"。

见系合口一等今读[uo]，如"郭、廓、霍、劐"。

帮系合口三等今读[u]，如"缚"。

见系开口三等今文读[iau yɛ]，白读[yo iau]，如"脚tɕiau˅文、tɕyo˅白；疟nyɛ˅文、yo˅白；约yɛ˅文、iau˅白；药iau˅文、yo˅白；钥iau˅文、yo˅白"。

13. 江摄舒

帮系二等开口今读[aŋ]，如"绑、胖、庞、棒"；泥组二等开口今读[aŋ]，如"齉"；知庄组二等开口今读[uən uaŋ]，如"桩、撞、窗、双"；见系二等开口今读[iaŋ aŋ]，如"江、港、虹白读、巷、扛、耩~地、夯"。

江摄入

帮系二等开口今读[o，u，au iau]，如"剥、驳、朴~素、雹、朴姓~"；知庄组二等开口今读[uo]，如"卓、琢、戳、浊、捉、镯、朔"；见系二等开口今读[ɤ yɛ io, iau uo]，如"壳、确、觉、角tɕiau˅~落、角tɕio˅~儿、握、学ɕyɛ˅文、学ɕiau˅白"。

14. 曾摄㣃

帮系、端系一等开口今读[əŋ]，如"崩、朋、登、疼、能、楞、僧"；见系一等开口今读[əŋ]，如"啃、恒"。

见系一等合口今读[uŋ]，如"弘"。

帮系、泥组三等开口今读[iŋ]，如"冰、凭、陵、菱"；知章组三等开口今读[əŋ]，如"征、瞪、升、丞"；见系三等开口今读[iŋ yn]，如"凝、兴、应、蝇"。

曾摄入

帮系开口一等今读[ei o]，如"北、墨、默"；端系开口一等今读[ɤ ei uei ai]，如"得、特、则、肋、勒、贼、忒、塞"；见系帮系开口一等今读[ɤ ei]，如"刻、克、黑"。

见系合口一等今读[uo]，如"国、或、惑"。

帮系、泥组、精组合口三等今读[i]，如"逼、匿、力、即、鲫、息、媳、熄"；庄组合口三等今读[ɤ]，如"侧、测、色、啬"；知章组合口三等今读[ʅ]，如"直、值、织、职、食、蚀、殖、植、识、饰、式"；见系合口三等今读[i]，如"极、忆、亿、抑、异"。

15. 梗摄㣃

帮系二等开口今读[aŋ əŋ]，如"彭、棚、萌、盲、浜、蚌"；泥组二等开口今读[əŋ]，如"冷"；知庄组二等开口今读[əŋ]，如"掌、澄、铛、甥"；见系二等开口今读[əŋ iŋ]，如"羹、坑、梗、耕文读、硬、耕白读、杏、行、幸、樱"。

见系二等合口今读[uaŋ əŋ uŋ]，如"矿、横、轰、宏"。

帮系三四等开口今读[iŋ əŋ]，如"柄、平、饼、命、盟、瓶、萍、铭"；端组四等开口今读[iŋ]，如"钉、听、鼎、定"；泥组、精组三四等开口今读[iŋ]，如"岭、领、宁、玲、精、情、性、青、星、醒"；知章组三等开口今读[əŋ]，如"贞、呈、正、声、盛"；见系三四等开口今读[iŋ]，如"轻、劲、婴、赢、经、径、形"。

见系三四等合口今读[iŋ yŋ]，如"倾、顷、琼、兄、永、泳、营、颖、萤、迥"。

梗摄入

帮系开口二等今读[ai o]，如"百、伯、拍、白、迫、魄、陌"；知庄组开口二等今读[a ai ɤ]，如"栅、拆、择、宅、摘、啧、泽、责、册"；见系开口二等今读[ɤ]，如"格、额、赫、吓、革、核文"。

见系合口二等今读[uo ua]，如"获、划"。

帮系开口三四等今读[i]，如"碧、璧、僻、辟、壁、劈、觅"；端组开口四等、泥组开口四等、精组开口三四等今读[i]，如"的、踢、笛、溺、历、积、惜、席、绩、戚、锡、析"；知章组开口三等今读[ʅ ɤ]，如"掷、赤、石、释、射"；见系开口三四等今读[i y iɛ ʅ]，如"戟、屐、益、易、击、剧、屐、液、腋、吃"。

见系合口三等今读[i]，如"疫、役"。

16. 通摄舒

帮系合口一等今读[əŋ]，如"篷、蒙、憯、蠓"；端系合口一等今读[uŋ əŋ]，如"东、捅、农、脓、聋、弄白读、粽、综、宗、曨、弄文读"；见系合口一等今读[uŋ uəŋ]，如"公、孔、红、虹文读、翁、瓮"。

帮系合口三等今读[əŋ]，如"风、凤、丰、冯、梦、捧、缝"；泥组、精组合口三等今读[uŋ]，如"浓、龙、从、纵、诵"；庄组、知章组、日母合口三等今读[uŋ]，如"崇、重、宠、钟、种、茸"；见系合口三等今读[uŋ yŋ]，"宫、恭、融、容、雄、熊、雍、勇"。

通摄入

帮系合口一等今读[u]，如"卜、扑、醭、木"；端系合口一等今读[u]，"秃、独、犊、毒、鹿、禄、族、速"；见系合口一等今读[u uo]，如"谷、哭、屋、酷、沃"。

帮系合口三等今读[u]，如"福、服、伏、木、牧"；泥组合口三等今读[u y iou]，如"陆、录、绿、六"；精组合口三等今读[u y]，如

"肃、宿、足、促、粟、俗";庄组合口三等今读[uo],如"缩";知章组合口三等今读[u ou],如"竹、畜、祝、叔、烛、赎、蜀、轴、熟ʂu˧˥文,熟ʂou˧˥白";日母合口三等今读[ou u],如"肉、辱、褥";见系合口三等今读[y],如、"锔、曲、局、玉、欲、浴"。

下文列举例外字。所谓例外即指跟古今韵母对应规律不相符合的情况,兹按古韵摄顺序排列如下。

都　tou˨˩˦　　遇合一平模端
咳　kʻɤ˨˩˦　　蟹开一去代溪
婿　ɕy˨˩˦　　蟹开四去霁心
携　ɕiɛ˥　　　蟹合一平齐匣
畦　tɕʻi˥　　　蟹合一平齐匣
筛　ʂai˥　　　止开三平支生
厕　tsʻɤ˨˩˦　　止开三去志庄
季　tɕi˨˩˦　　止合三去至见
抓　tʂua˥　　　效开二平肴庄
爪　tʂua˨˩˦　　效开二上巧庄
嗽　sɑu˨˩˦　　流开一去候心
漱　su˨˩˦　　　流开三去宥生
寝　tɕʻiŋ˨˩˦　　深开三上寝清
寻　ɕyn˥　　　深开三平侵邪
藓　ɕyan˨˩˦　　山开三上狝心
轩　ɕyan˥　　　山开三平元晓
津　tɕiŋ˥　　　臻开三平真精
褪　tʻuei˨˩˦　臻合一去慁透
逊　ɕyn˨˩˦　　臻合一去慁心
尹　in˨˩˦　　　臻合三上准以
孕　yn˨˩˦　　　曾开三去证以

打　taˬ　　　梗开二上梗端
荣　zuŋˎ　　梗合三平庚云
嗅　tʰuŋˬ　　通合三去送晓
杉　ʂaˬ　　　咸开二平咸生
怯　tɕʰyɛˬ　　咸开三入业溪
拽　tʂuaiˬ　　山开三入薛以
郝　xɑuˬ　　宕开一如铎晓
皵　tsʰuəʅˬ　梗开二入陌彻
续　ɕyˬ　　　通合三入烛邪

(三) 声调的古今比较

斋堂话声调和古四声的对应关系如下表，表端是斋堂话的今声调，表左是古四声和古声母的清浊。

表 25：斋堂话古今声调比较表

中古调类		今调类	阴平˪52	阳平˪32	上声˪214	去声˪41
平声	清		芝家班庄			
	次浊			莲毛言年		
	全浊			桃才齐橡		
上声	清				左朵假姐	
	次浊				马两暖脑	
	全浊				垛鲍受像	
去声	清					富爸带进
	次浊					岸帽让用
	全浊					阵谢大树
入声	清		急铁发割			

141

续表

中古调类 \ 今调类		阴平˨˥˨	阳平˧˨	上声˨˩˦	去声˦˩
入声	次浊				月麦袜药
	全浊		合舌俗服		

从上表中可见斋堂话古今声调的对应关系：

（1）古平声清声母字今读阴平；古平声次浊、全浊声母字、今读阳平；

（2）古上声清声母字和次浊声母字今读上声，古上声全浊声母字读去声；

（3）古去声清声母字和古去声次浊、全浊声母字今读去声；

（4）古入声清入声母字基本读为阴平，少数读为上声，如"福尺"，古次浊入声基本今读去声，古全浊入声基本读为阳平。

第三章 门头沟斋堂话词汇

一、斋堂话词汇的造词特点

（一）象声造词

汉语方言象声造词是古老原始的造词方法，"只有在人类已经有了语言之后，才能用模仿声音的形式来造词"①。斋堂话词汇也沿用这种方式造词。例如：斋堂话模仿自然界一些虫鸟兽的声音造词，"乌音哇子（蝉）"是模拟长大成虫后的知了大声鸣叫"乌音—乌音—哇"而造出该词；"知啦知（知了）"是模拟知了幼小时的声音；"呼不啦（杜鹃）"也是模拟杜鹃鸟在山间的啼叫声；"割不割（布谷鸟）"模拟布谷鸟的叫声，并带着人们对丰收的期盼；斋堂川称种公羊为"骚呼噜"，应是因其配种时发出的声音而名。此外，也有模拟自然界或生活中无生物的造词，例如，"拉拉汩"指细小涌动的泉水，"汩"是象声词，水流动的声音或样子；其他生活物件也有用象声的方式造词的，"哒笛子（唢呐）"就是模拟乐器滴滴答答声音创造的新词。除了模仿大自然事物的声音，也模仿人的声音造词，例如："哇吆（喊）""吱儿吱儿"（叫喊，叫唤）、"吧嗒吧嗒"（尝尝）等都是模拟人声造出的动词。

---

① 孙常叙：《汉语词汇》，上海古籍出版社，2017年4月，第95页。

（二）修辞造词

修辞式造词也是斋堂话词汇常用的方式，主要体现在以下几个方面：

1. 比拟造词

人们在生产劳动中，与大自然密切联系，通过新旧事物的认知引起大脑思维的联想，由此产生比拟式造词。比拟式造词可以是比喻式，也可以是拟物式。

比喻造词：把甲事物比作乙事物，通过事物某种相同的特征进行比况。例如："软青枣"，是斋堂地区对猕猴桃的称呼，对这种野生的水果，因形状与青色的大枣相似但成熟后变软而起名；"蒜疙瘩"，是用类似蒜瓣的形状来比喻中式衣服的扣襻；再如，农村将四合院中正房两侧的小房子称作"耳房"，就是比喻房子像两只耳朵似的站立在房子两侧。

比拟造词：斋堂话中的比拟造词，主要是拟物中的把甲物拟作乙物，比如将"翅膀"称为"扇子"，是将日常所用的生活用品来比拟鸟类的翅膀；银杏树称作"鸭掌子"或"鸭掌树"，是因银杏树的叶子与鸭子脚掌相似得名；斋堂话中极少拟人形式的造词，如将"花大姐"称为"官娘子"；把给梯田墙沿加石头、保持水土称作"扶唇"，将梯田外墙沿当作嘴唇，就是拟人化方式造词。

2. 借代造词

这是借用与事物密切相关的名称去代替的造词方式，主要是利用客观事物的种种关系形成一种借代。主要有几种形式：

用动作特征代本体。例如："啄啄凿凿（啄木鸟）"模拟啄木鸟在森林啄木的动作，以动作借代本体；把"盖碗儿"名为"撇子碗"，盖碗儿的功能主要是用作茶盅，每当喝茶时人们习惯性地撇开上面浮着的茶叶或茶叶末的动作，由此用动作借代本体；又如斋堂有叫"擦咯""捏咯"的面食，也是以制作的动作方式来借代本体。

用行为方式代本体。例如：斋堂把"土匪"称作"竖大旗"，是对"城头变幻大王旗，你方唱罢我登台"的地方流寇的生动概括。

用事物的功能代本体。例如：用"如意""孝顺""不求人"替代"痒痒挠"，就是以痒痒挠的使用功能来替代本体；用"红纸"替代"口红"，因旧时没有专门的口红，只能用红纸来抿抿嘴唇故名；"玉米芯儿"替代"手纸"，门头沟过去较穷，人们上完厕所只能使用茅草、柴火棍等来解决纸张的贫乏问题，因此，"玉米芯儿"成为手纸的替代品。此外，黛石，原本是一种煤矿燃料，即斋堂的青煤，沈榜就记载说"西斋堂村多有之"，因其品质"石黑色似石，而性不坚，磨之如墨，拾之染指"[1]，金代时宫中妃子取之画眉，故名画眉石。其后也成了女性用作描眉的重要化妆品，成为眉笔的代称。

用从事的行业代本体。例如：称邮递员为"交通"，称军人为"军队"，就是借用所从事或服务的行当来命名某一类人，这也是较典型的借代。

（三）说明造词

采用直接描摹或客观说明的方式来造词，这也是斋堂话词汇创造新词的主要方式之一，具体有以下几种方式。

1.描摹式：高度概括性地描摹事物的形状、颜色、气味或生物的动作等等特点

描摹形状，就是通过描写事物的形状来造词。例如：斋堂话一般将"鳖"或"乌龟"俗称作"王八"，同时，还将这种生物称作"圆鱼"，就是依照生物浑圆的身体样貌造词的。

又如将"车前草"称为"猪耳朵片"，"尺蠖"称作"吊死鬼"，前者是对车前草叶子状如猪耳朵来摹状；后者也是对尺蛾幼虫的一种生动形象的描写。"吊死鬼"学名"尺蠖"，亦称"尺蛾"，是农村槐树上常见的一种害虫，农民风趣地叫它"吊死鬼"，同时它还祸害枣树、茶树、桑树，

---

[1] 沈榜编著：《宛署杂记》，北京古籍出版社，1983年12月，第31页。

据说虫害严重的年景里,还不到深秋它们就能把树吃得只剩树杆子。"吊死鬼"小的时候就是个一弯一弯的小虫子,大一些时开始吐丝,最后做茧,有时候会顺着丝吊下来,由此得名。

描摹动作,通过人或生物的动作来造词。例如:斋堂川小龙门村产出的"把梨",甜而多汁,皮薄肉白,是著名的京西特产,因其形如葫芦,人们可以把而食之,由此得名;

"咯绷蹦"民间亦称"磕头虫""黑牛子",其学名叫"中华婪步甲",通体黑色,胸腹部连接处能抖动,发出"咯嘣"的响声,农村的小孩子常喜欢捏着玩它,故民间以其动作特征起名。

"扑灯蛾子(儿)"亦即灯蛾,幼虫体多毛,以杂草、杂木之叶片为食。成蛾在夜间活动,喜扑向灯火,如谷蛾、麦蛾等,故称为"灯蛾",民间多称为"扑灯蛾子"。门头沟及斋堂地区读音多有变讹,如"扑腾蛾子""不灯蛾子"。

描摹颜色,通过描写事物的颜色来造词。例如:"菠菜"斋堂话称为"赤根菜"或"赤根";"山楂"称为"红果儿"或"山里红";"向日葵"称为"黄金塔";"花红枣"则是枣子脆熟期间,呈现出红绿相间的样貌;"牵牛花"因其花色有黑紫色和白色两种,称其为"黑丑""白丑"。

描摹气味,通过描写事物的气味来造词。例如:"狐狸"称作"骚狗子"或"骚狐子";"种公羊"称作"骚胡",起初,应是从动物的体味造词,在斋堂,"骚"慢慢延伸到其他动物,如"大蚂蚁"称"骚蚂蚁","大松鼠"称"骚羊",即对大的虫兽的一种称呼;此外,如"天牛"称为"臭牛";"麝香"称为"香子"以及"臭虫",都与事物本身的气味有关。

2.说明式:对事物进行客观的说明,由此而造出新词。例如:

雨生苗:头年炸角后遗留在地里的豆子初春生出的小苗,俗称"芽苗菜",可食用。

蓝荆花:杜鹃花,因其枝条呈蓝色,是烧炭的最好原料。

柿霜:柿子晾干后表层的白霜。

种施：耩地种谷物的农具，即耧犁，通过种与施的耕作程序说明了该农具的功能。

柱顶石：柱下石，垫于房柱下的方圆形建筑用石

坐柜儿：即能装物品又可作座位的矮柜

色盔子：釉面陶器，因有釉色又似头盔而得名

小肠穿气：疝气。

屁户露唡：脱肛。

由上述词例可见，每个词都是一种客观说明，通俗明了，简洁凝练。

3.感知式

门头沟多地，特别是在斋堂话中，把"闻闻"说成"听听"，这种造词方式属于词义的转移，原本属于听觉范畴的词，变成嗅觉范畴的词。据孙常叙先生的研究："'闻'的本义和'听'是相同的，都是说明听觉作用的……把说明听觉作用的词挪给嗅觉来用，这个词义转移在六朝以前就已完成了，吴均饼说'既闻香而口阔，亦见色而心迷'，《瑞应图》'天汉二年月支国贡香三枚，状如燕卵，能辟谷，香闻百里'。"[1]

可见，作为现代方言的斋堂话把"听"的词义转移到嗅觉上，例如："来听听这朵花香不香"，其被转移的词虽有不同，但是方法路径是一样的，与语言发展的历史一脉相承。同时从现代心理学的角度，也是一种五官通感的表现形式，将人的视觉、嗅觉、味觉、触觉、听觉彼此挪移转换，将本来表示甲感觉的词语移用来表示乙感觉，这也是符合心理学特征的。

（四）古语词的保留

斋堂话保留较多的是近代汉语时期的词汇。例如，明代沈榜编著的《宛署杂记》就是作者在万历十八年（1590）担任顺天府宛平知县后，在

---

[1] 孙常叙：《汉语词汇》，上海古籍出版社，2017年4月，第107页。

任三年期间写下的有关当地社会经济、政治制度、风俗掌故的著作。"明代北京辖有大兴、宛平两县，宛平辖区在北京城西边（从正阳门棋盘街以西直到西山一带）"[1]，而门头沟自唐以后长期在宛平县治的辖区范围内。《宛署杂记》第十七卷民风二方言部分就记录了宛平县方言词条85例，以下就《宛署杂记》的词条，逐一与斋堂话进行对比。

表26：明代时期方言词汇与斋堂话词汇对比

词例	《宛署杂记》	斋堂话
祖父	爷：祖曰爷	爷爷
祖母	奶奶：祖母曰奶奶	奶奶
父亲	爹：父曰爹，又曰别平声，又曰大	爹
母亲	妈：母曰妈	娘
哥哥	哥哥：父母呼子曰哥哥	哥哥/哥：平辈呼年长的兄弟
姐姐	姐姐：（父母）呼女曰姐姐	姐姐/姐：平辈呼年长的姊妹
嫂子	嫂：公姑呼儿妇曰大嫂、二嫂	嫂子：平辈呼长兄之妻
亲家爹	爹：儿妇称翁曰爹	爹：儿媳面称公公
亲家妈	妈：（儿妇称）姑曰妈	娘：儿媳面称婆婆
丈人	爹：女婿称妻父曰爹	爹：女婿面称丈人
丈母娘	妈：（女婿称）妻母曰妈	娘：女婿面称丈母娘
姥爷	姥爷：外甥称母之父曰老爷	姥爷
姥姥	姥姥：（外甥称）母之母曰姥姥	姥姥
舅母	妗子：（外甥）呼舅母曰妗子	妗子
雇工	汉每：主人呼雇工曰汉每	雇工或长工
雇主	当家的：雇工称主曰当家的	当家的或掌柜的
内官家人[2]	猫食：内官家人曰猫食	无此说法

---

[1] 沈榜编著：《宛署杂记·出版说明》，北京古籍出版社，1983年12月，第1页。

[2] 指朝廷内官的家人或宦官家人，明代时内官家人还专指宦官家人，明代史玄的《旧京遗事》上就有"内官家人呼为猫食"的记载；清代陆应砀的《樵史演义》也描写了魏忠贤吩咐"心腹猫食们"收拾私宅里金珠奇玩等物的故事。

续表

词例	《宛署杂记》	斋堂话
弹唱人	弹唱人：弹唱人曰倒儾匠	无此说法
代替人	挂搭僧：代替人曰挂搭僧	无此说法
傻子	傻子：痴人曰傻子	傻子
总角①	拐子头：总角曰拐子头	髽鬏
不明白	乌卢班：不明白曰乌卢班	无此说法
不明亮	黑古董：不明亮曰黑古董	黑咕隆咚
胡诌	胡诌：语不佳曰胡诌	胡呲
话不诚②	溜答：话不诚曰溜答	无此说法
语进出③	二乎诚：语进出曰二乎诚	无此说法
唠叨	饶道：语琐碎曰饶道	唠叨
话多	急哩咕古：话多曰急哩咕古	叽里呱啦
唠叨	唠叨：语不投曰劳叨	唠叨：话多意
白眉赤眼	白眉赤眼：语无稽曰白眉赤眼	无此说法
不理	骚不答的：不理曰骚不答的	无此说法
不上紧	皮不痴：不上紧曰皮不痴	无此说法
扰害	鬼浑：扰害曰鬼浑，又曰鬼打钗	无此说法
无干	平不：无干曰平不平声	无此说法
啰啰唆唆	啰啰唆唆：搭不结绝曰啰啰唆唆	啰啰唆唆/啰哩啰唆
无归着	没脚海：无归着曰没脚海	无此说法
物不真	疲混：物不真曰疲混	无此说法
提	滴溜着：提曰滴溜着	提溜着
扶	搊：扶曰搊	搊起来
拉	拉：扯曰拉	拉

① 中国古时少儿男未冠、女未笄时的发型。头发梳成两个发髻，向上分开，形状如角,故称"总角"。

② 指说话不诚实。

③ 指言语有出入，应指说谎

续表

词例	《宛署杂记》	斋堂话
丢	丢：弃去曰丢	丢
找	找：寻取曰找	找/找找
撒	撒：放开曰撒	撒/撒手
错乱	扑刺：错乱曰扑刺	无此说法
处置	活变：处置曰活变，又曰腾那	概搂
耷拉	嗒喇：物之垂下曰嗒喇	耷拉
糊涂	鹘鸰：事之依违曰鹘鸰	糊涂
修边幅	张志：修边幅曰张志，又曰拿堂	捯饬，斋堂话张致指故作姿态
邋遢	邋遢：人不修洁曰邋遢	邋遢
肮脏	脏：事物不洁曰脏	腻歪
物不新	曹：物不新曰曹	旧
延迟	委故：延迟曰委故	耽搁
贫困	醮：贫曰醮	穷
肥	肥：富曰肥	富
着忙	张罗：着忙曰张罗	着急忙慌
担当	硬浪：担当曰硬浪	担当
满	流沿儿：满曰流沿儿	满啊
仓促	忽喇叭：仓促曰忽喇叭	仓促
有头无尾	齐骨都：有头无尾曰齐骨都	有头无尾
不整齐	零三八五：不整齐曰零三八五	不齐处
不相投	对不着：不相投曰对不着	不对付
慌张	冒冒失失：慌张曰冒冒失失	冒冒失失
托人干事	累及：托人干事曰累及	连累
事不谐	不合节：事不谐曰不合节	无此说法
单行	溜着走：单行曰溜着走	无此说法
追随	盯着他：追随曰盯着他	砸着他
耕	耩：耕曰耩	耩

续表

词例	《宛署杂记》	斋堂话
刨	刨：撅曰刨	刨
赶集	赶集：上市曰赶集	赶集
浸泡	泡：浸曰泡	泡
砌	垒：砌曰垒	垒
水斗①	椳子：水斗曰椳子	水斗
水桶	稍：水桶曰稍	水筲
树节	疙瘩：树节曰疙搭	疙瘩
馍馍	馎馎：面饼曰馎馎	蒸饽饽
烧酒	烧刀：烧酒曰烧刀	烧酒
驴骡	头口：驴骡曰头口	驴骡
老鼠	夜磨子：鼠曰夜磨子	耗子
狐狸	毛大户：狐曰毛大户	骚狐子、骚狗子
脑袋	脑袋：头曰脑袋	脑袋
脊梁	脊梁：背曰脊梁	脊梁、脊梁骨
脚	蹄：脚曰蹄	脚、脚板子
脖子	脖子：项颈曰脖子	脖子、脖颈、脖梗
喉咙	嗓子：喉咙曰嗓子	嗓子
不梳头	挠头：不梳头曰挠头	骚挠子

（注：表中《宛署杂记》词条后的注释皆为引用原文，括号内文字为笔者加注。）

从上表的对比可见，斋堂话部分地保留了明代方言土语的用法，亲属称谓、基本的动作行为、部分名词如一些日常生活用品和人体及器官的名词、少数形容词仍然保留了古代的说法，而一些行业用语以及部分名词则与现代斋堂话有一定的出入了。

通过以上对比可以观察出京西一带古今方言土语词汇的差异。

表 27：斋堂话古今词汇相似性

相似性	总词数	百分比（%）
完全相同	30	35.2
部分相同	12	14.1
完全不同	43	50.5

由上表可见，完全不同的词汇占十分之五，完全相同的词汇占十分之三多，部分相同的词汇占十分之一多。有半数以上的词汇已经发生了变化，这与社会发展、时代更替有很大的关系，而能保留四成以上完全相同和部分相同的词汇，足见斋堂话四百多年来保留古语词的历史层次现状，新旧更替的节奏较慢。

比较典型的如今天斋堂话中的"蹻"字，就是古语词读音的遗留。沈榜当时记载其读音为"脚曰蹻"。根据《汉语大字典》[①] 对该字的音义解释：

蹻，《广韵》居勺切，入药见。药部。现代读音为tɕyɛ˦，"蹻"在第三条义项中的解释有两项：①不稳定貌；②通"屩"：草鞋。《集韵·药韵》："屩"，《说文》：'屐也'。通作蹻。清朱骏声《说文通训定声·小部》："蹻，叚借为屩。"《战国策·秦策一》："羸縢履蹻，负书担橐，形容枯槁，面目犁黑，状有归色。"《史记·平原君虞卿列传》："虞卿者，游说之士也。蹑蹻担簦说赵孝成王。"裴骃集解引徐广曰："蹻，草履也。"《三国志·蜀志·董和传》："违覆而得中，犹弃弊蹻而获珠玉。"《清史稿·黄忠浩传》："忠浩逦短衣芒蹻，徒步深入。"也泛指鞋。《汉书·卜式传》："式既为郎，布衣中蹻而牧羊。"颜师古注："蹻，即今之鞋也，南方谓之蹻。"

"脚"在今天的斋堂话仍是读作tɕyɛ˦，根据调查，在斋堂川清水镇塔

[①] 汉语大字典出版社编辑委员会：《汉语大字典》（第六卷），湖北辞书出版社、四川辞书出版社，1989年9月，第3739页。

河村、燕家台等村还有的村民将"脚"读为tɕyo˧,"脚"读作"蹻",可以看作是一种词义借用,用"蹻"借用为"脚"的造词方法,鞋与脚紧密联系,相互通假借用,用读音或字形相同或者相近的字代替本字,沈榜用"蹻"来记录"脚"的读音是有理可据、行得通的。

门头沟民俗专家张万顺先生曾将斋堂话与清代中期典籍《红楼梦》进行了较全面的比较,发现斋堂话有200多条词汇与清中期的口语词汇有相同或相似之处。本书引用其比较得出的部分数据,对斋堂话进行进一步的历史观察。

表28:清代中期口语词汇与斋堂话词汇对比①

(注:本表甄选原作的部分词汇删减而成)

《红楼梦》例词	斋堂话例词
褡裢	褡裢(·lin)
撺掇	撺掇
胡羼(tʂʻan˧)	胡羼(tʂʻan˧):胡闹、搅乱、羼打
高乐	高乐:恣意寻欢作乐
便宜	便宜
布让	布让:席间替人搛菜、布菜
备赖	备赖:涎片赖脸,气死白赖
落草	落草:旧时女人生产需垫草故名
针黹(tʂɿ˧)	针黹(tɕiou˧):旧时妇女针线活
翅斜	翅斜:侧身直腰坐在凳子边沿,表恭敬
传点	传点:报时打点
口声儿	口声儿:指众人的议论或口气
消停	消停:轻松、闲适、从容不迫
蹭	蹭:打蹭儿,指滑冰,又指占便宜

---

① 引自张万顺:《京西斋堂话》,北京:燕山出版社,2007年4月,第7-19页。

续表

连了宗	连了宗：认了一个祖宗
跳踢	跳踢（跳跶）：急得顿足，折腾、不踏实
行当	行当：行业
留头	留头：不剃光头，留发成形
纂儿	纂儿：老年妇女梳于头后的发髻
引子	引子：药引子、引柴
九连环	九连环：由九九连环相套而成的玩具
左强	左强（tɕiaŋ˩）：犟得过分，极为执拗
爬灰	爬灰（扒灰、扒灰头）：翁媳间不正当关系
混呲	混呲（胡呲）：胡说，较为严厉的詈语
浪杭	浪杭：笨重，狼虎，粗贪地吃食
打战	打战：发抖
渥	渥弄：用体温或其他发热之物捂热
诟淬	诟淬：动物的内脏、上、下水，杂淬、狗杂淬，詈语
应卯	应卯：打卯应付差事报到，签到
不忿儿	不忿儿：气不忿，不服气，打抱不平
撕罗	撕罗：调停纠葛不清的矛盾，解决复杂的问题
硬正仗腰子的	硬正仗腰子的：犹言硬的后台，仗腰眼子的，靠山
打旋磨	打旋（ɕyɛ˩）磨：没了主意或围着人献殷勤
趓摸	趓摸：寻找之意
咀嚼	咀（tsu˩）嚼：嚼舌、嚼牙，指责别人，胡说八道
累掯	累掯：拖累别人，也作强制逼勒之意
克化	克化：消化
冲	冲：旧俗，有冲散噩运之意，也有冲了神灵之说
起经	起经：旧时，人死后第三天开始请和尚道士念经叫起经

第三章　门头沟斋堂话词汇

续表

发引	发引：发送死人的队伍所打举的引魂索、引魂幡、也叫领头幡
土仪盘缠	土仪盘缠：用土特产作为赠人的礼物叫土仪礼物；盘缠即出门路上的费用
按七做好事	按七做好事：人死之后，自下葬起每七天祭典一次，烧纸钱。也称"作七七"
描赔	描赔：照原样赔偿。描照相似，差不多
偏了	偏了：原意为沾光儿，也为吃过了
猴儿	猴式：灵活之意
晌午大错	晌午大错：晌乎大错了，中午过去很久了
老了	老了：死了，称年迈亡故
阴阳两宅	阴阳两宅。活着的居处为阳宅，死后的坟地为阴宅
描补	描补：办事不周，事后弥补，或用话找补一下
开脸	开脸：女子出嫁时修面，去掉脸上的汗毛
打饥荒	打饥荒：闹饥荒，为达到某种目的纠缠不休；闹饥荒，又指夫妻打架、吵嘴相互纠缠不休
马棚风	马棚风：像马棚里的风一样习以为常，不当回事。因马棚四壁透风故称
炮仗风	炮仗风：形容炮筒子脾气，像鞭炮形成的风一样，一会儿就没了
矼牙	矼牙：拿别人的隐私和缺点丑事，挂在嘴边取笑。又作硌牙
龇牙儿	龇牙儿：张嘴说话，吭声，开口
行头	行头：戏装，泛指衣服
藏掖	藏掖：抬起来，隐匿，营私舞弊，将物品打埋伏独占
兴头	兴头：得意扬扬
吊纸	吊纸：在死人灵前烧纸祭悼
水磨裙墙	水磨裙墙：将砖蘸水磨细，砌成屋内的裙墙，俗称磨砖对缝。也叫裙槛
杪	杪：细嫩的树梢，有笤帚杪子

155

续表

蕴藉	蕴藉：含蓄不露，耐人寻味
首尾	首尾：头尾儿，事情的始末，有始有终
恶赖	恶赖：庸俗鄙劣
牛心	牛心：犟，死心眼
彩头	彩头：好运气，也指获得的奖品、赏物
理论	理论：理掰，讲道理
答应	答应：伺候，饶恕
花子	花子：乞丐
蹭	蹭：摩擦，沾上，去掉
作耗	作耗：捣乱生事
垫端窝	垫端窝：代人受过
炮燥	炮燥：心烦身热
不待见	不待见：不喜欢
不卯	不卯：不投缘，合不来
作人	作人：作贱，拿人出气
帮衬	帮衬：帮助
嬉和喜和	嬉和喜和：讨好巴结
韶刀	韶刀：烧道，有露财，得意，自美自夸之意
打降	打降：打架，争让
趔趄	趔趄：踉跄，脚不稳
搭包	搭包：搭膊，男人冬季系腰间的宽布
攒了一攒	攒了一攒：凑了一凑
没戏儿	没戏儿：没指望
纱屉子	纱屉子：旧时的纱窗
撞客	撞客：日时迷信认为突然神智昏迷胡言乱语，是鬼神附体，俗称撞客

续表

不当家花花的	不当家花花的：也作"不当介"，意即不应该，当不起
可不当介	可（k'ʌ↘）不当介：妇女间语言，多为不应当，不应该
剔翎	剔翎：鸟类用嘴啄刮自己的羽毛，也作"体另"，多指专门、单独之意
打围	打围：围猎野兽、打猎形容说得多行动少
笼火	笼火：生火
装裹	装裹：死人的穿戴
空着头	空着头：俯身，倒悬着头，如救出溺水者样
三曹对案	三曹对案：三曹，三头，三人，三个办事部门，对质。古时分职治事的官署和部门为曹，一个部门称一曹
筛酒	筛酒：用酒壶或酒嗉子将酒加热
没耳性	没耳性：没记性
行子	行（xaŋ↘）子：贬称自己不喜欢的东西或人，斋堂话称没出息的孩子为行子
寻趁	寻趁：寻找，拔毛，故意找碴儿
较正	较正：辩驳是非
歪派	歪派：无理指责
乌眼鸡	乌眼鸡：怒目而视，好斗的紧张场面和表情
拜了影	拜了影：影指祖宗的画像。见过，拜过了祖宗
蠓虫	蠓虫：蠓子，一种极小的昆虫
葳蒙生	葳蒙生：疲惫不堪，萎靡不振
下的火	下的火：使的坏，进谗言。"屎壳郎爬到烟袋锅上拱火"
沉心	沉心：言者无意，听者有心了，陡生不快。也叫吃心、喷心、多心
白眉赤眼	白眉赤眼。平白无故，也作不聪敏之意
花胡哨	花胡哨：花里胡哨，虚情假意地应付
像生儿	像生儿：做戏似的装模作样。后演变成像嬉、相声、宋代始有"相声"

续表

丧谤	丧谤：说话丧谤人，顿答人，恶声恶气，不温柔，生、冷、硬、顶
星宿	星宿：不利，命运不好，斋堂话称犯天象儿
跟前人	跟前人：跟儿里人，亲随，关系近，贴身人
放了生	放了生：修阴德，将鸟兽鱼虫放回大自然
平章	平章：品评议论
绿豆面子	绿豆面子：即绿豆面
绣墩	绣墩：有纹饰彩绘的坐墩。又指一种琉璃制品
故故	故故：故意、特意、专门、故此
尖儿	尖儿：上好的，也称尖子、拔尖、眼尖、耳尖、谓伶俐
走了水	走了水：失了火（忌火字）
足的	足的：一直的，到底的
牙子	牙子：突出的部分。凳子边沿的雕花，筐篓装物，高出部分用块物等插牙子
掂掇	掂掇（tuei）：也写作"掂掇"，估计物品的重量、盘算事情、斟酌的意思
上脸	上脸：因受宠而撒娇逞能，也作变本加厉之意，蹬着鼻子上脸
鲫瓜儿	鲫瓜儿：小鲫鱼
颠顸	颠顸：又作蛮顸，指糊涂，不明事理
花梨	花梨：花梨木，与紫檀并称
擎受	擎受：擎架、高抬
老公	老公：太监（老，谓没了之意，人死称老了）。太监，没了"公"（雄性）性的人
宾服	宾服：心悦诚服
胡吣	胡吣：同胡吣，胡说，牲口吐为吣
吵喜	吵喜：闹吵讨彩（赏钱、赏物）闹洞房时多吵喜
逼凌	逼凌：逼迫，冷峻而严肃

第三章 门头沟斋堂话词汇

续表

嗷蹭	嗷蹭：吵闹，叫喊着跺着脚
干	干（kanˇ）：谁也不说话，不搭理他，冷落不睬，使人尴尬
头上抹下	头上抹下：头一回
拉锁子	拉锁子：一种刺绣工艺
动秤儿的	动秤儿的：实际干事的
拿糖当醋	拿糖作醋：拿架子
没嘴道儿	没嘴道儿：品尝不出味道来
替另	替另：另外、单独
忝	忝：辱没，有愧于
擢	擢（tʂuoˇ）：同戳，卖不了的秋秸擢着，指站着
浮借	浮借：浮，即暂时，暂借之意
撑肘	撑肘：捣乱，插一杠子
发送	发送。办丧事，多指为长辈送终
撂不了的	撂不了的：没处放的
胳揪	胳揪：眉头紧皱的样子
焦了尾巴梢子	焦了尾巴梢子：骂别人"绝户"无后代，干尾巴绝后
钻了	钻了：诓骗人。挨撺了，别撺人，哄骗人
不忍	不忍：不忍心加害，看不下去
扔崩	扔崩：突然丢开，有忽然突然之意，动作急速
问讯	问讯：打听、问候、惦记。僧尼合掌表示向人问讯
圆觉	圆觉：佛家语，所谓圆满之灵觉。圆满的境界，也作"圆境"，常喻周到周全
遮说	遮说：巧言为自己或别人的错误遮掩开脱
范	范：样子、模型、榜样
盖盅	盖盅：有盖的大口小底儿的茶碗
海	海：容量大的器皿，墨海、海碗
遭扰	遭扰：犹言打扰，客人的客气话

续表

脱滑	脱滑：溜走，躲懒的意思
头脸	头脸：出头露面儿有地位、有面子、势力的人
苦瓠子	苦瓠子：细长、葫芦的一种，伤其根则苦，喻苦命人
扯臊	扯臊：扯淡，胡扯，喻脸皮厚的意思
兴的	兴的：高兴的、美的、得意忘形
范	范：样子、模型、榜样
盖盅	盖盅：有盖的大口小底儿的茶碗
海	海：容量大的器皿，墨海，海碗
遭扰	遭扰：犹言打扰。客人的客气话
脱滑	脱滑：溜走，躲懒的意思
头脸	头脸：出头露面儿有地位、有面子、势力的人
苦瓠子	苦瓠子：细长、葫芦的一种，伤其根则苦，喻苦命人
扯臊	扯臊：扯淡，胡扯，喻脸皮厚的意思
兴的	兴的：高兴的、美的、得意忘形
颠儿	颠儿：溜跑的意思
扎窝子	扎窝子：鸟飞到巢中不出来，指扎了堆，凑在了一起
混捣熟	混捣熟：瞎捣数，絮絮叨叨，说一些别人听厌了的陈词滥调
铫子	铫子：沏茶的壶，提梁为粗铜丝或粗铁丝制成。也有一种带盖有柄，有嘴的锅。炖各种菜肴用，砂锅铫子
克啬	克啬：刻薄、吝啬
左性	左性：性情固执，遇事死板不肯变通
积粘	积粘：积积粘粘，指扭扭捏捏，不干脆，不爽快
牙碜	牙碜：食物中夹杂砂子，咀嚼时硌牙，难听的令人皮肤起鸡皮疙瘩的声音，也叫牙音，说肉麻下流的话，做下流的事也叫牙碜
趚	趚（tɕʻinʮ）：低着头快走，或作趚拎。趚拎着脑袋无精打采，耷拉着脑袋
填限	填限：也作填馅儿，代人受过，埋没、白搭，充当牺牲品

续表

戥子	戥子：天平。一种称金、银或药品的小秤
铁丝蒙	铁丝蒙：一种用铁丝编成的烘烤食物的网状架子
聊聊	聊聊：略微，短暂。书中指因天冷梦境不长，或为"寥"之误，稀少之意。"寥薄地"，少少地，稍微，也作小心。作量词时为"一寥寥"
停床	停床：人死后，先停放在堂屋正中用铺板支成的床上，头正对门口。民间忌讳床炕对正门，即为此因
划子	划子：有固定、关闭、作用的销子、镜帘划子、鞋划子、皮带划子、门窗划子等
逞了脸	逞了脸：因受宠而骄纵
一丈青	一丈青：挖耳勺
钻沙	钻沙：找不到
讴子	讴子：擦脸油、一种装在贝壳中的润肤用的油脂香蜜
小月	小月：小产、流产。产妇因休养一个月为坐月子，小产不需休养一个月，称小月
口声	口声：口实、话柄。态度，意见
一抿子	一抿子：一心一意，又指一点点。抿子，刷头发的刷子
紧溜	紧溜：紧要关头
掂多少过子	掂多少过子：翻过多少遍，思考了很久
冰床子	冰床子：儿童滑冰工具，方木板下有铁制滑道
老到	老到：老成练达
搅过	搅过：搅赖，耍赖，也称"搅过"，不守信用
旋子	旋子：薄铜盆，多为温酒之用。因震动其沿，盆中水即打旋而得名
浇头	浇头：浇在菜肴或面条上作调味点缀的汁，或指盛好的主食上的菜肴。即汤卤
孤拐	孤拐：这里指颧骨。旧时迷信认为女人颧骨高是克夫之相，故称作"孤拐"，脚孤拐、脸孤拐、眼孤拐、手孤拐等

续表

汗撒	汗撒（piɛˑ）：生热疾的人，汗多难出，心中烦躁，神志不清，往往胡言乱语，俗称汗火憋的。多借指骂人胡说八道
撒漫	撒漫：不吝啬财物，将物品随便送人，喻大手大脚
架桥拨火儿	架桥拨火儿：从旁边怂恿挑拨促成别人吵嘴打架，架桥使双方矛盾勾起来，拨火儿，使双方动气。有歇后语：屎壳郎跑到烟袋锅上，拱火儿
知局	知局（tɕyˑ）：知趣、识相
花马吊嘴	花马吊嘴：花言巧语、耍贫嘴、哄骗人、也作滑猫刁嘴
神道	神道：比喻人本事大，神通广大
圆房	圆房：童养媳，正式结婚同房居住
不作兴	不作兴：不感兴趣，不高兴
鬅头	鬅头：一种发髻松的好发式，头发散乱的样子，"鬅头鬼"，"头散发"
庚帖	庚帖：也叫年庚帖，旧时订婚男女双方互相交换的一种红色的"帖"，上边书有双方的姓名和天干地支相配的生辰八字
屈戌	屈戌：门窗上的搭扣
行会	行会：饭后活动，借以助消化
努伤	努伤：过分用力而受伤，合称，气劳努伤
孟浪	孟浪。冒失，越礼规俗矩
张致	张致（zhī）。为故作姿态

由以上可见，斋堂话保留和传承了近代汉语时期的部分具有特色的基本词汇，其方言的保守性还是比较强的。

（五）宗教文化的影响

1.宗教崇拜

宗教是人类社会发展到一定历史阶段的社会特殊意识形态，它的原始功能是安抚对超自然事物之畏怖、不安等感情，灭除苦恼不安，获得希望与安心，主要体现出感情方面的功用，其后进而成为团体性与组织性之信仰、教义、仪礼之体系。在中国的帝王术中，一般是政教分离的，宗教是手段不是目的。从宗教发展历史来看，主要方向之一是世俗化，也就是宗教的某些规制变为习俗，而宗教的特征逐渐减弱。宗教对语言的影响是重大而显著的，对汉语言系统也不例外。"宗教"二字连用在汉语中古已有之，到宋代，"宗教"一词已经成为固定词组，意指佛教内部不同宗派及其教法。19世纪中后期，汉语大量吸收日本借词，将英语中的religion一词译作"宗教"，其含义即人类对具有超人威力的神秘力量或现象赋予意义，视之为绝对理想的主体，并生起畏怖、神圣、信赖、归依、尊崇的意念，进而实行祭祀、祈祷、礼拜等的礼仪，将戒律、信条等列为日常生活之规范，以期安身立命及向上发展完美的人格。该词由此正式进入汉语言系统，成为习语。

儒教、佛教、道教在中国历史上并称为"三教"。在京西斋堂川辖域范围内主要有儒教、佛教、道教以及19世纪后进入的天主教。相传"斋堂"的得名就是源于这里曾是唐代古刹灵岳寺供僧侣和香客吃斋的地方，当时称为"斋场"，后来人们叫来叫去，音变为"斋堂"，今天斋堂话中还有"先有的灵越寺（即灵泉寺），后有的斋堂城"的俗语流传。因此，斋堂自古以来古刹大庙林立，明代嘉靖年间著名政治家、哲学家、文学家王廷相就有"西山三百七十寺""碧构株林照城郭"的真实描写；施昌璞（2011）："据解放初普查，西郊尚有庙宇三百七十四处，其中绝大部分始建或重建于明代。而斋堂川所辖村落村村皆庙，反映了那一时段人们的宗教取向和追求。"[1]

据沈榜（1593）刊刻的《宛署杂记》记载："灵泉寺在凌水村，起自汉时，弘治年（1478-1505）僧员海重修，庶吉士王伦记。"[2]凌水村即今

---

[1] 施昌璞编著：《斋堂文化丛书·宗教教育》，北京：中国博雅出版社，2011年8月，第12页。

[2] 沈榜编著：《宛署杂记》，北京：北京古籍出版社，1983年12月，第228页。

之斋堂川灵水村，灵泉寺按沈榜记载的汉时推算，应在公元25-220年间兴建，弘治年即1478-1505年间重修。灵泉寺应是古籍记录中门头沟辖内最早的寺庙。该寺是一座佛道合一的寺庙，主祀玉皇大帝和四大天王。一座庙也关涉一座城，门头沟的潭柘寺至今还流传着"先有潭柘寺，后有北京城"的俗语。潭柘寺的兴建有两说，一说始建于西晋永嘉元年（307），始建于西晋愍帝建兴四年（316），是佛教传入北京地区后修建的最早的一座寺庙。寺院初名"嘉福寺"，清代康熙皇帝赐名为"岫云寺"，但因寺后有龙潭，山上有柘树，故民间一直称为"潭柘寺"。早先的嘉福寺，因北魏和北周两次"灭佛"而发展缓慢，唐时武则天万岁通天年间（696-697），佛教华严宗高僧华严和尚来潭柘寺开山建寺，持《华严经》以为净业，潭柘寺就成了幽州地区第一座确定宗派的寺院，潭柘寺得到兴盛。唐代会昌年间，唐武宗李炎再次排毁佛教，潭柘寺也因此而荒废。五代后唐时期，著名的禅宗高僧从实禅师来到潭柘寺，大振宗风，铲除荒夷，整修寺院，"师与其徒千人讲法"，才使潭柘寺走出"武宗灭佛"的阴影，重又繁盛起来。

民间至今传说元代元世祖忽必烈的女儿妙严公主为了替其父赎罪而到潭柘寺出家，后终老于寺中以及清代顺治皇帝在此出家的各种传说。

从金代以后，每个朝代都有皇帝到这里来进香礼佛，明清时皇家与潭柘寺关系更为密切，特别是清代康熙、雍正、乾隆三位皇帝数次驾临潭柘寺，使其成为北京地区最负盛名的佛教重地，此后，潭柘寺就成了京城百姓春游的一个固定场所，"四月潭柘观佛蛇"成了京城的一项传统民俗。每年潭柘寺都举办"浴佛法会""莲池大会""龙华圣会"等佛门盛会，届时各地的游僧和善男信女涌向潭柘寺，成千上万，盛况空前。

从寺庙的建筑处处可见道教和佛教并存的格局，传统的儒释道精神相互交流，影响着传统思想和文化，既有道教"天人合一""人天相应"，也有佛教的"悟道觉世""乐善好施"，还有儒家"家国兼顾""行道济时"，"达则兼济天下，穷则独善其身"的精神指导。尊师重道成为民间恪守的信条，这样的社会环境，不能不影响到人们的思想行为，体现在方言中，也不乏由此创造出的相关词汇。例如：斋堂称呼太阳为"老爷儿""爷爷""佛爷"；月亮为"老奶奶""奶奶""后佛爷"，体现出对自然的崇拜和敬畏。对神明的敬畏也体现在人们对事物的认识上，京西民间习俗有坟头种养荆蒿的习俗，多为木兰树和荆蒿子，因木兰树的籽实称"木兰子"；荆蒿的籽实称"荆蒿子"，百姓喜其谐音为"没懒子""净好子"，寓意望子成龙、望子成才；乡民也把长在坟地的荆蒿称为"金蒿子"，寓意家中能出大官，这些都是人们借自然事物寄托美好愿望。

特别是有关宗教迷信类的词汇，可以看到人们成系统地创造出的新词，体现在有全套的祭祀用语和丧葬礼仪用语。

例如：京西门头沟是重要的产煤基地，千百年来一直是京城煤炭资源的原产地。门头沟许多人向以采煤为生，"百工技艺，各祀一神"。窑神就成为人们重要的敬奉之神。门头沟圈门窑神庙是北京最大的窑神庙，早在明代，门头沟就有整套的祭祀程序和礼仪。主要有：窑神生日祭祀，农历腊月十七，是窑神的生日，这天煤窑人员要换上干净衣服，从纸店请（不能说买）回窑神神像，窑神神像京西矿区称为"神裼子"，又称神纸、佛裼、佛裼子，要恭恭敬敬贴在屋内迎门墙壁上；开窑祭祀，开窑称为"破门"，必在黄道吉日，一般为逢六、九的日子，逢六为初六、十六、二十六，寓意六六大顺；逢九为初九、十九、二十九，寓意天长地久；煤窑复工仪式，京西煤窑俗称"雨来散"，因夏季雨水多，地下水位上升，就要关窑停产，每年九月初六开工，复工之日也要举行祭祀窑神仪式，以求吉利和平安。

门头沟丧葬礼仪用语十分繁复。例如：在整个斋堂川，谁家老人过世，停灵三天，家人亲友就要遵循全部的丧葬礼仪，以下以斋堂镇、清水镇地区的习俗为例说明。

（1）挂帐子：老人故去第一第二天，家人要挂帐子（挽幛），一般为七尺白布，现为十五尺白布，挂在房檐下表示哀悼；

穿大孝：有钱人家每人身穿大白袍子、白裤、白鞋；儿子带攒头帽子，即白布帽子左右两边缝上一个铜钱；孙子、侄子要带两个钱的帽子；干儿子、奶妈儿子要带一个钱的帽子；中等人家儿子、儿媳妇、闺女穿半截白褂、白鞋，儿子要带攒头帽子；

念大经：请和尚、道士分班吹打哀乐，在灵前念经；

摆大筵：讲究摆八大盆、八大碗，谓之八盆八碗席；

（2）请灵：第二天太阳落山把死者故去的配偶亡灵请回来，女眷们手捧亡疏到村口去边烧边哭边吹打；

（3）送三：亡者全部家人、亲朋全部出动，到"五道庙"烧纸马，让逝者灵魂报道，"五道庙"供奉五道将军，专管本辖区逝者"户口"，以免逝者为孤魂野鬼；

（4）入殓：将亡者入棺；

（5）观灯：用白纸做灯花，一岁一盏灯，置于盘中，众人跪在两旁，至亲在前，旁亲在后，一盘一盘从门口往前传到供桌，又称"传灯花"；

（6）吊纸：亲朋分批手捧三炷香到灵前拱手行礼；

（7）攥罐：以泥罐置于供桌，子孙们每人攥一筷逝者生前爱吃食物于罐中，表示亡灵在阳间吃最后一餐；

（8）出殡：第三天一大早众人叩头诀别亡者，抬棺出村送至坟地；

（9）下葬：亡者直系亲属先埋第一锹土，其他人埋棺入土，音乐停止，丧葬过程结束。

这就是乡村丧葬礼仪的全过程。上述民间活动基本体现了道教重生恶死、祈求长生；佛教追求来世、超越轮回、济度众生的思想对世俗的影响。

社会学总结，宗教在人类社会的存在是有条件的，也是一种阶段性的意识形态，马克思主义哲学表明，随着时代的进步，科学及理性精神不断深化，宗教也一定会消失，然而作为其影响力留存在语言中的书写和记录印记终将成为永久的历史遗迹。

2.文化浸润

在斋堂川方言中,有许多因山地生活而产生的词语。"一方水土养一方人",不同的社会环境形成不同的生活习惯,形成独特的乡土文化。

(1)劳动生活中造词

斋堂人地处山区,在长期的农耕活动中,创造了一整套的农业劳动、生产生活词语。

例如:斋堂人在日常劳作中使用了许多贴切的动词。

打:打杏 打围 打雁 打绳 打谷 打冰 打野鸡 打香椿 打核桃 打碾子 打梢子 打地巩 打拢驮 打荆芭 打冱瘵儿 打羊叶子

砍:砍架梢 砍大棍 砍锭子 砍插木

钊:钊地 钊菜 钊挖炮 钊火茬子

挛:挛叶子 挛柴禾

栽:栽白薯 栽阔扩

扶:扶唇 扶耧

垒:垒堰

扣:扣鸟

摘:摘果子

搂:搂地

施:施粪

拾:拾杏 拾粪

串:串核桃

掏:掏獾 掏窑户 掏鱼

套:套毛

下:下狐枷

追:追毛

拿:拿鱼

扎:扎鱼

剜：剜菜

掐：掐拉拉蒿

跟：跟牛

卸：卸套

饮：饮牛

啖：啖牲口 啖羊

耩：耩地

耕：耕地

耪：耪地 耪谷 耪玉米 耪小苗子

起：起圈

除：起圈

垫：垫圈

擗：擗棒子

点：点山药

簪：簪豆子

埋：埋山药

刨：刨山药

盘：盘秸帐

趟：趟荞麦

沟：沟葱

锁：锁尖

抢：抢谷

赶：赶牲口

倒搂：倒搂墙豁子

扒拉：扒拉算盘珠

挖：挖根脚

皋：皋驮

卸：卸驮

插：插拢驮

编：编行李

劁：劁猪

骟：骟驴

要：要大棍

嗑：嗑棒子

插：插鞍子

杵：杵碾子

放：放树

伐：伐蜀黍米

拨：拨仁子

摁：摁疙瘩

拾掇：拾掇屋子

铰：铰衣裳

糊：窗户

捏：捏煮饽饽

杀：杀糕

滚：煮粥

揪：揪水 揪米 揪面

"打"是斋堂人使用得最多的词语，无论是生产还是生活，几乎各个方面都使用到一个"打"字：

采摘：打杏（用长杆爬至树上将其打落）、打核桃（同"打杏"）、打羊叶子（将胡枝子从山上割回，备冬季大雪封山时喂羊）；

狩猎：打围（打猎、围猎）、打野鸡（用弹弓、火枪等猎捕）、打雁（用弓箭、网等猎捕）；

建筑：打地巩（建房打地基）

收获：打谷 打麦

购物：打油 打酒 打肉 打醋

工匠活：打坑 打家具

编织：打绳（将麻或皮料等绞制成绳）、打荆芭（编荆条篱笆）；

化妆：打脸儿（脸部化妆）

在一些有特色的词语中，有的是表示独特的劳动技术：

沟：如沟葱，"沟"作动词，是一种栽培方式，即春季将小葱去叶，剪须，斜埋于两土埂间的土沟中，之后葱稍长再将埂土培在葱沟中，逐渐沟变成了埂、埂成了沟，斋堂人称其为"沟葱"。

钊：一种原始的耕种方式，主要使用工具为镐。如钊地（将荒地用镐开出来）、钊菜（原始的耕作方式，烧荒后，将菜籽撒遍，再用镐刨、钊而完成种植）。

点：如点山药（将土豆切块，有芽的做种，埋种在土中称"点"）。

簪：如簪豆子（在庄稼地的缝隙点种豆类）。

锁：如锁尖（将木头用斧子削尖顶部的劳动，锁，使其变尖小之意）。

盘：如盘秸帐（用背架子、背篓将禾秸从地里往返运回做牲草。"盘"指不能一次性到目的地的运输）。

要：如要大棍（将弯曲的木棍经火熏软，在一个木架上将其调直。"要"指用某种方法使弯曲实物变直的动作）。

有的是表示烹饪用词、日常行为等。

伐：如伐蜀黍米（将玉米用热水淘过，上碾子压，去其皮，并用箩筛出，使其成为小的颗粒）。

杀：如杀糕（将黏米面和成干面团蒸熟）。

滚：如滚粥（煮粥）。

捏：如捏蒸饽饽（包饺子）、捏咯（一种捏制面食）。

搋：如搋水（舀水）、搋面（舀面）。

在动词的使用上，乡民常常有不同的选择：

多用耪少用锄：耪地、耪谷、耪玉米、耪小苗子。

多用垒少用砌：垒堰、垒墙。

多用拾少用捡：拾粪、拾柴。

用捏不用包：捏饺子、捏咯（一种捏制面食）。

用啖不用喂：啖啖牲口（给牲口喂盐）、啖羊（给羊喂盐）。

（2）民风民俗中造词

斋堂人在婚嫁生育方面也有自己独特的风俗仪礼和相应的词汇。

拿帖子：女方家长将女儿生辰八字写在红纸上，用大红信封请媒人送到男方家，叫送庚帖子。

下茶走亲（下聘礼、下定亲）：男方家长筹办礼品，米面烟酒及大猪一口等，择日送到女方家，叫下聘礼；当日男方家要到女方家会亲家，叫下定亲。

娶媳妇（聘姑娘）：按约定日子接亲。

吃盐份饼："盐份"谐音"缘份"，就是一张盐饼，每人分尝一块，咸得很，众人不由自主地要说"盐份（缘分）真！大"就是对新婚夫妇白头偕老的祝福。"盐（缘）份饼"是斋堂川婚俗中的一项独特仪式。按柏峪人的说法，"一斤面放半斤盐"，里外都泛着白花花的盐花，寓意盐（缘）越多越好。

拜天地：拜天地包含拜天、拜地、拜家堂三项，是婚礼中最为热闹的场面之一。

闹洞房：宾客散去，新人进屋，同辈和晚辈最关注的一项。通常有"文闹""武闹"的说法。"文闹"即逗乐取笑，动口不动手；"武闹"则动手动脚，斋堂人有"三天之内无大小"的说法。

接回门：婚后第一次回娘家。日期一般是婚后次日或第四日，住娘家以二、四、六、八日不等。新娘称"姑娘"，新郎称"姑爷"，期间，"姑爷"会被丈人家给予最高的礼遇。

从前有钱人家娶媳妇或聘姑娘都必须完成这几道程序。在婚后生育方

面,也有相应习俗:

挂红布条:门挂红布,表示家中生了孩子。

睡扁头:小儿出生后,使其仰面睡觉,久之头会变为扁脑袋,以此为美。

抓周:婴儿周岁时,父母摆上各种物品任其抓取,以观其志向、爱好等。

送粥:产妇生产十二天后,女方亲友送来食物称"粥米",后演变为亲朋好友庆贺的仪节。

送银锁:是姥姥家赠送的物件,上有吉祥祝语。

认干亲:指娇贵或体弱多病的小儿,找多子多孙的人认干爹、干娘,以避灾长命。

假姑娘:男孩出生后,恐其命根不固而留长发、男扮女装,故称。

寄名:小儿出生后,为防夭折,将其"寄名"在附近寺观的僧、道为弟子,寄名而不出家。

这些词语都记录了斋堂川的人们千百年来代代承传的乡土文化。

当然,文化习俗也包含一些消极的因素,比如斋堂人俗称自己西北方的宣州、涿州、怀来的语音为"臭板儿"话,称那儿的人为"臭板儿"或"臭板子"。这就是乡村民俗的体现,是对外地人的鄙视,有一种身为天子脚下臣民的优越心理。

(3)在民族交流中造词

在漫长的历史过程中,中国北方地区汉族和北方少数民族经历长期民族融合的过程,斋堂川也是古代汉族和少数民族地区交界的分水岭。

据《宛署杂记》记载:"大汉岭,在县西二百余里。由清水山尖分脉,直抵百花山。相传汉时匈奴界止此。"① "县"指宛平县,"大汉岭"就是今之斋堂"大寒岭"。《日下旧闻考》引《帝京景物略》载:"由王平口过

---

① (明)沈榜编著:《宛署杂记》,北京:北京古籍出版社,1983年12月,第29页。

大汉岭，抵沿河口元女庙，是百花山足也。"编者于敏中加按语曰："大汉岭俗称大寒岭。"① 因此史料足以说明斋堂川东南部的大汉岭就是古代胡、汉交界之地、前沿地带，"大汉岭""大寒岭"是胡汉对峙的历史遗迹。

据门头沟民俗专家赵永高先生的考证，沿河城魏氏宗族家谱中有这样的记载，第一代曰魏大宁；第二代是兄弟，曰魏胡、魏汉，魏氏家族是明代军户后裔，沿河城就是当时的边关地区，兄弟如此起名，就寄托了停止战争、民族融合团结的良好愿望。

至今在斋堂话中还遗留着以"胡"作为语素来造词的现象。例如：

胡桃：指核桃　　　　　　　胡琴：指民族弓弦乐器的总称

胡床：指马扎　　　　　　　胡麻：指油用亚麻，籽粒可榨食用油

胡说：指没根据或乱说乱叫　胡萝卜：红萝卜的别称

胡诌：指随口瞎编　　　　　胡同：指小巷

胡豆：蚕豆　　　　　　　　胡秋千：秋千

胡瓜：黄瓜、葫芦、西葫芦　胡菜：香菜

胡榛：树名　　　　　　　　胡枝子：树杈

现在"胡萝卜""胡同"等仍是人们常用的一般词汇，这也是汉族和少数民族语言文化大融合的历史见证。

二、斋堂话分类词表

说明

[一]本表收入斋堂话词条约4000多条，词表所收录的词语主要根据中国社会科学院语言研究所编撰的《汉语方言调查词汇表》调查整理而来。此外在调查过程中，尽量收录发音合作人提供的当地特色词语，同时大量查阅门头沟区各种反映当地社会、经济、文化以及历史的文献，补充了一

---

① （清）于敏中等编纂：《日下旧闻考》，北京：北京古籍出版社出版，1981年10月，第1750页。

批词语。

[二]每条词条先列汉字，后用国际音标注音，用五度制调号标注声调。注音时一般不注变调，轻声字前加轻声点，无调号。

[三]音标一般不加方括号，音标前加"～"，加方括号表示又音，例如：饸络 [～·lou]

[三]同义词或近义词排在一起，第一条顶格排列，其余各条缩进一格另行排列。

[四]若较难理解的词语，在标音后加以简单注释，有些词语不止一个义项的，注释时分别用圆圈数码表示。

[五]词条里可有可无的字用圆括号表示，例如：粉条（子）fən˧ tʻiɑu˧（·tsʅ）

[六]词条注音时，音标前加～，又加方括号，表示又音。例如：

[七]少数方言词有音无字，用方框"□"表示，并在右下角加音义注释。有些使用同音字的，在同音字下面加下画波浪线"～"表示。

[八]注释中出现填代号"～"表示复指前面的词条。

[九]分类词表目录

（一）天文	（十一）身体	（二十一）文体活动
（二）地理	（十二）疾病医疗	（二十二）动作
（三）时令时间	（十三）衣服穿戴	（二十三）位置
（四）农业	（十四）伙食	（二十四）代词等
（五）植物	（十五）红白大事	（二十五）形容词
（六）动物	（十六）日常生活	（二十六）副词介词等
（七）房舍	（十七）讼事	（二十七）量词
（八）器具用品	（十八）交际	（二十八）附加成分等
（九）称谓	（十九）商业交通	（二十九）数字等
（十）亲属	（二十）文化教育	

（一）天文

（1）日、月、星辰

太阳 tʻaiˇiaŋ˧

　老爷儿 lauˇiɛ˧iərˇ

　爷爷儿 iɛˇiɛ˧ierˇ

　老佛爷 lauˇfoˇiɛ˧ierˇ

　佛爷儿 foˇiɛ˧ierˇ

　日头 ʐʅ˥tʻou˧

爷爷地儿 iɛˇiɛ˧tierˇ 太阳地儿

　爷儿地儿 ierˇtierˇ

　爷儿底下 ierˇti˥çiaˇ

晒爷爷 ʂai˧iɛ˥·iɛ 晒太阳

　晒奶奶 ʂai˧nai˥·nai

向阳 çiaŋˇiaŋˇ

背阴 peiˇinˇ

日蚀 ʐʅ˥ʂʅ˧

日拦 ʐʅ˥lanˇ 日晕

阳光 iaŋˇkuaŋˇ

月色 yɛˇʂai˧ 月亮

　老奶奶儿 lauˇnai˥·nər

　老奶儿 lauˇnərˇ

月色地儿 yɛˇʂai˧tiərˇ 月亮地儿

月拦 yɛˇlanˇ 月晕

星星 çiŋˇçiŋˇ

北斗星 peiˇtouˇçiŋˇ

启明星 tɕʻiˇmiŋˇçiŋˇ

亮明星 liaŋˇmiŋˇçiŋˇ

天河 tʻianˇxɤˇ 银河

流星 liouˇçiŋˇ

扫帚星 sauˇtʂouˇçiŋˇ 彗星

（2）风、云、雷、雨

大风 taˇfəŋˇ

台风 tʻaiˇfəŋˇ

小风 çiauˇfəŋˇ

　微风 ueiˇfəŋˇ

旋风 çyanˇfəŋˇ

顶风 tiŋˇfəŋˇ

顺风 ʂuanˇfəŋˇ

刮风 kuaˇfəŋˇ

风停啊 fəŋˇtʻiŋˇ·lia

黑云 xeiˇynˇ

蠹蠹云 kuˇtuˇynˇ 一朵朵的云

白毛风 paiˇmauˇfəŋˇ 极寒天气
下风卷雪状

鬼旋风 kueiˇçyanˇfəŋˇ

烧 ʂauˇ 霞

早烧 tsauˇʂauˇ 早霞

晚烧 uanˇʂauˇ 晚霞

雷 leiˇ

打雷 taˇleiˇ

响雷 çiaŋˇleiˇ

雷击啊 lei˧ tɕiʌ˥ ·lia 雷打了

打闪 ta˧ ʂan˧ 闪电

雨 y˧

下雨（啊）ɕia˥ y˧（·lia）

掉点（啊）tiau˥ tian˧（·lia）

小雨 ɕiau˥ y˧

毛毛雨 mau˧ mau˧ y˧

　蒙星子雨 məŋ˧ ɕiŋ˧ ·tsʅ y˧

大雨 ta˥ y˧

暴雨 pau˥ y˧

连檐雨 lian˧ yan˧ y˧ 连阴雨

　连阴雨 lian˧ in˧ y˧

雷阵雨 lei˧ tʂən˥ y˧

风潲雨 fəŋ˥ ʂau˥ y˧ 一边下雨，一边刮风的状态

一扫雨 i˥ sau˥ y˧ 有如扫帚扫过的阵雨

雨停啊 y˧ tʰiŋ˧ ·lia

虹 tɕiaŋ˥

放虹啊 faŋ˥ tɕiaŋ˥ ·lia ' 出彩虹了

淋雨 lin˧ y˧

（3）冰、雪、霜、露

冰 piŋ˥

冰柱 piŋ˥ tʂu˥ 冰锥

结冰 tɕie˥ piŋ˥

冻冰 tuŋ˥ piŋ˥

雹子 pau˥ ·tsʅ 冰雹

凌子 liŋ˧ ·tsʅ

恶雨 ŋɤ˥ y˧

雪 ɕyɛ˧

下雪 ɕia˥ ɕyɛ˧

鹅毛雪 ɤ˧ mau˧ ɕyɛ˧

雪粒儿 ɕyɛ˥ liər˧ 雪珠子

　雪糁儿 ɕyɛ˥ sã˥

雨夹雪 y˧ tɕia˥ ɕyɛ˧

化雪 xua˥ ɕyɛ˧

露水 lu˥ 露

有露水 iou˧ lu˥ ʂuei˥ 下露

霜 ʂuaŋ˥

下霜 ɕia˥ ʂuaŋ˥ 打霜

　下霜苗子 ɕia˥ ʂuaŋ˥ miau˧ ·tsʅ

雾 u˥

下雾 ɕia˥ u˥

（4）气候

天气 tʰian˥ tɕʰi˥

阴天 in˧ tʰian˥

（天气）热（tʰian˥ tɕʰi˥）zɤ˥

（天气）冷（tʰian˥ tɕʰi˥）ləŋ˥

伏天 fu˧ tʰian˥

入伏 zu˥ fu˧

初伏 tʂʰu˥ fu˧

中伏 tʂuŋ˥ fu˧

末伏 mo˥ fu˧

天旱 tʰian˥ xan˥

涝（啊）lɑuˇ ·lia

（二）地理

（1）地

平地儿 piŋˉtiənˇ 平原

旱地 xanˇti˧

水田 ʂueiˇtʻianˇ

菜地 tʂʻaiˇti˧

荒地 xuɑŋˇti˧

沙土地 ʂaˇtʻuˇti˧

坡地 pʻoˇti˧

盐碱地 ianˇtɕianˇti˧

滩地 tʻanˇti˧

阴凉 inˉliɑŋˇ 树荫之地

山地 ʂanˇti˧ 多指清水河一带的山地

（2）山

山腰 ʂanˇiɑuˇ

山根儿 ʂanˉkərˇ 山脚

山沟 ʂanˇkouˇ 山坳、山谷均可统称

山豁子 ʂanˇxouˇ·tʂʅ 两山开口处

山涧 ʂanˇtɕianˇ 两山夹水之地

嶭 nieˇ 高而险要的山崖

嶭头 nieˇtʻouˇ 高峻的山峰

嶭豁豁儿 nieˇxouˇ·xuor 高而险要两山崖之间的裂口

魂子 xuənˇ·tsʅ 指望而失魂的险峻山崖

梁 liɑŋˇ 有分水岭和界山作用的山岭

峪 yˇ 较深的山

沟 kouˇ 较深的山

坨 tʻuoˇ 独立而圆形的山头

鞍 ŋanˇ 两山之间凹下的地方，状如马鞍

台 tʻaiˇ 山前平阔之地

堂 tʻɑŋˇ 山上平阔的地方

石堂 ʂʅˇtʻɑŋˇ 开口的山穴，可避风雨

嘴子 tsueiˇ·tsʅ 山岭上孤立而突出的部位

 山嘴 ʂanˇtsueiˇ

地动 tiˇtuŋˇ 地震

（3）江、河、湖、海、水

河 xɤˇ

河里 xɤˇliˇ

水渠 ʂueiˇtɕʻyˇ

水沟 ʂueiˇkouˇ 小水沟

水窠儿 ṣuei˩ kʻɤr˩ 小的水窝

pəŋ˩ 很深的水潭，一般指死水

弧 xu˩ 大水坑，一般指活水

水坑 ṣuei˩ kʻəŋ˩

龙潭 luŋ˩ tʻan˩ 深的天然的潭

青蛙潭 tɕiŋ˩ ua˩ tʻan˩ 京西十八潭之一

河沿儿 xɤ˩ iɐr˩ 河岸

堤 ti˩ 深水的边沿

大坝 ta˩pa˩ 河中防水的建筑物

河滩 xɤ˩ tʻan˩

水 ṣuei˩

清水 tɕʻiɛ˩ ṣuei˩

浑水 xuən˩ ṣuei˩

雨水 y˩ ṣuei˩

洪水 xuŋ˩ ṣuei˩

 发水 fa˩ ṣuei˩

 发大水啊 fa˩ ta˩ ṣuei˩ ·lia

水头子 ṣuei˩ tʻou˩ tṣɿ 洪峰

垅扒 luŋ˩ pʻa˩ 泥石流

凉水 liɑŋ˩ ṣuei˩

泉水 tɕʻuan˩ ṣuei˩

拉拉汨 la˩ la˩ ku˩ 汨汨涌出的泉水

冰凌汨 piŋ˩ liŋ˩ ku˩ 冬季小溪冻成冰瀑状

热水 zɤ˩ ṣuei˩

开水 kʻai˩ ṣuei˩ 煮沸的水

（4）石沙、土块、矿物

石头 ṣɿ˩·tʻou

大石块 ta˩ ṣɿ˩ kʻuai˩ 大石头

小石块 ɕiau˩ ṣɿ˩ kʻuai˩ 小石头

石板儿 ṣɿ˩ per˩ 板状的石块

板儿石 per˩ ṣɿ˩ 扁形火成岩块石，斋堂泛指石头

灰石 xuei˩ ṣɿ˩ 可以烧大灰（石灰）的石头

煤矸石 mei˩ kan˩ ṣɿ˩ 含碳量较低、比煤坚硬的黑灰色岩石

铁炭 tʻiɛ˩ tʻan˩ 煤炭

画眉石 xua˩ mei˩ ṣɿ˩ 西斋堂村特产，似石而不坚，磨之如墨，用之画眉，故称

 黛石 tai˩ ṣɿ˩

 墨石脂 mo˩ ṣɿ˩ tṣɿ˩

片子石 pʻian˩ tsɿ˩ ṣɿ˩ 水成页岩

风化石 fəŋ˩ xua˩ ṣɿ˩ 由各种碎石聚合而成的岩石

火石 ta˩ xuo˩ ṣɿ˩ 打火石

磨石 mo˩ tɑu˩ ṣɿ˩ 磨刀石

吸铁石 ɕi˩ tʻiɛ˩ ṣɿ˩ 磁石

紫石 tsɿ˩ ṣɿ˩ 京西矿产，色泽紫如猪肝，是制作紫石砚的材料

马牙石 ia˩ ma˩ ṣɿ˩ 白色呈小方块

状颗粒组成的石头

麻子石 maˇtʂʅˇ ʂʅˇ 砾岩的一种

河流石 xɤˇliouˇ ʂʅˇ 鹅卵石

沙子 ʂaˇ·tʂʅ

沙土 ʂaˇt'uˇ 含沙很多的土

沙滩 ʂaˇt'anˇ

土坷垃 t'uˇkɤˇ·lɤ 土块

土坯 t'uˇp'iˇ

砖坯 tʂuanˇp'iˇ

砖 tʂuanˇ

砖头 tʂuanˇ·t'ou

瓦 uaˇ

瓦片儿 uaˇp'iɐrˇ 碎瓦（用得较少）

瓦碴儿 uaˇtʂarˇ 碎瓦（用得较多）

尘土 ts'ənˇt'uˇ 灰尘

稀泥 ɕiˇniˇ 烂泥

泥土 niˇt'uˇ 指干的土

坩子土 kanˇtʂʅˇt'uˇ 高岭土

金子 tɕiˇ·tʂʅ 金

铜 t'uŋˇ

黄铜 xuaŋˇt'uŋˇ

红铜 xuŋˇt'uŋˇ

青铜 tɕ'iŋˇt'uŋˇ

铁 t'iɛˇ

生铁 ʂəŋˇt'iɛˇ

熟铁 ʂouˇt'iɛˇ

锡 ɕiˇ

煤 meiˇ

烟儿煤 iɐrˇmeiˇ 烟煤

无烟儿煤 uˇiɐrˇmeiˇ 无烟煤

灯油 təŋˇiouˇ 煤油

汽油 tɕ'iˇiouˇ

大灰 taˇxueiˇ 生石灰

　白灰 paiˇxueiˇ 石灰，后起的说法

洋灰 iaŋˇxueiˇ 水泥

玉 yˇ

炭 t'anˇ 木炭

药玻璃 iɑuˇpoˇ·li 琉璃

（5）城市处所

地儿 tiərˇ 地方

城里 tʂ'əŋˇ·li 城市

城墙 tʂ'əŋˇtɕ'iaŋˇ

壕沟 xɑuˇkouˇ

城里 tʂ'əŋˇ·li 城内

城外 tʂ'əŋˇuaiˇ

城门 tʂ'əŋˇmənˇ

胡同儿 xuˇt'ũrˇ 窄的胡同

乡村 ɕiaŋˇtʂ'uənˇ

山里 ʂanˇliˇ 偏僻的山村

家乡 tɕiaˇɕiaŋˇ

集 tɕiˇ

街道 tɕiɛˇtɑuˇ

巷 tɕiaŋ˩ 有水、有耕地有通道的较浅的山谷

路 lu˩

大道 ta˩tau˩ 能过牲口车的大路

小道 ɕiau˩tau˩ 小路

近路 tɕin˩ lu˩ 抄近儿走的路

（三）时间　时令

（1）季节

春天 tʂʻuən˩tʻian˩

夏天 ɕia˩tʻian˩

秋天 tɕʻiou˩tʻian˩

冬天 tuŋ˩tʻian˩

打春 ta˩ tʂʻuən˩ 立春

雨水 y˩ ʂuei˩

惊蛰 tɕiŋ˩ tʂɤ˩

春分 tʂʻuən˩ fən˩

清明 tɕʻiŋ˩ miŋ˩

谷雨 ku˩ y˩

立夏 li˩ ɕia˩

小满 ɕiau˩ man˩

芒种 maŋ˩ tʂuŋ˩

夏至 ɕia˩ tʂʅ˩

小暑 ɕiau˩ ʂu˩

大暑 ta˩ ʂu˩

立秋 li˩ tɕʻiou˩

　祭秋 tɕi˩ tɕʻiou˩

去暑 tɕʻu˩ ʂu˩ 处暑

白露 pai˩ lu˩

秋分 tɕʻiou˩ fən˩

寒露 xan˩ lu˩

霜降 ʂuaŋ˩ tɕiaŋ˩

立冬 li˩ tuŋ˩

小雪 ɕiau˩ ɕyɛ˩

大雪 ta˩ ɕyɛ˩

冬至 tuŋ˩ tʂʅ˩

小寒 ɕiau˩ xan˩

大寒 ta˩ xan˩

黄历 xuaŋ˩ li˩ 历书

阴历 in˩ li˩（较多使用）

　农历 nuŋ˩ li˩（较少使用）

阳历 iaŋ˩ li˩（较多使用）

　公历 kuŋ˩ li˩（较少使用）

（2）节日

三十儿 san˩ ʂər˩ 除夕

大年初一 ta˩ nian˩ tʂʻu˩ i˩ 春节

　大年 ta˩ nian˩

拜年 pai˩ nian˩

灯节 təŋ˩ tɕie˩ 元宵节

端阳节 tuan˩ iaŋ˩ tɕie˩ 端午节

□端午 ueiˇ tanˇ uˋ

五端五 uˋ ·taŋ uˋ

五月节 uˋ yɛˇ tɕiɛˇ

八月十五 paˇ yɛˇ ʂɿˋ uˋ 中秋节

七月七 tɕʻiˋ yɛˇ tɕʻiˋ 七夕

七月十五 tɕʻiˋ yɛˇ ʂɿˋ uˋ 中元节

鬼节 kueiˋ tɕiɛˇ

寒食儿 xanˋ ʂərˋ 寒食节

秋粥节 liˋ tɕʻiouˋ tʂouˋ 斋堂灵水村立秋喝粥的风俗

（3）年

今年 tɕinˋ niɛnˋ

去年 tɕʻyˋ niɛnˋ

　年生个 niɛnˋ ʂənˋ ·kɤ 去年

明年 miŋˋ niɛnˋ

前年 tɕʻianˋ niɛnˋ

大前年 taˋ tɕʻianˋ niɛnˋ

后年 xouˋ niɛnˋ

大后年 taˋ xouˋ niɛnˋ

每年 meiˋ niɛnˋ

年初 niɛnˋ tʂʻuˋ

年中 niɛnˋ tʂuŋˋ

年底 niɛnˋ tiˋ

上半年 ʂaŋˇ panˇ niɛnˋ

下半年 ɕiaˋ panˇ niɛnˋ

整年 tʂəŋˋ niɛnˋ

（4）月

正月 tʂəŋˇ yɛˇ

腊月 laˋ yɛˇ

闰月 zuənˇ yɛˇ

月初 yɛˇ tʂʻuˋ

半月 panˇ yɛˇ 月半

月底 yɛˇ tiˋ

一个月 iˋ kɤˇ yɛˇ

上个月 ʂaŋˇ kɤˇ yɛˇ

这个月 tʂɤˇ kɤˇ yɛˇ

下个月 ɕiaˇ kɤˇ yɛˇ

每月 meiˋ yɛˇ

　每个月 meiˋ kɤˇ yɛˇ

上旬 ʂaŋˇ ɕynˋ

中旬 tʂuŋˋ ɕynˋ

下旬 ɕiaˇ ɕynˋ

大情 taˋ tɕʻiŋˋ 农历三十天的月份

小情 ɕiɑuˋ tɕʻiŋˋ 农历二十九天的月份

今儿个 tɕiərˋ ·kɤ 今天

列个 liɛˋ ·liɛ·kɤ 昨天

　列列个 liɛˋ ·liɛ·kɤ

　夜儿个 iɛrˋ ·kɤ

明儿个 miɚˋ ·kɤ 明天

后儿个 xouˋ ·kɤ 后天

外后儿 uaiˋxouˋ 大后天

第二天 tiˋ ɚˋ tʻianˋ 次日

前儿个 tɕʻiɚˋ ·kɤ 前天

大前儿个 taˋ tɕ'iɚˋ ·kɤ 大前天

前几天 tɕ'ianˋ tɕiˋ t'ianˋ

礼拜天 liˋ paiˋ t'ianˋ 星期天

一个礼拜 iˋ kɤˋ liˋ paiˋ 一星期

整天儿 tʂəŋˋ t'iɚˋ 整天

每天 meiˋ t'ianˋ

十几天 ʂˋ tɕiˋ t'ianˋ

十天来咂 ʂˋ t'ianˋ laiˋ ·tie 不够十天

前半晌儿 tɕ'ianˋ panˋ ʂãrˋ 上午

后半晌儿 xouˋ panˋ ʂãrˋ 下午

半天 panˋ t'ianˋ

多半天 tuoˋ panˋ t'ianˋ 大半天

蒙蒙亮儿 məŋˋ məŋˋ liãrˋ 凌晨

早起 tsauˋ ·ɕi 清晨

头晌和 t'ouˋ ʂaŋˋ ·xou[～·xu] 午前

晌和 ʂaŋˋ ·xou[～·xu] 中午

后半晌儿 xouˋ panˋ ʂãrˋ 午后

晌午错俩 ʂaŋˋ ·xou tsʻuoˋ ·lia 过了中午

白日儿 paiˋ zˋ ɚˋ 白天

后晌 xouˋ ʂaŋˋ 黄昏

黑间 xeiˋ tɕianˋ 夜晚

半夜 panˋ iɛˋ

　半宿 panˋ ɕiouˋ

前半夜 tɕ'ianˋ panˋ iɛˋ 上半夜

　前半宿 tɕ'ianˋ panˋ ɕiouˋ

后半夜 xouˋ panˋ iɛˋ 下半夜

　后半宿 xouˋ panˋ ɕiouˋ

整宿 tʂəŋˋ ɕiouˋ 整夜

每天后晌 meiˋ t'ianˋ xouˋ ʂaŋˋ 每天晚上

(6) 其他时间概念

年份 nianˋ fənˋ

月份 yɛˋ fənˋ

日子 zˋ tsˋ

啥时候 ʂaˋ ʂˋ xouˋ 什么时候

以前 iˋ tɕ'ianˋ 先前

　原前 yanˋ tɕ'ian

起先 tɕ'iˋ ɕianˋ 开始、原来

开先 k'aiˋ ɕianˋ 开始（多使用）

后尾儿 xouˋ iɚˋ 后来

这会儿 tʂɤˋ xuɚˋ 现在

　眼门前 ianˋ mənˋ tɕ'ianˋ

（四）农业

（1）农事

春耕 tʂ'uənˋ tɕiŋˋ

春种 tṣʻuənˇ tṣuŋˇ

夏收 ɕiaˇ ʂouˇ

大秋 taˇ ʂouˇ 秋收

早秋 tsauˇ tɕʻiouˇ

晚秋 uanˇ tɕʻiouˇ

耕地 tɕiŋˇ tiˇ 用犁翻松整地

搂地 louˇ tiˇ 平整土地

垒堰 leiˇ ianˇ 垒筑田地的堰墙

倒喽墙豁子 tauˇ·lou tɕʻiaŋˇ xuoˇ·tsɿ 重垒坍塌的田地墙堰

扶唇 fuˇ tṣʻuənˇ 将梯田墙沿加石头以保持水

下种儿 ɕiaˇ tṣũrˇ 播种

耩地 tɕiaŋˇ tiˇ 用耧播种

扶耧 fuˇ louˇ 掌握耩地的深浅并播种于土地

拔草 paˇtsʻauˇ 薅草

稻穗 tauˇ sueiˇ

割稻子 kɤˇ tauˇ·tsɿ

割麦 kɤˇ maiˇ

搪荞麦 tʻaŋˇ tɕʻiauˇ maiˇ 荞麦种植方法，因其种植较浅，撒种后用镐在地上搪搪即可

打谷 taˇ kuˇ 用打谷拍子将谷穗脱粒

抢谷 tɕʻiaŋˇ kuˇ 抢收谷子，以防谷粒因风脱落减产

沟葱 kouˇ tsʻuŋˇ 斋堂种植小葱的方法。将小葱去叶剪须，斜埋于两土埂之间的土沟中，随着葱的生长再将埂土培在葱沟中。

打场 taˇ tṣʻaŋˇ

大场 taˇ tṣʻaŋˇ 指公家的场院

锄地 tṣʻuˇ tiˇ 用锄头翻松土地

耪地 pʻaŋˇ tiˇ

鉊地 tsauˇ tiˇ 将荒地用镐开出来

鉊火茬子 一种原始的耕作，也称烧荒

喧土 ɕuanˇ tʻuˇ 松土

上粪 ʂaŋˇ fənˇ 施肥

上粪水子 ʂaŋˇ fənˇʂueiˇ·tsɿ 浇粪

粪坑 fəŋˇ kʻəŋˇ

沤粪 ouˇ fənˇ 积肥

拾粪 ʂɿˇ fənˇ

猪粪 tṣuˇ fənˇ

鸡粪 tɕiˇ fənˇ

羊粪 iaŋˇ fənˇ

化肥 xuaˇ feiˇ

浇水 tɕiauˇ ʂueiˇ

浇地 tɕiauˇ tiˇ 灌水

排水 pʻaiˇ ʂueiˇ

打水 taˇ ʂueiˇ（从井里或河里取水）

挑水 tʻiauˇ ʂueiˇ

水井 ʂuei˩ tɕiŋ˩

（2）农具

水筲 ʂuei˩ ʂau˩ 水桶

饭罐 fan˩ kuan˩ 砂器，农忙送饭用品。饭罐、大锄、水嘟噜是夏锄时节的三件重要物件

水嘟噜 ʂuei˩ tu˩ ·lu 圆形砂器，顶端有葫芦似小的出口，农忙送水用品。

井绳 tɕiŋ˩ ʂən˩

大车 ta˩ tʂ'ɤ˩（农村常用其他车辆）

拖拉机 t'uo˩ la˩ tɕi˩

牛扣槽 niou˩ kou˩ ts'au˩ 牛轭

牛嘴子 niou˩ tsuei˩ ·tʂɿ 牛笼嘴

牛鼻锏 niou˩ pi˩ tɕy˩u 牛鼻桊儿

套缨子 t'au˩ iŋ˩ ·tʂɿ 保护马驴等牲口的工具

犁 li˩ 京西主要的生产工具，由金属犁镜、犁铧、和木质犁辕、犁箭组合而成，常称木犁。

木犁 mu˩ li˩

犁弯子 li˩ uan˩ ·tʂɿ 犁身

犁弯子把儿 li˩ uan˩ ·tʂɿ par˩ 犁把

犁铧 li˩ xua˩

耧 lou˩ 北方生产工具，主要用于播种

耩子 tɕiaŋ˩ ·tʂɿ

耧犁 lou˩ li˩

耧车 lou˩ ·tʂɿ

耙子 p'a˩ ·tʂɿ

盖 kai˩ 平整耕地的工具，长四尺，宽一尺五寸

种施 tʂuŋ˩ ʂɿ˩ 耧犁，耩地种谷物的农具

栽阔扩 tsai˩ k'uo˩ k'uo˩ 种植蔬菜的方法，先育苗再移栽

䅟菜：烧荒后，将菜籽撒遍，再用镐刨、凿即完成种植。

施粪：耕种时施底肥。

耨子 zu˩ ·tʂɿ 一种多齿的拔草工具

钁子 xuo˩ ·tʂɿ 一种一人拉，一人扶着作业的，比犁轻便，有高脊梁、开沟松土的农具

席囤子 ɕi˩ t'uən˩ ·tʂɿ 趸子，一般指空囤

囤 t'uən˩ 一般指有粮食的囤

蒲篮 p'u˩ lan˩ 平底矮帮，用荆条编成的大筐，放粮食或做囤底用

扇车 ʂan˩ tʂ'ɤ˩ 也叫风车，扬场工具，由车架、外壳、风扇、漏斗以及插关（开启调节门）等构成

碌碡 liou˩ tʂou˩ 石磙，圆柱形，用来轧谷物，平场地

礤子 kuən˧ ·tsʅ 耩地用的石礤，将垄沟压实保墒

石磨 ʂʅ˧ mo˧

磨盘 mo˧ p'an˧

磨把儿 mo˧per˧

　磨把子 mo˧ pa˧ ·tsʅ

磨皮心儿 mo˧ p'i˧ ɕiər˧ 磨脐儿

大磨 ta˧ mo˧ 加工粮食用的石磨

小磨 ɕiɑu˧ mo˧ 加工粮食用的石磨

碾子 nian˧ ·tsʅ 加工粮食的工具

　碾礤子 nian˧ kuən˧ ·tsʅ

　碾砣 nian˧ t'uo˧

碾盘 nian˧ p'an˧ 承受碾礤子的整块石头圆形底盘

地礤子 ti˧ kuən˧ ·tsʅ 播种覆土以后用来镇压松土的石制农具，即砘子

筛子 ʂai˧ ·tsʅ

罗子 luo˧ ·tsʅ 罗，用来过滤流质或筛细粉末用的器具

落谷拍子 luo˧ ku˧ p'ai˧ ·tsʅ 连枷

　落谷柄 luo˧ ku˧ piŋ˧

　罗谷拍子 luo˧ ku˧ p'ai˧ ·tsʅ 罗谷应是落谷的音变

　捋谷拍子 ly˧ ku˧ p'ai˧ ·tsʅ

　桲子 po˧ ·tsʅ

田幡　农家护秋的物件，挑选长得较高壮实的高秆作物，上绑悬挂五色条形纸或布条以驱赶害鸟，保护庄稼，作用等同草人

碓臼 tuei˧ tɕiou˧ 碓，舂米石器

杵 tɕ'u˧ 碓杵

齿儿耙 tʂ'ər˧ p'a˧ 钉耙

板儿耙 per˧ p'a˧ 刮粮食用的器具

韭菜挠子 tɕiou˧ ts'ai˧ nɑu˧ ·tsʅ 由细铁条制作，多齿，为韭菜畦松土而用

尖镐 tɕian˧ kɑu˧ 镐

　锋镐 fəŋ˧ kɑu˧

洋镐 iaŋ˧ kɑu˧ 旧十字镐，据说抗战时期从东洋传入

山镐：又称板镐，斋堂地区特有的农具，镐刃中有镐沟，开刃略呈燕尾形，宽约二尺许，极便于山地刨种

大锄 ta˧ tʂ'u˧

小锄 ɕiɑu˧ tʂ'u˧

鸭子锄 ia˧ ·tsʅ tʂ'u˧

铡草刀 tsa˧ ts'ɑu˧ tɑu˧ 铡刀

镰刀 lian˧ tɑu˧

木锨 mu˧ ɕian˧

铁锨 t'iɛ˧ ɕian˧

竹簸箕 tʂu˧ po˧ ·ɕi

铁簸箕 t'iɛ˩ po˥ ·ɕi

柳簸箕 liou˩ po˥ ·ɕi

笤帚簸箕 t'iau˩ tʂ'u˥ po˥ ·ɕi 撮箕

荆编 tɕiŋ˥ pian˥ 指用荆条编制的各种器具

叉子筐 tʂ'a˥ ·tsʅ k'uaŋ˥ 用荆条编制的双耳，一边开口的搬运粪、土等物的工具

粪箕子 fən˥ tɕi˥ ·tsʅ 用荆条编制、一边开口，三梁交织的拾粪工具

粪勺 fən˥ ʂau˩ 拾粪工具

粪铲 fən˥ tʂ'an˩ 拾粪工具

背架子 pei˥ tɕia˩ ·tsʅ 用几根木棍搭成架子，上绑有绳子以固定物件，是背篓之外的运输工具

丁拐 tiŋ˥ kuai˩ 丁字形拐棍，运输背负者可以用来扶助，便于上坡下坎

筐 k'uŋ˥

挎筐 k'ua˩ k'uaŋ˩ 箩

筐箩 p'o˩ ·luo

瓢子筐 ʐaŋ˩ ·tsʅ k'uaŋ˥ 专用于装核桃仁、杏仁的筐，扁形有盖，二三尺高

窑筐 iau˩ k'aŋ˩ 煤窑中运煤的工具，椭圆形，下置铁制长方形窑床子，并固定在筐底

篓子 lou˩ ·tsʅ 用于背负的方圆柱形荆筐，筒状，有袢，上大下小，便于倾出物品

背篓 pei˩ lou˩

拢（笼）驮 luŋ˩ t'uo˩ 扁形，椭圆口，弧形底，辫子形沿儿的荆筐，用两条矩棒将两只拢驮头串拢成双虹形，称为拢驮，用以牲畜驮负物品如粪、土等，背篓和笼驮是京西重要的人力和畜力工具

制子 tʂʅ˩ ·tsʅ 用于计量煤炭的荆条筐具

破条篮，篮子，用胡枝子、用荆条、柳条等编制，需将枝条一破为二，故称

扁担 pian˩ tan˩

挑担子 t'iau˩ tan˩ ·tsʅ

打核桃杆子 ta˩ xɤ˩ t'au˩ kan˩ ·tsʅ 打核桃的木杆，多由雏榆制作。

抽子 tʂ'ou˩ ·tsʅ 斋堂特有的盛鱼用荆条编制器皿

拘子 tɕy˩ ·tsʅ 麻绳一头拴有一木制带尖而中空的东西，能使绳子限制住不跑动，捆绑物品牢固，故名

要子 iau˩ ·tsʅ 榆条（榆树的嫩枝条）拧成的绳子，坚韧牢实用以捆柴等

大绳 tɑ˨ ʂəŋ˨

拨吊子 po˨ tiɑu˨ ·tsʅ 将麻坯加工成绳坯的工具。主体由长6寸，直径2寸许的两端粗中间细的木料制成，如两个顶端相对的锥形体，中间有一金属钩或木制棍钩固定

摽车 piɑu˨ tʂ'ɤ˨ 打绳用工具，形如一把扇子，中有轴，转动扇面以打绳坯

脏土 tsɑŋ˨ t'u˨ 垃圾

扫帚 ʂɑu˨ ·tʂou 用树扎成，比笤帚大，扫地用

笤帚 t'iɑu˨ tʂ'u˨ 用高粱穗。黍子穗等绑成，扫地用

（五）植物

（1）农作物

庄稼 tʂuɑŋ˨ tɕiɑ˨

粮食 liɑŋ˨ ʂʅ˨

五谷 u˨ ku˨

麦子 mai˨ ·tsʅ

荞麦 tɕ'iɑu˨ mai˨

莜麦 iou˨ mai˨

麦茬儿 mai˨ tʂ'ar˨

谷 ku˨ ·tsʅ 谷子

小米儿 ɕiɑu˨ miər˨ 谷子去皮后的籽实

谷草 ku˨ ts'ɑu˨ 谷物的叶子和茎秆

棒子 pɑŋ˨ ·tsʅ 玉米

扎子 tsɑ˨ ·tsʅ 玉米根

瘤蜀黍 liou˨ ʂu˨ ʂu˨ 玉米粒子

高粱 kɑu˨ liɑŋ˨

稻子 tɑu˨ ·tsʅ

莠子 iɑu˨ ·tsʅ

瘪子 piɛ˨ ·tsʅ 秕子，指空的或不饱满的籽粒

谷谷莠 ku˨ ku˨ iou˨ 莠草

秸帐 tɕiɛ˨ tʂɑŋ˨ 秸秆

麦子秆 mai˨ tsʅ˨ kan˨ 麦秸

米 mi˨

糯米 nuo˨ mi˨

大米 tɑ˨ mi˨

小米子 ɕiɑu˨ mi˨ ·tsʅ 小米

　小米儿 ɕiɑu˨ miər˨

早米 tsɑu˨ mi˨

晚米 uan˨ mi˨

糙米 ts'ɑu˨ mi˨

黏米 nian˨ mi˨

黄米 xuɑŋ˨ mi˨ 黏谷碾出来的米

小黄米 ɕiau˧ xuaŋ˧ mi˧

大黄米 tɑ˥ xuaŋ˧ mi˧ 黏性黄米

黍子 ʂu˧ ·tsʅ 糜子，去壳俗称黄米

白米 pai˧ mi˧ 指纯米饭

棉花 miɑŋ˧ ·xua

棉花桃儿 miɛn˧ xua˧ t'aur˧

麻秆儿 ma˥ kɚr˧

大麻 tɑ˥ ma˥ 苎麻

芝麻 tʂʅ ma˧

黄金塔 xuaŋ˧ tɕin˧ t'ɑ˥ 向日葵

黄金塔子儿 xuaŋ˧ tɕin˧ t'ɑ˥ tsɚr˧ 葵花子儿

雨生苗 y˥ ʂəŋ˧ miau˧ 头年炸角后遗留在地里的豆子初春生出的小苗，俗称芽苗菜，可食用

白薯 pai˧ ʂu˥ 红薯

　　甘薯 kan˧ ʂu˥

山药 ʂan˥ iɑu˥ 马铃薯

　　山药蛋 ʂan˥ iɑu˥ tan˥

　　山药子儿 ʂan˥ iɑu˥ tsɚr˧

山芋 ʂan˥ y˥ 淮山，学名薯蓣

　　山山药 ʂan˥ ʂan˥ iɑu

藕 ŋou˧

莲子 liɛn˧ tsʅ˧

（2）豆类、菜蔬

黄豆 xuaŋ˥ tou˥

绿豆 ly˥ tou˥

黑豆 xei˧ tou˥

红小豆 xuŋ˧ ɕiau˧ tou˥

豌豆 uan˥ tou˥

豇豆 tɕiaŋ˥ tou˥

龙龙爪 luŋ˧ luŋ˧ tsua˥ 扁豆

　　笊镰片 tʂau˥ lian˧ p'ian˥

蚕豆 ts'an˥ tou˥

茄子 tɕ'iɛ˧ ·tsʅ

黄瓜 xuaŋ˧ kua˥

菜瓜 ts'ai˥ kua˥

丝瓜 sʅ˥ kua˥

苦瓜 k'u˥ kua˥

南瓜 naŋ˧ kua˥

　　倭瓜 uo˥ kua˥

冬瓜 tuŋ˥ kua˥

角瓜 tɕiau˥ kua˥ 指皮特别硬的一种长形的瓜，属南瓜类

葫芦 xu˧ ·lu

瓠子 xu˥ tsʅ˧

葱 ts'uŋ

葱头 ts'uŋ˧ t'ou˥ 洋葱

葱叶 ts'uŋ˧ iɛ˥

葱白 ts'uŋ˧ pai˧

蒜 suan˥

　　独蒜 tu˧ suan˥

　　胡蒜 xu˧ suan˥

· 188 ·

蒜头　suanˇt'ouˇ

蒜苗　suanˇmiɑuˇ

青蒜　tɕ'iŋˇsuanˇ

蒜泥儿　suanˇniəɹˇ

韭菜　tɕiouˇts'aiˇ

韭黄　tɕiouˇxuɑŋˇ

山药　t'uˇtouˇ土豆

山药蛋　ʂanˇiɑuˇtanˇ

　　山纽　ʂanˇniouˇ

　　色药　ʂaiˇiouˇ

西红柿　ɕiˇfəŋˇʂʅˇ

姜　tɕiɑŋˇ

柿子椒　ʂʅˇtsʅˇtɕiɑuˇ

辣子　laˇtsʅˇ辣椒

辣子面儿　laˇtsʅˇmiɛɹˇ

芥菜　tɕiɛˇts'aiˇ

芥末　tɕiɛˇmoˇ

胡椒　xuˇtɕiɑuˇ

赤根菜　tʂ'ʅˇkənˇts'aiˇ 菠菜

　　赤根　tʂ'ʅˇkənˇ

白菜　paiˇts'aiˇ

洋白菜　iɑŋˇpaiˇts'aiˇ

　　圆白菜　yuenˇpaiˇts'aiˇ

小白菜　ɕiɑuˇpaiˇts'aiˇ

莴苣　uoˇtɕyˇ 莴笋

莴苣叶儿　uoˇtɕyˇiɛɹˇ 莴笋叶

生菜　ʂəŋˇts'aiˇ

茼蒿菜　tɕynˇtaˇts'aiˇ

　　梗䓤　kəŋˇtaˇ

芹菜　tɕ'inˇts'aiˇ

芫荽　iɛnˇsueiˇ

蒿子秆儿　xɑuˇtsʅˇkəɹˇ

萝卜　luoˇ·pa

　　土人参　t'uˇzənˇʂənˇ

萝卜虚空唡　luoˇ·pa ɕyˇk'uŋˇ·lia

萝卜糠了

萝卜缨子　luoˇ·pa iŋˇtsʅˇ

萝卜干儿　luoˇ·pa kəɹˇ

红萝卜　xuŋˇluoˇ·pa 胡萝卜

苤蓝疙瘩　p'iɛˇ·liɛ kɤˇ·ta 苤蓝，俗称大头菜，又称蔓菁

　　光头蔓　kuɑŋˇt'ouˇmanˇ

油菜　iouˇts'aiˇ 做蔬菜用

空心菜　k'uŋˇɕinˇts'aiˇ 蕹菜

荠菜　tɕiˇts'aiˇ

　　地菜　tiˇts'aiˇ

曲曲菜　tɕ'yˇtɕ'yˇts'aiˇ 马齿苋

苦荬菜　k'uˇmaiˇts'aiˇ 苦菜

壮菜　tʂuaŋˇts'aiˇ 蕨菜

如意菜　zuˇiˇts'aiˇ 蕨菜的雅称

蒲公英　p'uˇkuŋˇiŋˇ

涝藜　lauˇliˇ 形似菠菜叶，背面呈紫色带灰质

葚箐　zənˇtɕiŋˇ 野菜，春季采嫩

叶可食用

山柳叶 ʂanˇ liouˇ iɛˇ 野柳的嫩叶，浸泡去苦味后可食用

椴叶 tuanˇ iɛˇ 野椴树的嫩叶，可直接食用

山榆子 ʂanˇ yˇ ·tsʅ 多年生灌木，可食用

麒麟抹棍儿 tɕ'iˇ linˇ moˇ kuɚˇ 多年生灌木，甘美可食

扫帚苗 sɑuˇ tsouˇ miɑuˇ 蓬蒿，嫩时可食

马肉苗 mɑˇ ʐouˇ miɑuˇ 沙参

妈妈阔 mɑˇ ·ma kuoˇ 地黄

娘娘挂拉 niɑŋˇ niɑŋˇ kuɑˇ lɑˇ 山野菜的一种

拉拉蒿 lɑˇ lɑˇ xɑuˇ 茵陈幼苗

藜蕨蕨 liˇ tɕiˇ ·tɕi 带刺的一种野菜，嫩时可食

猪耳朵片 tʂuˇ ɚˇ ·tuo p'ianˇ 车前草

车前子 tʂ'ɤˇ tɕ'ianˇ ·tsʅ 车前草籽实

石打穿 仙鹤草嫩叶科做菜，药用能噎嗝

黄鞭杆 xuɑŋˇ pianˇ kanˇ 胡萝卜的一种，黄色，形似鞭杆，常做泡菜用

（3）树木

树 ʂuˇ

树林 ʂuˇ linˇ

　树林子 ʂuˇ linˇ ·tsʅ

树苗 ʂuˇ miɑuˇ

树挺子 ʂuˇ t'iŋˇ ·tsʅ 树干

树梢 ʂuˇ ʂɑuˇ

树根 ʂuˇ kənˇ

树叶 ʂuˇ iɛˇ

树枝 ʂuˇ tʂʅˇ

种树 tʂuŋˇ ʂuˇ

砍树 k'anˇ ʂuˇ

松树 suŋˇ ʂuˇ

松针 suŋˇ tʂənˇ

松塔 suŋˇ t'ɑˇ 松球

松香 suŋˇ ɕiɑŋˇ

杉树 ʂɑˇ ʂuˇ

杉树叶 ʂɑˇ ʂuˇ iɛˇ 杉针

杉篙 ʂɑˇ xɑuˇ

桑树 sɑŋˇ ʂuˇ

葚子 ʐənˇ ·tsʅ 桑葚儿

桑叶 sɑŋˇ iɛˇ

杨树 iɑŋˇ ʂuˇ

柳树 liouˇ ʂuˇ

榆树 yˇ ʂuˇ

榆子 yˇ ·tsʅ 榆叶

榆钱 yˇ tɕ'ianˇ 榆树籽实

榆荚（仁）yˇ tɕiaˋ（ʐˌənˇ）

椒目 tɕiauˇ muˋ 花椒种子

臭椿树 tʂ'ouˇ tʂuənˇ ʂuˇ 椿树

臭咕咕 tʂ'ouˇ kuˇ ·ku 臭椿树的野蔌

黄栌子 xuaŋˇ luˋ ·tʂɿ 黄栌树，落叶乔木，秋季变红

白果树 paiˊ kuoˋ ʂuˇ 银杏

 鸭掌树 iaˋ tʂaŋˋ ʂuˇ

 鸭掌子 iaˋ tʂaŋˋ ·tʂɿ

 寿星树 ʂouˋ ɕiŋˇ ʂuˇ

荆条儿 tɕiŋˇ t'iauˇ 荆，落叶灌木，花蓝紫色

 荆蒿子 tɕiŋˇ xauˇ ·tʂɿ

 金蒿子 tɕiˇ xauˇ ·tʂɿ 专指长在坟地的荆蒿，寓意能出大官

 老荆子 lauˇ tɕiŋˇ ·tʂɿ

榆条 yˇ t'iauˇ 榆树的嫩枝条，结实坚韧，山区常用做编织筐篓等

枝棘 tʂɿˇ tɕinˇ 荆棘

桲子 poˋ ·tʂɿ 丛生的灌木和草

拉拉秧 laˋ laˋ iaŋˇ 藤蔓类野草

竹子 tʂuˇ ·tʂɿ

竹笋 tʂuˇ suənˇ

春笋 tʂ'uənˇ suənˇ

竹竿儿 tʂuˇ kɐrˇ

竹叶儿 tʂuˇ iɛrˇ

篾子 miɛˋ ·tʂɿ 篾片

苇蔑 ueiˇ miɛˇ 用苇子析出的篾条

（4）瓜果

水果 ʂueiˇ kuoˋ

干果 kanˇ kuoˋ

桃 t'auˇ

杏 ɕiŋˋ

大杏扁 taˋ ɕiŋˋ pianˇ 斋堂特产，扁平而甜的杏仁

杏瓤子 ɕiŋˋ ʐaŋˇ ·tʂɿ 杏仁

红果儿 xuŋˇ kuorˋ 山楂

 山里红 ʂanˇ ·lə xuxˇ

山桃 ʂanˇ t'auˇ 落叶乔木，树皮暗紫红色，果实可榨油，可食用，可入药

山葡萄 ʂanˇ p'uˇ ·t'au 果肉酸甜，其根、藤、草均可入药。门头沟山区多有分布

梨 liˇ

京白梨 tɕiŋˇ paiˇ liˇ 京西特产大白梨

把梨 paˇ liˇ 京西特产，形似葫芦，把而食之

李子 liˇ ·tʂɿ

欧李 ouˇ liˇ 野生李子，京西黄安坨盛产

苹果　piŋ˩ kuo˩

闻香果　uən˩ ɕiaŋ˩ kuo˩　沙果

枣　tsau˩

花红枣　xua˩ xuŋ˩ tsau˩　枣子脆熟期间，红绿相间貌

大盖柿　ta˩ kai˩ ʂʅ˩　亦称磨盘柿，妙峰山陇驾庄村特产，果肉淡黄，味甜无核，少纤维

磨盘柿　mo˩ pʻan˩ ʂʅ˩

柿饼　ʂʅ˩ piŋ˩

柿霜　ʂʅ˩ ʂuaŋ˩　柿子晾干后表层的白霜

柿叶　ʂʅ˩ iɛ˩

柿蒂　ʂʅ˩ ti˩

石榴　ʂʅ˩ liou˩

樱桃　iŋ˩ tʻau˩

　荆桃　tɕʻiŋ˩ tʻau˩

　含桃　xan˩ tʻau˩

软青枣　ʐuan˩ tɕʻiŋ˩ tsau˩　猕猴桃，斋堂地区的称呼

橘子　tɕy˩ ·tsʅ

橘子丝儿　tɕy˩ ·tsʅ sər˩　橘络

金橘　tɕin˩ tɕy˩

橙子　tʂʻəŋ˩ ·tsʅ

木瓜　mu˩ kua˩

桂圆儿　kuei˩ yuɐr˩　龙眼

桂圆儿肉　kuei˩ yuɐr˩ ʐou˩　龙眼肉

荔枝　li˩ tʂʅ˩

芒果　maŋ˩ kuo˩

菠萝　po˩ luo˩

橄榄　kan˩ lan˩

白果儿　pai˩ kuor˩　银杏

核桃　xɣ˩ tʻau˩

　胡桃　xu˩ tʻau˩

核桃瓢子　xɣ˩ tʻau˩ ʐaŋ˩ ·tsʅ　核桃仁

大背架　ta˩ pei˩ tɕia˩　砸出来完整的核桃仁

半狗儿　pan˩ kour˩　砸出来碎成半个的核桃仁

榛子　tʂən˩ ·tsʅ

平榛　pʻiŋ˩ tʂən˩　果实上下皆平的榛子

尖榛　tɕian˩ tʂən˩　果实下平上尖的榛子

西瓜　ɕi˩ kua˩

西瓜子儿　ɕi˩ kua˩ tsər˩

香瓜　ɕiaŋ˩ kua˩

荸荠　pi˩ ɕi˩

甘蔗　kan˩ tʂɣ˩

花生　xua˩ ·ʂəŋ

花生米　xua˩ ·ʂəŋ mi˩

花生皮儿　xua˩ ·ʂəŋ pʻiər˩

丫丫葫芦 iaˇiaˇxuˇ·lu 葫芦果实中间细，像两个球连在一起

（5）花草 菌类

桂花 kueiˇxuaˇ

菊花 tɕyˇxuaˇ

梅花 meiˇxuaˇ

指甲花 tʂʅˇtɕiaˇxuaˇ 凤仙花

荷花 xɤˇxuaˇ

荷叶 xɤˇiɛˇ

莲花托儿 lianˇxuaˇt'ourˇ 莲蓬

水仙花 ʂueiˇɕienˇxuaˇ

茉莉花儿 moˇliˇxuɚˇ

含羞草 xanˇɕiouˇts'auˇ

喇叭花 laˇpaˇxuaˇ 牵牛花

　大碗花 taˇuanˇxuaˇ

　黑丑 xeiˇtʂ'ouˇ 牵牛花结籽时花色呈黑色貌

　白丑 paiˇtʂ'ouˇ 牵牛花结籽时花色呈白色貌

山丹花 ʂanˇtanˇxuaˇ 又称细叶山丹，京西海拔500米以上盛产，可入药，干后叫红花菜

蓝荆 lanˇtɕinˇ 杜鹃

蓝荆花 lanˇtɕinˇxuaˇ 杜鹃花

　蓝荆子 lanˇtɕinˇ·tʂʅ

万年青 uanˇniɛnˇtɕ'iŋˇ

仙人掌 ɕienˇzənˇtʂaŋˇ

花芯儿 xuaˇɕiɚˇ 花蕾

花瓣儿 xuaˇpɚˇ

花芯儿 xuaˇɕiɚˇ 花蕊

苇子 ueiˇ·tʂʅ 芦苇

老鹄嘴 lauˇxuˇtsueiˇ 蒲公英的一种

鬼子姜 kueiˇ·tʂʅ tɕiaŋˇ 洋姜

　洋姜 iaŋˇtɕiaŋˇ

香菇 ɕiaŋˇkuˇ

黄蘑菇 xuaŋˇmoˇ·ku

肉蘑菇 zouˇmoˇ·ku

草蘑菇 ts'auˇmoˇ·ku

粪蘑菇 fənˇmoˇ·ku

冬菇 tuŋˇkuˇ

青苔儿 tɕ'iŋˇt'ɚˇ

（六）动物

（1）牲畜

牲口 ʂəŋˇk'ouˇ

儿马 ɚˇmaˇ 公马

马公子 maˇkuŋˇtʂʅˇ 种马

骒马 k'ɤˇmaˇ 母马

起骒 tɕ'iˇk'ɤˇ 母马发情

骟马 ʂan˅ ma˩

牤牛 maŋ˅ niou˩ 公牛

大犍 ta˅ tɕiɛn˅ 犍牛

乳牛 zu˩ niou˩ 母牛

黄牛 xuɑŋ˩ niou˩

牛犊儿 niou˩ tur˩

毛驴 mau˩ ly˩ 驴

叫驴 tɕiau˅ ly˩ 公驴

草驴 tsʻau˅ ly˩ 母驴

骡子 luo˩ tsʅ˩

驴骡 ly˩ luo˩ 马父驴母

马骡 ma˩ luo˩ 驴父马母

骆驼 lɤ˅ ·tʻuo

绵羊 miɛn˩ iɑŋ˩

山羊 ʂan˩ iɑŋ˩ 门头沟特产

瓜瓜 kua˅ ·kua 公羊

骚胡 sau˅ xu˩ 种公羊

骟角 ʂan˅ tɕiau˅ 阉公羊

乳羊 zu˩ iɑŋ˩ 母羊

羊羔儿 iɑŋ˩ kaur˅

狗 kou˩

儿狗 ər˅ kou˩ 公狗

草狗 mu˩ kou˩ 母狗

狗崽子 ɕiau˩ kour˩ 小狗儿

哈巴狗 xa˩ pa˅ kou˩

猫 mɑu˅

牙猫 ia˩ mau˅ 公猫

咪猫 mi˩ mɑu˩ 母猫

豵 tʂɤŋ˅ 公猪

牙猪 ia˩ tsu˅ 公猪

大拉猪 ta˅ la˩ tsu˅ 种公猪

大阔猪 ta˅ kʻuo˅ tsu˅ 种母猪

骒郎猪 kʻɤ˅ laŋ˩ tsu˅ 母猪

奶光子 nai˩ kuaŋ˅ ·tsʅ 猪崽，刚出生的小猪

劁猪 tɕiau˅ tsu˅ 阉猪

家兔子 tɕia˅ tʻu˅ ·tsʅ 兔子

梅花鹿 mei˩ xua˅ lu˩ 西胡林鹿场所养

牦牛 mau˩ niou˩ 灵山牧场放养

骆驼 lɤ˅ ·tʻou 又称肿背马

柴鸡 tʂʻai˩ tɕi˅ 家鸡

公鸡 kuŋ˅ tɕi˅

小鸡儿 ɕiau˩ tɕiər˅ 鸡角，未成年的小公鸡

阉鸡 iɛn˅ tɕi˅ 阉过的公鸡

草鸡 tsʻau˅ tɕi˅ 母鸡

扎窝鸡 tsa˅ uo˅ tɕi˅ 抱窝鸡

小草鸡 ɕiau˩ tsʻau˅ tɕi˅ 鸡娘，未成年的小母鸡

雏鸡 tʂʻu˩ tɕi˅ 小母鸡

小鸡儿 ɕiau˩ tɕiər˅ 小鸡

鸡子儿 tɕi˅ tsər˩ 鸡蛋

下蛋 ɕia˅ tan˅

孵 fuˇ

鸡冠子 tɕiˇkuanˇtʂɿˇ 鸡冠

鸡爪子 tɕiˇtʂuaˇtʂɿˇ

鸭子 iaˇ·tsɿ 鸭

公鸭 kuŋˇiaˇ

母鸭 muˇiaˇ

小鸭子 ɕiauˇiaˇtsɿˇ

鸭蛋 iaˇtanˇ

鹅 ŋɤˇ

小鹅 ɕiauˇŋɤˇ 小鹅儿

白鹅 pʻaiˇŋɤˇ 门头沟雁翅镇特产

家雁 tɕiaˇianˇ 家鹅的古称

（2）鸟、兽

野兽 iɛˇʂouˇ

狮子 ʂɿˇtsɿˇ

老虎 lauˇxuˇ

母老虎 muˇlauˇxuˇ

山猪 ʂanˇtʂuˇ 野猪

 拱猪 kuŋˇtʂuˇ

山羊 liŋˇiaŋˇ 羚羊

猴子 xouˇtsɿˇ

花狸子 xuaˇliˇ·tsɿ 猞猁

狍子 pʻauˇ·tsɿ 野鹿

熊 ɕyŋˇ

豹 pauˇ 豹子

 老豹 lauˇpauˇ

狐子 xuˇ·tsɿ 狐狸

骚狐子 sauˇxuˇ·tsɿ

骚狗子 sauˇkouˇ·tsɿ

黄鼠狼 xuaŋˇʂuˇlaŋˇ

妈虎 maˇ·xu 果子狸m

土狗子 tʻuˇkouˇ·tsɿ 狗獾

猪獾 tʂuˇxuanˇ

野猫（儿）iɛˇmauˇ(maurˇ)

野兔

骚羊 sauˇiaŋˇ 大松鼠

 灰鼠 xueiˇʂuˇ

花背鬣 xuaˇpeiˇlianˇ 花松鼠

 火把鬣 xuoˇpaˇlianˇ

搬仓 panˇtsʻaŋˇ 田鼠

耗子 xauˇ·tsɿ 老鼠

山耗子 ʂanˇxauˇ·tsɿ 山鼠

水耗子 ʂueiˇxauˇ·tsɿ 水獭

瞎老鼠 ɕiaˇlauˇʂuˇ 鼹鼠

 地猪 tiˇtʂuˇ

刺猬 tsʻɿˇueiˇ

长虫 tʂʻaŋˇtʂʻuŋˇ 蛇

土公蛇 tʻuˇkuŋˇʂɤˇ 蝮蛇

 草上飞 tsʻauˇʂaŋˇfeiˇ

蝎赤子 ɕiɛˇtʂʻɿˇtsɿˇ 蜥蜴

鸟儿 niaurˇ

老鸹 lauˇkuaˇ 乌鸦

喜鹊 ɕiˇtɕʻiouˇ

鹡雀 iɛˇtɕʻiouˇ 毛色黑白分明的

喜鹊
　　麻鹡雀 mʌ˧ iɛ˥ tɕʰiou˥ 带颜色、有斑点的喜鹊
　　灰鹡雀 xuei˥ iɛ˥ tɕʰiou˥ 灰色的喜鹊
家雀儿 tɕia˥ tɕʰiau˥ 麻雀
燕子 iɛn˥ tsʅ˧
大雁 ta˥ iɛn˥ 雁
斑鸠 pan˥ ·tɕiou
　　山和尚 ʂan˥ xɤ˧ ʂaŋ˥
鸽子 kɤ˥ ·tsʅ
家鸽 tɕia˥ kɤ˥ 鸽子
山鸽子 ʂan˥ kɤ˥ ·tsʅ 野鸽
鹌鹑 an˥ tʂʰuən˧
野麻雀 iɛ˥ ma˧ tɕʰiau˥ 鹧鸪
山鸡 ʂan˥ tɕi˥ 野鸡
褐马鸡 xɤ˥ ma˧ tɕi˥ 野鸡的一种
　　角鸡 tɕiau˥ tɕi˥
割不割 kɤ˥ ·pu kɤ˥ 布谷鸟
　　臭咕咕 tʂʰou˥ ku˥ ·ku
唪唪凿 pən˥ pən˥ tsau˥ 啄木鸟
　　唪唪凿凿 pən˥ pən˥ tsau˥ tsau˥
　　唪哒拉木 pən˥ ·ta ·la mu˥
鬼雀峭 kuei˥ tɕʰyɛ˥ tɕʰiau˥ 猫头鹰
　　夜猫子 iɛ˥ mau˥ ·tsʅ
呱呱鸟儿 kua˥ kua˥ niaur˧ 夜鹰
呼不啦 xu˥ ·pu ·la 杜鹃

老雁 ta˥ ian˥ 大雁
红脚丫子 xuŋ˧ tɕyɛ˧ ia˥ ·tsʅ 红足鸦
大飞串 ta˥ fei˥ tʂʰuan˧ 叫天子
黄金翅 xuaŋ˧ tɕin˥ tʂʅ˥ 黄鸟
长尾巴狼子 tʂʰaŋ˧ i˥ ·pa laŋ˧ ·tsʅ 一种山雀
黄晃燕 xuaŋ˧ xuaŋ˥ ian˥ 一种野雀
鹦鹉 iŋ˥ u˧ 外来品种
八哥儿 pʌ˥ kɤr˥ 外来品种
鹤 xɤ˥
仙鹤 ɕian˥ xau˧
老雕 lau˧ tiau˥ 老鹰
山雀 ʂan˥ tɕʰyɛ˥ 山鸟
黄雀 xuaŋ˧ tɕʰyɛ˥ 黄鸟
野鸡 iɛ˥ tɕi˥
野鸭 iɛ˥ ia˥
草兔 tsʰau˥ tʰu˥ 野兔
　　野猫 iɛ˥ mau˥
老鱼鹳 lau˧ y˧ xuan˥ 鸬鹚
鹭鸶 lu˥ sʅ˥
圆蝙蝠 yuɛn˧ piɛn˧ xu˥ 蝙蝠
翅膀 tʂʅ˥ paŋ˧
　　扇子 ʂan˥ ·tsʅ
啄子 pən˥ ·tsʅ 鸟喙
鸟窝 niau˧ uo˥

香子 ɕiaŋˇ·tsɿ 麝香

（3）虫类

蚕 tsʻan˩

蚕蛹 tsʻan˩ yŋ˩

蚕屎 tsʻan˩ ʂɿˇ 蚕沙

蛛蛛 tʂuˇ tʂuˇ 蜘蛛

蚂蚁 maˇ i˩

骚蚂蚁 sauˇ maˇ i˩ 大蚂蚁

蝲蝲蛄 laˇ laˇ kuˇ 蝼蛄

鞋底虫 ɕieˇ tiˇ tʂuŋ˩ 土鳖

地龙 ti˥ luŋ˩ 蚯蚓

　地地龙 ti˥ ti˥ luŋ˩

　曲串儿 tɕʻy˥ tʂʻuer˥

蜗牛 uoˇ niou˩

　水牛子 ʂuei˥ niou˩ ·tsɿ

臭牛 tʂouˇ niou˩ 天牛

屎壳郎 ʂɿˇ kʻɤˇ laŋ˩ 黑色的蜣螂

铜壳郎 tʻuŋ˩ kʻɤˇ laŋ˩ 黄色的蜣螂

蜈蚣 u˩ kuŋ˩

蛐蜒 iou˩ in˩ 百足虫

麻郎虫 ma˩ laŋ˩ tʂʻuŋ˩ 钱串子

蝎子 ɕiɛˇ tsɿ˩

蝎虎子 ɕiɛˇ xuˇ·tsɿ 壁虎

　蝎赤子 ɕiɛˇ tʂʻɿˇ·tsɿ

毛毛虫 mau˩ mau˩ tʂʻuŋ˩ 毛虫

洋拉子 iaŋ˩ laˇ·tsɿ 核桃树上生的小虫

米虫儿 mi˩ tʂur˥ 肉虫，米里的米色虫

蚜虫 ia˩ tʂʻuŋ˩

蠓子 məŋ˩·tsɿ 果蝇

蝇子 iŋ˩·tsɿ 苍蝇

绿头蝇子 lyˇ tʻouˇ iŋ˩·tsɿ 绿头苍蝇

山蝇 ʂan˩ iŋ˩

家蝇 tɕia˩ iŋ˩

蚊子 uən˩·tsɿ

小棒槌儿 ɕiauˇ paŋˇ tʂʻũɚˇ 孑孓

虱子 ʂɿ˩ tsɿ˩

臭虫 tʂʻouˇ tʂʻuŋ˩

跳蚤 tʻiauˇ tsʻauˇ (sauˇ)

牛螃虻 niou˩ ɕia˩ maŋ˩ 牛虻

　螃虻 ɕia˩ maŋ˩

蛐蛐（儿）tɕʻy˥ tɕʻyer˥ 蟋蟀

灶门蛐蛐 tsauˇ mən˩ tɕʻy˥ tɕʻy˥ 灶蟋蟀

　灶门儿 tsauˇ mər˩

蝈蝈 kuoˇ·kuo

蟑螂 tʂaŋ˩ laŋ˩

蚂蚱 ma˩·tsa 蝗虫

　大岻儿蝼 ta˩ tʻɤr˩·lou

　大肉墩子 ta˩ zou˩ tuən˩·tsɿ

老蛋 lauˇ tanˇ 绿色尖头的蚂蚱

蛐蛐 iouˋlɑŋˋ 螳螂
 猴螂 xouˋlɑŋˋ
 刀螂 tauˋlɑŋˋ
乌牛哇子 uˋniouˋuaˋtsɿˋ 蝉
 乌宁哇 uˋniŋˋuaˋ
 乌宁蜕 uˋniŋˋt'ueiˋ 蝉蜕
知啦知 tsɿˋ·la tsɿˋ 知了
 知了知 tsɿˋ·liau tsɿˋ
蜜蜂 miˋfəŋˋ
 洋蜂 iɑŋˋfəŋˋ
马蜂 maˋfəŋˋ
 蚂蜂 maˋfəŋˋ
 胡蜂 xuˋfəŋˋ
蜇人 tʂɤˋzənˋ
蜂窝 fəŋˋuoˋ
蜂蜜 fəŋˋmiˋ
枣花蜜 tsauˋxuaˋmiˋ
荆花蜜 tɕiŋˋxuaˋmiˋ
明火虫儿 mianˋxuaˋtʂ'ũrˋ 萤火虫
臭纽 tʂ'ouˋniouˋ 打屁虫，臭大姐
 跟屁虫 kənˋp'iˋtʂ'uŋˋ
巧鸟鸟 tɕ'iauˋniauˋ·niau 螟蛉
扑灯蛾子 p'uˋtəŋˋŋɤˋtsɿˋ 灯蛾
 蛾子 ŋɤˋtsɿˋ
屑旦虫 ɕiɛˋtanˋtʂ'uŋˋ
蝴蝶 xuˋt'iɛˋ
蚂螂 maˋlɑŋˋ 蜻蜓

蚂螂虫 maˋlɑŋˋtʂ'uŋˋ
花圪子 xuaˋkɤˋtsɿˋ 花大姐，瓢虫
 官娘子 kuanˋniɑŋˋ·tsɿ
山药虫 ʂanˋiauˋtʂ'uŋˋ 瓢虫
别蜉 piɛˋfuˋ 蚍蜉，比工蚁大，红色，没有翅膀，性格凶猛的大蚂蚁
咯绷蹦 kɤˋpənˋpəŋˋ 磕头虫
吊死鬼 tiauˋsɿˋkueiˋ 柳蛾幼虫
鱼 yˋ 鱼儿
小鱼儿 ɕiauˋyərˋ 小鱼
 鱼针子 yˋtʂənˋ·tsɿ
鲤鱼 liˋy
鲫鱼 tɕiˋyˋ
草鱼 ts'auˋyˋ
涧鱼 tɕianˋyˋ 京西十八潭所产之鱼
黄鱼 xuɑŋˋyˋ
带鱼 taiˋyˋ
鲈鱼 luˋyˋ
平鱼 p'iŋˋyˋ
鲇鱼 niɛnˋyˋ
白鲦儿 paiˋt'iaurˋ 白鲦鱼
黑鱼 xeiˋyˋ
墨鱼 moˋyˋ
鱿鱼 iouˋyˋ

198

胖头鱼 p'aŋ˧˥ t'ou˧˥ y˥˩

小银鱼 ɕiau˨˩ in˧˥ y˥˩

金鱼 tɕin˥˩ y˥˩

泥鳅 ni˧˥ tɕ'iou

鳝鱼 ʂan˥˩ y˥˩

鱼鳞 y˧˥ lin˧˥

鱼刺 y˧˥ tsʻ˩

鱼鳔儿 y˧˥ piɑur˥˩

鳍 tɕ'i˧˥

鱼鳃 y˧˥ sai˥˩

鱼子 y˧˥ tsʅ

鱼苗儿 y˧˥ miɑur˥˩

钓鱼 tiɑu˥˩ y˧˥

钓鱼竿儿 tiɑu˥˩ y˧˥ kɤr˥˩

钓鱼钩儿 tiɑu˥˩ y˧˥ kour˥˩

鱼篓儿 tiɑu˥˩ y˧˥ lour˥˩

渔网 y˧˥ uaŋ˥˩

虾 ɕia˥˩

虾仁儿 ɕia˥˩ zər˥˩　指新鲜的

虾米 ɕia˥˩ mi˥˩　指干的

虾子 ɕia˥˩ tsʅ

王八 uaŋ˧˥ ·pa 龟

王八 uaŋ˧˥ ·pa 鳖

　圆鱼 yan˥˩ y˥˩

螃蟹 p'aŋ˧˥ ·ɕie

蟹黄 ɕiɤ˥˩ xuaŋ˧˥

河蟆 xɤ˧˥ ·ma 青蛙

田鸡 t'ian˧˥ tɕi˥˩

河蟆腻 xɤ˧˥ ·ma ni˥˩ 青蛙卵

河蟆蝌儿 xɤ˧˥ ·ma k'ɤr˥˩ 蝌蚪

　河蟆河豆子 xɤ˧˥ ·ma xɤ˥˩ tou˥˩ ·tsʅ

疥毒 tɕiɤ˥˩ tu˥˩ 蟾蜍

山蚂蟥 ʂan˥˩ mʌ˥˩ xuaŋ˥˩ 水蛭

螺蛳 luo˧˥ sʅ˥˩

海来簸箕 xa˥˩ ·la po˥˩ ·ɕi 蚌

下拍子 ɕia˥˩ p'ai˥˩ ·tsʅ 捕兽的方法，以石板一端着地，另一端搭上扁担下，扁担下一根丫杈拴上一根活动的机关小横柴，拴上饵料，野兽吃饵，触动横柴机关压住野兽，以此捕兽

拍子石 p'ai˥˩ ·tsʅ ʂʅ˥˩ 是下拍子用的一种扁平石块，大的上百斤，小的几十斤

挠钩 nau˥˩ kou˥˩ 由约尺长的一对铁钩和三尺木柄组成，用来掏獾等，上山还可作开道或打露水的工具

狐夹 xu˧˥ tɕia˥˩ 夹口带齿，用很硬的铁簧和结实的铁链组成。埋于野兽出没的道口，常夹狐狸、野羊、金钱豹等

野猫套 iɤ˥˩ mau˥˩ t'au˥˩ 由细铁丝

一端弯成小环，小环从另一端穿入成套装，野猫即野兔，一旦被套，越挣扎越紧直至勒死

（七）房舍

住宅 tʂuˇ tʂaiˇ

盖（建）kaiˇ（tɕianˇ）造（房子）

整套房子 tʂənˇ t'auˇ faŋ˩ ·tʂʅ（整座）房子

院子 yanˇ ·tʂʅ

院墙 yanˇ tɕ'iaŋˇ

影壁墙 iŋ˩ peiˇ tɕiaŋˇ 影壁

　照山 tʂauˇ ʂanˇ

　照墙 tʂauˇ tɕiaŋˇ

　照壁墙 tʂauˇ peiˇ tɕiaŋˇ

屋子 uˇ ·tʂʅ

外间 uaiˇ tɕienˇ

里间 liˇ tɕienˇ

正房 tʂəŋˇ faŋˇ

厢房 ɕiaŋˇ faŋˇ

耳房 ər˩ faŋˇ 正房两侧的小房子

客厅 k'ɤˇ t'iŋˇ

平房 p'iŋˇ faŋˇ

楼房 lou˩ faŋˇ

洋房 iaŋ˩ faŋˇ

楼上 lou˩ ʂaŋˇ

楼下 lou˩ ɕiaˇ

门楼儿 mən˩ lourˇ

楼梯 lou˩ t'iˇ

梯子 t'iˇ ·tʂʅ

阳台 iaŋ˩ t'aiˇ

草房 ts'auˇ faŋˇ 旧时常见民居

　茅草房 mau˩ ts'auˇ faŋˇ 由梁（柁）、檩、椽组成屋架，顶部以茅草覆盖，故称。斋堂地区使用的茅草一般为谷草、黍秆、山草为材料

　茅屋 mau˩ uˇ

扒道铺 p'a˩ tauˇ p'uˇ 煤窑口供采煤人员休息的屋子

（2）房屋结构

房脊 faŋ˩ tɕiˇ

房顶 faŋ˩ tiŋˇ

房檐儿 faŋ˩ ierˇ

柁 t'uoˇ 梁

檩 lin˩

椽子 tʂ'uan˩ ·tʂʅ

柱子 tʂuˇ ·tʂʅ 柱

　明柱 miŋ˩ tʂuˇ

角柱 tɕiɑu˩ tʂu˩

挂柱 kua˩ tʂu˩

柱顶石 tʂu˩ tiŋ˩ ʂʅ˩ 柱下石，垫于房柱下的方圆形建筑用石

柱脚石 tʂu˩ tɕyɛ˩ ʂʅ˩

窝子石 uo˩ ·tsɿ ʂʅ˩ 方石中间凹进或穿透的石雕构件，用于临时性建筑搭棚立柱用，腰劲大，省工牢固

墙体石 tɕʻiaŋ˩ tʻi˩ ʂʅ˩ 位于墙体下方的石雕装饰

拴马石 ʂuan˩ ma˩ ʂʅ˩ 固定在墙上用于拴马的用石

上马石 ʂaŋ˩ ma˩ ʂʅ˩ 借以登其上马的石器

过门石 kuo˩ mən˩ ʂʅ˩ 置于入门处，坚硬耐磨的石头

阶条石 tɕiɛ˩ tʻiau˩ ʂʅ˩ 用于砌筑台阶和台阶两侧的垂带等用

坎儿 kʻer˩ 台阶儿

地公台儿 ti˩ kuŋ˩ tʻer˩

石敢当 ʂʅ˩ kan˩ taŋ˩ 京西山村常见的镇宅石，一般立于门外，或嵌入墙内

顶棚 tiŋ˩ pəŋ˩ 天花板

正门 tʂəŋ˩ mən˩

后门 xou˩ mən˩

偏门 pʻian˩ mən˩ 边门儿

便门 pian˩ mən˩

门槛儿 mən˩ kʻer˩

门限儿 mən˩ ɕier˩

门后头 mən˩ xou˩ 门后

门闩 mən˩ ʂuan˩

门吊儿 mən˩ tiaur˩

门扇 mən˩ ʂan˩

隔扇 tɕiɛ˩ ʂan˩ 房屋内起间隔作用的一扇扇的木板墙

锁 suo˩

钥匙 yɛ˩ ·tʂʅ

窗户 tʂʻuaŋ˩ ·xu 窗子

窗台儿 tʂʻuaŋ˩ tʻer˩

插廊 tʂʻa˩ laŋ˩ 走廊

过道 kuo˩ tau˩

楼道 lou˩ tau˩

楼板 lou˩ pan˩

宅篱 tʂai˩ li˩ 用梢子编成的护院栅栏

捎门 ʂau˩ mən˩ 柴门，用木制门框和梢子编成

篱笆 li˩ ·pa 京西地区多由荆柴插成环绕房屋场地的围栏

荆芭 tɕiŋ˩ ·pa 以荆柴制成拍子，晾晒粮食的工具

胡芭 xu˩ ·pa 用来当盖房苫板的荆芭

(3) 其他设施

灶房 tsau˧ faŋ˧ 厨房

灶火 tsau˧ 灶

火道 xuo˧ tau˧ 烟道

圈 tɕyan˧ 厕所

茅楼 mau˧ lou˧（较早期说法）

   茅厕 mau˧ tsʻɤ˧

   寺 sʅ˧ 上东寺（西寺）（早期说法）

上圈 ʂaŋ˧ tɕyan˧ 上厕所

磨房 mo˧ faŋ˧

牲口圈 ʂəŋ˧ kʻou˧ tɕyɛn˧ 马棚

牛圈 niou˧ tɕyɛn˧

猪圈 tʂu˧ tɕyɛn˧

猪食槽 tʂu˧ ʂʅ˧ tsʻau˧

羊圈 iɑŋ˧ tɕyɛn˧

狗窝 kou˧ uo˧

鸡窝 tɕi˧ uo˧

鸡笼子 tɕi˧ luŋ˧ tsʅ

柴火垛 tʂʻai˧ xuo˧ tuo˧ 柴草垛

   柴火码 tʂʻai˧ xuo˧ ma˧

（八）器具、用品

(1) 一般家具

家具 tɕia˧ tɕy˧

柜子 kuei˧·tsʅ

大衣柜 ta˧ i˧ kuei˧

板柜 pan˧ kuei˧

栏柜 lan˧ kuei˧

四架柜 sʅ˧ tɕia˧ kuei˧

坐柜儿 tsuo˧ kuər˧ 即能装物品又可作座位的矮柜

厨柜 tʂʻu˧ kuei˧ 碗柜

   厨柜子 tʂʻu˧ kuei˧·tsʅ

桌子 tsuo˧·tsʅ

八仙桌 pa˧ ɕian˧ tsuo˧

地八仙 ti˧ pa˧ ɕian˧ 指有四条腿的八仙桌

炕八仙 kʻaŋ˧ pa˧ ɕian˧ 指有四条短腿的八仙桌

圆桌 yɛn˧ tsuo˧

方桌 faŋ˧ tsuo˧

条案 tʻiau˧ ŋan˧

办公桌 pan˧ kuŋ˧ tsuo˧

饭桌 fan˧ tsuo˧

折桑桌 tʂɤ˧ saŋ˧ tsuo˧

桌布 tsuo˧ pu˧ 台布，指铺在桌面上的布

桌围子 tsuo˧ uei˧·tsʅ 围桌布，指

202

挂在桌子前面的布

出匣 tsʻu˩ ɕia˩ 抽屉

哈了巴西 xaɹ ·la ·pa ɕi˩ 零碎东西

　零碎八五 liŋɹ suei˩ pʌ˩ u˩

　零碎儿 liŋɹ suɚ˩

椅子 iɹ ·tʂʅ

躺椅 tʻaŋɹ iɹ

椅子背儿 iɹ ·tʂʅ pɚ˩

靠背 kʻau˩ pei˩ 椅子掌儿

板凳 pan˩ təŋ˩

方凳 faŋ˩ təŋ˩

床子 tsʻuaŋ˩ ·tʂʅ 小板凳儿

圆凳 yɛn˩ təŋ˩

高凳 kɑu˩ təŋ˩ 高凳子

马扎子 ma˩ tsa˩ ·tʂʅ 马扎

　胡床 xu˩ tʂʻuaŋ˩

草拍 tsʻau˩ pʻai˩ 蒲团

棉垫儿 mian˩ tiɚ˩

（2）卧室用具

床 tʂʻuaŋ˩ 20世纪70年代才有床

铺板 pʻu˩ pan˩

炕 kʻaŋ˩

　土床 tʻu˩ tʂʻuaŋ˩

土炕 tʻu˩ kʻaŋ˩ 结构由炕帮、炕沿、炉洞、炕箱、炕面、烟道组成

火炕 xuo˩ kʻaŋ˩ 下面能通火取暖的床

炕护沿 kʻaŋ˩ xu˩ ian˩ 用于火炕外沿宽4寸许，厚2寸许的方木

炕围子 kʻaŋ˩ uei˩ ·tʂʅ 一种画在炕壁上的装饰画，以彩墨涂以清漆，因沿炕周围而画，故名

蚊帐 uən˩ tʂaŋ˩ 帐子

帐钩 tʂaŋ˩ kou˩

帐檐儿 tʂaŋ˩ iɚ˩

毯子 tʻan˩ ·tʂʅ

盖的 kai˩ ·ti 被子

盖的坨儿 kai˩ ·ti tʻuor˩ 被窝儿

夹盖的 tɕia˩ kai˩ ·ti 中间没有棉花的两层布被

棉盖的 mian˩ kai˩ ·ti 中间夹棉的被子

被里 pei˩ li˩

被面 pei˩ miɛn˩

棉花 miɛn˩ ·xua 棉花胎

床单 tʂʻuaŋ˩ tan˩

褥子 zu˩ ·tʂʅ

苇子席 uei˩ ·tʂʅ ɕi˩ 草席

　苇席 uei˩ ɕi˩

竹席 tʂu˩ ɕi˩

枕头 tʂən˩ tʻou˩

枕套儿 tʂən˩ tʻauɚ˩

枕头心儿 tʂən˩ tʻou˩ ɕiɚ˩

梳头匣子 ʂu˩ tʻou˩ ɕia˩ ·tʂʅ 梳妆

台

镜子 tɕiŋ˅·tsʅ

衣架 i˅tɕia˅

晾衣竿儿 liaŋ˅i˅kɚ˅ 晾衣架

洗脸盆子 ɕi˅lian˅p'ən˅·tsʅ 洗脸盆

尿盆 niɑu˅p'ən˅ 马桶

夜壶 iɛ˅xu˅ 男性夜间尿具

 虎子 xu˅·tsʅ 溺器,形如伏虎,故名

手炉 ʂou˅lu˅

火盆 xuo˅p'ən˅

茶壶 tʂ'a˅xu˅ 烧开水沏茶用的铁制壶

暖壶 nuan˅xu˅ 暖水瓶

洗石 ɕi˅ʂʅ˅ 洗衣服用的石器

磨石 mo˅ʂʅ˅ 磨刀石

（3）炊事用具

风箱 fəŋ˅ɕiaŋ˅

灶火儿 tsɑu˅xuɚ˅ 柴伙灶

鏊子 ŋɑu˅·tsʅ 烙饼用的平底铁锅

馇帽子 xuaŋ˅mɑu˅·tsʅ 摊烙馇（也称锅发儿）的铁制炊具,圆形凸面

火撑 xuo˅tʂ'uan˅ 通条

火夹子 xuo˅tɕia˅·tsʅ 火钳

火筷子 xuo˅k'uai˅·tsʅ

火铲 xuo˅tʂ'an˅

煤匙铲 mei˅ʂʅ˅tʂan˅ 有木柄的和煤泥搭火用的窄铁铲

柴草 tʂ'ai˅ts'ɑu˅

麦秸 mai˅tɕiɛ˅

高粱秆儿 kɑu˅liaŋ˅kɚ˅

豆秸 tou˅tɕiɛ˅

锯末 tɕy˅mo˅

刨花 pɑu˅xua˅

火柴 xuo˅tʂ'ai˅

黑锅烟子 xei˅kuo˅ian˅·tsʅ 锅烟子

烟筒 ian˅t'uŋ˅ 烟囱

小灰 ɕiɑu˅xuei˅ 草木灰

锅 kuo˅

铝锅 ly˅kuo˅

砂锅 ʂa˅kuo˅ 京西特有的薄砂器皿

砂盔子 ʂa˅ku˅·tsʅ 砂性陶罐

帽锅 mɑu˅kuo˅ 砂性陶锅,有盖,底略圆,有三条腿,多用为煮粥

砂咕噜 ʂa˅ku˅·lu 盛水用的砂器

砂浅儿 ʂa˅tɕiɚ˅ 盛菜用的砂器

砂壶 ʂa˅xu˅ 热酒用的砂器

大锅 ta˅kuo˅

小锅 ɕiɑu˅kuo˅

锅盖 kuo˅ kai˅

铁铲儿 tʻiɛ˩ tʂʻɚ˩ 锅铲

拨鱼子铲 po˅ y˩ ·tʂʅ tʂʻan˩ 制作拨鱼子的大圆形铁铲

水氽子 ʂuei˩ tsʻuan˩ ·tʂʅ 水壶

碗 uan˩

海碗 xai˩ uan˩

大锅碗 ta˅ kuo˅ uan˩ 极大的海碗，有花者称大花锅碗

茶杯 tʂʻa˩ pei˅

　茶盅 tʂʻa˩ tʂuŋ˅

茶盘 tʂʻa˩ pʻan˩ 茶托

茶銚子 tʂʻa˩ tiɑu˩ ·tʂʅ 金属梁的沏茶用瓷器

茶叶搠子 tʂʻa˩ iɛ˩ la˩ ·tʂʅ 盛茶叶的纸质桶罐

碟子 tiɛ˩ tʂʅ

铁勺 tʻiɛ˩ʂɑu˩ 饭勺

炒勺 tʂʻɑu˩ ʂɑu˩ 炒菜用的炊具

马勺 ma˅ ʂɑu˩ 用木头疙瘩凿挖而成的炊具

调羹 tʻiɑu˩ kəŋ˅ 羹匙

筷子 kuai˅ ·tʂʅ

稍 ʂɑu˅ 筷子的末端

筷子筒儿 kuai˅ ·tʂʅ tʻũr˩

浅盘 tɕian˩ pʻan˩ 大而浅的瓷盘

色盔子 ʂai˩ kʻuei˅ ·tʂʅ 釉面陶器，因有釉色又似头盔而得名

撇子碗 pʻiɛ˩ ·tʂʅ uan˩ 盖碗儿

酒杯 tɕiou˩ pei˅

　酒盅 tɕiou˩ tʂuŋ˅

提子 tʻi˩ ·tʂʅ 用铁或铝制成的，有一个长把儿，下面是圆筒形的小罐，用作液体量具

漏子 lou˅ ·tʂʅ 把液体漏进容器的工具

盘子 pʻan˩ ·tʂʅ

酒嗉子 tɕiou˩ su˩ ·tʂʅ 酒壶

酒坛子 tɕiou˩ tan˩ ·tʂʅ

酒钵子 tɕiou˩ po˩ ·tʂʅ 比酒坛子大而高

酒漏子 tɕiou˩ lou˅ ·tʂʅ 舀酒用具

坛子 tʻan˩ ·tʂʅ

罐子 kuan˅ ·tʂʅ

药吊子 iɑu˅ tiɑu˅ ·tʂʅ 熬药的砂性陶罐

炙炉子 tʂʅ˅ lu˩ ·tʂʅ 砂性陶器，底部布满均匀的圆形小孔，使用时倒扣在炉火上，烤制各类饼、馍等食物

炉子规规 lu˩ ·tʂʅ kuei˅ ·kuei 支锅石，一般有三枚，用泥制作

　炉子骨规 lu˩ ·tʂʅ ku˩ ·kuei

煤囷 mei˩ tɕʻin˅ 在火坑靠窗子一

边的坑箱处，凹进去的一个小洞，专作和煤泥用

瓢 p'iauˇ

笊篱 tʂauˇ·li

瓶子 p'iŋˇ·tʂɿ

瓶盖儿 p'iŋˇ kɤrˇ

礤床 ts'aˇ tʂ'uaŋˇ

压饸饹床儿 iaˇ xɤ↓lɤ[~·lou] tʂ'uãrˇ 制作饸饹的木制炊具

压捏咯床儿 iaˇ niɛˇ·kɤ tʂ'uãrˇ 制作压捏咯的炊具

菜刀 ts'aiˇ tɑuˇ

攮子 zɑŋˇ·tʂɿ 匕首，短而尖的刀

擘刀 poˇ tɑuˇ 解剖牲畜用的斜刃角刀

鱼刀子 yˇ tɑuˇ·tʂɿ 京西曾流行的一种折叠铁制小刀，形状如鱼，用于生活各种场所

案板 ŋanˇ panˇ 砧板

面板 mianˇ panˇ

水筲 ʂueiˇ ʂauˇ 水桶

碾药床子 nianˇ iauˇ tʂ'uaŋˇ·tʂɿ 研船

　药碾子 iauˇ nianˇ·tʂɿ

臼子 tɕiouˇ·tʂɿ 加工调味品和药草的石器，有蒜臼子、药臼子等

蒜锤 蒜臼子的搭档，有木质、石质、铁质几种，以石质为佳

老寠儿 lauˇ k'ɤrˇ 盛饭、水的桶

老斗儿 lauˇ tourˇ 打水用的桶

蒸笼 tʂəŋˇ luŋˇ

笲子 piˇ·tʂɿ

豆腐架子 touˇ·fu tɕiaˇ·tʂɿ 做豆腐时挤压豆汁放置在器皿之上的木架子

水瓮 ʂueiˇ uəŋˇ 水缸

大酒脖 taˇ tɕiouˇ poˇ 大肚子水缸

大鸭儿瓮 taˇ iɤrˇ uəŋˇ 状如鸭蛋，小底大肚收口的釉陶缸

泔水瓮 kanˇ ʂueiˇ uəŋˇ 泔水缸

釜子 fuˇ·tʂɿ 小口缸

泔水 kanˇ ʂueiˇ

抹布 maˇ puˇ

（4）工匠用具

刨子 pauˇ·tʂɿ

斧子 fuˇ·tʂɿ

锛子 pənˇ·tʂɿ

锯 tɕyˇ 锯子

凿子 tsauˇ·tʂɿ

尺子 tʂ'ɿˇ·tʂɿ

三尺子 sanˇ tʂ'ɿˇ·tʂɿ 曲尺

折叠尺 tʂɤˇ tiɛˇ tʂ'ɿˇ 摺尺

钢尺 kaŋ˅tʂʻʅ˩ 卷尺

墨斗 mo˅tou˩

墨斗线 mo˅tou˩ ɕiɛn˅

铁笔 tʻiɛ˩ pi˩ 石匠刻碑用的"錾"，或油印小报的刻字笔

钉子 tiŋ˥·tsʅ

钳子 tɕʻian˩·tsʅ

老虎钳 lau˅xu˩ tɕʻian˩

锤子 tʂʻuei˅·tsʅ 钉锤

镊子 niɛ˅·tsʅ

绳子 ʂɤŋ˩·tsʅ

合页 xɤ˩ iɛ˅

瓦刀 ua˩ tau˅

抹子 mo˩·tsʅ

托泥板 tʻuo˅ ni˩ pan˩ 泥板

麻刀 ma˩ tau˅

灰斗子 xuei˅tou˩·tsʅ 灰兜子

錾子 tsan˅·tsʅ

铁砧子 tʻiɛ˩ tʂɤn˅·tsʅ 砧子

凿子 tsau˩·tsʅ

剃头刀子 tʻi˅tʻou˩tau˅·tsʅ 剃刀

推子 tʻuei˅·tsʅ

理发剪子 li˩ fa˅ tɕiɛn˩·tsʅ 理发剪

梳子 ʂu˅·tsʅ

磨石 mo˅ʂʅ˅ 相当于鐾刀布

理发椅 li˩ fa˅ i˩

缝纫机 fəŋ˅ zən˩ tɕi˩

剪子 tɕian˩·tsʅ

熨斗 yn˅tou˩

运斗 yn˅tou˩，意为前后运动熨烫衣服，故名

烙铁 lau˅tʻiɛ˩

弓子 kuŋ˩·tsʅ 弹棉花用

纺车 faŋ˩ tʂʻɤ˅

布机子 pu˅ tɕi˩·tsʅ 织布机

梭 suo˅

铜子 tɕy˅·tsʅ 用铜或铁打成的扁平的两脚钉，专用于锔物

荆排子 tɕiŋ˩ pʻai˩·tsʅ 用粗壮荆条编成，可以盖简易棚子，也可晒物

（5）其他生活用品

东西 tuŋ˩ ɕi˩

洗脸水 ɕi˩ liɛn˩ ʂuei˩

脸盆 liɛn˩ pʻən˩ 脸盆架

铜镟子 tʻuŋ˩ ɕyan˅·tsʅ 铜制的脸盆

澡盆 tsau˩ pʻən˩

香皂 ɕiaŋ˅ tsau˅

肥皂 fei˩ tsau˅

胰子 i˩ tsʅ 肥皂

洗衣粉 ɕi˩ i˩ fən˩

毛巾 mau˩ tɕin˅

手巾 ʂou˩ tɕin˅

羊肚儿毛巾 iaŋ˨ tur˨ mau˨ tɕin˨

尿盆子/儿 niau˨ pʻən˨ tsɿ/·ər

铜璇子 tuŋ˨ ɕyan˨ ·tsɿ 铜盆

擦脚布 tsʻa˨ tɕyɛ˨ pu˨

展布 tʂan˨ pu˨ 抹布

双马子 ʂuaŋ˨ ma˨ ·tsɿ 褡裢

网包 uaŋ˨ pau˨ 羊毛绳编织而成的带眼背包，放牧人多用

气灯 tɕʻi˨ təŋ˨

蜡烛 la˨ tʂu˨

　蜡 la˨

煤油灯 mei˨ iou˨ təŋ˨

灯芯儿 təŋ˨ ɕiər˨ 灯芯

灯罩 təŋ˨ tʂau˨

灯盏 təŋ˨ tʂan˨

灯座儿 təŋ˨ tsuor˨

点灯/火棍儿 tian˨ təŋ˨/xou˨ kuər˨ 引火柴

火把亮子 xuo˨ pa liaŋ˨ ·tsɿ 火把

割绒子 kɤ˨ zuŋ˨ ·tsɿ 引火媒介

取灯儿 tɕʻy˨ tə̃r˨ 火柴

　洋火 iaŋ˨ xuo˨

灯油 təŋ˨ iou˨

灯笼 təŋ˨ luŋ˨

手提包 ʂəu˨ tʻi˨ pau˨

钱包 tɕʻian˨ pau˨

手戳 ʂou˨ tʂʻuo˨ 图章

浆子 tɕiaŋ˨ ·tsɿ 糨糊

顶针儿 tiŋ˨ tʂər˨

线轴儿 ɕiɛn˨ tʂour˨

针鼻儿 tʂən˨ piər˨

针尖 tʂən˨ tɕiɛn˨

针脚 tʂən˨ tɕyɛ˨

穿针 tʂʻuan˨ tʂən˨

锥子 tʂuei˨ ·tsɿ

挖耳勺 ua˨ ər˨ ʂuɑ˨ 耳挖子

搓衣板 tsʻuo˨ i˨ pan˨ 洗衣板儿

棒槌 paŋ˨ tʂʻuei˨

鸡毛掸子 tɕi˨ mau˨ tan˨ ·tsɿ

　鸡翎掸子 tɕi˨ liŋ˨ tan˨ ·tsɿ

　刷灰掸子 ʂua˨ xuei˨ tan˨ ·tsɿ

蝇帚子 iŋ˨ tʂou˨ ·tsɿ 拂拭尘土或驱赶蚊虫的工具，以马尾结于木柄上而成

扇子 ʂan˨ ·tsɿ

痒痒挠 iaŋ˨ iaŋ˨ nau˨

　孝顺 ɕiau˨ ʂuən˨

　如意 zu˨ i˨

　老头乐 lau˨ tʻou˨ lɤ˨

　不求人 pu˨ tɕʻiou˨ zən˨

芭蕉扇 pa˨ tɕiau˨ ʂan˨ 蒲扇

拐棍儿 kuai˨ kuər˨ 拐杖

　拐子 kuai˨ ·tsɿ

丁拐 tiŋ˦ kuai˩ 丁字形拐棍

搕屁股桩子 kaŋ˦ piˋ ·xu tʂuaŋˋ ·tʂ
ɿ 用棍状物做手纸用

玉米芯儿 yˋ miˋ çiɚˋ 以玉米穗轴做手纸用

窑衣 iau˩ i˩ 窑工穿的衣服

窑绳 iau˩ʂəŋ˩ 煤矿用的绳具

帽斗 mau˩ tou˩ 窑工井下戴的帽子

窑拐 iau˩ kuai˩ 挖煤的工具

窑床子 iau˩ tʂuaŋ˩ ·tʂɿ 井下运煤的工具

（九）称谓

（1）一般称谓

小孩儿 çiau˩ xɚ˩

老爷们 lau˩ iɛ˩ ·mən 男人

老娘们 lau˩ nia˩ ·mən 女人

老娘子 lau˩ niaŋ˩ ·tʂɿ 上年纪的女性

大爷 ta˩ iɛ˩ 泛指充老大，耀武扬威的自称

二哥 ɚˋ kɤˋ 男人之间的互称，有嬉闹打骂之意

洒 sa˩ 长辈妇女对晚辈时自称

小娃娃 çiau˩ ua˩ ua˩ 婴儿

小男孩儿 çiau˩ nan˩ xɚ˩

　小口子 çiau˩ çyɛˋ [～çioˋ] tʂɿˋ

　小子 çiau˩ tʂɿ˩

　崽子 tsai˩ tʂɿ˩

小丫头 çiau˩ ia˩ uɛt 女孩儿

小名儿 çiau˩ miə̃˩ 乳名

老爷子 lau˩ iɛ˩ tʂɿ 老头儿

老头子 lau˩ tʼou˩ tʂɿ 带贬义

老太婆 lau˩ tʼai˩ pʼo˩ 骂人时语

小伙子 çiau˩ oux˩ tʂɿ

城里人 tʂʼəŋ˩ li˩ zən˩

　城里的 tʂʼəŋ˩ li˩ ·ti

乡下人 çiaŋ˩ çia˩ zən˩

　农村的 nuŋ˩ tsʼuən˩ ·ti

一家子 i˩ tɕia˩ tʂɿ

外地人 uai˩ ti˩ zən˩

本地人 pən˩ ti˩ zən˩

外国人 uai˩ kuo˩ zən˩

自己人 tʂɿˋ tɕi˩ zən˩

外人 uai˩ zən˩

客人 tɕʼɛˋ zən˩

同岁 tʼuŋ˩ suei˩ 同庚

内行 nei˩ xaŋ˩

外行 uai˩ xaŋ˩

半瓶醋 panˇ pʻiŋˉ tsʻuˇ

中人 tʂuŋˉ zənˉ 荐头

全合人 tɕyanˇ xuˇ zənˉ 指父母双全，儿女成双，夫妻恩爱的有福之人

光棍汉 kuaŋˉ kuənˇ xanˇ 单身汉

老丫头 lauˇ iaˉ ·tʻəu 老姑娘

童养媳 tʻuŋˇ iaŋˇ ɕiˉ

走了一步 tsəuˇ ·la iˇ puˇ 二婚头

寡妇 kuaˇ fuˇ

破鞋 pʻoˇ ɕiɛˉ 婊子

窑姐儿 iauˇ tɕiɛrˇ 妓女

姘头 pʻinˉ tʻəuˉ

　傍家 paŋˉ ·tɕia 主要指男方

野孩子 iɛˇ xaiˉ tsɿˇ 私生子

犯人 fanˇ zənˉ 囚犯

暴发户儿 pauˇ faˇ xurˇ

小气鬼 ɕiauˇ tɕʻiˇ kueiˇ 吝啬鬼

败家子儿 paiˇ tɕiaˉ tsərˇ

要饭的 iauˇ fanˇ ·ti 乞丐

　花子 xuaˉ ·tsɿ

跑大海的 pʻauˇ taˇ xaiˉ ·ti 走江湖的

骗子 pʻianˇ ·tsɿ

流氓 liouˇ maŋˉ

拍花的 pʻaiˉ xuaˉ ·ti 拍花子的，专门拐带孩子的

大杆子 taˇ kanˉ ·tsɿ 土匪

　劫道的 tɕiɛˉ tauˇ ·ti

　竖大旗的 ʂuˇ taˇ tɕʻiˉ ·ti

老抢儿 lauˇ tɕʻiãrˇ 强盗

贼 tseiˉ

扒手 pʻaˉ ʂouˇ 小偷

　小绺 ɕiauˇ liouˇ

（2）职业称谓

工作 kuŋˉ tsuoˇ

工人 kuŋˉ zənˉ

雇工 kuˇ kuŋˉ

长工 tʂʻaŋˇ kuŋˉ

短工 tuanˇ kuŋˉ

零工 liŋˇ kuŋˉ

农民 nuŋˇ minˇ

买卖人 maiˇ maiˇ zənˉ 做买卖的

掌柜的 tʂaŋˇ kueiˇ ·ti 老板

走窑的 tsouˇ iauˇ ·ti 煤矿矿工

凿头 tsauˇ tʻouˉ 煤矿包工头

妈儿兄弟 maˇ ərˉ ɕyŋˉ tiˇ 无血缘关系而同食一母之乳的兄弟关系

妈儿姐妹 maˇ ərˉ tɕiɛˇ meiˇ 无血缘关系而同食一母之乳的姐妹关系

东家 tuŋˉ tɕia

老板娘 lauˇ panˇ niaŋˉ

伙计 xuo˧˩ tɕi˨˩ 店员或长工

长工 tʂʻaŋ˧˩ kuŋ˨˩

学徒 ɕyɛ˧˩ tʻu˨˩

顾客 ku˨˩ tɕʻiɛ˨˩

小贩 ɕiɑu˧˩ fan˨˩

先生 ɕiɛn˧˩ ·ʂəŋ˨˩ 教书先生

先生 ɕiɛn˧˩ ·ʂəŋ˨˩ 教员

学生 ɕiɑu˧˩ ʂəŋ˨˩

同学 tʻuŋ˧˩ ɕyɛ˨˩

老伙计 lau˨˩ xou˧˩ ·tɕi 长期共事的朋友

小搭伙儿 ɕiɑu˧˩ ta˧˩ xuor˨˩ 小伙伴儿

　发小 fa˧˩ ɕiɑu˨˩ 从小长大的朋友

哥们儿 kɤ˨˩ ·mər 男孩称发小

　哥几个 kɤ˨˩ tɕi˧˩ ·kɤ

　弟兄们 ti˨˩ ɕyŋ˨˩ ·mən

姐们儿 tɕiɛ˨˩ ·mər 女孩称发小

当兵的 taŋ˨˩ piŋ˧˩ ·ti 兵

军队 tɕyn˨˩ tuei˨˩ 军人

警察 tɕiŋ˧˩ tʂʻa˨˩

大夫 tai˨˩ fu˨˩ 医生

先生 ɕian˨˩ ʂəŋ˨˩ 指教师或医生

开车的 kʻai˨˩ tʂʻɤ˧˩ ·ti 司机

交通 tɕiɑu˨˩ tʻuŋ˨˩ 邮递员

匠人 tɕiaŋ˨˩ ʐən˨˩ 手艺人

木匠 mu˨˩ tɕiaŋ˨˩

瓦匠 ua˨˩ tɕiaŋ˨˩

　泥水匠 ni˨˩ ʂuei˨˩ tɕiaŋ˨˩

金银匠 tɕin˨˩ in˨˩ tɕiaŋ˨˩

香坊匠 ɕiaŋ˨˩ faŋ˨˩ tɕiaŋ˨˩

铜匠 tʻuŋ˨˩ tɕiaŋ˨˩

铁匠 tʻiɛ˨˩ tɕiaŋ˨˩

编匠 pian˨˩ tɕiaŋ˨˩ 专门编制筐篓的手艺人

　编条匠 pian˨˩ tʻiau˨˩ tɕiaŋ˨˩

席匠 ɕi˨˩ tɕiaŋ˨˩ 专门编制苇席的手艺人，炕席是旧时门头沟衡量贫富的标准

补锅的 pu˨˩ kuo˨˩ ·ti

　锢露锅的 ku˨˩ lu˨˩ kuo˨˩ ·ti

小炉匠 ɕiɑu˨˩ lu˨˩ tɕiaŋ˨˩ 锔锅补缸的匠人

鞍子匠 ŋan˨˩ tsɿ˨˩ tɕiaŋ˨˩ 专门制作各种鞍子的匠人

钉马掌的 tiŋ˨˩ ma˨˩ tʂaŋ˨˩ ·ti 专门钉马掌和治疗病蹄的匠人

焊洋铁壶的 xan˨˩ iaŋ˨˩ tʻiɛ˨˩ xu˨˩ ·ti

　修洋铁壶的 ɕiou˨˩ iaŋ˨˩ tʻiɛ˨˩ xu˨˩ ·ti

做衣裳的 tsuo˨˩ i˨˩ ·ʂaŋ ·ti 裁缝

剃头的 tʻi˨˩ tʻou˨˩ ·ti 理发员

掌刀的 tʂaŋ˨˩ tau˨˩ ·ti 屠户

劁猪后的 tɕʻiau˨˩ tʂu˨˩ xou˨˩ ·ti 从事为牲畜做绝育的人

挑挑儿的 tʰiau˧˩ tʰiau˧˩ ·ti 挑货郎

耍货挑 ʂua˧˩ xou˧˩ tʰiau˧˩ 专卖小儿玩耍之物的货郎

小篓富 ɕiau˧˩ lou˧˩ fu˧˩ 背背篓小贩

背子手 pei˧˩ tsɿ˧˩ sou˧˩ 专门背运各种物质如炭、粮草、干果等的挑夫

羊倌儿 iaŋ˧˩ kuɚ˧˩ 放羊的

牛倌儿 niou˧˩ kuɚ˧˩ 放牛的

掌鞭的 tʂaŋ˧˩ pʰian˧˩ ·ti 赶牲口的人

跟牛的 kən˧˩ niou˧˩ ·ti 赶牛耕地的人

扶犁的 fu˧˩ li˧˩ ·ti 耕地扶犁的人

点种儿的 tian˧˩ tʂũɚ˧˩ ·ti 播种的人

施粪的 ʂɿ˧˩ fən˧˩ ·ti 施肥的人

刨漏地的 tsʰau˧˩ lou˧˩ ti˧˩ ·ti 做小工的。"刨漏地"本指用镐去刨牛未耕之处

脚夫 tɕyɛ˧˩ fu˧˩

挑夫 tʰiau˧˩ fu˧˩

抬轿子的 tʰai˧˩ tɕiau˧˩ tsɿ˧˩ ·ti 轿夫

　杠房的 kaŋ˧˩ faŋ˧˩ ·ti

映电影儿的 iŋ˧˩ tian˧˩ iɚ˧˩ ·ti 放映员

臭板子 tʂʰou˧˩ pan˧˩ tsɿ˧˩ 斋堂人蔑称地处自己西北方的宣州、涿州语音为"臭板儿"，并由此也称该地人为"臭板儿"或"臭板子"

管家 kuan˧˩ tɕia˧˩

伙计 xuo˧˩ ·tɕi 合作的人

大伙房的 ta˧˩ xuo˧˩ faŋ˧˩ ·ti 厨师

　大师傅 ta˧˩ ʂɿ˧˩ ·fu

鞍子房的 ŋan˧˩ tsɿ˧˩ faŋ˧˩ ·ti 饲养员

妈儿娘 ma˧˩ ɚ˧˩ nia˧˩ 奶妈，乳母

　奶妈子 nai˧˩ ma˧˩ ·tsɿ

妈儿爹 ma˧˩ ɚ˧˩ tiɛ˧˩ 奶爷

妈儿亲 ma˧˩ ɚ˧˩ tɕʰin˧˩ 以乳母为关系的一方亲戚

妈儿姐 ma˧˩ ɚ˧˩ tɕiɛ˧˩ 以乳母为关系结成的姐弟姐妹关系

干姐 kan˧˩ tɕiɛ˧˩ 结拜而成的姐弟姐妹关系

下人 ɕia˧˩ zən˧˩ 仆人

使唤丫头 ʂɿ˧˩ xuan˧˩ ia˧˩ ·tʰəu 女仆、丫鬟

姥娘 lau˧˩ niaŋ˧˩ 接生婆

和尚 xɤ˧˩ ·ʂaŋ

姑子 ku˧˩ tsɿ˧˩ 尼姑

道士 tau˧˩ ʂɿ˧˩ 包括出家的或火居的道士

（十）亲属

(1) 长辈

长辈 tʂaŋ˦pei˧

老太爷 lau˦t'ai˦iɛ˦ 爷爷的爷爷的爷爷

太爷 t'ai˦iɛ˦ 爷爷的爷爷

老爷 lau˦iɛ˦ 曾祖父

老太 lau˦t'ai˦ 曾祖母

太姥爷 t'ai˦lau˦iɛ˦ 姥爷的爷爷

老姥爷 lau˦lau˦iɛ˦ 曾外祖父

爷 iɛ˦ 祖父

奶 nai˦ 祖母

姥爷 lau˦iɛ˦ 外祖父

姥姥 lau˦lau˦ 外祖母

爹 tiɛ˦ 父亲

娘 nia˦ 母亲

　亲娘 tɕ'in˧nia˦

丈人 tʂaŋ˧ẓə˦ 岳父

丈母娘 tʂaŋ˧mu˧nia˦ 岳母

公公 kuŋ˧kuŋ˧ 背称，丈夫的父亲，面称爹

　老公公 lau˦kuŋ˧kuŋ˧

婆婆 p'o˦p'o˦ 背称，丈夫的母亲，面称娘

　老婆婆 lau˦p'o˦p'o˦

后爹 xou˧tiɛ˦ 继父

后老子 xou˧lau˦·tʂ

后娘 xou˧nia˦ 继母

伯 pai˧ 伯父（面称）

　　pai˦（背称）

妈 ma˦ 伯母

叔 ʂou˧ 叔父

婶儿 ʂər˦ 叔母

舅 tɕiou˧ 父亲的舅舅

　舅爷 tɕiou˧iɛ˦

舅姥爷 tɕiou˧lau˦iɛ˦ 母亲的舅舅

舅奶 tɕiou˧nai˦ 父亲的妗子

舅姥 tɕiou˧lau˦ 母亲的妗子

妗儿 tɕiər˦ 舅母

姑 ku˧ 姑妈

姨 i˧ 姨妈

姑父 ku˧fu˧

姨父 i˧fu˧

亲爹 tɕ'in˧tiɛ˧ 姻伯，指弟兄的岳父、姐妹的公公

亲娘 tɕ'in˧nia˧ 指弟兄的岳母、姐妹的婆婆

外父 uai˧fu˧ 岳父

外母 uai˧mu˧ 岳母

老姑 lau˦ku˧ 姑奶奶，父亲的姑母

老姑父 lauˇ kuˇ fuˇ 姑奶奶的丈夫

 老姑爷 lauˇ kuˇ iɛˇ

姑姥 kuˇ lauˇ 母亲的姑母

姑姥爷 kuˇ lauˇ iɛˇ 母亲的姑父

姨姥 iˇ lauˇ 母亲的姨母

姨姥爷 iˇ lauˇ iɛˇ 母亲的姨父

姨奶 iˇ naiˇ 姨奶奶，父亲的姨母

姨爷 iˇ iɛˇ 父亲的姨父

（2）平辈

平辈 p'iŋˇ peiˇ

老婆汉子 lauˇ poˇ xanˇ tʂɿˇ 夫妻

 两口子 lauˇ k'ouˇ tʂɿˇ

男的 nanˇ ·ti 丈夫

 家里的 tɕiaˇ liˇ ·ti

 那口子 neiˇ k'ouˇ ·tʂɿ

 汉子 xanˇ tʂɿˇ

 我们当家的 ŋɤˇ ·mən taŋˇ tɕiaˇ ·ti

 我们掌柜的 ŋɤˇ ·mən tʂaŋˇ kueiˇ ·ti

 俺家老爷们儿 ŋanˇ tɕiaˇ lauˇ lɛˇ mərˇ

 我们他爹 ŋɤˇ ·mən t'aˇ tieˇ

媳妇儿 ɕiˇ furˇ 妻子

 俺家那当家的 ŋanˇ tɕiaˇ neiˇ taŋˇ tɕiaˇ ·ti

 俺家里 ŋanˇ tɕiaˇ ·li

 俺家老娘们儿 ŋanˇ tɕiaˇ lauˇ niaŋˇ mərˇ

 俺媳妇儿 ŋanˇ ɕiˇ furˇ

 俺孩子他娘 ŋanˇ xaiˇ tʂɿˇ t'aˇ niaŋˇ

小老婆 ɕiauˇ lauˇ p'oˇ

大的伯儿 taˇ ·ti perˇ 大伯子

 大大板子 taˇ taˇ panˇ ·tʂɿ

 大拉板子 taˇ laˇ panˇ ·tʂɿ

小叔子 ɕiauˇ ʂuˇ ·tʂɿ（背称）

 小叔儿 ɕiauˇ ʂurˇ

大姑子姐 taˇ kuˇ ·tʂɿ tɕiɛˇ 大姑子

小姑 ɕiauˇ kuˇ 小姑子

妻弟 tɕ'iˇ tiˇ 内兄弟

 小舅 ɕiauˇ tɕiouˇ

大舅子 taˇ tɕiouˇ ·tʂɿ 内兄

 大舅哥 taˇ tɕiouˇ kɤˇ

小舅子 ɕiauˇ tɕiouˇ ·tʂɿ 内弟

大姨子 taˇ iˇ ·tʂɿ

小姨子 ɕiauˇ iˇ ·tʂɿ

弟兄 tiˇ ɕyŋˇ

姐妹 tɕiɛˇ meiˇ 姊妹

哥哥 kɤˇ ·kə

嫂子 sauˇ ·tʂɿ

兄 ɕyŋˇ 弟弟

兄弟媳妇 ɕyŋˇ tiˇ ɕiˇ furˇ 弟媳

姐姐 tɕiɛ˩ ·tɕiɛ

　姐 tɕiɛ˩

姐夫 tɕiɛ˩ fu˥

续姐 çy˥ tɕiɛ˩ 对姐夫再续妻子的称呼

隔山姐 tɕiɛ˩ ʂan˥ tɕiɛ˩ 同父异母或同母异父之间的姐妹姐弟关系

隔山弟兄 tɕiɛ˩ ʂan˥ ti˥ çyŋ˥ 同母异父的兄弟

妹妹 mei˥ ·mei

妹夫 mei˥ fu˥

老姐 lau˩ tɕiɛ˩ 年龄最小的姐姐

兄弟 çyŋ˩ ti˥ 堂兄弟

堂哥 t'aŋ˩ kɤ˥ 堂兄（背称）

　哥哥 kɤ˥ ·kə（面称）

堂弟 t'aŋ˩ ti˥（背称）

　弟弟 ti˥ ·ti（面称）

姐妹 tɕiɛ˩ mei˥ 堂姊妹

堂姐 t'aŋ˩ tɕiɛ˩

堂妹 t'aŋ˩ mei˥

表兄弟 piau˩ çyŋ˥ ti˥

　哥 kɤ˥ 表兄

嫂子 sau˩ ·tʂɿ 表嫂

兄 çyŋ˩ 表弟

　弟弟 ti˥ ti˥

表姊妹 piau˩ tʂɿ˩ mei˥

表姐 piau˩ tɕiɛ˩

妹子 mei˥ tʂɿ˥ 表妹

（3）晚辈

晚辈 uan˩ pei˥

子女 tʂɿ˩ ny˥

儿子 ər˥ tʂɿ˥

大儿子 ta˥ ər˥ tʂɿ˥

小儿子 ɕiau˩ ər˥ tʂɿ˥

老儿子 lau˩ ər˥ tʂɿ˥ 最小的儿子

老闺女 lau˩ kuei˥ ny˥ 最小的女儿

　老姑奶子 lau˩ ku˥ nai˥ ·tʂɿ

养子 iaŋ˩ tʂɿ˥（背称）

儿子 ər˥ tʂɿ˥（面称）

儿媳妇 ər˥ ɕi˥ fu˥

　儿妇 ər˥ fu˥

闺女 kuei˥ ny˥ 已婚女儿

丫头 ia˥ ·tou 未婚女儿

姑爷 ku˥ iɛ˩ 女婿

孙子 suən˥ tʂɿ˥

孙子媳妇 suən˥ tʂɿ˥ ɕi˥ fu˥ 孙媳妇

孙女儿 suən˥ nyər˥

孙女婿 suən˥ ny˥ ɕy˥

　小姑爷 ɕiau˩ ku˥ iɛ˩

重孙 tʂ'uŋ˥ suən˥

重孙女 tʂ'uŋ˥ suən˥ ny˥

外孙子 uai˥ suən˥

外孙女儿 uai˅ suən˅ ny ɚ˅

外甥儿 uai˅ ʂə̃˅

外甥女儿 uai˅ ʂəŋ˅ ny ɚ˅

侄儿 tʂɚ˅ 侄子

侄女儿 tʂʅ˅ ny ɚ˅

内侄儿（子）nei˅ tʂɚ˅

内侄女儿 nei˅ tʂɚ˅ ny ɚ˅

(4) 其他

连襟 liɛn˅ tɕin˅

亲家 tɕ'iŋ˅·tɕia

亲家母 tɕ'iŋ˅·tɕia mu˅

亲家公 tɕ'iŋ˅·tɕia kuŋ˅ 亲家翁

  亲家爹 tɕ'iŋ˅·tɕia tiɛ˅

公公伯 kuŋ˅ kuŋ˅ pai˅ 公爹的哥哥

丈人伯 tʂɑŋ˅ zən˅ pai˅ 岳父的哥哥

公公叔 kuŋ˅ kuŋ˅ ʂou˅ 公爹的弟弟

丈人叔 tʂɑŋ˅ zən˅ ʂou˅ 岳父的弟弟

丈人妈 tʂɑŋ˅ zən˅ ma˅ 岳父哥哥的妻子

丈人舅 tʂɑŋ˅ zən˅ tɕiou˅ 妻子的舅舅

亲姐 tɕ'iŋ˅ tɕiɛ˅ 姻亲间岳父岳母、公婆的子女中比自己年长的女性

亲戚 tɕ'in˅ tɕ'i˅

串亲戚 tɕ'uan˅ tɕ'in˅ tɕ'i˅ 走亲戚

带儿女 tai˅ ɚ˅ ny˅ 带犊儿，指妇女改嫁带的儿女

爷儿们 iɚ˅·mən

娘儿们 niɚ˅·mən

娘家 niɑŋ˅ tɕia˅

婆家 p'o˅ tɕia˅

男家 nan˅ tɕia˅

  他们家 t'a˅·mən tɕia˅

他娘家 t'a˅ niɑŋ˅ tɕia˅ 女家

  他们家 t'a˅·mən tɕia˅

  俺家（自称）an˅ tɕia˅

姥姥家 lɑu˅ lɑu˅ tɕia˅

老丈人家 lɑu˅ tʂɑŋ˅ zən˅ tɕia˅ 丈人家

（十一）身体

(1) 五官

身体 ʂən˅ t'i˅

身材 ʂən˅ ts'ai˅

脑袋 nɑu˅ tai˅ 头

前奔楼 tɕianˇ pənˇ louˇ 奔儿头

光头 kuaŋˇ t'ouˇ 秃头

头口 t'auˇ ȵie 秃顶

脑瓜顶儿 nauˇ kuaˇ tiɚˇ 头顶

后脑勺儿 xouˇ nauˇ ʂauɹˇ 后脑勺子

　脑瓜勺子 nauˇ kuaˇ ʂauɹˇ ·tʂʅ

脖子 poɹˇ ·tʂʅ 颈

后颈窝子 xouˇ tɕiŋˇ uoˇ ·tʂʅ 后脑窝子

头发 t'ouˇ ·fa

少白头 ʂauˇ paiˇ t'ouˇ

脱头发 t'uoˇ t'ouˇ ·fa 掉头发

脑门 nauˇ mənˇ 额

囟子 ɕinˇ ·tʂʅ 囟门

鬓角儿 pinˇ tɕiauɹˇ 鬓角

辫子 piɛnˇ ·tʂʅ

髽儿 tʂuaɹˇ 髻（中老年女性盘在脑后的髽）

　老娘髽儿 lauˇ niaŋˇ tʂuaɹˇ

　髽鬏 tʂuaˇ tɕiouɹˇ 年轻的梳在两边的发髻

梳子毛儿 ʂuˇ tʂʅ mauɹˇ 刘海儿

脸 liɛnˇ

脸蛋儿 liɛnˇ tɚˇ

　脸蛋子 liɛnˇ tanˇ ·tʂʅ

颧骨 tɕ'yanˇ kuˇ

酒窝 tɕiouˇ uoˇ

人中 ʐənˇ tʂuŋˇ

腮帮子 saiˇ paŋˇ ·tʂʅ

眼 iɛnˇ

眼眶骨 iɛnˇ k'uaŋˇ kuˇ 眼眶

眼珠儿 iɛnˇ tʂuɹˇ

白眼珠儿 paiˇ iɛnˇ tʂuɹˇ

黑眼珠儿 xeiˇ iɛnˇ tʂuɹˇ

眼仁儿 iɛnˇ ʐɚɹˇ 瞳仁儿

眼角儿 iɛnˇ tɕiauɹˇ

里眼角 liˇ iɛnˇ tɕiauɹˇ

外眼角 uaiˇ iɛnˇ tɕiauɹˇ

眼圈儿 iɛnˇ tɕ'yanˇ

眼泪 iɛnˇ leiˇ

眵目糊 tʂ'ʅˇ muˇ xuˇ 眼眵

眼皮儿 iɛnˇ p'iɹˇ

单眼皮儿 tanˇ iɛnˇ p'iɚˇ

双眼皮儿 ʂuaŋˇ iɛnˇ p'iɚˇ

眼眉毛 iɛnˇ miˇ mauˇ 眼睫毛

眉毛 miˇ mauˇ

皱眉头（动宾）tʂouˇ meiˇ t'ouˇ

鼻子 piˇ ·tʂʅ

脓带 nəŋˇ taiˇ 鼻涕

脓带嘎渣 nəŋˇ taiˇ kaˇ ·tsa 干鼻涕

　脓带嘎巴 nəŋˇ taiˇ kaˇ ·pa

鼻子窟窿 piˇ ·tʂʅ k'uˇ ·luŋ 鼻孔

鼻毛 pi˨mau˧˥

鼻子尖儿 pi˨·tsʅ tɕiɛr˧˥

鼻子疙瘩 pi˨·tsʅ kɤ˨·ta

鼻子尖 pi˨·tsʅ tɕiɛn˧˥ 鼻子嗅觉灵敏

鼻梁骨 pi˨liaŋ˨ku˧˥ 鼻梁儿

鼻子两边 pi˨·tsʅ liaŋ˨pian˧˥ 鼻翅儿

酒糟鼻子 tɕiou˨tsau˨pi˨·tsʅ

嘴 tsuei˨

嘴唇 tsuei˨tʂʻuən˧˥ 嘴唇儿

吐沫 tʻu˨mo˨ 唾沫

吐沫星子 tʻu˨mo˨ɕiŋ˨·tsʅ 唾沫星儿

哈喇子 xa˨·la·tsʅ 涎水

舌头 ʂɤ˨tʻou˧˥

舌苔 ʂɤ˨tʻai˧˥

大舌头 ta˨ʂɤ˨tʻou˧˥

牙 ia˧˥

门牙 mən˨ia˧˥

大牙 ta˨ia˧˥

虎牙 xu˨ia˧˥

牙花子 ia˨xua˨·tsʅ 牙垢

　牙□ ia˨suei˨

牙床子 ia˨tʂʻuaŋ˨·tsʅ 牙床

虫牙 tsʻuŋ˨ia˧˥

耳朵 ər˨·tuo

耳朵眼儿 ər˨·tuo iɛr˧˥

耳絮 ər˨ɕy˨ 耳屎

耳朵聋 ər˨·tuo luŋ˧˥ 耳背

下巴 ɕia˨·pa

喉咙 xou˨luŋ˧˥

瘿嗉 iŋ˨su˨ 喉结

胡子 xu˨·tsʅ

络腮胡子 luo˨sai˨xu˨·tsʅ

八字胡子 pa˨tsʅ˨xu˨·tsʅ

下巴胡 ɕia˨·pa xu˨ 下巴须

（2）手、脚

胸架 ɕyŋ˨tɕia˨ 胸

脊梁 tɕi˨niŋ˨ 背

臂膀 pi˨paŋ˨ 肩膀

膀 paŋ˨ 肩胛骨

溜肩 liou˨tɕiɛn˨ 溜肩膀儿

胳膊 kɤ˨·po

胳膊肘儿 kɤ˨·po tʂour˧˥

胳肢窝 ka˨tʂʅ˨uo˨

　胳肘窝 kɤ˨tʂou˨uo˨

手腕子 ʂou˨uan˨·tsʅ

左手 tsuo˨ʂou˧˥

右手 iou˨ʂou˧˥

手指 ʂou˨tsʅ˨

指关节儿 tsʅ˨kuan˨tɕiɛr˧˥ 指头关节

手指缝儿 ʂou˨tsʅ˨fɚ̃˧˥

手茧子 ʂouˇ tɕiɛn˧·tsɿ
大拇指 tɑˇmuˇ tʂɿˊ
　大拇哥 tɑˇmuˇ kɤˇ
二拇哥 ərˇmuˇ kɤˇ 食指
中指 tʂuŋˇ tʂɿˊ
无名指 uˇmiŋˊ tʂɿˊ
　四拇哥 sɿˇmuˇ kɤˇ
小拇指头 ɕiɑuˇmuˇ tʂɿˇ·tʼou
小拇指
指甲 tʂɿˇ tɕiɑˇ
指甲盖儿 tʂɿˇ tɕiɑˇ kərˇ
指甲缝儿 tʂɿˇ tɕiɑˇ fɤ̃rˇ 指甲心儿
手指头肚儿 ʂouˇ tʂɿˇ·tʼou turˇ
拳头 tɕʼyanˊ·tʼou
手掌 ʂouˇ tʂɑŋˇ
　巴掌 pɑˇ tʂɑŋˇ
巴掌 pɑˇ tʂɑŋˇ 打一~~
手心 ʂouˇ ɕinˇ
手背 ʂouˇ peiˇ
腿 tʼueiˇ
大腿 tɑˇ tʼueiˇ
大腿根儿 tɑˇ tʼueiˇ kərˇ
小腿 ɕiɑuˇ tʼueiˇ
腿肚子 tʼueiˇ tuˇ·tsɿ
腿棒骨 tʼueiˇ pɑŋˇ kuˇ 胫骨
波棱盖 poˇ ləŋˊ kaiˇ 膝盖

胯骨 kʼuɑˇ kuˇ
裆 tɑŋˇ
屁户 pʼiˇ xuˇ 屁股
屁户眼儿 pʼiˇ xuˇ iɛrˇ 肛门
屁股蛋儿 pʼiˇ kuˇ tɛrˇ
屁股沟儿 pʼiˇ kuˇ kourˇ
嘣嘣儿 pənˇpərˇ 鸡巴（男阴）
　嘣嘣 pənˇpənˇ
小鸡儿 ɕiɑuˇ tɕierˊ 鸡鸡（赤子阴）
屄 piˇ 女阴
操 tsʼɑuˇ 交合
凇 suŋˇ 精液
脚腕子骨 tɕyɛˇuanˇ tsɿˇ 脚腕子
脚踝骨 tɕyɛˇ xuaiˇ kuˇ 踝子骨
脚 tɕyɛˇ
光脚板子 kuɑŋˇ tɕyɛˇ panˇ·tsɿ 赤脚
脚背子 tɕyɛˇ pʼiˇ·tsɿ 脚背
脚板儿 tɕyɛˇ pərˇ 脚掌
脚心 tɕyɛˇ ɕinˇ
脚尖 tɕyɛˇ tɕiɛnˇ
脚趾头 tɕyɛˇ tʂɿˇ·tʼou
脚指甲 tɕyɛˇ tʂɿˇ tɕiɑˇ
后脚跟儿 xouˇ tɕyɛˇ kərˇ 脚跟儿
脚印儿 tɕyɛˇ iərˇ
鸡眼 tɕiˇ iɛnˇ

心口儿 ɕinˋ kʻourˋ

胸架 ɕyŋˋ tɕianˋ 胸脯

   胸脯子 ɕyŋˋ pʻuˋ ·tsʅ

肋骨 leiˋ kuˋ

妈妈 maˋ ·ma 乳房

妈妈水 maˋ ·ma ʂueŋˋ 奶汁

肚子 tuˋ ·tsʅ 腹部

小肚子 ɕiɑuˋ tuˋ ·tsʅ 小腹

皮细窝子 pʻiˋ ɕiˋ uoˋ ·tsʅ 肚脐眼

腰 iɑuˋ

脊梁 tɕiˋ niŋˋ 脊背

脊梁骨 tɕiˋ niŋˋ kuˋ

（3）其他

头圈儿 tʻouˋ tɕʻyerˋ 头发旋儿

双圈儿 ʂuɑŋˋ tɕʻyerˋ 双旋儿

指纹 tʂʅˋ uənˋ

蒲罗 pʻuˋ luoˋ 斗指纹

簸箕 poˋ ɕi 箕指纹

寒毛 xanˋ mɑuˋ

寒毛眼儿 xanˋ mɑuˋ iɚˋ

雀子 tɕiɑuˋ ·tsʅ 痣

骨 kuˋ

筋 tɕinˋ

血 ɕyɛˋ [ɕiɛˋ]

筋 tɕinˋ 血管

脉 maiˋ

五脏 uˋ tsɑŋˋ

心 ɕinˋ

肝 kanˋ

肺 feiˋ

苦胆 kʻuˋ tanˋ 胆

脾 pʻiˋ

肚子 tuˋ ·tsʅ 胃

腰子 iɑuˋ ·tsʅ 肾

肠子 tʂɑŋˋ ·tsʅ 肠

大肠 tɑˋ tʂɑŋˋ

小肠 ɕiɑuˋ tʂɑŋˋ

盲肠 mɑŋˋ tʂɑŋˋ

（十二）疾病、医疗

（1）一般用语

病啊 piŋˋ ·lia 病了

小病儿 ɕiɑuˋ piə̃rˋ

重病 tʂuŋˋ piŋˋ

病轻啊 piŋˋ tɕʻiŋˋ ·lia 病轻了

病见好啊 piŋˋ tɕianˋ xɑuˋ ·lia 病好了

请大夫 tɕʻiŋˋ taiˋ ·fu 请医生

瞧病去 tɕiɑuˋ piŋˋ tɕiˋ 看病

平脉 piŋˋ maiˋ 号脉

开药方子 kʻaiɴiɑuɴfɑŋɴ·tsʅ

偏方儿 pʻianɴfɑ̃rɴ

抓药（中药）tʂuaɴiɑuɴ

买药（西药）maiɴiɑuɴ

中药铺 tʂuŋɴiɑuɴpʻuɴ

药房（西药）iɑuɴfɑŋɴ

药引子 iɑuɴinɴ·tsʅ

药罐子 iɑuɴkuanɴ·tsʅ

煎药 tɕiɛnɴiɑuɴ

药膏（西药）iɑuɴkɑuɴ

膏药（中药）kɑuɴiɑuɴ

药面儿（药粉）iɑuɴmiɐrɴ

搽药膏 tʂʻaɴiɑuɴkɑuɴ

上药 ʂɑŋɴiɑuɴ

发汗 faɴxanɴ

祛风 tɕʻyɴfəŋɴ 去风

下火 ɕiaɴxouɴ 去火

去湿 tɕʻyɴʂʅɴ

消毒 ɕiɑuɴtuɴ 去毒

打食积 taɴʂʅɴtɕiɴ 消食

扎针 tʂaɴtʂənɴ

拔火罐子 paɴxuoɴkuanɴ·tsʅ

（2）内科

跑肚 pʻauɴtuɴ 泻肚

发烧 faɴʂauɴ

发冷 faɴləŋɴ

起鸡皮疙瘩 tɕʻiɴtɕʻiɴpʻiɴkɤɴ·ta

风发啊 fəŋɴfaɴ·lia 感冒流鼻涕

伤风 ʂɑŋɴfəŋɴ

着凉 tsɑuɴ[～tsouɴ][～tʂɤɴ]liɑŋɴ

咳嗽 kʻɤɴ·sau

大喘气 taɴtʂʻuanɴtɕʻiɴ 气喘

齁子 xouɴ·tsʅ 气管炎

热伤风 zɤɴʂɑŋɴfəŋɴ 中暑

上火 ʂɑŋɴxuoɴ

食积 ʂʅɴtɕiɴ 积滞

肚子疼 tuɴ·tsʅtʻəŋɴ

心口疼 ɕinɴkʻouɴtʻəŋɴ 胸口疼

头懵啊 tʻouɴməŋɴ·lia 头晕

晕车 ynɴtʂʻɤɴ

晕船 ynɴtʂʻuanɴ

脑袋疼 tʻouɴtʻəŋɴ 头疼

恶心 ŋauɴɕinɴ

哕啊 yɛɴ·lia 吐了

干哕 kanɴyɛɴ

小肠穿气 ɕiɑuɴtʂʻɑŋɴtʂuanɴtɕʻiɴ 疝气

屁股露啊 pʻiɴkuɴlouɴ·lia 脱肛

妇女病 fuɴnyɴpiŋɴ 子宫脱垂

发疟子 faɴiɑuɴ·tsʅ

霍乱 xuoɴluanɴ

出疹子 tʂʻuɴtʂənɴ·tsʅ 出麻疹

出花儿 tʂʻuɴxuɐrɴ 出水痘

种花儿 tsuŋˇxuɐrˇ 种痘

寒病 xanˋpiŋˋ 伤寒

黄病 xuaŋˋpiŋˋ 黄疸

痨病 lauˋpiŋˋ 肝炎

咳嗽不止 kʻɤˇsauˇpuˋtʂʅˇ 肺炎
　喘气不匀 tʂʻuanˋtɕʻiˋpuˋynˋ

心口疼 ɕinˇkʻouˋtʻəŋˋ 胃病

烂肠炎 lanˋtʂʻaŋˋianˋ 盲肠炎

带血痨病 taiˋɕyɛˋlauˋpiŋˋ 痨病

（3）外科

摔伤 ʂuaiˇʂaŋˇ 跌伤

磕啊 kʻɤˇ·lia 碰伤

划破啊 xuaˋpʻoˋ·lia 蹭破皮儿、刺个口子

出血啊 tʂʻuˋɕiɛˋ·lia

有淤血 iouˇyˇɕyɛˋ 淤血

脓肿 nəŋˇtʂuŋˇ 红肿、溃脓

结疙巴儿 tɕiɛˋkɤˋ·pɚ 结痂

疤瘌 paˋ·la 疤

肿脖子 tʂuŋˇpoˋ·tʂʅ 腮腺炎

长疮 tʂaŋˋtʂʻuaŋˇ

长疔 tʂaŋˋtiŋˇ

痔疮 tʂʅˋtʂʻuaŋˇ

长疥啊 tʂaŋˋtɕiɛˋ·lia 疥疮

热痱 zɤˋfeiˋ 痱子

络滥 luoˋ·lan 汗斑

瘊子 xouˋ·tʂʅ

雀子 tɕʻiauˋtʂʅˇ 痦子

麻点儿 maˋtiɐrˇ 雀斑

粉刺 fənˇtsʻʅˋ

臭胳肢窝 tʂʻouˋkaˇ·tʂʅ uoˇ 狐臭

口臭 kʻouˇtʂʻouˋ

瘿带 iŋˋtaiˋ 大脖子

瞎鼻子 ɕiaˋpiˋ·tʂʅ 鼻子不灵

齉齉鼻儿 naŋˋnəŋˋpiɐrˇ 齉鼻儿

水蛇腰 ʂuaiˇʂɤˋiauˋ

公鸭嗓儿 kuŋˋiaˇsãrˇ

独眼龙 tuˋianˇluŋˋ 一只眼儿

马虎眼 maˇ·xu ianˇ 近视眼

有眼病 iouˇinˇpiŋˋ 远视眼

马虎眼 maˇ·xu ianˇ 老花眼

凸眼珠 tʻuˋianˇtʂuˋ 鼓眼泡儿

对眼儿 tueiˋiɐrˇ 斗鸡眼儿

风刺眼儿 fəŋˋtsʻʅˋiɐrˇ 羞明

（4）残疾等

羊角风 iaŋˋtɕiauˋfəŋˋ 癫痫

羊羔疯 iaŋˋtɕiauˋfəŋˇ

吓着啊 ɕiaˋkauˋ·lia 惊风

抽风 tʂʻouˋfəŋˇ

脑袋堵上啊 nauˇtaiˋtuˋtʂaŋˋ·lia 中风

瘫啊 tʻanˇ·lia 瘫痪

拐子 kuaiˇ·tʂʅ 瘸子
　拐啊 kuaiˇ·lia

罗锅儿 luoɤˇ kuorˇ
聋子 luŋˇ·tsɿ
哑巴 iaˇ·pa
结巴 tɕieˇ·pa
　结巴磕子 tɕieˇ·pa kɤˇ·tsɿ
瞎子 ɕiaˇ·tsɿ
傻子 ʂaˇ·tsɿ
瘸子 tɕ'yɛˇ·tsɿ
一个胳膊 iˇ kɤˇ kɤˇ·po 拐子

光头 kuaŋˇ t'ouˇ 秃子
麻子 maˇ·tsɿ 人出天花后留下的疤痕
麻子 maˇ·tsɿ 脸上有麻子的人
豁子嘴儿 xuoˇ tsɿˇ tsuerˇ 豁唇子
豁牙子 xuoˇ iaˇ·tsɿ
光嘴巴 kuaŋˇ tsueiˇ·pa 老公嘴儿
六指儿 liouˇ tʂərˇ
左撇子 tsuoˇ p'iɛˇ·tsɿ

（十三）衣服、穿戴

（1）服装

穿戴 tʂ'uanˇ taiˇ
打扮 taˇ panˇ
衣裳 iˇ·ʂaŋ 衣服
制服 tʂɿˇ fuˇ
中式衣裳 tsuŋˇ ʂɿˇ·ʂaŋ 中装
西装 ɕiˇ tsuaŋˇ
长袍 tʂ'aŋˇ p'auˇ 长衫
马褂儿 maˇ kuɐrˇ
女长袍 nyˇ tʂ'aŋˇ p'auˇ 旗袍
棉衣 miɛnˇ iˇ
棉袄 miɛnˇ ŋauˇ
皮袄 p'iˇ ŋauˇ
裌袄 tɕiaˇ ŋauˇ
大衣 taˇ iˇ

大氅 taˇ tʂ'aŋˇ
小大衣 ɕiauˇ taˇ iˇ 短大衣
褂子 kuaˇ·tsɿ 衬衫
衣裳 iˇ·ʂaŋ 外衣
里头的衣裳 liˇ·t'ou·ti iˇ·ʂaŋ 内衣
领子 liŋˇ·tsɿ
　脖领子 poˇ liŋˇ·tsɿ
坎儿肩 k'ɐrˇ tɕianˇ 坎肩
纳头 naˇ t'ouˇ
圆领褂子 yanˇ liŋˇ k'uaˇ·tsɿ 针织圆领衫
汗褟子 xanˇ t'aˇ·tsɿ 汗背心
衣裳襟儿 iˇ·ʂaŋ tɕiɐrˇ 衣襟儿
大襟 taˇ tɕinˇ

里襟子 li˩ tɕin˩ ·tsɿ 小襟

对襟儿 tuei˩ tɕiər˩

下摆 ɕia˩ pai˩

领子 liŋ˩ ·tsɿ

袖子 ɕiou˩ ·tsɿ

长袖 tʂʻaŋ˩ ɕiou˩

短袖 tuan˩ ɕiou˩

裙子 tɕʻyn˩ ·tsɿ

   裙儿 tɕʻy ə̃r˩

裤 kʻu˩ 裤子

袷裤 tɕia˩ kʻu˩ 单裤

棉裤 mian˩ kʻu˩

皮裤 pʻi˩ kʻu˩

衩裤 tʂʻa˩ kʻu˩ 裤衩儿，无裆的

半截儿裤 pan˩ tɕiər˩ kʻu˩ 短裤

娃娃裤 ua˩ ua˩ kʻu˩ 连脚裤

开裆裤 kʻai˩ taŋ˩ kʻu˩

整裆裤 tʂəŋ˩ taŋ˩ kʻu˩ 死裆裤

裤裆 kʻu˩ taŋ˩

裤腰 kʻu˩ iɑu˩

裤腰带 kʻu˩ iɑu˩ tai˩

裤腿儿 kʻu˩ tʻuər˩

兜兜（儿）tou˩ tou˩（tour˩）兜儿，口袋

裹肚 kuo˩ tu˩ 兜肚，胸衣

   三尖腰子 ʂan˩ tɕian˩ iɑu˩ ·tsɿ

蒜疙瘩 ʂuan˩ kɤ ·ta 纽扣

襻儿 pʻer˩ 扣襻

扣儿 kʻou˩r˩

   扣门子 kʻou˩ mən˩ ·tsɿ

扣眼儿 kʻou˩ iər˩

（2）鞋帽

鞋 ɕiɛ˩

拖鞋 tʻuo˩ ɕiɛ˩

棉鞋 miɛn˩ ɕiɛ˩

皮鞋 pʻi˩ ɕiɛ˩

毡鞋 tʂan˩ ɕiɛ˩

布鞋 pu˩ ɕiɛ˩

钉鞋 tiŋ˩ ɕiɛ˩

鞋底子 ɕiɛ˩ tiər˩ 鞋底儿

鞋帮儿 ɕiɛ˩ pãr˩

鞋拔子 ɕiɛ˩ pa˩ ·tsɿ

木屐 mu˩ tɕi˩

鞋带儿 ɕiɛ˩ ter˩

袜子 ua˩ ·tsɿ

布袜子 pu˩ ua˩ ·tsɿ 线袜

丝袜子 sɿ˩ ua˩ ·tsɿ 丝袜

长袜子 tʂʻaŋ˩ ua˩ ·tsɿ 长袜

短袜子 tuan˩ ua˩ ·tsɿ 短袜

袜带 ua˩ tai˩

小脚绣鞋 ɕiɑu˩ tɕyɛ˩ kuŋ˩ ɕiɛ˩

弓鞋

裹脚布子 kuo˩ tɕyɛ˩ pu˩ ·tsɿ 裹脚

裹腿 kuo˩ tʻuei˩

行缠 ɕiŋ˩ tṣʻan˩

绑腿 paŋ˩ tʻuei˩

帽子 mau˩ ·tṣʅ

皮帽子 pʻi˩ mau˩ ·tṣʅ 皮帽

狗帽儿 kou˩ maur˩ 帽两边饰有狗耳朵的童帽

礼帽 li˩ mau˩

瓜皮帽 kua˩ pʻi˩ mau˩

军帽 tɕyn˩ mau˩

草帽子 tsʻau˩ mau˩ ·tṣʅ 草帽

帽檐儿 mau˩ ier˩

（3）装饰品

首饰 ʂou˩ ṣʅ˩

镯子 tṣuo˩ ·tṣʅ

戒指儿 tɕiɛ˩ tṣər˩ 戒指

项链儿 ɕiaŋ˩ lier˩ 项链

长命锁 tṣaŋ˩ miŋ˩ tsuo˩ 百家锁

别针儿 piɛ˩ tṣər˩

簪子 tsan˩ ·tṣʅ

耳环 ər˩ xuan˩

画粉 xua˩ fən˩ 胭脂

粉 fən˩

红纸 xuŋ˩ tṣʅ˩ 用作口红

画眉石 xua˩ mei˩ tṣʅ˩ 眉笔

（4）其他穿戴用品 yŋ˩ pʻin˩

护巾 xu˩ tɕin˩ 围裙

围嘴儿 uei˩ tsuər˩

哈喇子 xa˩ la˩ ·tṣʅ

裤裆子 kʻu˩ tɕiɛ˩ ·tṣʅ 尿布

尿布子 niau˩ pu˩ ·tṣʅ

屁帘儿 pʻi˩ liər˩ 系在小孩开裆裤屁股后的一块方布以挡风

挡子 taŋ˩ ·tṣʅ 京西农炕上安装的一排木棍，与木炕沿钉紧，以防小孩掉下

吊带 tiau˩ tai˩ 即系婴儿的系带，让其爬行范围在带长半径之内，方便大人干活，照顾孩子两不误

手绢儿 ʂou˩ tɕyər˩

围巾 uei˩ tɕin˩

手套 ʂou˩ tʻau˩

眼镜儿 iɛn˩ tɕiər˩ 眼镜

雨伞 y˩ san˩ 伞

雨披 y˩ pʻi˩ 羊毛做的羊毯，当雨衣用

字儿表 tṣər˩ piau˩ 手表

（十四）饮食

（1）伙食

吃饭　tṣʻʅ˅ fan˅

早起饭　tsɑu˅ ɕi fan˅　早饭

晌和饭　ʂaŋ˅ xuo fan˅　午饭

黑间饭　xei˅ tɕian˅ fan˅　晚饭

连三席　lian˅ san˅ ɕi　斋堂川旧时婚礼顶尖酒席。娶媳妇头天女方家接送亲人的款待：分下马饭、喝茶、上正席三席

十二八　ʂʅ˅ ər˅ pa˅　即连三席中的正席，上菜讲究十二个盘子，八个大碗，荤素凉热搭配的大席

垫补　tian˅ pu˅　打尖，中途吃点食物

零食儿　liŋ˅ ʂər˅　零食

大饽饽　ta˅ po˅·po　点心

锅发儿　kuo˅ far˅　一种面食

茶点　tṣʻa˅ tian˅　茶食点心

（2）米食

大米干饭　ta˅ mi˅ kan˅ fan˅　米饭

疙瘩片子干饭　kɤ˅·ta pʻian˅·tsʅ kan˅ fan˅　萝卜拌饭

水饭粥　ʂuei˅ fan˅ tʂou˅　小米粥再兑上凉水

剩饭　ʂəŋ˅ fan˅

饭煳啊　fan˅ xu˅·lia　饭煳了

饭馊啊　fan˅ sou˅·lia　饭馊了

饹馇　kɤ˅·tʂa　锅巴

米汤　mi˅ tʻaŋ˅

小米糊糊　ɕiau˅ mi˅ xu˅·xu　米糊

糊涂粥　xu˅ tʻu˅ tʂou˅　用瓜菜米面一起煮烂的粥食

大馇粥　ta˅ tʂʻai˅ tʂou˅　玉米粒加工炮制后变成小馇，附加大豆而成的粗粮细作食品

糗糕米　tɕiou˅ kau˅ mi˅　斋堂特色主食，一种类似腊八粥的美食，用料为大黄米即黏米，配上芸豆，红枣，核桃仁，大杏扁，花生仁等，"糗"即长时间焖煮而成

粽子　tsuŋ˅·tsʅ

（3）面食

白面　pai˅ mian˅　面粉

面条儿　mian˅ tʻiɑur˅　面条
　面条子　mian˅ tʻiɑu˅·tsʅ

挂面　kua˅ mian˅

莜面　iou˅ mian˅　莜麦面

榆面　y˅ mian˅　用榆树紧贴木心的白色内皮，晒干粉碎而成

棒子面　y˅ mi˅ mian˅　玉米面

刀切面 tauˇ tɕʻiɛˇ mianˇ 干切面

汤面 tʻɑŋˇ mianˇ

码儿 mɐrˇ 臊子

面片儿 mianˇ piɐrˇ

面糊糊 mianˇ xuˇ ·xu 面糊

蒸饽饽 tʂəŋˇ poˇ ·po 馒头

饸饹 xɤˇ louˇ 斋堂特色主食，用荞麦、玉米面、莜麦面等压制出面食

　河漏 xɤˇ louˇ

榆子饭 yˇ ·tʂɹ fanˇ 用榆叶、榆钱和榆皮面做的饭

馏 liouˇ 蒸热

滚 kuənˇ 熬煮，如"滚粥"。也有炖、煨之义。

包子 pauˇ ·tʂɹ

　馅儿包子 ɕiɐrˇ pauˇ ·tʂɹ

油性 iouˇ ɕiŋˇ

烧饼 ʂauˇ piŋˇ

烙饼 lauˇ piŋˇ

发面饼 faˇ mianˇ piŋˇ

卷子 tɕyanˇ ·tʂɹ 花卷儿

饺子 tɕiauˇ ·tʂɹ

擦咯 tsʻaˇ ·kɤ 一种面食

捏咯 niɛˇ ·kɤ 一种面食

馅儿 ɕiɐrˇ

蛋羹 tanˇ kəŋˇ 蒸鸡蛋羹

元宵 yɛnˇ ɕiauˇ

汤圆 tʻɑŋˇ yanˇ

月饼 yɛˇ piŋˇ

饼干 piŋˇ kanˇ

发面酵子 faˇ mianˇ 酵母

剂子 mianˇ tɕiˇ ·tʂɹ 面剂子

菜团子 tsʻaiˇ tʻuanˇ ·tʂɹ 团子

（4）肉、蛋

肉丁 ʐouˇ tiŋˇ

肉片 ʐouˇ pʻianˇ

肉丝 ʐouˇ sɹˇ

肉末 ʐouˇ moˇ

肉皮 ʐouˇ pʻiˇ

白肉 paiˇ ʐouˇ 肥肉

红肉 xuŋˇ ʐouˇ 瘦肉

肘子 tʂouˇ ·tʂɹ

猪蹄儿 tʂuˇ tʻiərˇ

里脊 liˇ tɕiˇ

板筋 panˇ tɕinˇ 蹄筋

牛口条 niouˇ kʻouˇ tʻiauˇ 牛舌头

猪口条 tʂuˇ kʻouˇ tʻiauˇ 猪舌头

下水 ɕiaˇ ʂueiˇ 牲畜内脏

上水 ʂɑŋˇ ʂueiˇ 肺、肝（猪等的）

肠肚下水 tsʻɑŋˇ tuˇ ɕiaˇ ʂueiˇ

肠子（猪的）

　肠肚 tsʻɑŋˇ tuˇ

　杂拉 tsaˇ ·la

227

脊骨 tɕiˇ kuˇ 腔骨（猪的）

排骨（猪的）pʻaiˇ kuˇ

牛肚儿 niouˇ turˇ（带毛状物的那种）

百叶 paiˇ iɛˇ 牛肚儿（光滑的那种）

猪腰子 tʂuˇ iɑuˇ ·tsʅ 腰子（猪的）

野猫丸 iɛˇ mɑuˇ uanˇ 以野兔骨肉砸成肉酱制成肉丸，斋堂美食

野鸡丸 iɛˇ tɕiˇ uanˇ 以野鸡骨肉砸成肉酱制成肉丸，斋堂美食

鸡内脏 tɕiˇ neˇ tʂaŋˇ 鸡杂儿

鸡胗子 tɕiˇ tʂənˇ ·tsʅ 鸡肫

猪血 tʂuˇ ɕyɛˇ

鸡血 tɕiˇ ɕyɛˇ

香肠 [ˌɕɕiaŋ ˌtʂʰaŋ]

煎鸡蛋 tɕianˇ tɕiˇ tanˇ 炒鸡蛋

荷包蛋（油炸的）xɤˇ pɑuˇ tanˇ

打俩鸡子儿 taˇ liaˇ tɕiˇ tsərˇ 卧鸡子儿

煮鸡蛋 tʂuˇ tɕiˇ tanˇ 煮鸡子儿（连壳煮的鸡蛋）

鸡蛋糕 tɕiˇ tanˇ kɑuˇ 蛋羹

腌鸡蛋 ianˇ tɕiˇ tanˇ 咸鸡蛋

咸鸭蛋 ɕianˇ iaˇ tanˇ

香肠 ɕianˇ tʂʻaŋˇ

（5）菜

菜 tsʻaiˇ

素菜 suˇ tsʻaiˇ

荤菜 xuənˇ tsʻaiˇ

咸菜 ɕiɛnˇ tsʻaiˇ

腌菜 ianˇ tsʻaiˇ 各种菜蔬加以盐、花椒、辣椒等，以水浸泡，三日可食

　泡菜 pʻɑuˇ tsʻaiˇ

猪肉炖粉条儿 tʂuˇ zouˇ tuənˇ fənˇ tʻiɑurˇ 用土豆压成的粉条加猪肉炖食

栗子鸡 liˇ ·tsʅ tɕiˇ 用栗子炖鸡而成。鲜美甜嫩，浓香四溢

葫芦条儿 xuˇ ·lu tʻiɑurˇ 用葫芦晒的干菜

蒜拌山药子儿 suanˇ panˇ ʂanˇ iauˇ tsərˇ 用蒜泥凉拌的蒸熟土豆块

糖拌山药泥儿 tʻaŋˇ panˇ ʂanˇ iɑuˇ niərˇ 山药蒸熟去皮加糖的饭食

糊涂糕 xuˇ tʻuˇ kɑuˇ 连皮带核煮熟晾出的山楂糕

枣糕 tsɑuˇ kɑuˇ 黄米面加枣上锅蒸制而成

炸糕 tsaˇ kɑuˇ 枣糕用油炸成，旧时逢年过节，盖房瓦房才能吃到

山里红汤 ʂanˇ ·lə xuŋˇ tʻaŋˇ 山楂熬煮加糖的汤汁

· 228 ·

杏汤 ɕiŋ˅ t'aŋ˅ 过去将苦杏仁上碾压碎，熬制分油，捞出碎渣，剩下的汤水

杏汤粥 ɕiŋ˅ t'aŋ˅ tʂou˅ 以杏汤熬成的粥，加入南瓜、土豆、白薯等，又称糊涂粥

甘菜席 kan˅ ts'ai˅ ɕi˨ 用白面加枣或蒸或炸制成的糕点。

炸花椒芽 tʂa˨ xua˨ tɕiau˨ ia˨ 花椒嫩叶用面粉裹之，油炸而成。

炸香椿鱼 tʂa˨ ɕiaŋ˨ tʂ'uen˨ y˨ 香椿叶用面粉裹之，油炸而成

小菜儿 ɕiau˨ ts'ai˨

豆腐 tou˅ ·fu

豆腐皮 tou˅ ·fu p'i˨

腐竹 fu˨ tʂu˨（晚起说法）

豆腐干儿 tou˅ ·fu kɚ˨（较早说法）

冻豆腐干儿 tuŋ˨ tou˅ ·fu kɚ˨ 豆腐干儿

豆腐泡儿 tou˅ ·fu p'aur˨

豆腐脑儿 tou˅ ·fu naur˨

豆浆 tou˅ tɕiaŋ˨

酱豆腐 tɕiaŋ˨ tou˅ ·fu 豆腐乳

酱焖豆儿 tɕiaŋ˨ mən˨ tour˨ 用酱煮出的黄豆

　焖黄豆 mən˨ xuaŋ˨ tou˨

粉条（子）fən˨ t'iau˨（·tsʅ）均指粉丝、粉条

粉皮儿 fən˨ p'i˨ 粉皮

面筋 mian˨ tɕin˨

凉粉 liaŋ˨ fən˨

藕粉 ŋou˨ fən˨

豆豉酱 tou˅ tʂʅ˨ tɕiaŋ˨ 豆豉

芡 tɕian˨ 芡粉

木耳 mu˨ ɚ˨

银耳 in˨ ɚ˨

金针菇 tɕin˨ tʂən˨ ku˨

金针菜 tɕin˨ tʂən˨ ts'ai˨ 黄花菜

　野皮菜 iɛ˨ p'i˨ ts'ai˨

　忘忧草 uaŋ˨ iou˨ ts'au˨

葫芦条 xu˨ lu˨ t'iau˨ 葫芦晒干做的干菜，京西民间常制作的干菜

海带 xai˨ tai˨

（6）油盐作料

滋味 tsʅ˅ uei˨（吃的滋味）

味道 uei˨ tau˨ 气味（闻的气味）

　味儿 uɚ˨

颜色 iɛn˨ ʂai˨

獾子油 xuan˨ ·tsʅ iou˨ 荤油

素油 su˨ iou˨ 核桃、杏核、花生、瓜子提炼的油

花生油 xua˨ ʂəŋ˨ iou˨

菜籽油 ts'ai˨ ·tsʅ iou˨

芝麻油 tʂʅ˅ma˅iou˩ 脂麻油
　香油 ɕiaŋ˅iou˩
大油 ta˅iou˩ 猪油
盐 iɛn˩
大盐 ta˅ian˩ 粗盐，指青海来的盐
　大青盐 ta˅tɕʻiŋ˅ian˩
细盐 ɕi˅ian˩ 精盐，指海边来的盐
杏子盐 ɕiŋ˅tsʅ˩ian˩ 坐月子吃的盐
柿醋 ʂʅ˅tsʻu˩ 用柿子制作的醋
柿糖 ʂʅ˅tʻaŋ˩ 用柿子制作的糖
酱油 tɕiaŋ˅iou˩
芝麻酱 tʂʅ˅ma˅tʂʅ˅ma˩ 脂麻酱
甜面酱 tʻian˅mian˅tɕiaŋ˩
大酱 ta˅tɕiaŋ˩ 豆瓣儿酱
辣子酱 la˅·tsʅ tɕiaŋ˩ 辣酱
醋 tsʻu˩
料酒 liau˅tɕiou˩
红糖 xuŋ˅tʻaŋ˩
白糖 pai˅tʻaŋ˩
冰糖 piŋ˅tʻaŋ˩
块儿糖 kʻuɚ˅tʻaŋ˩ 糖块
花生粘 xua˅ʂəŋ˅tʂan˩ 花生糖
饧黄豆 ɕiŋ˅xuaŋ˅tou˩ 以荸荠根熬制的糖稀叫"饧黄"，倒入炒熟黄豆，使之粘成块状

麦芽糖 mai˅ia˅tʻaŋ˩
作料 tsuo˅liau˩
大料 ta˅liau˩ 八角
肉桂 zou˅kuei˩ 桂皮
花椒面儿 xua˅tɕiau˅miɚ˩ 花椒
胡椒面儿 xu˅tɕiau˅miɚ˩ 胡椒粉
烟 iɛn˩
烟叶儿 iɛn˅iɚ˩ 烟叶
烟丝儿 iɛn˅sɚ˩ 烟丝
香烟 ɕiaŋ˅ian˩
旱烟 xan˅ian˩
水烟 ʂuei˅ian˩
水烟袋 ʂuei˅ian˅tai˩
烟锅子 ian˅kuo˅·tsʅ 旱烟袋
烟簸箩 ian˅pʻo˅luo˩ 烟盒
烟荷包 ian˅xɤ˅pau˩ 烟袋
烟袋油子 ian˅tai˅iou˅·tsʅ 烟油子
烟灰 ian˅xuei˩
火镰 xuo˅·liɛn
火石 xuo˅ʂʅ˩
割绒子 kɤ˅zuŋ˅·tsʅ 艾蒿草做的，相当于纸煤儿
茶水 tʂʻa˅ʂuei˩ 指沏好的茶
茶叶 tʂʻa˅iɛ˩
开水 kʻai˅ʂuei˩

· 230 ·

沏茶 tɕʻiɴ tʂʻaɹ
　沏水 tɕʻiɴ ʂueiɹ
倒茶 tauɹ tʂʻaɹ 指把茶叶倒掉
黄芩茶 xuaŋɹ tɕʻinɹ tʂʻaɹ 京西特产茶，用黄芩晾制而成，茶汤色泽金黄

黄金茶 xuaŋɹ tɕinɹ tʂʻaɹ
白酒 paiɹ tɕiouɹ
米酒 miɹ tɕiouɹ 由小米、大米做的酒
黄酒 xuaŋɹ tɕiouɹ

（十五）红白大事

（1）婚姻、生育
亲事 tɕʻinɹ ʂɹɹ
做媒 tsuoɹ meiɹ
　搞媒 kauɹ meiɹ
媒人 meiɹ ʐənɹ
相亲 ɕiaŋɹ tɕʻinɹ
　相中 ɕiaŋɹ tʂuŋɹ
问亲 uənɹ tɕʻinɹ 提亲
相貌 ɕiaŋɹ mauɹ
年龄 niɛnɹ liŋɹ
拿帖子 naɹ tʻiɛɹ·tsɹ 互递生辰八字帖
合帖 xɤɹ tʻiɛɹ 看八字是否合帖
拿定 naɹ tiŋɹ 男方携礼上门定亲
　拿小定 naɹ ɕiauɹ tiŋɹ 富裕之家的说法
定礼 tiŋɹ liɹ
催妆 tsʻueiɹ tʂuaŋɹ 男方到女方家询问嫁妆及婚礼事宜
办事由儿 panɹ ʂɹɹ iourɹ 办喜事如娶媳妇、聘闺女等均称
喜期 ɕiɹ tɕʻiɹ
喜酒 ɕiɹ tɕiouɹ
送嫁妆 suŋɹ tɕiaɹ tʂuaŋɹ 婚典头一天，女方要将嫁妆送至男方，摆放在洞房之中
娶媳妇 tɕyɹ ɕiɹ fuɹ 娶亲
　接亲 tɕiɛɹ tɕʻinɹ
　讨唡老婆唡 tʻauɹ·lia lauɹ pʻoɹ·lia
放喜炮 faŋɹ ɕiɹ pʻauɹ 接亲队伍入女方村口时放鞭炮
挂红 kuaɹ xuŋɹ 贺喜时将红色绸缎挂在喜家的房檐下
出份子 tʂʻuɹ fənɹ·tsɹ 办喜事出钱出物

撞门喜 tʂuaŋ˅ mən˅ ɕi˩ 接亲队伍要奏乐，要以铜钱或银圆往女方门上扔，方可允进

聘闺女 pʻin˅ kuei˅ ny˩ 出嫁

 嫁闺女 tɕia˩ kuei˩ ny˩

结婚 tɕiɛ˩ xuən˅

花轿 xua˅ tɕiou˩

拜堂 pai˩ tʻaŋ˅

听梆梢 tʻiŋ˅ paŋ˅ sau˅ 新婚之夜闹洞房，搞恶作剧等

扔墩子 ʐəŋ˅ tuən˅ ·tsʅ 闹洞房者往床炕上扔墩子或扔白菜，预示早生贵子

女婿 ny˩ ɕy˅ 新郎

 新姑爷 ɕin˅ ku˅ iɛ˩

新媳妇 ɕin˅ ɕi˩ fu˅ 新娘

洞房 tuŋ˅ faŋ˩ 新房

交杯酒 tɕiau˅ pei˅ tɕiou˩

全合人 tɕʻyan˅ xɤ˩ ʐən˩ 指父母双全、夫妻和好、儿女双全的妇女，为新人做被子，铺床炕等

暖房 nuan˩ faŋ˩

认门 ʐən˅ mən˅ 回门

改嫁 kai˩ tɕia˩ 再醮

招女婿儿 tʂau˅ ny˩ ɕyər˩ 招赘

续弦 ɕy˩ ɕiɛn˩

二改嫁 ər˅ kai˩ tɕia˩ 填房

过继 kuo˅ tɕi˅

带肚儿 tai˅ tur˅ 女人出嫁时已怀身孕

有喜啊 iou˩ ɕi˩ ·lia 怀孕了

 双身子 ʂuaŋ˅ ʂən˅ ·tsʅ

害孩子 xai˅ xai˩ tsʅ 害喜

大双身子的 ta˅ ʂuaŋ˅ ʂən˅ ·tsʅ·ti 孕妇

 大肚子 ta˅ tu˅ ·tsʅ

小月 ɕiau˩ yɛ˅ 小产

养孩子 iaŋ˩ xai˩ tsʅ 生孩子

接生 tɕiɛ˅ ʂəŋ˅

姥娘 lau˩ niaŋ˩ 接生婆

泥胞子 ni˩ pau˅ tsʅ 胎盘

坐月子 tsuo˅ yɛ˅ ·tsʅ

 占房 tʂan˅ faŋ˩

满月 man˩ yɛ˅

瞧月子 tɕʻiau˅ yɛ˅ ·tsʅ 亲朋家添小孩前往恭贺

挂红布条 kua˅ xuŋ˩ pu˅ tʻiau˩ 一指家中生孩子，一指大牲口尾巴系上红布条，标志骟后疗养

头生儿 tʻou˅ ʂɚ˅ 头胎

生啊一对儿 ʂəŋ˅ ·lia i˅ tuər˅ 双胞胎

打胎 ta˩ tʻai˅

暮生 mu˅ ʂəŋ˅ 遗腹子

吃妈妈 tʂʻʅ˅ ma˅·ma 吃奶

妈妈疙瘩 ma˅·ma kɤ˅·ta 奶头

抓周 tʂua˅ tʂou˅ 婴儿周岁，摆上各种物品任其抓取，以观察其爱好、志向的仪式

尿炕 niau˅ kʻaŋ˅ 尿床

童子尿 tʻuŋ˅ tʂʅ˅ niau˅ 当地民俗，产妇生育后肾虚，喝小孩尿可补

走身 tsou˅ ʂən˅ 遗精

破身 pʻo˅ ʂən˅ 指女性已发生性关系

隔夜 kɤ˅ iɛ˅ 也称葛拽，即两口子打架吵闹，第二天就和好。葛拽是指孩童扭打拉扯状

招拐 tʂau˅ kuai˅ 妇女丧夫，招夫入门，新夫即为所招之"拐"，为帮助寡妇拉扯孩子，一般不改姓氏。

分爨 fən˅ tsʻuan˅ 指分家

（2）寿辰、丧葬

生日 ʂəŋ˅ zʅ˅

做寿 tsuo˅ ʂou˅ 做生日

祝寿 tʂu˅ ʂou˅

老财东 lau˅ tsʻai˅ tuŋ˅ 寿星

喜丧 ɕi˅ ʂaŋ˅ 丧事（年老之人）

白丧 pai˅ ʂaŋ˅ 丧事（年轻之人）

报丧 pau˅ ʂaŋ˅ 奔丧

过去啊 kuo˅ tɕʻy˅·lia 指老人死了

没啊 mo˅·lia 指年轻人死了

上供 ʂaŋ˅ kuŋ˅ 参加丧礼

灵床 liŋ˅ tʂʻuaŋ˅

棺材 kuan˅ tsʻai˅

寿材 ʂou˅ tsʻai˅

入殓 zu˅ lian˅

灵堂 liŋ˅ tʻaŋ˅

佛堂 fo˅ tʻaŋ˅

守灵 ʂou˅ liŋ˅

做七 tsuo˅ tɕʻi˅

守孝 ʂou˅ ɕiau˚]

戴孝 tai˅ ɕiau˅

除孝 tɕʻy˅ ɕiau˅

孝子 ɕiau˅ tsʅ˅

孝孙 ɕiau˅ suən˅

起灵 tɕʻi˅ liŋ˅ 出殡

送葬 suŋ˅ tsaŋ˅

狼牙棒 laŋ˅ ia˅ paŋ˅ 哭丧棒

纸扎 tʂʅ˅ tʂa˅

纸钱 tʂʅ˅ tɕʻian˅

　鬼钱 kuei˅ tɕʻian˅

　钱儿 tɕʻiɚ˅

烧活 ʂau˅ xuo˅ 指为丧葬之事糊制的纸品

灯花 təŋ˅ xua˅ 斋堂的一种祭祀

用品，点灯花多为避邪，除灾求保佑

坟茔 fən˩ iŋ˩ 坟地

坟墓子 fən˩ mu˩·tʂʅ 坟墓

碑 pei˩

墓碑 mu˩ pei˩

丧锅子 saŋ˩ kuo˩·tʂʅ 丧仪用品，出殡时长子或打领斗幡之亲属将装有纸钱的砂锅摔碎，为摔丧锅子

吵子班 tʂau˩·tʂʅ pan˩ 农村丧葬礼仪中的乐队

打坑 ta˩ kʻəŋ˩ 挖墓穴让逝者入土为安

封三 fəŋ˩ san˩ 已故亲人下葬后第三日，家人到坟地为其再一次封土，将坟头理圆，也称圆坟

挂纸钱儿 kua˩ tʂʅ˩ tɕʻiɚ˩ 上坟

抱土 pau˩ tʻu˩ 用白布包上墓地的土，藏于家中，寓意取材下之土藏"财"泽后

上供 ʂaŋ˩ kuŋ˩ 祭祀时向神、鬼、祖先供奉食品

唤唤 xuan˩ xuan˩ 叫魂

洒小灰 sa˩ ɕiau˩ xuei˩ 村中人亡故，在门前洒以草木灰，避邪免灾，防病毒、殃气冲伤

殃气 iaŋ˩ tɕʻi˩ 民间指人过世时的最后一口浊气，毒性极大会伤人。又用来形容某人无精神气

亡书 uaŋ˩ ʂu˩ 给已故去的亲人写书信，是祭祀已故亲人的一种习俗。

送亡书 suŋ˩ uaŋ˩ ʂu˩ 祭祀风俗，在亲人亡故后每七日送一封亡书，共送七封，又称"七七"

寻死 ɕyn˩ sʅ˩ 自杀

跳河 tʻiau˩ xɤ˩ 投水自尽

跳井 tʻiau˩ tɕiŋ˩ 投井自尽

提溜啊 ti˩ liou˩·lia 上吊

鬼迷啊 kuei˩ mi˩·lia 指夜间行走迷路

撞客 tʂuaŋ˩ kʻɤ˩ 当地指借尸还魂的行为

骨尘 ku˩ tɕʻən˩ 尸骨

骨灰盒子 ku˩ xuei˩ xɤ˩·tʂʅ 骨灰坛子

（3）迷信

老天爷 lau˩ tʻian˩ iɛ˩

黑躯了□ xei˩ tɕʻy˩ liau˩ kʻuaŋ˩ 灶王爷

佛 fo˩

菩萨 pʻu˩·sa

观世音 kuan˩ ʂʅ˩ in˩

窑王爷 iau˩ uaŋ˩ iɛ˩ 窑神，煤炭

行业祭拜之神

福神 fuˇ ʂənˇ 五福之神

禄神 luˇ ʂənˇ 官职禄位之神

喜神 ɕiˇ ʂənˇ 吉祥神

财神 tsʻaiˇ ʂənˇ

灶神 tsauˇ ʂənˇ

 灶君 tsauˇ tɕynˇ

 灶王 tsauˇ uaŋˇ

 灶王爷 tsauˇ uaŋˇ iɤˇ

厕神 tsʻɤˇ ʂənˇ 司厕之神

 紫姑神 tsʅˇ kuˇ ʂənˇ

窗神 tʂʻuaŋˇ ʂənˇ 传说为姜子牙所任

神祃子 ʂənˇ maˇ ·tsʅ 旧时印有神仙菩萨画像的神符

五道庙 uˇ tauˇ miauˇ 土地庙

关公庙 kuanˇ kuŋˇ miauˇ 关帝庙

城隍庙 tʂʻəŋˇ xuaŋˇ miauˇ

阎王 iɛnˇ uaŋˇ

祠堂 tsʻʅˇ tʻaŋˇ

佛龛 foˇ kʻanˇ

香案 ɕiaŋˇ ŋanˇ

上供 ʂaŋˇ kuŋˇ

烛台 tʂuˇ tʻaiˇ

明灯 miŋˇ təŋˇ 蜡烛

线香 ɕiɛnˇ ɕiaŋˇ

 线 ɕiɛnˇ

香炉 ɕiaŋˇ luˇ

烧香 ʂauˇ ɕiaŋˇ

签诗 tɕʻiɛnˇ ʂʅˇ

抽签 tʂʻouˇ tɕianˇ 求签

占卦 tʂanˇ kuaˇ 打卦

玟 tɕiauˇ

阴玟 inˇ tɕiauˇ

阳玟 iaŋˇ tɕiauˇ

圣玟 ʂəŋˇ tɕiauˇ

赶庙会 kanˇ miauˇ xueiˇ 庙会

做道场 tsuoˇ tauˇ tʂʻaŋˇ

仙登台儿 ɕianˇ təŋˇ tʻɤrˇ 供门神的佛龛

祃祃礼儿 maˇ maˇ liərˇ "祃"原指古时行军时在军队驻扎处举行的祭祀之意，斋堂话中指日常做某事需注意的禁忌和规矩

念经 niɛnˇ tɕiŋˇ

测字 tsʻɤˇ tsʅˇ

看风水 kʻanˇ fəŋˇ ʂueiˇ

算命 suanˇ miŋˇ

阴阳先生 inˇ iaŋˇ ɕianˇ ʂəŋˇ 算命先生、看相的

巫婆 uˇ pʻoˇ

跳神 tʻiauˇ ʂənˇ

许愿 ɕyˇ yanˇ

还愿 xuanˇ yanˇ

（十六）日常生活

（1）衣

穿衣服 tṣʻuanˇiˇfuˇ

脱衣服 tʻuoˇiˇfuˇ

脱鞋 tˇuoɕiɛˇ

量尺寸 liaŋˇtṣʻɿˇtṣʻuanˇ 量衣服

做衣裳 tsuoˇiˇṣaŋ

　做衣服 tsuoˇiˇfuˇ

沿边 ianˇpiɚ 贴边、绲边

锁边 suoˇpiɚˇ 缲边儿

　锁口 suoˇkʻouˇ

鞔鞋帮儿 manˇɕiɛˇpãɚˇ

钉底子 tiŋˇɕiɛˇtiˇ 纳鞋底子

缀扣子 tṣueiˇkʻouˇ·tsɿ

　钉扣子 tiŋˇkʻouˇ·tsɿ

绣花儿 ɕiouˇxuɑɚˇ

打贴衣裳 taˇtʻiɛˇiˇṣaŋ 打补丁

做盖底 tsuoˇkaiˇtiˇ 做被卧

洗衣裳 ɕiˇiˇṣaŋ 洗衣服

洗一水 ɕiˇiˇṣueiˇ

投 touˇ 漂洗

晾衣裳 liaŋˇiˇṣaŋ 晒衣服、晾衣服

浆衣服 tɕiaŋˇiˇfuˇ

烫烫衣裳 tʻaŋˇ

　熨衣服 ynˇiˇfuˇ

（2）食

烧火 ṣauˇxuoˇ 生火做饭

洗米 ɕiˇmiˇ 淘米

发面 faˇmiɛnˇ

和面 xuoˇmiɛnˇ

插面 zouˇmiɛnˇ 揉面

擀面条 kanˇmiɛnˇtʻiauˇ

抻面条 tṣʻənˇmiɛnˇtʻiauˇ

蒸饽饽 tṣəŋˇpoˇ·po 蒸馒头

择菜 tṣaiˇtsʻaiˇ

做菜 tsuoˇtsʻaiˇ

炒菜 tṣʻauˇtsʻaiˇ

炖菜 tuənˇtsʻaiˇ

熬菜 ŋauˇtsʻaiˇ

打卤 taˇluˇ 做汤

饭熟啊 fanˇṣouˇ·lia 饭好了

夹生 kɤˇṣəŋˇ 饭生

开饭 kʻaiˇfanˇ

盛饭 tṣʻəŋˇfanˇ

吃饭 tṣʻɿˇfanˇ

挑菜 tʻiauˇtsʻaiˇ 搛菜

舀汤 iauˇtʻaŋˇ

早起饭啊 tsauˇ·ɕifanˇ·lia 吃早饭

晌和饭啊 ṣaŋˇ·xuofanˇ·lia 吃

午饭

后响饭啊 xouˇ ʂaŋˇ fanˇ·lia 吃晚饭

净吃些杂七嘛嘎的 tɕiŋˇ tʂʅˇ ɕieˇ tsa tɕ'iˇ ma ka·ti 吃零食

拿筷子 naˇ k'uaiˇ·tʂʅ 使筷子

肉还不熟哩 ʐouˇ xaiˇ puˇ ʂouˇli 肉不烂

咬不动 iauˇ puˇ tuŋˇ 嚼不动

噎住啊 iɛˇ tʂuˇ·lia

打嗝儿 taˇ kɤˇ

撑着啊 tʂ'əŋˇ tʂauˇ·lia

嘴没味儿 tsueiˇ muˇ uɚˇ

沏点水喝 tɕ'iˇ tianˇ ʂueiˇ xɤˇ 喝茶

喝酒 xɤˇ tɕiouˇ

抽袋烟 tʂ'ouˇ taiˇ ianˇ 抽烟

饿啊 ŋɤˇ·lia

（3）住

起炕 tɕ'iˇ k'aŋˇ 起床

洗手 ɕiˇ ʂouˇ

洗脸 ɕiˇ liɛnˇ

漱漱嘴 ʂuˇ ʂuˇ tsueiˇ 漱口

刷牙 ʂuaˇ iaˇ

梳梳脑袋 ʂuˇ ʂuˇ nauˇ taiˇ 梳头

梳辫子 ʂuˇ piɛnˇ·tʂʅ

梳鬏儿 ʂuˇ tsuɚˇ 梳髻

铰指甲 tɕiauˇ tʂʅˇ tɕiaˇ 剪指甲

挖耳朵 t'uaˇ ɚ·tuo 掏耳朵

洗澡 ɕiˇ tsauˇ

搓搓身上 ts'ouˇ ts'ouˇ ʂənˇ ʂaŋˇ 擦澡

尿泡水 niauˇ p'auˇ sueiˇ 小便

拉屎 laˇ ʂʅˇ 大便

凉快凉快 liaŋˇ k'uaiˇ liaŋˇ k'uaiˇ 乘凉

晒晒爷爷 ʂaiˇ ʂaiˇ iɛˇ·iɛ 晒太阳

　晒黑爷爷 ʂaiˇ xeiˇ iɛˇ·iɛ

烤火 k'auˇ xuoˇ

点灯 tiɛnˇ təŋˇ

吹灯 tʂ'ueiˇ təŋˇ 熄灯

歇会儿 ɕiɛˇ xuɚˇ 歇歇

打盹儿 taˇ tuɚˇ

打哈哈 taˇ xaˇ·xa 打哈欠

盹啊 tuənˇ·lia 困了

散炕 sanˇ k'aŋˇ 铺床

仰乎着 niaŋˇ·xu·tʂuo 躺下

仰 iaŋˇ 躺

迷糊着啊 miˇ xuˇ tʂauˇ·lia 睡着了

打呼睡 taˇ·xu ʂueiˇ 打呼

睡不着 ʂueiˇ puˇ tsauˇ

睡午觉 ʂueiˇ uˇ tɕiauˇ

仰目脚睡觉 iaŋˇ·mu tɕyɛˇ ʂueiˇ

237

tɕiauˇ 仰面睡

侧棱睡 tʂaiˇ·ləŋ ʂueiˇ 侧着睡

趴着睡 p'aˇ·tʂɿ ʂueiˇ

落枕 lauˇ tʂənˇ

抽筋啊 tʂ'ouˇ tɕinˇ·lia 抽筋了

做梦 tsuoˇ məŋˇ

说梦话 ʂuoˇ ʂueiˇ xuaˇ

午迷啊 uˇ miˇ·lia 魇住了

熬啊一宿 ŋauˇ·lia iˇ ɕiouˇ 熬夜

开黑车 k'aiˇ xeiˇ tʂ'ɤˇ 开夜车

（4）行

下地 ɕiaˇ tiˇ

上工 ʂaŋˇ kuŋˇ

收工 ʂouˇ kuŋˇ

出去啊 tʂ'uˇ tɕ'yˇ·lia

回来啊 xueiˇ laiˇ·lia 回家了

出去溜达溜达 tʂ'uˇ tɕ'yˇ liouˇ·ta liouˇ·ta 逛街、散步

（十七）讼事、打官司

打官司 taˇ kuanˇ sɿˇ 告状

告状的人 kauˇ tʂuaŋˇ·ti zənˇ

原告

被告 peiˇ kauˇ

状子 tʂuaŋˇ·tsɿ

坐堂 tsuoˇ t'aŋˇ

退堂 t'ueiˇ t'aŋˇ

问案 uənˇ ŋanˇ

过堂 kuoˇ t'aŋˇ

证人 tʂəŋˇ zənˇ

人证 zənˇ tʂəŋˇ

物证 uˇ tʂəŋˇ

对质 tueiˇ tʂɿˇ

刑事 ɕiŋˇ sɿˇ

民事 minˇ sɿˇ

家务事 tɕiaˇ uˇ sɿˇ

律师 lyˇ sɿˇ

代书 taiˇ ʂuˇ

服 fuˇ

不服 puˇ fuˇ

上诉 ʂaŋˇ suˇ

宣判 ɕyɛnˇ p'anˇ

招认 tʂauˇ zənˇ

口供 k'ouˇ kuŋˇ

供 kuŋˇ

同谋 t'uŋˇ mouˇ

故犯 kuˇ fanˇ

误犯 uˇ fanˇ

犯法 fanˇ faˇ

犯罪 fanˇ tsueiˇ

238

诬告 uˇkauˇ

株连 tʂuˇlianˉ 连坐

保释 pauˉʂʅˇ

取保 tɕ'yˉpauˉ

逮捕 taiˇpuˉ

押解 iaˇtɕiɛˉ

囚车 tɕ'iouˉtʂ'ɤˇ

青天老爷 tɕ'iŋˉt'ianˉlauˉiɛˉ

赃官 tsaŋˇkuanˇ

受贿 ʂouˇxueiˇ

行贿 ɕiŋˉxueiˇ

罚款 faˉk'uanˉ

斩首 tʂanˉʂouˉ

枪毙 tɕ'iaŋˉpiˇ

斩条 tʂanˉt'iauˉ

拷打 k'auˉtaˉ

打屁股 taˉp'iˇkuˉ

上枷 ʂaŋˇtɕiaˇ

手铐子 ʂouˉkauˉ·tsʅ 手铐

脚镣 tɕiauˉliauˉ

捆起来 k'uanˉtɕ'iˉlai 绑起来

押起来 iaˇtɕ'iˉlai 囚禁起来

蹲监狱 tuənˉtɕianˉyˇ 坐牢

探监 t'anˉtɕianˇ

越狱 yɛˇyˇ

立字据 liˇtsʅˉtɕyˇ

画押 xuaˇiaˇ

按手印 ŋanˇʂouˉinˇ

捐税 tɕyɛnˇʂueiˇ

地租 tiˇtsuˇ

地契 tiˇtɕ'iˇ

税契 ʂueiˇtɕ'iˇ

纳税 naˇʂueiˇ

执照 tʂʅˉtʂauˇ

告示 kauˇʂʅˇ

通知 t'uŋˇtʂʅˇ

路条 luˇt'iauˉ

命令 miŋˇliŋˇ

大戳子 taˇtʂ'uoˇ·tsʅ 印（官方图章）

私访 sʅˇfaŋˉ

交代 tɕiauˇtaiˇ

上任 ʂaŋˇzənˇ

卸任 ɕiɛˉzənˇ

罢免 paˇmiɛnˉ

案卷 ŋanˇtɕyɛnˇ

传票 tʂ'uanˇp'iauˇ

白面儿 paimiɐrˇ 毒品

（十八）交际

应酬 iŋ˅ tsʻou˦
来往 lai˦ uaŋ˦
看人 kʻan˅ zən˦
拜访 pai˅ faŋ˦
回拜 xuei˦ pai˅
客人 kʻɤ˅ zən˦
请客 tɕʻiŋ˦ kʻɤ˅
招待 tʂau˦ tai˅
男客 nan˦ kʻɤ˅
女客 ny˦ kʻɤ˅
送礼 ʂuŋ˅ li˦
礼物 li˦ u˅
人情 zən˦ tɕʻiŋ˦
做客 tsuo˅ kʻɤ˅
待客 tai˅ kʻɤ˅
陪客 pʻei˦ kʻɤ˅
送客 suŋ˅ kʻɤ˅
不送啊 pu˅ suŋ˅ ·lia
谢谢 ɕiɛ˅ ɕiɛ˅
不客气 pu˅ kʻɤ˅ tɕʻi˦
摆酒席 pai˦ tɕiou˦ ɕi˦
一桌酒席 i˦ tʂuo˦ tɕiou˦ ɕi˦
请柬 tɕʻiŋ˦ tɕian˦ 请帖
下请柬 ɕia˅ tɕʻiŋ˦ tɕian˦ 下请帖
凑份子 tsʻou˅ fən˅ ·tsɿ 集体合伙送礼，分摊钱财
邀份子 iau˦ fən˅ ·tsɿ
份子钱 fən˅ ·tsɿ tɕʻian˦
入席 zu˅ ɕi˦
上菜 ʂaŋ˅ tsʻai˅
满酒 man˦ tɕiou˦ 斟酒
劝酒 tɕʻyan˅ tɕiou˦
干杯 kan˅ pei˦
行酒令 ɕiŋ˦ tɕiou˦ liŋ˦
冤家对头 yuɛn˦ tɕia˦ tuei˅ tʻou˦ 不和、冤家
委屈 uei˦ tɕʻy˦ 冤枉
插嘴 tʂʻa˦ tsuei˦
说大话 ʂuo˦ ta˅ xua˦ 吹毛求疵
阴阳怪气 in˦ iaŋ˦ san˦ 做作
拉架子 la˦ tɕia˅ ·tsɿ 摆架子
　拿发人 na˦ fa zən˦
装傻充愣 tʂuaŋ˦ ʂa˦ tʂuŋ˦ zən˦ 装傻
出洋相 tʂʻu˦ iaŋ˦ ɕiaŋ˦
丢人脸 tiou˦ zən˦
拍马屁 pʻai˦ ma˦ pʻi˦ 巴结
　溜舔人 liou˦ tʻian˦ zən˦
串串门儿 tʂʻuan˅ tʂʻuan˦ mɚ˦
拉近乎 la˦ tɕin˦ ·xu

看得起 kʻanˇ·tə tɕʻiˇ

看不起 kʻanˇ puˇ tɕʻiˇ

凑伙 tsouˇ xouˇ 合伙儿

应哪 iŋˇ·lia 答应

不应他 puˇ iŋˇ tʻaˇ 不答应

轰出去 xuŋˇ tʂʻuˇ tɕʻyˇ 撵出去

（十九）商业、交通

（1）经商行业

字号 tsʅˇ xɑuˇ

招牌 tsɑuˇ pʻaiˇ

广告 kuɑŋˇ kɑuˇ

开店 kʻaiˇ tianˇ 开铺子

门脸 mənˇ lianˇ 铺面

打地摊儿 taˇ tiˇ tʻɚˇ 摆摊子

自个儿干 tsʅˇ kɚˇ kanˇ 跑单帮

做生意 tsuoˇ ʂəŋˇ iˇ

旅馆 lyˇ kuanˇ 旅店

饭铺 fanˇ pʻuˇ 饭馆

下铺儿 ɕianˇ pʻuɚˇ 下馆子

跑堂儿的 pʻauˇ tʻãɚˇ·ti 堂倌儿

布店 puˇ tiɛnˇ

百货店 paiˇ xuoˇ tianˇ

杂货铺 tsaˇ xuoˇ tianˇ 杂货店

油盐铺 iouˇ ianˇ pʻuˇ 油盐店

粮店 liɑŋˇ tianˇ

瓷器店 tsʻʅˇ tɕʻiˇ tianˇ

文具店 uənˇ tɕyˇ tianˇ

茶馆儿 tsaˇ kuɚˇ

理发店 liˇ faˇ tianˇ

推头 tʻueiˇ tʻouˇ 理发

刮脸 kuaˇ lianˇ

刮胡子 kuaˇ xuˇ·tsʅ

肉店 zouˇ tianˇ 肉铺

宰猪 tsaiˇ tʂuˇ 杀猪

油作坊 iouˇ tsuoˇ fɑŋˇ 油坊

当铺 tɑŋˇ pʻuˇ

租房子 tsuˇ fɑŋˇ·tsʅ

典房子 tiɛnˇ fɑŋˇ·tsʅ

煤厂儿 meiˇ tʂãɚˇ 煤铺

煤球 meiˇ tɕʻiouˇ

蜂窝煤 fəŋˇ uoˇ meiˇ

（2）经营、交易

开门 kʻaiˇ iɛnˇ 开业

助兴 tsuˇ ɕiŋˇ 开业大吉

关张 kuanˇ tsɑŋˇ 停业

盘点 pʻanˇ tianˇ

柜台 kueiˇ tʻaiˇ

开价 kʻaiˇ tɕiaˇ

还价 xuanˇ tɕiaˇ

贱 tɕianˇ（价钱）便宜

（价钱）贵 kueiˇ

合适 xɤˇ ʂɿˇ（价钱）公道

包啊 pauˇ ·lia 包圆儿

　　包啊圆啊 pauˇ ·lia yuɛnˇ ·lia

买卖不赖 maiˇ maiˇ puˇ laiˇ 买卖好

买卖冷清 maiˇ maiˇ ləŋˇ tɕ'iŋˇ

　　买卖冷淡 maiˇ maiˇ ləŋˇ tanˇ

工钱 kuŋˉ tɕ'ianˉ

本钱 pənˇ tɕ'ianˉ

保本儿 pauˇ pərˇ 保本

挣钱 tʂəŋˇ tɕ'ianˉ 赚钱

亏空啊 k'ueiˇ kuŋˇ 亏本

赔啊 p'eiˇ ·lia

车费 tʂɤˇ feiˇ 路费

利息 liˇ ɕiˉ

走红运 tsouˇ xuŋˇ ynˇ 运气好

差 tʂ'aˇ 欠

该 kaiˇ 欠

定款 tiŋˉ k'uanˉ 押金

（3）账目

度量衡 tuˇ liaŋˇ xəŋˉ

账房 tʂaŋˇ faŋˉ

开销 k'aiˉ ɕiauˇ

收账 ʂouˇ tʂaŋˇ

出账 tʂ'uˇ tʂaŋˇ ɛn

欠账 tɕ'ianˇ tʂaŋˇ

要账 iauˇ tʂaŋˇ

烂账 lanˇ tʂaŋˇ

折子账 tʂɤˇ ·tsɿ tʂaŋˇ 旧时斋堂川一种赊账折子，实行"赊账消费"，收秋还账

水牌 ʂueiˇ p'aiˇ

发票 faˉ p'iauˇ

收据 ʂouˇ tɕyˇ

存款 ts'uənˉ k'uanˉ

整钱 tʂəŋˇ tɕ'ianˉ

零钱 liŋˇ tɕ'ianˉ

钱 tɕ'ianˇ 钞票

锛子 pəŋˇ ·tsɿ 硬币

铜钱儿 t'uŋˇ pərˇ 铜板儿

银圆 inˇ yɛnˇ

一分钱 iˇ fənˇ tɕ'ianˇ

一角钱 iˇ tɕiauˇ tɕ'ianˇ

一块钱 iˇ k'uaiˇ tɕ'ianˇ

十块钱 ʂɿˇ k'uaiˇ tɕ'ianˇ

一百块钱 iˇ paiˇ k'uaiˇ tɕ'ianˇ

一张钞票 iˇ tʂaŋˇ tʂ'auˇ p'iauˇ 一张票子

一个铜钱儿 iˇ kɤˇ t'uŋˇ tɕ'ianˇ 一个铜子儿

算盘 suanˇ p'anˉ

秤 tʂ'əŋˇ 天平

等子 təŋ˩ ·tʂɿ 测定贵重物品或药品重量的小称，又作戥子

秤 tʂʻəŋ˩

大秤 ta˩ tʂʻəŋ˩ 磅秤

秤盘 tʂʻəŋ˩ pʻan˩

秤星儿 tʂʻəŋ˩ ɕiə̃r˩

秤杆儿 tʂʻəŋ˩ kɚ˩

秤钩子 tʂʻəŋ˩ kou˩ ·tʂɿ

秤锤 tʂʻəŋ˩ tʂʻuei˩

 秤砣 tʂʻəŋ˩ tʻou˩

秤毫 tʂʻəŋ˩ xɑu˩

钩秤 kou˩ tʂʻəŋ˩ 所称东西挂在秤钩的称

盘称 pʻan˩ tʂʻəŋ˩ 所称东西放在盘中的称，京西多用

打不下 ta˩ pu˩ ɕia˩（称物时）秤尾高

打太低 ta˩ tʻai˩ ti˩（称物时）秤尾低

刮板（平斗斛的木片）kua˩ pan˩

（4）交通

铁道 tʻiɛ˩ tɑu˩ 铁路、铁轨

火车 xuo˩ tʂʻɤ˩

火车站 xuo˩ tʂʻɤ˩ tʂan˩

公路 kuŋ˩ lu˩

汽车 tɕʻi˩ tʂʻɤ˩

大客 ta˩ kʻɤ˩ 客车

货车 xuo˩ tʂʻɤ˩

公共汽车 kuŋ˩ kuŋ˩ tɕʻi˩ tʂʻɤ˩

小轿车 ɕiɑu˩ tɕiɑu˩ tʂʻɤ˩

电驴子 tian˩ ly˩ ·tʂɿ 摩托车

三轮车（载人的）san˩ luən˩ tʂʻɤ˩

平板三轮车（载物的）pʻiŋ˩ pan˩ san˩ luən˩ tʂʻɤ˩

自行车 tsɿ˩ ɕiŋ˩ tʂʻɤ˩

大马车 ta˩ ma˩ tʂʻɤ˩ 大车

鞍子 ŋan˩ ·tʂɿ 系在牲口背上的垫护工具。有横梁，前后鞒，鞍子板，毡屉和垫入的草纸等

驴轴根 ly˩ tsou˩ kən˩ 固定鞍子的工具。轴根是一条横棍，两头用绳子与鞍子相连，置于尾下，从后边固定鞍子，前边用盘胸，下边用肚带将鞍子牢牢固定在牲背上

船（总称）tʂʻuan˩

渔船 y˩ tʂʻuan˩

轮船 luən˩ tʂʻuan˩

爬山虎 pʻa˩ ʂan˩ xu˩ 旧时一种代步工具，京西交通不便，该物件相当于南方的"滑竿"，常用于上山时代步。一般由四人人来抬，第一人叫"报道"，俗称"挑哨的"，第二人叫"前坑儿"，第三人叫"天坑儿"，第四人叫"甩椅子"。

（二十）文化教育

（1）学校

学校 ɕyɛ˩ ɕiɑu˩

上学 ʂɑŋ˩ ɕiɑu˩ 开始上小学

上学 ʂɑŋ˩ ɕiɑu˩ 去学校上课

散学 sɑn˩ ɕiɑu˩ 放学

逃学 tɑu˩ ɕiɑu˩

幼儿园 iou˩ ər˩ yɛn˩

托儿所 tʻuo˩ ər˩ suo˩

义学 i˩ ɕyɛ˩

私塾 sʅ˩ ʂu˩

学费 ɕyɛ˩ fei˩

放假 fɑŋ˩ tɕia˩

暑假 ʂu˩ tɕia˩

寒假 xɑn˩ tɕia˩

请假 tɕʻiŋ˩ tɕia˩

（2）教室 文具

教室 tɕiɑu˩ ʂʅ˩

上课 ʂɑŋ˩ kʻɤ˩

下课 ɕia˩ kʻɤ˩

讲台 tɕiɑŋ˩ tʻai˩

黑板 xei˩ pan˩

粉笔 fən˩ pi˩

紫石砚 tsʅ˩ ʂʅ˩ iɛn˩ 京西特产名砚

板擦儿 pan˩ tsʻɚ˩

点名册 tiɛn˩ miŋ˩ tsʻɤ˩

教鞭 tɕiɑu˩ piɛn˩ 戒尺

笔记本 pi˩ tɕi˩ pən˩

课本 kʻɤ˩ pən˩

铅笔 tɕiɛn˩ pi˩

擦子 tsʻa˩ tsɿ 橡皮

布擦子 xei˩ pan˩ tsʻa˩ 黑板擦，用布制成

脱笔刀 tʻuo˩ pi˩ tɑu˩ 铅笔刀

圆规 yan˩ kuei˩

三角尺 san˩ tɕiɑu˩ tʂʅ˩ 三角板

镇尺 tʂən˩ tʂʅ˩ 镇纸

作文本 tsuo˩ uen˩ pən˩

大字本 ta˩ tsʅ˩ pən˩

大仿 ta˩ fɑŋ˩ 红模子

信瓢儿 ɕin˩ ʐãr˩ 信封

钢笔 kɑŋ˩ pi˩

毛笔 mɑu˩ pi˩

笔帽 pi˩ mɑu˩

笔筒 pi˩ tʻuŋ˩

砚台 iɛn˩ tʻai˩

研墨 iɛn˩ mo˩

墨盒儿 mo˩ xɤr˩

墨汁 mo˩ tʂʅ˩

扫扫 sɑu˩ sɑu˩ 揿笔

钢笔水儿 kaŋ˅ pi˧ 墨水儿（钢笔用的）

书兜 ʂu˅ tou˅ 书包

（3）读书识字

念书人 nian˅ ʂu˅ ʐən˅ 读书人

认字儿的 ʂʅ˅ tsər˅·ti 识字的人

不认字儿的 pu˅ ʂʅ˅ tsər˅·ti 不识字的人

读书 tu˅ ʂu˅

复习 fu˅ ɕi˧ 温书

背书 pei˅ ʂu˅

报考 pau˅ k'au˧

考场 k'au˧ tʂ'aŋ˧

入场 ʐu˅ tʂ'aŋ˧

考试 k'au˧ ʂʅ˅

考卷 k'au˧ tɕyan˧

满分 man˧ fən˅

零分 liŋ˧ fən˅

发榜 fa˅ paŋ˧

第一名 ti˅ i˅ miŋ˧ 头名

倒数第一名 tau˅ ʂu˅ ti˅ i˅ miŋ˧

末名

毕业 pi˅ iɛ˧

肄业 i˅ iɛ˧

文凭 uən˧ p'iŋ˧

大楷 ta˅ k'ai˧

小楷 ɕiau˧ k'ai˧

字帖 tsʅ˅ t'iɛ˧

临帖 lin˧ t'iɛ˧

划掉啊 xua˧ tiau˧ ·lia

写错字 ɕiɛ˧ ts'uo˅ tsʅ˅ 写白字

写斗字（写字笔顺不对）ɕiɛ˧ tou˧ tsʅ˅

掉字 tiau˅ tsʅ˅

草稿 ts'au˧ kau˧

起稿子 tɕ'i˧ kau˧ ·tsʅ

誊清 t'əŋ˧ tɕ'iŋ˅

一点 i˅ tiɛn˧

一横 i˅ xəŋ˧

一竖 i˅ ʂu˅

一撇 i˅ p'iɛ˧

一捺 i˅ na˅

一勾 i˅ kou˅

一挑 i˅ t'iau˧

一画 i˅ xua˅

偏旁儿 p'ian˅ p'aŋ˅

立人儿 li˅ ʐər˧

双立人儿 ʂuaŋ˅ li˅ ʐər˧

弓长张 kuŋ˅ tʂ'aŋ˧ tʂaŋ˅ 弯弓张

立早章 li˅ tsau˧ tʂaŋ˅

禾旁程 xɤ˧ p'aŋ˧ tʂ'əŋ˧

方壳栏儿 faŋ˅ k'ɤ˅ lər˧ 四框栏儿

宝盖儿头 pau˧ kər˅ t'ou˧ 宝盖儿

秃宝盖儿 t'u˅ pau˧ kər˅

补心儿旁 pu˨ ɕin˨ p'aŋ˧ 竖心旁
大毛儿旁 ta˨ maur˨ p'aŋ˧ 反犬旁
立耳旁 li˨ ər˨ p'aŋ˧ 单耳刀儿
双耳旁 ʂuaŋ˨ ər˨ p'aŋ˧ 双耳刀儿
仿文儿旁 faŋ˨ uər˨ p'aŋ˧ 反文旁
侧玉儿 tʂai˨ yər˨ 斜玉儿
提土旁 t'i˨ t'u˨ p'aŋ˧
竹字头儿 tʂu˨ tʂʅ˨ t'our˨
火字旁 xuo˨ tʂʅ˨ p'aŋ˧
四点 sʅ˨ tiɛn˨
三点水儿 san˨ tian˨ ʂuər˨

两点水儿 liaŋ˨ tian˨ ʂuər˨
病旁儿 piŋ˨ p'ãr˧
走之儿 tsou˨ tʂər˨
绞丝旁 tɕiau˨ sʅ˨ p'aŋ˧
提手旁 t'i˨ ʂou˨ p'aŋ˧
草字头 ts'au˨ tsʅ˨ t'ou˨
团结字 t'uan˨ tɕiɛ˨ tsʅ˨ 合体字，合字不合音，如"双喜""招财进宝"等，京西常用于过年过节的门贴，

（二十一）文体活动

（1）游戏、玩具
风筝 fəŋ˨ tʂəŋ˨
藏没儿没儿 ts'aŋ˨ mər˨ mər˨ 捉迷藏
踢毽子 t'i˨ tɕian˨ ·tsʅ 踢毽儿
砸阎王 tsa˨ ian˨ uaŋ˨ 地上画圈围城，中立石块，戏者于数步外，以石击之，击倒者胜
抓子儿 tʂua˨ tsər˨
弹球儿 t an˨ tɕiou˨
打尜尜 ta˨ ka˨ ·ka 三寸木棒，砍成两头尖，曰尜尜，以木刀击之的儿童游戏

翻交交 fan˨ tɕiau˨ tɕiau˨ 翻花绳的儿童游戏
　翻撑 fan˨ tʂ'əŋ˨
　交线戏 tɕiau˨ ɕian˨ ɕi˨
　吃啥 tʂ'ʅ˨ ʂa˨
打水漂儿 ta˨ ʂuei˨ p'iau˨
跳房子 t'iau˨ faŋ˨ tsʅ˨
转铁滑 tʂuan˨ t'iɛ˨ xua˨ 滚铁环
九连环 tɕiou˨ lian˨ xuan˨ 传统智力玩具，以九个连环相连成串，以解开为胜
老虎吃羊 lau˨ xu˨ tʂ'ʅ˨ iaŋ˨ 翻绳
猜拳 ts'ai˨ tɕ'yan˨ 划拳

破个谜 pʻoˇ kɤˇ miˋ 出谜语

猜谜语 tsʻaiˉ miərˇ 猜谜儿

不倒翁 puˋ tauˇ uŋˉ

　搬不倒 panˉ puˇ tauˇ

推牌九 tʻueiˉ pʻaiˇ tɕiouˇ 牌九

天九牌 tʻianˉ tɕiouˇ pʻaiˇ 骨牌、牌九，牌类娱乐用具

麻将 maˉ tɕiaŋˋ

掷色子 tʂʅˋ saiˇ·tsʅ

押宝 iaˉ pauˋ

二踢脚 ərˋ tʻiˉ·tɕiau 爆竹

放鞭炮 faŋˋ pianˉ pʻauˋ

麻雷子 maˉ leiˇ·tsʅ 二踢脚

花炮 xuaˉ pʻauˋ 烟火

放花炮 faŋˋ xuaˉ pʻauˋ

（2）体育

象棋 ɕiaŋˋ tɕʻiˇ

下棋 ɕiaˋ tɕʻiˇ

将 tɕiaŋˋ

帅 ʂuaiˋ

士 ʂʅˋ

象 ɕiaŋˋ

相 ɕiaŋˋ

车 tɕyˉ

马 maˇ

炮 pʻauˋ

兵 piŋˉ

卒 tsuˉ

拱卒 kuŋˇ tsuˉ

支士 tʂʅˉ ʂʅˋ 上士，士走上去

落士 luoˋ ʂʅˋ 士走下来

飞象 feiˉ ɕiaŋˋ

回象 xueiˇ ɕiaŋˋ 落象

将军 tɕiaŋˋ tɕynˉ

围棋 ueiˇ tɕʻiˇ

老虎吃羊 lauˇ xuˇ tʂʻʅˉ iaŋˇ 京西山村杂棋，不用备子，随时可捡石块、木棍、核桃替代。

黑子 xeiˉ tsʅˇ

和棋 xuoˇ tɕʻiˇ

拔河 paˉ xɤˇ

游泳 iouˇ yŋˇ

仰泳 iaŋˇ yŋˇ

蛙泳 uaˉ yŋˇ

自由泳 tsʅˋ iouˇ yŋˇ

潜水 tɕʻianˇ ʂueiˇ

打球 taˇ tɕʻiouˇ

赛球 saiˋ tɕʻiouˇ

乒乓球 pʻiŋˉ pʻaŋˉ tɕʻiouˇ

篮球 lanˇ tɕʻiouˇ

排球 pʻaiˇ tɕʻiouˇ

足球 tsuˉ tɕʻiouˇ

羽毛球 yˇ mauˇ tɕʻiouˇ

跳远 tʻiauˋ yanˇ

跳高 tʻiauˇkauˇ

（3）武术、舞蹈

翻跟头 fanˇkənˇ·tou

连翻 lianˇfanˇ 打车轮子

倒立 tauˇliˇ

跑狮子舞 pʻauˇʂʅˇ·tsʅ uˇ 舞狮子

跑旱船 pʻauˇxanˇtʂʻuanˇ

高跷 kauˇtɕʻiauˇ

对刀 tueiˇtauˇ

耍刀 ʂuaˇtauˇ

对枪 tueiˇtɕʻiaŋˇ

耍枪 ʂuaˇtɕʻiaŋˇ

耍流星锤 ʂuaˇliouˇɕiŋˇtʂueiˇ

耍流星

扭秧歌儿 niouˇiaŋˇkərˇ

打腰鼓 taˇiauˇkuˇ

太平鼓 tʻaiˇpʻiŋˇkuˇ 有柄单面鼓，鼓圈用铁条箍制，柄下缀以铁环，击鼓抖环，清脆连响。京西为太平鼓之乡

跳舞 tʻiauˇuˇ

哒笛子 taˇtiˇ·tsʅ 即唢呐，以其发出的声音而命名

霸王鞭 paˇuaŋˇpianˇ 一种舞蹈，演员手执花棍，载歌载舞。花棍两端装有铜钱，舞者跳动发出有节奏的声响

跑驴 pʻauˇlyˇ 二人表演节目，一人扮骑驴少妇，一人扮赶脚者

跑湖船 pʻauˇxuˇtʂʻuanˇ 跑旱船

木偶戏 muˇŋouˇɕiˇ

皮影戏 pʻiˇiŋˇɕiˇ

大戏 taˇɕiˇ

京剧 tɕiŋˇtɕyˇ

话剧 xuaˇɕiˇ

戏院 ɕiˇyɛnˇ

戏台 ɕiˇtʻaiˇ

戏子 ɕiˇtsʅˇ 演员

变戏法 piɛnˇɕiˇfaˇ

说书 ʂuoˇʂuˇ

花脸 xuaˇliɛnˇ

小丑 ɕiauˇtʂʻouˇ

老生 lauˇʂəŋˇ

小生 ɕiauˇʂəŋˇ

武生 uˇʂəŋˇ

刀马旦 tauˇmaˇtanˇ

老旦 lauˇtanˇ

青衣 tɕʻiŋˇiˇ

花旦 xuaˇtanˇ

小旦 ɕiauˇtanˇ

小喽啰 ɕiauˇlouˇ·luo 跑龙套的

（二十二）动作

（1）一般动作

站着 tʂanˇ ·tʂuo 站

蹲 tuənˇ

打马趴 taˇ maˇ p'aˇ 栽跟斗、跌倒了

　跌 tiɛˇ

站起来 tʂanˇ tɕ'iˇ ·lai 爬起来

晃头 xuɑŋˇ t'ouˇ 摇头

点头 tiɛnˇ t'ouˇ

抬起脑袋来 t'aiˇ tɕ'iˇ nɑuˇ taiˇ ·lai 抬头

□下 liŋˇ ɕiaˇ 低头

转头 tʂuanˇ t'ouˇ 回头

脸转过去 liɛnˇ tʂuanˇ kuoˇ tɕ'yˇ

搵儿吻儿 uərˇ uərˇ 脸贴地趴着

把眼睁开 paˇ ianˇ tʂəŋˇ k'aiˇ 睁眼

瞪眼 təŋˇ ianˇ

合眉瞪眼 xɤˇ meiˇ təŋˇ ianˇ 闭眼

递咕眼 tiˇ ·ku ianˇ 挤眼儿

眨巴眼 tʂaˇ ·pa ianˇ 眨眼

碰头俩 p'əŋˇ t'ouˇ ·lia 遇见

瞧瞧 tɕ'iɑuˇ ·tɕ'iɑu 看

睇睇 teiˇ teiˇ 看看

睇不见 teiˇ puˇ tɕianˇ 看不到

砸着 tsaˇ ·tʂɤ 盯着

见不着 tɕianˇ puˇ tʂɑuˇ 看不见

打眼 taˇ ianˇ 看走眼，没看准

听听 t'iŋˇ t'iŋˇ 用鼻子闻闻

稍稍 ʂɑuˇ ʂɑuˇ 用筷子的末端尝汤汁的味道

吧嗒吧嗒 paˇ ·ta paˇ ·ta 拟声词，尝尝义

寻嗒 ɕynˇ ·ta 寻找

贼眉鼠眼 tseiˇ meiˇ ʂuˇ ianˇ 眼睛乱转

风湿眼 fəŋˇ ʂʅˇ ianˇ 流眼泪

张嘴 tʂɑŋˇ tsueiˇ

合嘴 xɤˇ tsueiˇ 闭嘴

努嘴 nuˇ tsueiˇ

噘嘴 tɕyɛˇ tsueiˇ

抬手 t'aiˇ ʂouˇ 举手

摆手 paiˇ ʂouˇ

撒手 saˇ ʂouˇ

伸手 ʂənˇ ʂouˇ

动手 tuŋˇ ʂouˇ

拍手 p'aiˇ ʂouˇ

倒背手 tɑuˇ peiˇ ʂouˇ 背着手儿

叉着手儿 tʂ'aˇ ·tʂuo ʂouˇ

笼着手 luŋ˧ ·tṣuo ṣou˧

拨拉 p'o˧ ·la

挠头 nau˧ t'ou˧ 不梳头

盖住 kai˥ tṣu˥ 捂住

焐暖 u˥ nuan˧ 焐热

摩挲 mu˧ ·sa 打，对淘气孩子要打又舍不得打的样子

攨 kuai˥ 半躺半卧，稍事休息

攨扭 kuai˥ niou˥ 如小脚女人般走路

攨着 kuai˥ ·tṣuo 步行

攨 kuai˥ 盛舀

搲 ua˥ 舀（水、米、面等）

躐头 tṣ'an˥ t'ou˧ 追上并超过

发啊 fa˥ ·lia 发财，又指发情

揍啊 tsou˥ ·lia 打碎了，摔了，也指糟了，坏事了

站站儿 tṣan˥ tṣɚ˥ 停一下

沉沉儿 tṣ'ən˧ tṣ'ɚ˥ 等一会儿

踩咕 ts'ai˥ ·ku 贬低

冒咕 mau˥ ·ku 半身晃荡

蹧 tsɑu˥ 踩

撠（用手托着向上）tṣ'uo˥

把屎 pa˥ ṣʅ˥

把尿 pa˥ niau˥

搀着 tṣ'an˥ tṣuo 扶着

捉扶着 tsuo˥ fu˧ ·tṣuo 扶着

弹□ t'an˧ pei˥ 弹指头

握起拳 uo˥ tɕ'i˥ tɕ'yan˧ 攥起拳头

劕 tuan˥ 双手举石将物品砸断

跥脚 tuo˥ tɕyɛ˧

踮脚 tiɛn˥ tɕyɛ˧

脚绍 tɕyɛ˧ ṣau˧ 抬脚就走

跷二郎腿 tɕ'iau˧ ər˥ laŋ˧ t'uei˥

盘腿 p'an˧ t'uei˥ 蜷腿

嘚瑟 tɤ˥ ·sɤ 抖腿

往前踢 uaŋ˧ tɕ'ian˧ t'i˧ 踢腿

猫腰 mau˧ iau˧ 弯腰

伸腰 ṣən˥ iau˥

撑掌腰 tṣ'əŋ˥ tṣaŋ˧ iau˧ 撑腰

撅屁股 tɕyɛ˧ p'i˥ ku˧

格棱格棱 kɤ˥ ·liŋ kɤ˥ ·liŋ 相互交流、讨论

拍打拍打 p'ai˧ ta˧ p'ai˧ ta˧ 捶背

撏脓带 ɕiŋ˧ nəŋ˧ tai˧ 撏鼻涕

提溜脓带 ti˧ ·liou nəŋ˧ tai˧ 吸溜鼻涕

打嚏喷 ta˧ t'i˥ fən˧ 打喷嚏

打鼾睡 ta˧ xan˥ ṣuei˥ 打呼噜

盹啊 tuan˧ ·lia 困了

听 t'iŋ˥ 闻（用鼻子闻）

扫听 sau˥ t'iŋ˥ 打听

嫌在 ɕian˧ tsai˥ 嫌弃

嗟啊 tɕyɛ˧ ·lia 哭

250

第三章 门头沟斋堂话词汇

乐 lɤ˨ 笑

扔 z̩ˍəŋˍ

吃 tʂ'a˨

喝 xa˨

说 ʂuo˨

跑 p'au˩

走 tsou˩

放 faŋ˨

搌 tʂ'an˨

□ t'uŋ˨ 摸、碰

掴 kuo˩ 用巴掌打

挂 kua˨ 用较轻的物品投击

缕 ly˩ 用细长之物抽打

摌 ɕiɛ˨ 锤打

锔 tɕy˩ 用锔子连接破裂的器物

量 liaŋ˩ 用拐杖打

楞 ləŋ˩ 用粗棍打

盘 p'an˩ 短途运输

萃 tsʻu˨ 攥，但比攥用力要轻

不应 pu˨ iŋ˨ 不要，不用

概罗 kai˨ ·luo 收拾东西

盖搂 kai˨ ·lou 全部拿走，都拿起来；相互在一起不离散；抚养

挑选 t'iau˨ ɕyan˩ 选择

提溜 ti˨ ·liou 提起东西

拿起来 na˨ tɕ'i˨ ·lai 捡起来

擦擦 tsʻa˨ ·tsa 擦掉

透透 t'ou˨ t'ou˨ 用通条捅煤炉，使氧气充足火旺起来

　透火 t'ou˨ xuo˨ 捅火

崴泥 uai˨ ni˨ 铲泥

拃泥 tʂa˨ ni˨ 和泥

拃煤 tʂa˨ mei˨ 和煤

捞瓤 lau˨ z̩ɑŋ˨ 指打谷子、豆荚后再翻一遍

没啊 mu˨ ·lia 丢失

　丢啊 tiou˨ ·lia

落 la˨

找着啊 tʂau˨ tʂau˨ ·lia

撒达 sa˨ ·ta 到处寻找

踅摸 ɕyɤ˨ ·mo 认真地寻找

坚壁 tɕian˨ pei˨ 把东西藏起来

躲 tuo˨ 人藏起来

抬起来 t'ai˨ tɕ'i˨ ·lai 藏起来

搭火 ta˨ xuo˨ 用和好的煤泥封火

劅开 xuo˨ k'ai˨ 用刀剪将物品剖开

亡 uaŋ˨ 用石头将人打跑

大臂刀 ta˨ pi˨ tau˨ 以臂为刀，抡圆了胳膊打脸

擦督督儿 tsʻa˨ tu˨ tur˨ 玩滑滑梯

安排起来 ŋan˨ p'ai˨ tɕ'i˨ ·lai 码起来

拉当 la˨ taŋ˨ 当天往返

（2）心理活动

知道 tʂɿ˥ tɑu˥

知不道 tʂɿ˥ pu˥ tɑu˥ 不知道

晓知 ɕiɑu˥ tʂɿ˥ 知道

懂唡 tuŋ˥ ·lia

会唡 xuei˥ ·lia

认的 zən˥ ·ti

不认的 pu˥ zən˥ ·ti

识字 ʂɿ˥ tsɿ˥

摩摩 mo˥ ·mo 想想

拿摩拿摩 na˥ ·mo na˥ ·mo 估量

拿摩主意 na˥ ·mo tʂu˥ i 想主意

拿不定 na˥ pu˥ tiŋ˥ 猜想

料定 liɑu˥ tiŋ˥

主意 tʂu˥ i 主张

信他 ɕin˥ t'a˥ 相信

怀疑 xuai˥ i˥

琢磨 tʂuo˥ mo˥ 沉思

心思不定 ɕin˥ sɿ˥ pu˥ tiŋ˥ 犹疑

估摸之 ku˥ ·mo ·tʂɤ 估计

注点意 tʂu˥ tian˥ i˥ 留神

心吓慌 ɕin˥ ɕia˥ xuaŋ˥ 害怕

吓着唡 ɕia˥ tʂɑu˥ ·lia

找不济 tsɑu˥ pu˥ tɕi˥ 济，指度过，度不过，失败而得不到救助，倒霉之义

　　找背幸 tsɑu˥ pei˥ ɕiŋ˥

着急 tʂɑu˥ tɕi˥

惦记 tian˥ tɕi˥ 挂念

踏实唡 t'a˥ ʂɿ˥ ·lia 放心

盼 p'an˥ 盼望

巴不得 pa˥ ·pu tɤ˥

记着 tɕi˥ tʂɤ˥

忘记唡 uɑŋ˥ tɕi˥ ·lia

想起来唡 ɕiɑŋ˥ tɕ'i˥ lai˥ ·lia

不理会儿 pu˥ li˥ xuər˥ 没注意

估量 ku˥ liaŋ˥ 原意是估计、算计，引申为提防。

薄俗 po˥ su˥ 瞧不起，贬低，矮化别人

瞧扁唡 tɕiɑu˥ pian˥ ·lia 瞧不起

　　瞧俗唡 tɕiɑu˥ su˥ ·lia

眼红 iɛn˥ xuŋ˥

恶厌 u˥ ian˥ 讨厌

膈应 kɤ˥ iŋ˥ 讨厌

记仇 tɕi˥ tʂ'ou˥ 恨

敬奉 tɕiŋ˥ fəŋ˥ 羡慕

偏心眼 p'ian˥ ɕin˥ ian˥ 偏心

忌妒 tɕi˥ tu˥

搁怄气 kɤ˥ ŋou˥ tɕ'i˥ 怄气

数落 ʂu˥ luo˥ 抱怨

委屈 uei˥ tɕ'y˥ 憋气

发唡态度唡 fa˥ ·lia t'ai˥ tu˥ ·lia 生气

惜爱 ɕiˇ ŋaiˇ 对物爱惜

待见 taiˇ tɕianˇ 对人疼爱、喜欢

喜戴 ɕiˇ taiˇ 喜欢和爱戴，常用作别人奉承自己时的谦辞

谢谢 ɕiɛˇ ɕiɛˇ 感谢

宠爱 tsʻuŋˋ ŋaiˇ 娇惯、宠爱

随和点 sueiˇ xɤˇ tianˋ 迁就

一似似 iˇ sʅˋ ·sʅ 相像

（3）语言动作

唠嗑 lauˋ kʻɤˇ 说话

闲聊 ɕianˋ liauˇ 聊天

拉家 laˇ tɕiaˇ 讲故事、聊天

搭茬儿 taˇ tʂʻɚˇ

言语儿 ianˇ yɚˇ 说话、回答

吭声儿 kʻəŋˇ ʂɚ̃ˇ 回答

不言言 puˇ ianˋ ianˇ 不作声

哄 xuŋˇ 骗

哄啦 xuŋˋ ·la 指事情没办成

抓花椒啊 tʂuaˇ xuaˇ tɕiauˋ ·lia 没办法了

说给 ʂuoˇ keiˇ 告诉

杠头 kaŋˋ tʻouˇ 抬杠

夹憎 tɕiaˇ tsəŋˇ 毫无根据的指责，即扣帽子

犟嘴 tɕiaŋˇ tsueiˇ 顶嘴

梗缯子 kəŋˋ tsəŋˇ ·tsʅ 成心闹别扭，不听话

隔夜 kɤˇ iɛˇ 吵架、打架，尤指夫妻

　闹饥荒 nauˋ tɕiˇ xuaŋˇ

犯款 fanˋ kʻuanˇ 违反法律条款，即犯法

骂 maˇ

挨骂 ŋaiˇ maˇ

短子 tuanˋ tsʅˇ 短命鬼，詈语

罗成 luoˋ tʂəŋˇ 短命鬼，詈语

　小罗成 ɕiauˇ louˋ tʂʻəŋˇ

　短罗成 tuanˋ luoˋ tʂʻəŋˇ

杂种操的 tsaˇ tʂuŋˋ tsʻauˋ ·ti 没爹的野种，詈语。有时也是好友间的谑称

王八蛋操的 uaŋˇ paˇ tanˋ tsʻauˋ ·ti 詈语，也可作为好友间的谑称

兔崽子 tʻuˋ tsaiˇ ·tsʅ 詈语

栽培 tsaiˇ pʻeiˇ 嘱咐，叮咛

挨说 ŋaiˇ ʂuoˇ

叨唠 tauˋ ·lau

白呼 paiˇ ·xu 说没用的话

胡勒 xuˇ lɤˇ 胡说

　胡沁 xuˇ tɕʻinˇ

拉家 laˇ tɕiaˇ 拉家常，又指讲故事，聊天，说悄悄话儿等言语活动

拉家拉家 laˇ tɕiaˇ laˇ tɕiaˇ 说道说道

吆喝 iau˨ xɤ˨ 喊

唤 xuan˨ 叫、招呼

吱儿吱儿 tʂəɻ˨ tʂəɻ˨ 叫喊，叫唤

哇吆 ua˨ iau˨ 呼喊

吆呼 iau˨ xu˨ 打招呼

说相嘻儿 ʂuo˨ ɕiaŋ˨ ɕiəɻ˨ 开玩笑，说笑话，逗乐

（二十三）位置

上头 ʂaŋ˨ ·tʻou 上面

下头 ɕia˨ ·tʻou 下面

地底下 ti˨ ti˨ ɕia˨ 地上

地敷上 ti˨ fu˨ ʂaŋ˨ 地下

天上 tʻian˨ ʂaŋ˨

坡里 pʻo˨ li˨ 山上

道上 tau˨ ʂaŋ˨ 路上

街里 tɕie˨ li˨ 街上

墙头上 tɕiaŋ˨ tʻou˨ ʂaŋ˨ 墙上

门上 mən˨ ʂaŋ˨

桌上 tʂuo˨ ʂaŋ˨

凳子上 təŋ˨ ·tsʅ ʂaŋ˨ 椅子上

边里 pien˨ li˨ 边儿上

里面 li˨ miɛn˨

外面 uai˨ miɛn˨

手里 ʂou˨ li˨

心里 ɕin˨ li˨

荒山野外 xuaŋ˨ ʂan˨ iɛ˨ uai˨

野外

大门外头 ta˨ mən˨ uai˨ tʻou˨ 大门外

门口外头 mən˨ kʻou˨ uai˨ tʻou˨

门儿外

墙那边 tɕiaŋ˨ nei˨ pian˨ 墙外

窗户那头 tʂuaŋ˨ xu˨ nei˨ tʻou˨ 窗户外头

车上 tʂʻɤ˨ ʂaŋ˨

车外边 tʂʻɤ˨ uai˨ pian˨ 车外

车前头 tʂʻɤ˨ tɕian˨ tʻou˨ 车前

车后头 tʂʻɤ˨ xou˨ tʻou˨ 车后

高头 kau˨ tʻou˨ 上边

　高里 kau˨ li˨

前头 tɕian˨ tʻou˨ 前边

后头 xou˨ tʻou˨ 后边

　倒后 tau˨ xou˨

山根里 ʂan˨ kən˨ li˨ 山前

梁那边 liaŋ˨ nei˨ pian˨ 山后

房倒 faŋ˨ tau˨ 房后

脊梁后边 tɕi˨ niŋ˨ xou˨ pian˨

背后

第三章 门头沟斋堂话词汇

那会 nei˅ xuei˩ 以前

往后 uaŋ˅ xou˩ 以后

以上 i˩ ʂaŋ˅

以下 i˩ ɕia˩

后尾儿 xou˩ iər˩ 后来

从今往后 ts'uŋ˥ tɕin˩ uaŋ˅ xou˩

从今以后

往后 i˩ xou˩ 从此以后

东边 tuŋ˅ pian˅ 东

西边 ɕi˩ pian˅ 西

南边 nan˩ pian˅ 南

北边 pei˩ pian˅ 北

东南方向 tuŋ˅ nan˩ faŋ˅ ɕiaŋ˅ 东南

东北方向 tuŋ˅ pei˩ faŋ˅ ɕiaŋ˅ 东北

西南方向 ɕi˩ nan˩ faŋ˅ ɕiaŋ˅ 西南

西北方向 ɕi˩ pei˩ faŋ˅ ɕiaŋ˅ 西北

路边儿 lu˩ piɚ˅

当谷中间儿 taŋ˅ ku˩ tʂuŋ˅ tɕiər˅ 当间儿

炕底下 k'aŋ˅ ti˩ ɕia˩ 床底下

楼底下 lou˩ ti˩ ɕia˩

脚底下 tɕyɛ˅ ti˩ ɕia˩

碗底儿 uan˩ tiər˩

锅底儿 kuo˩ tiər˩

缸底儿 kaŋ˩ tiər˩

一边 i˩ pian˅ 旁边

周围 tʂou˩ uei˩ 附近

眼前儿 ian˩ tɕiər˩ 跟前儿

啥地方 ʂa˥ ti˩ faŋ˅ 什么地方

左边 tsuo˩ pian˅

这边 tʂei˩ pian˅

右边 iou˩ pian˅

那边 nei˩ pian˅

望里来来 uaŋ˩ li˩ lai˩ lai˩ 望里走

望出挪挪 uaŋ˩ tʂ'u˩ nou˩ nou˩ 望外走

望东走 uaŋ˩ tuŋ˅ tsou˩

望那边走走 uaŋ˩ nei˩ piɛn˅ tsou˩ tsou˩

望西走 uaŋ˩ ɕi˩ tsou˩

望那走 uaŋ˩ nei˩ tsou˩

掉头走 tiau˩ t'ou˩ tsou˩ 往回走

一直往前走 i˩ tʂʅ˩ uaŋ˩ tɕian˩ tsou˩ 往前走

⋯以东 i˩ tuŋ˅

⋯以西 i˩ ɕi˩

⋯以南 i˩ nan˩

⋯以北 i˩ pei˩

以这里头 i˩ tʂɤ˅ li˩ t'ou˩ ⋯以内

以这外头 i˩ tʂɤ˅ uai˩ t'ou˩ ⋯

以外

将来开始 tɕiaŋ˦ lai˦ kʻai˧ ʂʅ˦ …
以来

以前 i˦ tɕʻian˦ …之前

往后 uaŋ˦ xou˦ …之后

（二十四）代词等

我 ŋɤ˦

你 ni˦

他 tʻa˦

我们 ŋɤ˦·mən

咱们 tsa˦·mən

   俺们 ŋan˦·mən（a˦·mən）

你们 ni˦·mən

他们 tʻa˦·mən

您 nin˦

您 tʻan˦

我的 ŋɤ˦·ti

别人的 piɛ˦ ʐən˦·ti 人家

大伙儿 ta˦ xuor˦ 大家

谁 ʂuei˦

这个 tʂei˦ kɤ˦

那个 nei˦ kɤ˦

哪个 nei˦ kɤ˦

这些个 tʂei˦ ɕiɛ˦ kɤ˦ 这些

那些 nei˦ ɕiɛ˦

哪些 nei˦ ɕiɛ˦

这儿 tʂɤr˦ 这里

那儿 nɐr˦ 那里

哪儿里 nɐr˦ li˦

这之 tʂɤ˦·tsɤ（～·tʂʅ）这样

恁之 nən˦·tsɤ（～·tʂʅ）那样

怎儿着 tsɐr˦·tʂʅ 怎么着，怎样

这们高 tʂən˦·mən kau˦ 这么高

这子做 tʂən˦·tʂʅ tsuo˦ 这么做

恁们高 nən˦·mən kau˦ 那么高

恁子做 nən˦·tʂʅ tsuo˦ 那么做

咋儿做 tsɐr˦/tʂuɐr˦ tsuo˦ 怎么做

咋儿办 tsɐr˦/tʂuɐr˦ pan˦ 怎么办

为啥 uei˦ ʂa˦ 为什么

啥呀 ʂa˦·ia 什么

多儿钱 tuor˦ tɕʻian˦ 多少钱？

多儿久 tuor˦ tɕiou˦ 多久

多儿大 tuor˦ ta˦ 多大

多儿高 tuor˦ kau˦ 多高

多儿厚 tuor˦ xou˦ 多厚

多儿重 tuor˦ tʂuŋ˦ 多重

我们俩 ŋɤ˦·mən lia˦

   俺们俩 ŋan˦·mən lia˦

咱们俩 tsaˌ˦·mən liaˌ

你俩 niˌ˦ liaˌ 你们俩

他俩 tʻaˌ˦ liaˌ 他们俩

两口子 liaŋˌ˦ kʻouˌ·tʂʅ 夫妻俩

娘儿俩 niɐrˌ˦ liaˌ

爷儿俩 iɐrˌ˦ liaˌ

爷孙俩 iɛˌ˦ suənˌ˦ liaˌ

妯娌俩 tʂouˌ˦ liˌ liaˌ

姑嫂俩 kuˌ˦ sɑuˌ˦ liaˌ

婆媳俩 pʻoˌ˦ ɕiˌ liaˌ

兄弟俩 ɕyŋˌ˦ tiˌ˦ liaˌ

哥儿俩 kɤrˌ˦ liaˌ

姐妹俩 tɕiɛˌ˦ meiˌ˦ liaˌ

姐儿俩 tɕiɐrˌ˦ liaˌ

兄妹俩 ɕyŋˌ˦ meiˌ˦ liaˌ

姐弟俩 tɕiɛˌ˦ tiˌ˦ liaˌ

爷儿俩 iɛˌ˦ suənˌ˦ liaˌ 舅甥俩

姑侄俩 kuˌ˦ tʂʅˌ˦ liaˌ

叔侄俩 ʂuˌ˦ tʂʅˌ˦ liaˌ

师徒俩 ʂʅˌ˦ tʻuˌ˦ liaˌ

谁们 ʂueiˌ˦·mən

人们 zənˌ˦·mən

妯娌们 tʂouˌ˦ liˌ·mən

姑嫂们 kuˌ˦ sɑuˌ˦·mən

师徒们 ʂʅˌ˦ tʻuˌ˦·mən

先生学生 ɕiɛnˌ˦ ʂəŋˌ˦ ɕioˌ˦ ʂəŋˌ˦ 先生学生们

这些个理儿 tʂɤˌ˦ ɕiɛˌ˦ kɤˌ˦ liərˌ˦ 这些个理儿们

那些个事儿 naˌ˦ ɕiɛˌ˦ kɤˌ˦ ʂərˌ˦ 那些个事儿们

（二十五）形容词

好 xɑu

不错 puˌ˦ tsʻuoˌ˦

差不离儿 tʂʻaˌ˦ puˌ˦ liərˌa 差不多

体式 tʻiˌ˦ ʂʅˌ˦ 指一个人的道德规范和行为举止的规矩，不失体统

不咋地 puˌ˦ tsaˌ˦·ti 不怎么样

不顶事 puˌ˦ tiŋˌ˦ ʂʅˌ˦

二把刀 ərˌ˦ paˌ˦ tɑuˌ˦ 一知半解，技艺不高

戾把 liˌ˦ paˌ˦ 外行

　戾家 liˌ˦ tɕiaˌ˦

干着啊 kanˌ˦·tsuo·lia 受益了，意外的收获

　闹着啊 nɑuˌ˦·tsuo·lia

呕头 ŋouˌ˦·tʻou 脏得令人呕吐

恶罗缨的 ŋɑuˌ˦·luo iŋˌ˦·ti 恶心

呕格缨的 ŋou˪ kɤ˪ iŋ˪ ·ti 见了就想呕吐，令人作呕的程度到了极点

拿糕啊 na˪ kɑu˪ ·lia 本指黏米面黏在手上，形容事情或情况不好，即糟糕了

崴泥啊 uai˪ ni˪ ·lia 脚陷到泥里，指糟了，坏了

坏不了 xuai˪ pu˪ liɑu˪

不机密 pu˪ tɕin˪ mi˪ 不清楚

差 tsʻa˪ 次

凑合 tsʻou˪ ·xɤ

骨立 ku˪ li˪ 挺拔干净、俊秀利落

好看 xɑu˪ kʻan˪ 美

 漂亮 pʻiɑu˪ liaŋ˪

 顺眼 ʂuən˪ ian˪

 俊 tsuen˪

丑 tsʻou˪

难看 nan˪ kʻan˪

要紧 iɑu˪ tɕin˪

热闹 zɤ˪ nɑu˪

 红火 xuŋ˪ xuo˪

结实 tɕie˪ ʂʅ˪ 坚固

将克 tɕiaŋ˪ kʻɤ˪ 稀少、不足、缺乏

安静 an˪ tɕiŋ˪

 背静 pei˪ tɕiŋ˪

 肃静 su˪ tɕiŋ˪

鸦莫轻声儿的 ia˪ mo tɕʻiŋ˪ ʂɚr˪ ·ti 鸦雀无声状

加拽 tɕia˪ tʂuai˪ 形容结实禁得起拉扯

硬 niŋ˪

软 zuan˪

干净 kan˪ tɕiŋ˪

不干净 pu˪ kan˪ tɕiŋ˪

腻歪 ni˪ uai˪ 很脏

咸 ɕiɛn˪

薄 pɑu˪ 淡，指少盐味淡

香 ɕiaŋ˪

臭 tsʻou˪

酸 suan˪

甜 tʻian˪

苦 kʻu˪

辣 la˪

稀 ɕi˪

稠 tɕiɑu˪

密 mi˪

胖 pʻaŋ˪ 肥（指人或动物）

瘦 ʂou˪

舒坦 ʂu˪ tʻan˪ 舒服

难受 nan˪ ʂou˪

 不好受 pu˪ xɑu˪ ʂou˪

使得慌 ʂʅ˪ tɤ xɤ˪ ·rʅ 累了

不自在 pu˪ tsʅ˪ tsai˪ 身体不适，不

舒服

不大熨 pu˅ ta˅ y˅

不兴扫 pu˅ ɕiŋ˅ sɑu˅ 不舒服，难受，多指五官部位

不精神 pu˅ tɕiŋ˅ ʂən˅ 因病引起的精神不振，少言寡语

蔫啦巴叽 nian˅ la ·pa ·tɕi 不精神

搔挠子 sɑu˅ nɑu˅ tsɿ 不梳头，头发乱蓬蓬状

腌臜 a˅ tsa˅ 指肮脏；又指侮辱人

害臊 xai˅ sɑu˅ 腼腆

乖 kuai˅

战大 tʂan˅ ta˅ 淘气调皮

智大 tʂʅ˅ ta˅

傲唡 ŋɑu˅ ·lia 真行

稀松 ɕi˅ suŋ˅ 不行

缺德 tɕʻy˅ tɤ˅

机灵 tɕi˅ liŋ˅

灵巧 liŋ˅ tɕʻiɑu˅

焒嫽 ly˅ liɑu˅ 女孩美好、聪慧

嘎呗 ka˅ ·pei 声音清脆，干净利落

牛心 niou˅ ɕin˅ 脾气拗硬、倔强

犟牛根儿 tɕiɑŋ˅ niou˅ kər˅

充大眼的舅 tʂʻuŋ˅ ta˅ ian˅ ·tə tɕiou˅ 逞能

糊涂 xu˅ ·tʻu

闹不及迷 nɑu˅ pu˅ tɕi˅ mi˅ 弄不明白

听不及迷 tʻiŋ˅ pu˅ tɕi˅ mi˅

说不及迷 ʂuo˅ pu˅ tɕi˅ mi˅

住住儿的 tʂu˅ tʂur˅ ·ti 令孩子老实待着

二傻半尖 ər˅ ʂa˅ pan˅ tɕian˅ 自作聪明、傻里傻气

傻生格拉气 ʂa˅ ʂəŋ˅ kɤ˅ ·la tɕʻi˅ 自觉很聪明，什么都不懂

痴傻呆茶 tʂʅ˅ ʂa˅ tai˅ nie˅ 愚笨、精神失常

榆木疙瘩 y˅ mu˅ kɤ˅ ·ta 形容愚钝，不开窍

楞二格叨 ləŋ˅ ər˅ kɤ˅ ·tɑu 不机敏、死板

二不愣 ər˅ pu˅ ləŋ˅ 不懂事理

二五眼 ər˅ u˅ ian˅ 看不准、判断不清

稀松二五眼 ɕi˅ suŋ˅ ər˅ u˅ ian˅ 马马虎虎

愣头青 ləŋ˅ tʻou˅ tɕʻiŋ˅ 莽撞不成熟。

青头愣 tɕʻiŋ˅ tʻou˅ ləŋ˅ 原指不成熟的核桃，借指不成熟不懂事理的人

浮皮潦草 fu˅ pʻi˅ liɑu˅ tsɑu˅ 草

率、应付、不认真

猫盖屎 mauˇ kaiˇ ʂʅˇ 做事不认真，不扎实，不负责任

死心眼子 sʅˇ ɕinˇ ianˇ ·tsʅ 死心眼儿

乱木格穰 luanˇ muˇ kɤˇ ʐɑŋˇ 像和泥中加的穰一样无头无绪，纵横交错

苁包 suŋˇ pɑuˇ 脓包

耍贱 ʂuaˇ tɕ'ianˇ 为讨人欢心作出的令人肉麻的言语动作，多指卖弄风骚的女人

贱水 tɕ'ianˇ ʂueiˇ 卑鄙下流有如水一样没形儿，指狡诈邪恶得没一点正经形儿

浪贱眼大之哩 lɑŋˇ tɕ'ianˇ ianˇ taˇ ·tsʅ ·li 义同"贱水"。或指其他超出常理常规的行为和语言，另指对听不进父母劝告的晚辈的贬低之言

浪声可拉气 lɑŋˇ ʂəŋˇ k'ɤˇ laˇ tɕ'iˇ 如同妓女拉客一样的言行，常指人说话做事违反常规，令人肉麻

事儿妈五六 ʂərˇ maˇ uˇ liouˇ 制造麻烦，挑拨是非

炸尸 tsaˇ ʂʅˇ 本意指传说中人死后尸体被猫登踩后忽然坐起来，指乱打乱闹，淘气，常喻小孩子不老实待着，淘气

没出息 muˇ tʂ'uˇ ·ɕi 孬种

小气鬼 ɕiɑuˇ tɕ'iˇ kueiˇ 吝啬鬼

抠门 k'ouˇ mənˇ 小气

老啊 lauˇ ·lia 死了

干啊 kanˇ ·lia 坏了，糟了

别裂 piɛˇ liɛˇ 性格执拗难处。

个色 kɤˇ sɤˇ 性格孤僻，与众不同。

个生 kɤˇ ʂəŋˇ 半生不熟，喻不合群

列列儿个生 liɛˇ liɛrˇ ·kɤ ʂəŋˇ 不严肃，大大咧咧

列瓜 liɛˇ kuaˇ 不好接近，不近人情，不合群

楞瓜 ləŋˇ ʂəŋˇ 本指生瓜，喻不分轻重

鼻涕流圊 piˇ t'iˇ liouˇ tɕ'iŋˇ 指满脸鼻涕、眼泪、汗水的样子，像臭水坑一样脏臭

脓带枯哧 nəŋˇ taiˇ k'uˇ ·tʂʅ 满面鼻涕脏物，呆傻疯痴状

没影儿拉撒 muˇ iərˇ laˇ ·sa 没必要没根据地乱说乱做

苟不当价 kouˇ puˇ tɑŋˇ ·tɕia 指对自己所做所说的事情的惊讶式自责悔恨

半彪子 pan˅ piau˅ ·tʂʅ 不成熟

　半吊子 pan˅ tiau˅ ·tʂʅ

　缺火 tɕ'yɤ˅ xou˥

慌莫之 xuaŋ˥ ·mo ·tʂʅ 小心谨慎，不慌张

粘莫之干 nian˥ ·mo ·tʂʅ kan˥ 不粘糊，干净利落

顿言丧语 tuən˥ ian˥ saŋ˥ y˥ 说话生硬，表情冷漠，如丧事中的言语

下地黑 ɕia˅ ti˅ xei˅ 本指赌博下注数量多，泛指没规则地多放（给）东西

颠嗒 tian˥ ·ta 指办事无目的，不稳重，背离常规，还不听劝说

低嗒 ti˥ ·t'a 过分谦恭，奴颜卑骨状

难揍 nan˅ tsou˅ 不好惹，难打交道

剔另 t'i˥ liŋ˥ 指单独的，专门的

刺闹 ts'ʅ˥ nau˥ 刺儿头，指好争斗，不近人情，对人言谈无礼

　刺儿闹翻 ts'ər˥ nau˥ fan˥

背里逃荒 pei˥ ·li t'au˥ xuaŋ˥ 狼狈逃窜

胡扯六丢 xu˥ tʂ'ɤ˥ liou˥ tiou˥ 胡说八道

胡吹六唪 xu˥ tʂ'uei˥ liou˥ p'aŋ˥ 漫无边际地自夸，夸耀，说大话

烧槽 ʂau˥ ts'au˥ 好炫耀，好表现

　烧烧叨叨 ʂau˥ ʂau˥ tau˥ ·tau

谣谣儿 iau˥ iaur˥ 说话夸大其词，毫无根据

　谣发势气 iau˥ fai˥ ʂʅ˥ tɕ'i˥

　邪呼道事 ɕiɛ˥ xu˥ tau˥ ʂʅ˥

谝示 pian˥ ʂʅ˥ 显摆

掖挣 iɛ˥ tʂəŋ˥ 费劲、吃力、困难

浑 xuən˅ 耍赖

整 tʂəŋ˅

浑 xuən˥ 浑身是汗

凸 t'u˅

弯进去 uan˥ tɕin˥ tɕ'y˅ 凹

　缩进去 suo˥ tɕin˥ tɕ'y˅

手佝佝哪 ʂou˥ kou˥ kou˥ ·lia 手指冻僵不能曲直伸展状

凉快儿 liaŋ˥ k'uar˥ 凉快

背静 pei˥ tɕiŋ˥

活泛 xuo˥ fən˥ 活络

地道 ti˅ tau˥

一抹 i˥ mo˥ 形容做事很容易。

齐处 tɕ'i˥ tɕ'u˥ 整齐

齐大乎的 tɕ'i˥ ta˥ ·xu ·ti 大家齐心合作

按拍儿 an˥ p'ɚ˥ r˅ 条理清楚，井

井有条并有节奏感,

称心 tṣʻənˇɕinˇ

晚 uan˧

多 tuoˇ

少 ṣauˇ

大 taˇ

小 ɕiauˇ

绝力不大 tɕyɛˇliˇpuˇtaˇ 特别小

长 tṣʻɑŋ˧

短 tuanˇ

宽 kʻuan˧

窄 tṣai˧

厚 xouˇ

薄 pɑu˧

深 ṣənˇ

浅 tɕʻian˧

高 kɑuˇ

低 ti˧

矬 tsʻuo˧ 矮

正 tṣəŋˇ

歪 uaiˇ

斜楞 ɕiɛ˧·ləŋ 斜

红 xuŋ˧

大红 taˇxuŋ˧ 朱红

粉红 fən˧xuŋ˧

深红 ṣənˇxuŋ˧

浅红 tɕʻian˧xuŋ˧

蓝 lan˧

浅蓝 tɕʻian˧lan˧

深蓝 ṣənˇlan˧

天蓝 tʻian˧lan˧

绿 lyˇ

葱绿儿 tsʻuŋ˧ɕinˇlyˇ 葱心儿绿

草绿 tsʻɑu˧lyˇ

浅绿 tɕʻian˧lyˇ

白 pai˧

灰白 xueiˇpai˧

惨白 tsʻan˧pai˧ 苍白

漂白 pʻiɑu˧pai˧

灰 xueiˇ

深灰 ṣənˇxueiˇ

浅灰 tɕʻian˧xueiˇ

银灰 in˧xueiˇ

黄 xuɑŋˇ

杏黄 ɕiŋˇxuɑŋˇ

深黄 ṣənˇxuɑŋˇ

浅黄 tɕʻian˧xuɑŋˇ

青 tɕʻiŋˇ

豆青 touˇtɕʻiŋˇ 黑绿色

藏青 tsɑŋˇtɕʻiŋˇ

蟹青 ɕiɛˇtɕʻiŋˇ

鸭蛋青 iaˇtanˇtɕʻiŋˇ

深青 ṣənˇtɕʻiŋˇ 深绿色

浅青 tɕʻian˧tɕʻiŋˇ 浅绿色

紫 tsɿ˅

玫瑰紫 mei˅ kuei˅ tsɿ˅

藕荷色 ŋou˅ xɤ˅ sɤ˅

古铜色 ku˅ t'uŋ˅ sɤ˅

黑 xei˅（xɤ˅）

（二十六）副词、介词等

没价 mu˅·tɕia 没有

　没 mu˅

不 pu˅（~pai˅）

才 ts'ai˅ 刚（我~来，没赶上）

正好 tʂəŋ˅ xau˅ 刚（~十块钱）

正 tʂəŋ˅ 刚（不大不小，~合适）

正好 tʂəŋ˅ xau˅ 刚巧（~我在那儿）

净 tɕiŋ˅ 都、只、仅仅

光 kuaŋ˅ 都、只、仅仅

　光光的 kuaŋ˅ kuaŋ˅·ti

有点儿 iou˅ tiɚ˅

怕是 p'a˅ ʂɿ˅ 怕

没准儿 mei˅ tʂuɚ˅ 也许

差稀乎 tʂ'a˅ ɕi˅·xu 差点儿

治不的 tʂɿ˅ pu˅·ti 极严重的程度

非…不 fei˅…pu˅

马上 ma˅ ʂəŋ˅

趁早儿 tʂ'ən˅ tsau˅

早晚 tsau˅ uan˅

随时 suei˅ ʂɿ˅

眼看 iɛn˅ k'an˅

幸好 ɕiŋ˅ xau˅ 幸亏

当面儿 taŋ˅ miɚn˅ 当面

背地儿 pei˅ tiɚ˅ 背地

一块儿 i˅ k'uaɚ˅

自个儿 tsɿ˅ kɤɚ˅ 一个人

　自己 tsɿ˅ tɕi˅

捎带着 ʂau˅ tai˅·tʂɤ 顺便儿

故意儿 ku˅ iəɚ˅ 故意

　故故 ku˅ ku˅ 故意、特意、专门

到时 tau˅ ʂɿ˅ 到了儿

压根儿 ia˅ kəɚ˅

实在 ʂɿ˅ tsai˅

快四十 k'uai˅ sɿ˅ ʂɿ˅ 平四十

一共 i˅ kuŋ˅

归了包堆 kuei˅ liau˅ pau˅ tsuei˅ 总共

不要 pu˅ iau˅

白（不要钱，白吃）pai˅

　光 kuaŋ˅

管 kuan˧

白（~跑一趟）pai˥

偏 pʻian˥

胡 xu˥

先（你~走）ɕiɛn˥

起先 tɕʻi˧ɕiɛn˥ 先（他~不知道）

另外 liŋ˥uai˥

叫 tɕiau˥ 被

把 pa˧

对 tuei˥

对着 tuei˥·tʂau

到（到哪去）tau˥

到（~哪天为止）tau˥

到（扔~水里）tau˥

头（在…之前）tʻou˥

在 tsai˥

从 tsʻuŋ˥

自从 tsʅ˥tsʻuŋ˥

照（~这样做就好）tʂau˥

照（~我看不算错）tʂau˥

使 ʂʅ˥

顺着（~这条大路一直走）ʂuən˥·tʂɤ

顺着（沿着）ʂuən˥·tʂɤ

朝 tʂʻau˥

替 tʻi˥

给（~大家办事）kei˧

给（把门~关上）kei˧

给我 kei˧ uo˧

向（~他打听下）ɕaŋ˥

和 xau˥ 问（~他借一本书）

管…叫 kuan˧…tɕiau˥

拿…当 na˥…taŋ˥

从小 tsʻuŋ˥ɕiau˧

望外 uaŋ˥uai˥

赶到 kan˧tau˥ 赶

（二十七）量词

一把椅子 i˥pʻa˧·tsʅ

一枚奖章 i˥ mei˥tɕiaŋ˧ tʂaŋ˥

一块奖章 i˥ kʻuai˥tɕiaŋ˧ tʂaŋ˥

一本书 i˥pən˧ʂu˥

一笔款 i˥pi˥kʻuan˧

一匹马 i˥pʻi˧ma˧

一头牛 i˥ tʻou˥ niou˥

一封信 i˥ fəŋ˥ɕin˥

一服药 i˥ fu˥iau˥

一帖药 i˥ tʻiɛ˥iau˥

一味药 i˥ uei˥iau˥

一道河 i˥ tau˥xɤ˥

一顶帽子 iˋtiŋˊmauˇ·tsʅ　　　　　一家铺子 iˋtɕianˊpuˇ·tsʅ

一块儿墨 iˋk'uɐɻˊmoˇ　一锭墨　　一架飞机 iˋtɕianˊfeiˊtɕiˊ

一档子事 iˋtɑŋˊtsʅˇʂʅˋ　　　　　一间屋子 iˋtɕiɛnˊuˊ·tsʅ

一朵花儿 iˋtuoˇxuɐɻˊ　　　　　　一所房子 iˋsuoˇfɑŋˊ·tsʅ

一顿饭 iˋtuənˊfanˋ　　　　　　　一件儿衣裳 iˋtɕiɐɻˋiˊ·ʂaŋ

一条手巾 iˋt'iauˊʂouˇtɕinˊ　　　　一行字 iˋxɑŋˊtsʅˋ

一辆车 iˋliɑŋˋtsʻɤˊ　　　　　　　一篇儿文章 iˋp'iɐɻˊuənˊtsɑŋˊ
　　　　　　　　　　　　　　　　一篇文章
一枝花儿 iˋtʂʅˊxuɐɻˊ

一只手 iˋtʂʅˊʂouˇ　　　　　　　一页儿书 iˋiɐɻˋʂuˊ　一叶书

一盏灯 iˋtʂanˇtəŋˊ　　　　　　　一节文章 iˋtɕiɛˊuənˊtsɑŋˊ

一张桌子 iˋtsɑŋˊtsuoˊ·tsʅ　　　　 一段儿文章 iˋtuanˋuənˊtsɑŋˊ
　　　　　　　　　　　　　　　　一段文章
一桌酒席 iˋtsuoˊtɕiouˇɕiˊ

一场雨 iˋtsʻɑŋˊyˇ　　　　　　　 一片好心 iˋp'ianˋxauˇɕinˊ

一出戏 iˋtsʻuˊɕiˋ　　　　　　　 一片儿肉 iˋp'iɐɻˋzouˋ

一床被子 iˋtsʻuaŋˊpeiˋtsʅˇ　　　 一面旗 iˋmiɛnˋtɕ'iˊ

一身棉衣 iˋʂənˊmiɛnˊiˊ　　　　 一层纸 iˋtsʻəŋˊtsʅˇ

一杆枪 iˋkanˊtɕ'iɑŋˊ　　　　　 一股香味儿 iˋkuˇɕiɑŋˊuɐɻˋ

一管笔 iˋkuanˇpiˇ　　　　　　　一座桥 iˋtsuoˋtɕ'iauˊ

一根头发 iˋkənˊt'ouˊfaˇ　　　　 一盘棋 iˋp'anˊtɕ'iˊ

一棵树 iˋk'ɤˊʂuˋ　　　　　　　 一门亲事 iˋmənˊtɕ'inˊʂʅˋ

一粒儿米 iˋliɐɻˋmiˇ　一粒米　　 一刀纸 iˋtauˊtsʅˇ

一块儿砖 iˋk'uɐɻˊtsuanˊ　一块砖　一沓子纸 iˋt'aˇ·tsʅ tsʅˇ　一沓儿纸

一口猪 iˋk'ouˇtsuˊ　　　　　　 一桩事情 iˋtsuaŋˊʂʅˋtɕ'iŋˊ
　一头猪 iˋt'ouˊtsuˊ
　　　　　　　　　　　　　　　　一缸水 iˋkɑŋˊʂueiˇ
一个人 iˋk'ɤˋʐənˊ　一口儿人
　　　　　　　　　　　　　　　　一碗饭 iˋuanˇfanˋ
两口子 liaŋˇk'ouˇtsʅ·
　　　　　　　　　　　　　　　　一杯子茶 iˋpeiˊtsʅˇtsʻaˊ　一杯茶
夫妻俩 fuˊtɕ'iˊliaˇ
　　　　　　　　　　　　　　　　一把儿米 iˋpɐɻˇmiˇ　一把米

一对萝卜 iꜜ tueiꜜ luoꜜ ·pa 一把儿萝卜

一包花生 iꜜ pauꜜ xuaꜜ ʂəŋꜜ

一卷儿纸 iꜜ tɕyꜜ ərꜜ tʂʅꜜ

一捆行李 iꜜ kʰuenꜜ ɕiŋꜜ liꜜ

一担米 iꜜ tanꜜ miꜜ

一挑水 iꜜ tʰiauꜜ ʂueiꜜ

一排桌子 iꜜ pʰaiꜜ tʂuoꜜ ·tʂʅ

一进院子 iꜜ tɕinꜜ yɛnꜜ ·tʂʅ

一挂鞭炮 iꜜ kuaꜜ piɛnꜜ pʰauꜜ

一套牛 iꜜ tʰauꜜ niouꜜ 一犋牛

一句话 iꜜ tɕyꜜ xuaꜜ

一位客人 iꜜ ueiꜜ kʰɤꜜ ʐənꜜ

一双儿鞋 iꜜ ʂuãrꜜ ɕiɛꜜ 一双鞋

一对儿花瓶 iꜜ tuərꜜ xuaꜜ pʰiŋꜜ 一对花瓶

一副眼镜 iꜜ fuꜜ iɛnꜜ tɕiŋꜜ

一套书 iꜜ tʰauꜜ ʂuꜜ

一种虫子 iꜜ tʂuŋꜜ tʂʰuŋꜜ ·tʂʅ

一伙儿人 iꜜ xuorꜜ ʐənꜜ

一帮人 iꜜ paŋꜜ ʐənꜜ

一批货 iꜜ pʰiꜜ xuoꜜ

一拨儿人 iꜜ porꜜ ʐənꜜ

一个 iꜜ kɤꜜ

一起 iꜜ tɕʰiꜜ

一窝蜂 iꜜ uoꜜ fəŋꜜ

一嘟噜葡萄 iꜜ tuꜜ ·lu pʰuꜜ ·tau

一拃（大拇指与中指张开的长度）iꜜ tʂaꜜ

一虎口 iꜜ xuꜜ kʰouꜜ

一庹（两臂平伸两手伸直的长度）iꜜ tʰuoꜜ

一指长 iꜜ tʂʅꜜ tʂʰaŋꜜ

一停儿 iꜜ tʰiə̃rꜜ

一成儿 iꜜ tʂʰərꜜ

一脸土 iꜜ liɛnꜜ tʰuꜜ

一身土 iꜜ ʂənꜜ tʰuꜜ

一肚子气 iꜜ tuꜜ tʂʅꜜ tɕʰiꜜ

吃一顿 tʂʰʅꜜ iꜜ tuənꜜ

走一趟 tsouꜜ iꜜ tʰaŋꜜ

打一下 taꜜ iꜜ ɕiaꜜ

看一眼 kʰanꜜ iꜜ ianꜜ

吃一口 tʂʰʅꜜ iꜜ kʰouꜜ

谈一会儿 tʰanꜜ iꜜ xuərꜜ

下一阵雨 ɕiaꜜ iꜜ tʂənꜜ yꜜ

闹一场 nauꜜ iꜜ tʂʰaŋꜜ

见一面 tɕiɛnꜜ iꜜ miɛnꜜ

一尊佛像 iꜜ tsuənꜜ foꜜ ɕiaŋꜜ

一扇门 iꜜ ʂanꜜ mənꜜ

一幅画儿 iꜜ fuꜜ xuaɻꜜ

一堵墙 iꜜ tuꜜ tɕʰiaŋꜜ

一瓣花瓣 iꜜ panꜜ xuaꜜ panꜜ

一个地方 iꜜ tʂʰuꜜ tiꜜ faŋꜜ 一处地方

一部书 iˠ puˋ ʂuˇ

一班车 iˠ panˋ tʂʻɤˇ

洗一水 ɕiˇ iˠ ʂueiˇ

烧一炉 ʂauˋ iˠ luˋ

一稀乎 iˠ ɕiˋ ·xu 一点点

一团泥 iˠ tʻuanˋ niˋ

一堆雪 iˠ tueiˋ ɕyɛˇ

一口牙 iˠ kʻouˇ iaˋ 一槽牙

一列火车 iˠ liɛˋ xuoˇ tʂʻɤˇ

一系列问题 iˠ ɕiˋ liɛˋ uənˋ tʻiˇ

一路公共汽车 iˠ luˋ kuŋˋ kuŋˋ tɕʻiˠ tʂʻɤˇ

一大直 iˠ taˋ tʂɿˋ 一大段路程

一师兵 iˠ ʂɿˋ piŋˋ

一旅兵 iˠ lyˇ piŋˋ

一团兵 iˠ tʻuanˋ piŋˋ

一营兵 iˠ iŋˋ piŋˋ

一连兵 iˠ liɛnˋ piŋˋ

一排兵 iˠ pʻaiˋ piŋˋ

一班兵 iˠ panˋ piŋˋ

一组 iˠ tsuˇ

一撮毛 iˠ tsuoˋ mauˋ

一轴儿线 iˠ tʂouˋ ɕiɛnˋ

一绺头发 iˠ liouˇ touˋ ·fa

写一手好字 ɕiɛˇ iˠ ʂouˇ xauˋ tsɿˋ

写一笔好字 ɕiɛˇ iˠ piˇ xauˇ tsɿˋ

当了一票 taŋˋ ·la iˠ pʻiauˋ

开一届会议 kʻaiˋ iˠ tɕiɛˋ xueiˋ iˋ

做一任官 tsuoˋ iˠ ʐənˋ kuanˋ

下一盘棋 ɕiaˋ iˠ pʻanˋ tɕʻiˋ

请一桌客 tɕʻiŋˇ iˠ tsuoˋ kʻɤˇ

打一圈儿麻将 taˇ iˠ tɕʻyanˋ maˋ tɕiaŋˋ

打一把儿麻将 taˇ iˠ pɛɛˇ maˋ tɕiaŋˋ

唱一台戏 tʂʻaŋˋ iˠ tʻaiˋ ɕiˋ

一丝儿肉 iˠ sɿˋ ʐouˋ

一点儿面粉 iˠ tiɛrˇ miɛnˋ fənˇ

一滴雨 iˠ tiˋ yˇ

一盒儿火柴 iˠ xɤr˙ xuoˇ tʂʻaiˋ

一匣子首饰 iˠ ɕiaˋ ·tsɿ ʂouˇ ʂɿˋ

一箱子衣裳 iˠ ɕiaŋˋ ·tsɿ iˋ fuˋ

一架子小说 iˠ tɕiaˋ ·tsɿ ɕiauˇ ʂuoˋ

一柜书 iˠ kueiˋ ʂuˇ 一橱书

一抽屉文件 iˠ tʂʻouˋ tʻiˋ uənˋ tɕianˋ

一筐子菠菜 iˠ kʻuaŋˋ ·tsɿ poˋ tsʻaiˋ

一筐子梨 iˠ lanˋ ·tsɿ liˋ

一篓子炭 iˠ louˇ ·tsɿ tʻanˋ

一炉子灰 iˠ luˋ ·tsɿ xueiˋ

一包书 iˠ pauˋ ʂuˇ

一口袋干粮 iˋ kʻouˋ taiˋ kanˋ liaŋˋ

一池子水 iˋ tʂʻɿˋ·tsɿ ʂueiˋ

一缸金鱼 iˋ kaŋˋ tɕinˋ y˚

一瓶子醋 iˋ piŋˋ·tsɿ tsʻuˋ

一罐子荔枝 iˋ kuanˋ·tsɿ liˋ tʂɿˋ

一坛子酒 iˋ tʻanˋ·tsɿ tɕiouˋ

一桶汽油 iˋ tʻuŋˋ tɕʻiˋ iouˋ

一吊子开水 iˋ tiauˋ·tsɿ kʻaiˋ ʂueiˋ

一盆洗澡水 iˋ pʻənˋ ɕiˋ tsauˋ ʂueiˋ

一壶茶 iˋ xuˋ tʂʻaˋ

一锅饭 iˋ kuoˋ fanˋ

一屉包子 iˋ tʻiˋ pauˋ·tsɿ 一笼包子

一锅包子 iˋ kuoˋ pauˋ·tsɿ

一盘水果 iˋ pʻanˋ ʂueiˋ kuoˋ

一碟儿小菜 iˋ tierˋ ɕiauˋ tsʻaiˋ

一碗饭 iˋ uanˋ fanˋ

一杯茶 iˋ peiˋ tʂʻaˋ

一盅烧酒 iˋ tʂuŋˋ ʂauˋ tɕiouˋ

一瓢汤 iˋ pʻiauˋ tʻaŋˋ

一勺子汤 iˋ ʂauˋ·tsɿ tʻaŋˋ

一勺儿酱油 iˋ ʂaurˋ tɕiaŋˋ iouˋ

个把人 kɤˋ paˋ ʐənˋ

百十来个 paiˋ ʂɿˋ laiˋ kɤˋ 百把来个

千把人 tɕʻianˋ paˋ ʐənˋ

万把块钱 uanˋ paˋ kʻuaiˋ tɕʻianˋ

一里来地 iˋ liˋ laiˋ tiˋ 里把路

里数来地 liˋ ʂuˋ laiˋ luˋ

二里来地 ərˋ liˋ laiˋ tiˋ 里把二里路

差不多二里 tʂʻaˋ puˋ tuoˋ ərˋ li

差不多二亩 tʂʻaˋ puˋ tuoˋ ərˋ muˋ 亩把二亩

（二十八）附加成分等

-极啊 tɕiˋ·lia -极了

-得很 tɤˋ xənˋ

-要死 iauˋ sɿˋ

-要命 iauˋ miŋˋ

-不行 puˋ ɕiŋˋ

-死啊 sɿˋ·lia -死了

-死人 sɿˋ ʐənˋ

-坏啊 xuaiˋ·lia -坏了

-得不得了 tɤˋ puˋ tɤˋ liauˋ

-得慌 tɤˋ·xuaŋ

—得亨 tɤ˅·xəŋ˩

—拉瓜巴唶的 ·lə kuɑ˅·pa ·tɕi ·tɤ

—不楞登的 pu˅·ləŋ ·təŋ ·tɤ

—不唶的 pu˅ tɕi˅ ·tɤ

—不唶唶的 pu˅ tɕi˅ ·tɕi ·tɤ

最…不过 tsuei˅ pu˅ kuo˅

—姆喀：语气助词。常加在语后："对了姆喀"，"是姆喀"等

吃头儿 tʂʅ˅ t'our˩

喝头儿 xɤ˅ t'our˩

看头儿 k'an˅ t'our˩

干头儿 kan˅ t'our˩

奔头儿 pən˅ t'our˩

苦头儿 k'u˅ t'our˩

甜头儿 t'ian˅ t'our˩

死 sʅ˩

躺 xou˅

稀 ɕi˩

怪 kuai˅

老 lɑu˩

了 ·lia

着 ·tʂau（·tʂuo）（·tsɤ）

得 ·ti

的 ·ti

（二十九）数字等

一号 i˅ xɑu˅

二号 ər˅ xɑu˅

三号 san˅ xɑu˅

四号 sʅ˅ xɑu˅

五号 u˅ xɑu˅

六号 liou˅ xɑu˅

七号 tɕ'i˅ xɑu˅

八号 pa˅ xɑu˅

九号 tɕiou˅ xɑu˅

十号 ʂʅ˅ xɑu˅

初一 tʂ'u˅ i˅

初二 tʂ'u˅ ər˅

初三 tʂ'u˅ san˅

初四 tʂ'u˅ sʅ˅

初五 tʂ'u˅ u˅

初六 tʂ'u˅ liou˅

初七 tʂ'u˅ tɕ'i˅

初八 tʂ'u˅ pa˅

初九 tʂ'u˅ tɕiou˅

初十 tʂ'u˅ ʂʅ˅

老大 lɑu˩ ta˅

老二 lɑu˩ ər˅

老三 lɑu˩ san˅

老四 lɑu˩ sʅ˅

老五 lau˧˩ u˥˩

老六 lau˧˩ liou˥˩

老七 lau˧˩ tɕʻi˥˩

老八 lau˧˩ pa˥˩

老九 lau˧˩ tɕiou˧˩

老十 lau˧˩ ʂʅ˧˩

老疙瘩儿 lau˧˩ kɤ˥˩·tər 老幺

大哥 ta˥˩ kɤ˥˩

二哥 ər˥˩ kɤ˥˩

老末儿 lau˧˩ mor˥˩

一个 i˥˩ kɤ˥˩

两个 liaŋ˧˩ kɤ˥˩

三个 san˥˩ kɤ˥˩

四个 ʂʅ˥˩ kɤ˥˩

五个 u˧˩ kɤ˥˩

六个 liou˥˩ kɤ˥˩

七个 tɕi˥˩ kɤ˥˩

八个 pa˥˩ kɤ˥˩

九个 tɕiou˧˩ kɤ˥˩

十个 ʂʅ˥˩ kɤ˥˩

第一 ti˥˩ i˥˩

第二 ti˥˩ ər˥˩

第三 ti˥˩ san˥˩

第四 ti˥˩ ʂʅ˥˩

第五 ti˥˩ u˧˩

第六 ti˥˩ liou˥˩

第七 ti˥˩ tɕʻi˥˩

第八 ti˥˩ pa˥˩

第九 ti˥˩ tɕiou˧˩

第十 ti˥˩ ʂʅ˥˩

头一个 tʻou˧˩ i˥˩ kɤ˥˩ 第一个

第二个 ti˥˩ ər˥˩ kɤ˥˩

第三个 ti˥˩ san˥˩ kɤ˥˩

第四个 ti˥˩ ʂʅ˥˩ kɤ˥˩

第五个 ti˥˩ u˧˩ kɤ˥˩

第六个 ti˥˩ liou˥˩ kɤ˥˩

第七个 ti˥˩ tɕʻi˥˩ kɤ˥˩

第八个 ti˥˩ pa˥˩ kɤ˥˩

第九个 ti˥˩ tɕiou˧˩ kɤ˥˩

第十个 ti˥˩ ʂʅ˥˩ kɤ˥˩

一 i˥˩

二 ər˥˩

三 san˥˩

四 ʂʅ˥˩

五 u˧˩

六 liou˥˩

七 tɕʻi˥˩

八 pa˥˩

九 tɕiou˧˩

十 ʂʅ˥˩

十一 ʂʅ˥˩ i˥˩

二十 ər˥˩ ʂʅ˥˩

二十一 ər˥˩ ʂʅ˥˩ i˥˩

三十 san˥˩ ʂʅ˥˩

三十一 sanˇ ʂɿ˧ iˇ

四十 sˇ ʂɿ˧

四十一 sˇ ʂɿ˧ iˇ

五十 uˇ ʂɿ˧

五十一 uˇ ʂɿ˧ iˇ

六十 liouˇ ʂɿ˧

六十一 liouˇ ʂɿ˧ iˇ

七十 tɕ'iˇ ʂɿ˧

七十一 tɕ'iˇ ʂɿ˧ iˇ

八十 paˇ ʂɿ˧

八十一 paˇ ʂɿ˧ iˇ

九十 tɕiouˇ ʂɿ˧

九十一 tɕiouˇ ʂɿ˧ iˇ

一百 iˇ pai˧

一千 iˇ tɕ'ianˇ

一百一 iˇ pai˧ iˇ 一百一十

一百一十个 iˇ pai˧ iˇ ʂɿ˧ kɤˇ

一百一十一 iˇ pai˧ iˇ ʂɿ˧ iˇ

一百一十二 iˇ pai˧ iˇ ʂɿ˧ ərˇ

一百二十 iˇ pai˧ ərˇ ʂɿ˧

一百三十 iˇ pai˧ sanˇ ʂɿ˧

一百五十 iˇ pai˧ uˇ ʂɿ˧

一百五十个 iˇ pai˧ uˇ ʂɿ˧ kɤˇ

二百五十 ərˇ pai˧ uˇ ʂɿ˧

二百五（傻子）ərˇ pai˧ uˇ ʂɿ˧

二百五十个 ərˇ pai˧ uˇ ʂɿ˧ kɤˇ

三百一十 sanˇ pai˧ iˇ ʂɿ˧

三百三十 sanˇ pai˧ sanˇ ʂɿ˧

三百六十 sanˇ pai˧ liouˇ ʂɿ˧

三百八十 sanˇ pai˧ paˇ ʂɿ˧

一千一百 iˇ tɕ'ianˇ iˇ pai˧

一千一百个 iˇ tɕ'ianˇ iˇ pai˧ kɤˇ

一千九百 iˇ tɕ'ianˇ tɕiouˇ pai˧

一千九百个 iˇ tɕ'ianˇ tɕiouˇ pai˧ kɤˇ

三千 sanˇ tɕ'iɛnˇ

五千 uˇ tɕ'iɛnˇ

八千 paˇ tɕ'iɛnˇ

一万 iˇ uanˇ

一万二千 iˇ uanˇ ərˇ tɕ'iɛnˇ

一万二千个 iˇ uanˇ liaŋˇ tɕ'iɛnˇ kɤˇ

三万五千 sanˇ uanˇ uˇ tɕ'iɛnˇ

三万五千个 sanˇ uanˇ uˇ tɕ'iɛnˇ kɤˇ

零 liŋ˧

二斤（两斤）ərˇ tɕinˇ (liaŋ˧ tɕinˇ)

二两 ərˇ liaŋ˧

二钱（两钱）ərˇ tɕ'ianˇ (liaŋ˧ tɕ'ianˇ)

二分（两分）ərˇ fənˇ (liaŋ˧ fənˇ)

二厘（两厘）ərˇ li˧ (liaŋ˧ li˧)

两丈（二丈）liaŋ˧ tʂaŋ˥（ər˥ tʂaŋ˥）

二尺（两尺）ər˥ tʂʻʅ˥（liaŋ˥ tʂʻʅ˧）

二寸（两寸）ər˥ tsuən˥（liaŋ˥ tsuən˥）

二分（两分）ər˥ fən˥（liaŋ˧ fən˥）

二里（两里）ər˥ li˧（liaŋ˧ li˧）

两担（二担）liaŋ˧ tan˥（ər˥ tan˥）

二斗（两斗）ər˥ tou˧（liaŋ˧ tou˧）

二升（两升）ər˥ ʂəŋ˧（liaŋ˧ ʂəŋ˧）

二合（两合）ər˥ kɤ˧（liaŋ˧ kɤ˧）

两项（二项）liaŋ˧ ɕiaŋ˥（ər˥ ɕiaŋ˥）

二亩（两亩）ər˥ mu˧（liaŋ˧ mu˧）

几个 tɕi˧ kɤ˥

好多个 xau˧ tuo˥ kɤ˥

好几个 xau˧ tɕi˧ kɤ˥

好些个 xau˧ ɕiɛ˥ kɤ˥

一些些 i˥ ɕiɛ˧ ɕiɛ˥

好一些 xau˧ i˥ ɕiɛ˥

大一些 ta˥ i˥ ɕiɛ˥

一点儿 i˥ tiər˧

一点点 i˥ tiɛn˧ tiɛn˧

大点儿 ta˥ tiər˧

十多个 ʂʅ˧ tuo˥ kɤ˥

一百多个 i˥ pai˧ tuo˥ kɤ˥

十来个 ʂʅ˧ lai˧ kɤ˥

千数个 tɕʻian˧ ʂu˥ kɤ˥

百把个 pai˧ pa˧ kɤ˥

半个 pan˥ kɤ˥

一半 i˥ pan˥

两半儿 liaŋ˧ pər˥

多半儿 tuo˥ pər˧

一大半儿 i˥ ta˥ pər˥

一个半 i˥ kɤ˥ pan˥

…上下 ʂaŋ˥ ɕia˥

…左右 tsuo˧ iou˥

一来二去 i˥ lai˧ ər˥ tɕʻy˥

一清二白 i˥ tɕʻiŋ˥ ər˥ pai˧

一清二楚 i˥ tɕʻiŋ˥ ər˥ tʂʻu˧

一干二净 i˥ kan˥ ər˥ tɕiŋ˥

一差三错 i˥ tʂʻa˥ san˥ tsʻuo˥

一刀两断 i˥ tau˥ liaŋ˧ tuan˥

一举两得 i˥ tɕy˧ liaŋ˧ tɤ˧

三番五次 san˥ fan˥ u˧ tsʻʅ˥

三番两次 san˥ fan˥ liaŋ˧ tsʻʅ˥

三年二年 san˥ nian˧ ər˥ nian˧

三年两年 san˥ nian˧ liaŋ˧ nian˧

三年五年 san˥ nian˧ u˧ nian˧ 三年五载

三天两头 san˥ tʻian˥ liaŋ˧ tʻou˧

三天两早起 san˥ tʻian˥ liaŋ˧ tsa

u˧ tɕ'i˧

三天两夜 san˥ t'ian˥ liaŋ˧ iɛ˥

三长两短 san˥ tʂ'aŋ˧ liaŋ˧ tuan˧

三言两语 san˥ ian˧ liaŋ˧ y˧

三心二意 san˥ ɕin˧ ər˥ i˥

四平八稳 sʅ˥ p'iŋ˧ pa˥ uən˧

四通八达 sʅ˥ t'uŋ˥ pa˥ ta˥

四面八方 sʅ˥ miɛn˥ pa˥ faŋ˥

五零四散 u˧ liŋ˧ sʅ˥ san˥

五湖四海 u˧ xu˧ sʅ˥ xai˧

五花八门 u˧ xua˥ pa˥ mən˧

七上八下 tɕ'i˥ ʂaŋ˥ pa˥ ɕia˥

七颠八倒 tɕ'i˥ tiɛn˥ pa˥ tau˧

颠七倒八 tiɛn˥ tɕ'i˥ tau˧ pa˥

乱七八糟 luan˥ tɕ'i˥ pa˥ tsau˥

七乱八糟 tɕ'i˥ luan˥ pa˥ tsau˥

乌七八糟 u˥ tɕ'i˥ pa˥ tsau˥

七长八短 tɕ'i˥ tʂ'aŋ˧ pa˥ tuan˧

长七短八 tʂ'aŋ˧ tɕ'i˥ tuan˧ pa˥

七拼八凑 tɕ'i˥ p'iŋ˥ pa˥ ts'ou˥

七手八脚 tɕ'i˥ ʂou˧ pa˥ tɕyɛ˧

七嘴八舌 tɕ'i˥ tsuei˧ pa˥ ʂʅ˥

七言八语 tɕ'i˥ ian˧ pa˥ y˧

千辛万苦 tɕ'ian˥ ɕin˥ uan˥ k'u˧

千真万确 tɕ'ian˥ tʂən˥ uan˥ tɕ'yɛ˥

千军万马 tɕ'ian˥ tɕyn˥ uan˥ ma˧

千人万马 tɕ'ian˥ zən˧ uan˥ ma˧

千变万化 tɕ'ian˥ pian˥ uan˥ xua˥

千家万户 tɕ'ian˥ tɕia˥ uan˥ xu˥

千门万户 tɕ'ian˥ mən˧ uan˥ xu˥

千言万语 tɕ'ian˥ ian˧ uan˥ y˧

甲 tɕia˧

乙 i˧

丙 piŋ˧

丁 tiŋ˥

戊 u˥

己 tɕi˧

庚 kəŋ˥

辛 ɕin˥

壬 zən˧

癸 k'uei˧

子 tsʅ˧

丑 ts'ou˧

寅 in˧

卯 mau˧

辰 tʂ'ən˧

巳 sʅ˥

午 u˧

未 uei˥

申 ʂən˥

酉 iou˧

戌 ɕy˥

亥 xai˥

第四章　门头沟斋堂话语法

一、词法

（一）构词法和构形法

1.词缀

词缀是斋堂话构词的一个重要手段，斋堂话词缀根据词中位置的不同，分别为前缀、后缀、中缀。附加成分的添加，与汉语的基本规律大致相同，前缀比较少，后缀比较发达，中缀也较为稀少。

（1）名词词缀

前缀：斋堂话前缀出现频率最高的是"老"，基本不使用"阿"。

"老"可以表示有生名词也可以表示无生名词。

表动物：

老蛋_{绿色尖头的蚂蚱}　　老鸹_{乌鸦}　　老鱼鹳_{鸬鹚}　　老鹰_{鹞鹰}

表人：

老丈人_{岳父}　　老儿子_{最小的儿子}　　老闺女_{最小的女儿}　　老抢儿_{强盗}

表物品：

老窠儿_{盛饭、水的桶}　　老斗儿_{打水用的桶}

"老"构成有生名词时，蕴含一定的感情色彩，可表示对人的尊敬或亲热，如"老丈人""老乡""老师"；或表示对人的憎恶、不敬以及对动物的凶猛、不祥表示嫌弃等，如"老抢儿""老虎""老鸹"；还可以表示排行最小，如"老儿子""老闺女""老姑奶子_排行最小的女儿_""老疙瘩儿_老幺_""老末儿_最后一个_"。

"老"构成无生名词时不带有感情色彩。

在构词频率上，"老"构成有生名词的数量大大超过无生名词的数量。

后缀：与其他方言一样，斋堂话的后缀较为发达，其中"儿""子"构词能力最强也最活跃。以下具体进行讨论。

①儿缀

斋堂话"儿"是最重要的构词语素之一，可以附在多种词类后构词，同时附着在动词、形容词后，使其词性改变为名词，是名词性后缀。但也有少数词的词性是不改变的。

A.普通名词+儿

单音节名词+儿

脸儿_脸蛋_　　鸟儿_小鸟_　　眼儿_小洞_

地儿_地方_　　襻儿_扣襻_　　髻儿_中老年女性盘在脑后的髻_

双音节名词+儿

偏正式名词+儿：

雪糁儿_雪粒_　平地儿_平原_　山根儿_山脚_　河沿儿_河岸_

石板儿_石板条_　水窠儿_小水窝_　青苔儿_青苔_　瓦碴儿_碎瓦_

灶火儿_柴火灶_　罗锅儿_驼背_　门槛儿_门槛_　白日儿_白天_

这种形式有时候也变成由一个单音节儿化名词修饰一个名词的偏正结构：N儿+N 的形式。例如：

板儿石_石头_　烟儿煤_烟煤_　齿儿耙_钉耙_　板儿耙_刮粮食用的器具_　大忒儿蚂_蚂蚱_

B.时间名词+儿

今儿_今天_　　明儿_明天_　　后儿_后天_　　外后儿_大后天_

C.动词+儿

"儿"缀黏附在动词后，一般将动词变成名词性的词或短语：

单音节动词+儿

扣儿_{扣子}　　　印儿_{印迹}　　　环儿_{泛指小而圆之物}　　　铲儿_{小铲子}

双音节动词+儿

偏正式动词+儿

头生儿_{头胎}　　寒食儿_{寒食节}　　门限儿_{门槛}　　门吊儿_{门栓}

动宾式动词+儿：

坐柜儿_{一种矮柜}　　下种儿_{播种}　　取灯儿_{火柴}　　顶针儿_{顶针}

抓子儿_{儿童游戏}　　下铺儿_{下馆子}　　拐棍儿_{拐杖}　　弹球儿_{儿童游戏}

扣眼儿_{扣眼}　　歇会儿_{歇歇}

主谓式动词+儿：

砂浅儿_{盛菜用的砂器}　　锅发儿_{一种面食}　　葱绿儿_{葱心儿绿}

联合式动词+儿

按拍儿_{条理清楚，井井有条并有节奏感}

双音节动词+儿的几种形式中，动宾式构词能力是最强的，联合式构词能力最弱。

D.形容词+儿

单音节形容词+儿

尖儿_{物体细小而锐利的头}　　黄儿_{蛋黄}

双音节形容词+儿

厚薄儿_{厚度}　　　深浅儿_{深度}

"儿"缀附着在动词、形容词后使其改变词性，同时从语义上，"儿"缀构词可以表示多种语义特征：

表示细小：

例如："门栓"和"门吊儿_{门栓}"，都表示一个物件，但儿化后明显有表示细小的特点。"药面儿_{药粉}""铲儿_{小铲子}"或表示研磨的药粉粉末，或表示小的铲子；"胡同儿"则表示窄小的胡同。

表示某种感情：

"儿"缀常常表示喜爱、轻松、戏谑等感情色彩，如"小桃儿""小鱼儿""丫头儿""闺女儿"等等。

表示某种心理：

"儿"缀有时指人或物时，有表示歧视、不屑、憎恶等心理。如"六指儿""小绺儿_{小偷}"等等。

少数情况下，"儿"缀也不改变词的意义或词性。如"嶙豁豁儿"表示山的裂口；"山根儿"表示山脚下；"平地儿"表示平原；"颠儿_{走、跑}""玩儿"动词加上"儿"缀后并不改变词性。

②子缀

"子"也是斋堂话最重要的构词语素之一，在构词特征和语义方面与"儿"缀有着许多相似的特点。

A. 名词+子

单音节名词+子

魂子_{指望而失魂的险峻山崖}　囟子_{囟门}　釜子_{小口缸}　弓子_{弹棉花用}

嘴子_{山岭上孤立而突出的部位}　苇子_{芦苇}　蝇子_{苍蝇}　蜢子_{果蝇}

沙子　　　　　　　　　蚊子　　虱子　　棒子_{玉米}

双音节名词+子

偏正式名词+子

鞋拔子_{鞋拔}　蝇帚子_{拂拭尘土或驱赶蚊虫的工具}　泥胞子_{胎盘}　窑床子_{井下运煤的工具}

水牛子_{蜗牛}　蓝荆子_{杜鹃花}　　　　　　奶妈子_{奶妈}　脸蛋子_{脸盘}

厨柜子_{橱柜}　水头子_{洪峰}　　　　　　大门门子_{大门}

以上在结构上是偏正式名词"NN+子"的形式，构词能力是最强的。在偏正式结构中，还可以出现不同的形式。

N+N子：名词+子缀名词构成。例如：

花圪子_{花大姐，瓢虫}　药引子_{药引}　官娘子_{一种蜻蜓}　兔崽子_{詈词}

马公子_{公马}　　奶光子_{猪崽}　家兔子_{家养兔子}　蝎赤子_{蜥蜴}

N子+N：由一个单音节名词或动词加上"子"，再修饰一个名词的偏正结构的形式。例如：

片子石 水成页岩　　坩子土 高岭土　　榆子饭 用榆叶、榆钱和榆皮面做的饭

麻子石 砾岩的一种　鸭子锄 一种形如鸭嘴的锄头　叉子筐 用荆条编制的运粪、土等物的工具

菜子油 菜油　　　　杏子盐 坐月子吃的盐　　　辣子酱 辣酱

獾子油 荤油　　　　麦子杆 麦秸　　　　　　　柿子椒 灯笼椒

"N子＋N"的结构的构词能力也很强。

联合式名词+子

坟墓子 坟墓

这种构词形式是由两个名语素并列组合而成，数量较少。

B.动词+子

"子"缀粘附在动词后，可以将动词变成名词性的词或短语：

单音节动词+子

聋子　　　　拐子 瘸子　　　耗子 老鼠　　　啄子 鸟喙

领子　　　　拐子 丁拐　　　簪子　　　　镟子 铜盆

刨子　　　　锛子　　　　钉子　　　　钳子

锤子　　　　镘子　　　　锥子　　　　铞子 铞物专用两脚钉

这类构词，可以是人、动物或动物的器官，也可以是日常生活物品，较多的是一些工具类物品，表人或动物时，多是表不敬之义的。

双音节动词+子

偏正式动词+子

半彪子 不成熟　　半吊子 不成熟

动宾式动词+子

割绒子 艾蒿草做的，相当于纸媒儿　拿帖子 互递生辰八字帖　出份子 办喜事出钱出物

坐月子　　　　　　　　　　　瞧月子 亲朋家添小孩前往恭贺　套缨子 保护马驴等牲口的工具

主谓式动词+子

山豁子 两山开口处

278

联合式动词+子

拉锁子_{一种刺绣工艺}

C.形容词+子

瘪子_{秕子,指空的或不饱满的籽粒}　　乐子_{乐趣,又指惹人耻笑之事}　　香子_{麝香}

矬子_{矮个子}　　短子_{短命鬼,詈语}　　辣子_{辣椒}

D.量词+子

沓子_{纸张等重叠在一起}　　档子_{量词}　　码子_{量词}

门子_{量词,相当于"件、方面"}　　点子_{一些}

有时借用名词构成临时量词：

一抿子_{一些或一件、桩}　　一家子_{一家}　　一辈子_{一生}

一垛子_{一块}　　一桌子_{一桌}　　一绷子_{指较长的时间和距离}

此处，数词"一"常常表示"整个"之义。

E.时间名词+子

程子_{指一段时间}　　会子_{一段时间}　　阵子_{某段时间内}

"子"尾常用于构成指人名词，在表人时具有不同的色彩意义：

1）用来构成表人体器官的名词

腮帮子_{腮帮}　　胸脯子_{胸脯}　　脚丫子_脚　　牙床子_{齿龈}

表示人体器官时，一般是客观的指称，但也有带感情色彩的词语。

例如：

豁牙子_{缺牙}、麻子_{人出天花后脸上留下的疤痕}都是偏向于贬义的。

2）用来构成表亲属称谓的名词

老爷子_{父亲}　　大拉伯子_{指丈夫的哥哥}　　小姑子_{丈夫的妹妹}

小舅子_{妻子的弟弟}　　婶子_{叔母}　　妗子_{舅母}

表示亲属称谓时，一般没有褒贬的色彩。

3）用来构成表示昵称的名词

用"子"来构成人名，表示对人的昵称，含有亲切、喜爱之意，例如：

柱子、小妞子、郭子、小□ɕyɤy[～ɕioʋ]子_{小男孩儿}

和其他方言一样，斋堂话也常用"子"构成人名，通常是人的小名，既有对男性的，也有对女性的，在日常生活中亲朋好友间使用，这些小名或表示怜爱、或表示亲热、熟络，其中传达出的是一种亲情和友情。

4）用来指称不同类型的人，或指生理、性格有缺陷的人。多数表示轻蔑、不敬或嫌恶之义：

拐子_{瘸子}　　　　　瘸子　　　　　傻子　　　　　聋子

鞑子_{旧时代汉人对北方游牧民族的贬称}　　短子_{短命鬼，詈语}　　麻子_{脸上有麻子的人}

兔崽子_{詈语}　　　　半彪子_{戏指言行不严肃、不庄重、喜开玩笑的人}

指人的名词绝大多数都是贬义词。也有少数指物的名词表示贬义色彩的，如：哈喇子_{涎水}、牙花子_{牙垢}；还有表示抽象意义的事物：幺蛾子_{怪点子、不好的主意}等名词。

"儿"和"子"缀是斋堂话两大构词后缀，在语法功能、语法语义上以及感情色彩上有许多相似性特征。在日常生活中，"儿"和"子"可以组合在一起构词。

鸡子儿_{鸡蛋}　　　　败家子儿

"子"在这种形式中都是实语素，有具体的词汇意义。但也有"子"和"儿"都是后附语缀的。例如：

山药子儿_{土豆}

例中，"子儿"复合使用，是两个没有实际意义的词缀，同时在语法意义上有时可以无条件地换用，意义不改变。例如：

面条儿_{面条} —— 面条子_{面条}　　荆条儿 —— 荆条子

脸蛋儿_{脸盘} —— 脸蛋子_{脸盘}　　眼珠儿 —— 眼珠子

③头缀

单音节名词＋头

镐头　　　　石头　　　　崾头_{悬崖}　　　　屋头_{屋里}

单音节动词＋头

锄头　　　　凿头_{煤矿包工头}　　　呕头_{脏得令人呕吐}

浇头 _{浇在菜肴或面条上作调味点缀的汁，或指盛好的主食上的菜肴}

单音节形容词+头

上头 _{上面}　　高头 _{上边}　　前头 _{前面}

下头 _{下面}　　后头 _{后头}　　外头 _{外面}

"头"缀在斋堂话中构词能力不是很强，有少数构成表示人和事物的词，较多的是构成方位词。"头"也有改变词性的能力，使动词或形容词变成名词，也是典型的名词后缀。

有时候，"头"缀还和"儿"缀复合起来构词。

吃头儿　　喝头儿　　看头儿　　甜头儿

干头儿　　奔头儿　　苦头儿　　想头儿

④"个/咯"缀

"个"缀在斋堂话中，主要构成时间名词。例如：

今儿个 _{今天}　　列个[①] _{昨天}　　列列个 _{昨天}

明儿个 _{明天}　　年生个 _{去年}　　后儿个 _{后天}

有时候，还会变成"个儿"，与"儿"组合构词。例如：

明个儿 _{明天}　　前个儿 _{后天}　　后个儿 _{后天}　　大后个儿 _{大后天}

这种格式中，"儿"在构词中只是一个构词儿化，不产生意义的变化。"个"才是改变词性的词缀，可以说也是一个典型的名词后缀。这还体现在动词后加"个/咯"的情况中。例如：

捏咯 _{一种面食}　　擦咯 _{一种面食}

"捏""擦"本是单音节动词，加上"个/咯"后，在词性上发生了变化，转变为一个名词了。

⑤巴

"巴"在斋堂话中也是一个名词词缀。可以指人及人体器官，也可以指其他事物。例如：

[①] "列个"中，"列"应是"夜"的变读形式。

结巴　　　　哑巴　　　　下巴　　　　嘴巴

浓带嘎巴_{鼻涕垢}

从出现频率来看，其构词能力不强，只有少数的例词。

⑥货、婆、包、鬼、手

"货、婆、包、鬼、手"是斋堂话的一批指人的名词后缀。例如：

怂货_{无用之人}　　　　巫婆　　　　　　媒婆

怂包_{无用之人}　　　　脓包_{无用之人}　　　哭包_{爱哭的人}

小气鬼　　　　　　短命鬼　　　　　　邋遢鬼

蓬头鬼_{头发蓬乱的人}　　背子手_{专门背运各种物质如炭、粮草、干果等的挑夫}

以上词缀构成指人名词时，大多都是表示对人的不敬之义，从数量上看，这些类词缀也不是构词的主体形式。

（2）动词词缀

斋堂话动词词缀不是特别发达，整体数量较少。动词只有"嗒""腾""咕"少数几个后缀。例如：

—嗒：

颠嗒：指办事无目的，不稳重，背离常规，还不听劝说。

凑搭：凑在一起。

—腾：

扑腾：向前扑

跳腾：跳跃的样子

折腾：折磨、挥霍。

—咕：

踩咕：贬低

挤咕：挤弄、眨巴眼的样子

冒咕：半身晃荡的样子

（3）形容词词缀

形容词词缀主要有前缀、中缀和后缀，前缀和形容词生动后缀比较中缀要丰富多样。例如：

①前缀

稀—：稀松_{不行}　　　　　　嘎—：嘎呗_{声音清脆，干净利落}

列—：列瓜_{不好接近，不近人情，不合群}　　楞—：楞瓜_{本指生瓜，喻不分轻重}

死—：死沉_{特别重}　　　　　　齁—：齁咸_{特别咸}、齁甜_{特别甜}

怪—：怪冷_{特别冷}　　　　　　个—：个色_{性格孤僻，与众不同}、
　　　　　　　　　　　　　　　　　　个生_{半生不熟，喻不合群}

溜—：溜尖儿_{很尖}　　　　　　精—：精瘦_{特别瘦}

拔—：拔凉_{特别凉}　　　　　　生—：生疼_{特别疼}

铿—：铿亮_{特别亮}　　　　　　黢—：黢黑_{特别黑}

焦—：焦黄_{特别黄}

大多数形容词的前缀，都具有程度特别高的意义。

②中缀

—了/拉/啦—：

哈了巴西：东西零碎状

丑了吧唧：很丑的样子

花了花哨：很花哨的样子

傻生格拉气：自觉很聪明，什么都不懂

浪声可拉气：如同妓女拉客一样的言行，常指人说话做事违反常规，令人肉麻

蔫啦巴叽：不精神

—里—：

流里流气　土里土气　傻里傻气　稀里糊涂　背里逃荒_{狼狈逃窜}

—个/格—：

列列儿个生：不严肃，大大咧咧

乱木格穰：像和泥中加的穰一样无头无绪，纵横交错

"了/拉/啦""里""个/格"在词中都已经虚化，没有实际意义，起

衬音作用，可以看作中缀。

③后缀

—的（·ti/·tiɛ）

动秤儿的：实际干事的

兴的：高兴的、美的、得意忘形

硬正仗腰子的：犹言有硬的后台、靠山，能仗腰眼子

齐大乎的：齐心合作

恶罗缨的：恶心

呕格缨的：见了就想呕吐，令人作呕的程度到了极点

鸦莫轻声儿的：鸦雀无声状

二八个的：一般。斋堂川认为数字"一"和"九"是特殊的，表最小和最大，除此之外的其他个位数字是指不行，不特殊，所以组合用来表示一般。

"—的"常附着在谓词性词后构成形容词，同时斋堂话形容词生动后缀常常还要带上"—的"构成形容词。例如：

—二格正的：楞二格正的，指傻傻的，呆头呆脑

—吧唧的：寒碜吧唧的，指很寒酸的样子

—拉瓜巴唶的：脏拉瓜巴唶的

—不楞登的：傻不楞登的

—不唶的：酸不唶的、凉不唶的

—不唶唶的：酸不唶唶的、凉不唶唶的

形容词生动后缀带"的"的形式，往往还附带上语法意义的变化，表示程度的加深，同时轻重还稍有不同。比如"酸不唶的"表示稍微有些酸；"酸不唶唶的"表示特别酸，有形容词的比较级和最高级的区别。

—啊（·lia）

傲啊_{真行}　干啊_{坏了, 糟了}　揍啊_{糟了, 坏事了}

形容词后缀主要体现出以上两种形式。

除了附加成分，斋堂话构成形容词时，较多地是采用四字格形式构词：

谣发势气：说话夸大其词，毫无根据

邪呼道事：同上

顿言丧语：说话生硬，表情冷漠，如丧事中的言语

粘莫之干：不粘糊，干净利落

浮皮潦草：草率、应付、不认真

痴傻呆苶：愚笨、精神失常

闹不及迷：弄不明白

白眉赤眼：平白无故，也指不聪敏之意

贼眉鼠眼：眼睛乱转

花马吊嘴：花言巧语，耍贫嘴、哄骗人；也作滑猫刁嘴

斋堂话常常还会将数字嵌入构成形容词，这是其一大特色。例如：

二不愣：不懂事理

二五眼：看不准、判断不清

楞二格叨：不机敏、死板

稀松二五眼：马马虎虎

二傻半尖：自作聪明、傻里傻气

胡扯六丢：胡说八道

胡吹六嘹：漫无边际地自夸，夸耀，说大话

杂七嘛嘎：乱七八糟的样子

事儿妈五六：爱制造麻烦，挑拨是非

2.重叠

（1）名词的重叠

斋堂话普通名词一般都不重叠，在亲属称谓名词中，也较少重叠，只有少数亲属称谓采用重叠的形式。

爷爷　　奶奶　　姥姥　　公公 背称　　婆婆 背称

爸爸　　　哥哥　　　姐姐　　　弟弟　　　妹妹

上述重叠称呼大多时候是背称时用，"爷爷、奶奶、爸爸"生活中面称常单称为"爷""奶""爸"；"公公""婆婆"是背称时使用，面称时使用"爸/爹、妈/娘"等单称的形式。其他称谓大多时候也采用单称，不使用重叠的形式：舅、叔、姑；特别是"姑、舅、姨"等一般都是前面冠以排行的形式："大、二、三、四……老"。此外，父辈的兄弟若比父亲大的，会以"爷"的形式按排行称呼如"大爷、二爷……"等。

极少数名词重叠一般采用以下几种格式：

AA（儿）式：由两个名词或名语素重叠而成

妈妈_{乳房}　　朵朵_{儿童游戏的玩具}　　谣谣儿_{说话夸一个大其词，毫无根据}　　唪唪儿_{鸡巴（男阴）}

言言_{说话}　　呱呱_{公羊}　　梢梢_{用筷子的末端尝尝汤汁的味道}

AA+X（儿）式：主要由一个重叠名词加上一个名词构成

妈妈水_{奶汁}　　龙龙爪_{扁豆}　　山山药_{薯蓣，淮山}

毛毛雨_{小雨}　　爷爷地儿_{太阳地儿}　　妈妈阔_{地黄}

妈妈疙瘩_{奶头}　　丫丫葫芦_{葫芦果实中间细，像两个球连在一起}

呱呱鸟儿_{夜鹰}　　蒙蒙亮儿_{凌晨}

这种格式里，"呱呱鸟儿、蒙蒙亮儿"中的"AA"并非名词性词语，但构词后整个词语变成名词性成分。

X+AA式：由一个名词、动词或形容词加上一个重叠名词构成

面糊糊_{面糊}　　小米糊糊_{米糊}　　蒸饽饽_{馒头}

巧鸟鸟_螟　　臭咕咕_{臭椿树的野蕨}　　嶙豁豁儿_{高而险要两山崖之间的裂口}

这种格式比较特殊的是"嶙豁豁儿"这种形式，是一个名词加上一个儿化后的重叠式动词，实际上该动词已经名词化了。

（2）动词的重叠

动词的重叠方式形式比较多样化，同时其内部的构成要素也十分复杂。

AA（儿）式：

瞧瞧_看　　睇睇_{看看}　　听听_{用鼻子闻闻}　　摩摩_{想想}
擦擦_{擦掉}　　透透_{插开使透气}　　站站儿_{停一下}　　沉沉儿_{等一会儿}

两个动词重叠后，动作一般都具有尝试义或短时义。

AABB式：

烧烧叨叨_{好炫耀}　　啅啅凿凿_{啄木鸟}

这种形式中，动词重叠后或保持动词词性，或转变成名词。

ABAB式：

拉家拉家_{说道说道}　　拍打拍打_{摇背}　　拿摩拿摩_{估量}　　消费消费_{消耗}
吱儿吱儿_{叫喊，叫唤}　　吧嗒吧嗒_{尝尝}　　溜达溜达_{随便走走}　　吱扭吱扭_{蠕动}

这种构词形式中，有两种类型，一种是动词的ABAB式重叠，一种是拟声词ABAB式重叠后构成的动词。

A+BB（儿）式：

打哈哈_{打哈欠}　　翻交交_{翻花绳的儿童游戏}　　擦督督儿_{玩滑滑梯}
打氽氽_{儿童游戏}　　吃妈妈_{吃奶}

这种构词形式中，BB可以是重叠式动词，也可以是重叠式名词，构成动宾式结构。

AA+B（儿）式：

拉拉蒿_{茵陈幼苗}　　拉拉秧_{藤蔓类野草}　　曲曲菜_{马齿苋}　　串串门儿_{串门}
啅啅凿_{啄木鸟}　　痒痒挠_{挠痒工具}

这种构词形式中，AA一般由重叠式动词构成，再修饰后一个名词或动词，构成偏正式结构。

（3）形容词的重叠

形容词的重叠方式主要有AABB式，例如：

积积粘粘_{扭扭捏捏，不干脆，不爽快}　　清清爽爽_{清爽}　　明明白白_{明白}

有的是名词性成分重叠后，变成形容词，例如：沟沟角角_{到处、四处}。

形容词的重叠形式还有ABB式，例如：

欢脱脱_{活泼好动}　　齐刷刷_{整齐}

（4）量词的重叠

量词的重叠有三种形式：

AA式，表示"每一"的意思。例如：家家、年年、月月、粒粒、张张等。

一AA式，表示"每一"或"逐一"的意思。例如：一步步、一天天、一张张。

一A一A式，表示"逐一"的意思。例如：一步一步、一棵一棵、一瓢一瓢。

（5）副词的重叠

少数副词可以重叠。主要采用"AA（的）"式。

故故：故意、特意、专门　　　慢慢（的）：从容，不着急

光光（的）：仅仅，都　　　　悄悄（的）：小声地，偷偷地

(二) 词类

1. 代词

（1）人称代词

	单数	复数
第一人称	我 ŋɤ˩/uo˩	我们 ŋɤ˩/uo˩·mən
		咱们 tsa˩·mən
		俺们 ŋan˩·mən（a˩·mən）
第二人称	你 ni˩	你们 ni˩·mən
第三人称	他 tʻA˥	他们 tʻA˥·mən
反身代词	自己 tsʅ˩ tɕi˩　自个儿 tsʅ˩ kɤr˩
旁称代词	别人 piɛ˩ zən˥
	人家 zən˩·nɛ˥ tɕia˥
统称代词	大伙儿 tA˩ xuor˩　大家 tA˩ tɕia˩

斋堂话第一、第二、第三人称代词又称三身代词，表示复数时，是在

单数后加上词尾"们"。在同一交际的场合下,第一人称代词复数"我们"只包括说话人一方,排除听话人一方,属于排除式。例如:"你先去吧,我们等一会儿再去。""咱们"在说话者和听话者都在场的情况下,二者都包含其中,是包括式。例如:"你姓王,我也姓王,咱们俩都姓王。"三身代词中的第二人称代词,斋堂话没有表示敬称的"您";第三人称一般也没有表敬称的说法。

第一人称代词还有读音的不同形式,"我"有"ŋɤ˅ 白读""uo˅ 文读"两种形式,自由换读不影响意义。口语中越来越多的情况是开始使用"uo˅ 文读"的形式了。

其他非三身代词中,反身代词一般用来复指前面的名词和代词。有时也可以泛指任何一个。例如:"自个儿的娃自个儿管"。旁称代词"别人"泛指说话双方之外的人。例如:"这是别人的书,我们不能拿","人家教书就教得好着呢"统称代词指一定范围内所有的人,例如"大伙儿都出份子钱"。

从语法功能来看,人称代词都可做主语、定语和宾语。

(2)指示代词

斋堂话的指示代词分近指和远指。

	近指	远指
基本型	这 tʂɤ˅/tʂei˅	那 na˅/nei˅
指人和物	这个 tʂɤ˅/tʂei˅ kɤ˅	那个 na˅/nei˅ kɤ˅
指数量	这些(个)tʂei˅ ɕiɛ˧(kɤ˅)	那些(个)nei˅ ɕiɛ˧(kɤ˅)
指处所	这儿 tʂɤr˅(这里)	那儿 nɤr˅(那里)
指程度	这们 tʂən˅·mən(这么)	恁们 nən˅·mən(那么)
指方式和性状	这之/着 tʂɤ˅·tʂʅ(·ʂɤ)(这样)	
	恁之/着 nən˅·tʂʅ(·tʂɤ)(那样)	
	这子 tʂən˅·tsʅ(这样)	恁子 nən˅·tsʅ(那样)

指时间　　　这会儿tʂɤ˅/tʂei˅ xuə˅　　　那会儿na˅/nei˅ xuə˅

　　　　　　这阵子tʂɤ˅/tʂei˅ tʂən˅·tsʅ　　那阵子na˅/nei˅ tʂən˅·tsʅ

斋堂话基本型指示代词"这""那"分别表示近指和远指，同时"这""那"既能指代，也能指别。例如："这是斋堂川的风俗。"（表示指代）；"这个比那个好。（表示指别）"。"这""那"的读音形式还有不同的表现形式，在比较正规的场合，使用"这tʂɤ˅""那na˅"，在口语中则多使用"这tʂei˅""那nei˅"。

由"这""那"基本型指示代词构成的合成指示代词，可以指代人和物、数量、处所、程度、方式和性状和时间等等。

（2）疑问代词

斋堂话疑问代词主要由"哪"和由"哪"组成的词或短语，同时还有"谁""咋儿""啥""怎儿""多""多儿"等。疑问代词有多种疑问指代功能。

基本型　　　哪 na˩/nei˩

问人　　　　谁 ʂuei˩/ʂei˩、哪个na˩/nei˩ kɤ˅

问处所　　　哪儿里 nɚ˅ li˩

问事物　　　哪些 na˩/nei˩ɕiə; 什么 ʂən˅·mə

问时间　　　啥时候 ʂa˩ ʂʅ˩ xou˅

问数量　　　多儿 tuor˅

问方式　　　怎儿着 tsɚ˩·tsʅ（怎么着，怎样）

　　　　　　咋儿做 tsɚ˩/tʂuɚ˩ tsuo˅ 怎么做

　　　　　　咋儿办 tsɚ˩/tʂuɚ˩ pan˅ 怎么办

问程度　　　多（高、大、沉）tuo˩[kɑu˅、ta˅、tʂʻən˩]

问原因　　　为啥 uei˅ ʂa˩（为什么），啥呀 ʂa˩·ia（什么）

疑问代词"哪"和"谁"在读音上常常也有两种形式，"哪"有"na˩、nei˩"；"谁"有"ʂuei˩、ʂei˩"。两种形式经常分别可以换用，不影响意义。"哪"口语中较多使用"nei˩"，"谁"较多使用"ʂei˩"来表示问物或问人。

疑问代词的主要表达功能是有疑而问或无疑而问（反问、设问）。疑问代词也常表示任指和虚指，具有两种活用形式。总体来看，疑问代词的意义和用法与北京话疑问代词的用法基本相同。

2.数词、量词

斋堂话的数词、量词与北京话的数词、量词特点比较相似，但也有一些自己的特点。

数词的表达：

（1）"半"表示"二分之一"的意思。可以直接放在名词前，表示"整体的一半"。

例如：半狗儿，指砸出来碎成半个的核桃仁。

（2）数字"两"不能和基数"十"直接组合，只能说"二十"；"两"还不能和度量单位"两"组合，只能说"二两"。

（3）分数用"X成"表示，一般不用"X分之X"。如"庄稼五成熟了"，五成就是百分之五十的意思。

（4）概数使用"来、多、数、把、左右、上下"等表示。例如："十来个、一里来地、一百多个、千数个、个把人、三十左右、七十上下"。

（5）末一个的表示法

斋堂话把最小或最末的一个称为"老"。末一个儿子叫"老儿子"、末一个女儿叫"老闺女"、最后一个叫"老末儿"。"叔叔、姑姑、舅舅、姨母"排行最小的都冠以"老"："老叔、老姑奶子、老舅、老姨"。

（6）并列的称谓词和数量短语组合，采用"名词+数词"的语序"兄弟俩、姐妹仨、叔侄两个、兄弟几个、师徒二人"。

量词的表达：

（1）量词与"儿"和"子"的组合

斋堂话量词有的加"儿"，组成量词，如"一页儿书""一粒儿米""一对儿花瓶""一把儿米"，这些量词都是采用构形儿化的形式，当然这些量词，也可儿化也可不儿化，具体根据发音人不同的情况来定；量词有的需要加"子"，如"一炉子灰""一杯子茶""一筐子梨""一沓子纸""一瓶子醋""一坛子酒"，这些量词都是借用带"子"缀的名词构成的量词。量词"儿"和"子"的两种类型，一般都形成习惯，不轻易换用。

（2）斋堂话不使用"打"作量词，十二个为"一打"，斋堂话会使用"个"或"斤"等其他量词来计量，如"十二个鸡子儿_鸡蛋_""一斤鸡蛋"。

（3）名量词"个"，在斋堂话中"个"不是典型意义上的通用量词，在同一类人和事物中，"个"的使用是有限制的。例如：

用于"人"：可以用于所有表人的称谓。一个小炉匠、一个打铁的、一个鞍子房的；

用于"食物"：可以用于大多数食物，水果、面食、糕点等。

用于部分人体名词：一个头、一个鼻子、五个手指头、一个屁户、两个眼珠；

用于地理名物：一个山、一个崖头、一个池塘；

用于少数器物：一个碗、一个枕头、一个冰箱、一个出屉、一个灶台；

用于部分建筑：一个大楼、一个影院、一个礼堂，一个教室、一个泳池；

用于部分抽象事物：一个梦、一个道理、一个愿望、一个要求；

"个"较少用于动物，兽类动物一般不使用量词"个"，昆虫类动物可以使用，一个蚊子、一个苍蝇、一个水牛子等。

（4）动量词"下"。"下"以及其组成的动量词组"一下"，均可表示时间的短暂。"试一下，试下看，试一下看"都有表示微量或尝试义。动词后的"一下"做补语，并且"V一下"后还可带宾语。"看一下书""读一下报""锻炼一下身体"。有时候，还可以构成"V一下下"，"让我看一下下"，"一下下"同样也是表示尝试义，或表示时间极短暂。

门头沟特殊量词较少。有以下几个：

一稀乎：一点点。"买啦一稀乎豆腐。"

一大直：一大段路程。"走了一大直路。"

一虎口：长度。"有一虎口长。"

一停儿：总数分成相同几分；其中一份叫一停儿。"才来一停儿人。"

一纽纽：一点点。

3.助动词

斋堂话助动词与北京话的助动词相同，有表示可能的：能、会、可能、可以；表示必要的：可、要、应该、应当；表示意愿的：敢、肯、愿、愿意、可。其中，"可"比较特别，不表示可能义，而是表示必要义，是年龄比较大的妇女常使用的一个助动词。

"可"音"kʻɤˇ"，读作阴平字。单用作助动词，表示必要，多指不应当，不应该。例如：

可不能这样啦_{不应该这样。}

kʻɤˇ puˇ nəŋˇ tʂeiˇ iɑŋˇ ·la .

这件事可不当介嘞_{这件事不应该。}

tʂeiˇ tɕianˇ ʂɿˇ kɤˇ puˇ tɑŋˇ tɕiɛˇ ·lei .

"可"一般与否定式联合起来使用，常常有强调或埋怨之义。但也有表示称赞别人办事办得圆满成功的，就会称赞说：

可　办　啦　个　圆　觉　境。

kʻɤˇ panˇ ·la kɤˇ yanˇ tɕyɛˇ tɕiŋˇ .

这是对人办事圆满而进行的夸赞；倘若是夸耀人或高待人过分了，受者则谦言：

可　闹　啦　个　圆　觉　境。

kʻɤˇ nauˇ ·la kɤˇ yanˇ tɕyɛˇ tɕiŋˇ .

4.副词

斋堂话有较多的有特色的副词，以下主要对程度副词、否定副词、范围副词展开讨论。

（1）程度副词

斋堂话中，表程度的副词有"特别，太，很"等等，用得较多的是"挺""忒"。

挺[tʼiŋ˧]：挺好　挺俊　挺能　挺瓷实　挺热闹　挺得劲　挺聪明

忒[tʼei˧]：忒咸　忒甜　忒坏　忒脏　忒淘气　忒寒碜　忒不老实

"挺""忒"表示程度，都有程度最高的意思。所修饰的成分，"挺"常常偏向于修饰褒义形容词；"忒"常常偏向于修饰贬义形容词，同时表示程度超过了可接收的范围。即使有时候修饰的是表积极义的形容词，也是表示的贬义。例如：

他　这人　啊　忒　老实　咧！

tʼa˧ tsei˧ zən˧ ·a tʼei˧ lau˧ ʂʅ˧ ·lie！

"忒老实"此处已经是表示过于老实，软弱可欺，带有明显的贬义了。

（2）否定副词

斋堂话的否定副词有：没价、没、不、别几个。否定副词的分工与北京话一样，下文分别阐述。

①没价[mu˧ ·tɕia]、没[mu˧]

"没价、没"，即没有、没，否定动作或性状的已经发生，表示已然。例如：

他　吃　俩　饭　啦，你　吃　俩　饭　没　价？_{他吃了饭了，你吃了饭没有呢？}

tʼa˧ tsʼa˧ ·lia fan˧ ·la, ni˧ tsʼa˧ ·lia fan˧ mu˧ ·tɕia？

我　吃　俩　三　碗　饭　还　没　价　吃　饱。_{昨天他没有来，今天他还没有来。}

ŋɤ˧ tsʼa˧ ·lia san˧ uan˧ fan˧ xai˧ mu˧ ·tɕia tsʼa˧ pau˧.

"没价"是比较老派的说法，现在很多情况下村民都单用"没"，很少使用"没价"，例如：

他　要　修　那　养　殖　园　的　事　都　没　修　成。

tʼa˧ iau˧ ɕiou˧ nei˧ iaŋ˧ tʂʅ˧ yan˧ ·ti ʂʅ˧ tou˧ mu˧ ɕiou˧ tsʼəŋ˧.

夜　儿个　他　没　来，　今儿个　他　又　没　来。

iərˇkɣ t'aˇ muˇ laiˇ，tɕiərˇ·kɣ t'aˇ iouˇ muˇ laiˇ.
那 条 道 儿 你 走 过， 到 房 山 你 没 走 过。
neiˇ t'iɑuˇ tɑurˇ niˇ tʂouˇ kuoˇ，tɑuˇ fɑŋˇ ʂanˇ niˇ muˇ tʂouˇ kuoˇ.

"没价"在疑问句中出现的概率较大，并且也能和动词"有"等并列构成正反问形式"V没价"，例如：

你 有 钱 没 价？_{你有没有钱？}
niˇ iouˇ tɕ'ianˇ muˇ ·tɕia？

你 去 没 价？_{你去没去？}
niˇ tɕ'yˇ muˇ ·tɕia？

斋堂话"没价、没"具有兼类词的功能，既能做否定副词，也能做动词，例如：

书 没 事， 坏 不 了。_{书放那儿没事。}
ʂuˇ muˇ ʂʅˇ，xuaiˇ puˇ liɑuˇ.

那 会儿 还 没 高 速 嘞。_{那时候还没有高速公路呢。}
neiˇ xuərˇ xaiˇ muˇ kɑuˇ suˇ ·lei.

没 这 个 院儿 这么 宽 一 点儿。_{没这个院子这么宽。}
muˇ tʂeiˇ kɣˇ yərˇ tʂəŋˇ ·mə k'uanˇ iˇ tiərˇ.

我 们 不 说， 我 们 没 这 个 词儿。
uoˇ ·mən puˇ ʂuoˇ，uoˇ ·mən muˇ tʂeiˇ kɣˇ ts'ərˇ.

②不 [puˇ]

"不"否定动作或性状的将要发生，表示未然。例如：

不 愿 意 回 来 你 就 在 你 婆家 待 着。
puˇ yanˇ iˇ xueiˇ laiˇ niˇ tɕiouˇ tsaiˇ niˇ p'oˇ tɕiaˇ taiˇ ·tʂɣ.

小 哥儿 几 个 一 商 量， 不 说 给_{告诉} 他 们 啦。
ɕiɑuˇ kɣrˇ tɕiˇ kɣˇ iˇ ʂɑŋˇ ·liɑŋ，puˇ ʂuoˇ keiˇ t'aˇ ·mən ·la.

这 座 山 我 爬 的 上 去， 他 爬 不 上 去。
tʂeiˇ tsuoˇ ʂanˇ uoˇ p'aˇ ·ti ʂɑŋˇ tɕ'yˇ，t'aˇ p'aˇ puˇ ʂɑŋˇ tɕ'yˇ.

· 295 ·

这 人 我 不 认 得, 不 说 认 不 得。

tʂei˅ zən˅ ŋɤ˅ pu˅ zən˨ ·tiɛ, pu˅ ʂou˅ zən˅ pu˅ ·tiɛ.

③别[piɛ˩]

"别"表示禁止或劝阻,表示说话人不希望或不愿意对方有什么动作或要求。例如:

别 到 那 儿 去!

piɛ˩ tɑu˅ nar˅ tɕ'i˅!

快 别 看 啦!

k'uai˅ piɛ˩ k'an˅ ·la!

你 坐 着, 别 站 起 来。

ni˩ tsuo˅ ·tʂɤ, piɛ˩ tʂan˅ tɕ'i˩ lai˅.

"别"较多的时候是出现在表祈使的句子中。

(3) 范围副词

范围副词除了常见的"都、全、共、总共"等外,常常使用"光""净""就""一起"来表示"全部"或"只"的意义。例如:

①就[tɕiou˅]

剩下的钱他就拿走啦。(就:表"全部")

ʂəŋ˅ ɕia˅ ·ti tɕ'ian˅ t'a˅ tɕiou˅ na˅ tsou˅ ·la.

他们王家就听我们的。(就:表"全部",也可表示"只")

t'a˅ ·mən uɑŋ˅ ·tɕia tɕiou˅ t'iŋ˅ uo˩ ·mən ·ti.

干啥欠的,就为啊娶你,欠这些帐。(就:表示"只")

kan˅ ʂa˅ tɕ'ian˅ ·ti, tɕiou˅ uei˅ ·lia tɕ'y˩ ni˩, tɕ'ian˅ tʂei˅ ·ɕiɛ tʂɑŋ˅.

"就"表示范围,既可表示全部义,也可表示"只、仅仅"义。

②光[kuɑŋ˅]

你要光开车儿,一个多钟头儿。(光:表示"只")

niㄥiɑuㄥ kuɑŋㄥ kʻaiㄥ tʂʻɤㄥ, iㄥ kɤㄥ tuoㄥ tʂuŋㄥ tʻourㄥ.

光这汉字儿，这一个人这一辈子把它都认得就算不错。（光：表示"只"）

kuɑŋㄥ tɕeiㄥ xaxㄥ tsɤㄥ, tɕeiㄥ iㄥ kɤㄥ zənㄥ tɕeiㄥ iㄥ peiㄥ ·tsʅ paㄥ tʻaㄥ touㄥ zənㄥ ·tie tɕiouㄥ ʂuanㄥ puㄥ tsʻuo.

"光"表示"只""仅仅"义，有时候"光"还能重叠使用，例如：

他光光给你开点子药，反正吃啦也好不来也坏不了。

tʻaㄥ kuɑŋㄥ kuɑŋㄥ keiㄥ niㄥ kʻaiㄥ tianㄥ ·tsʅ iɑuㄥ, fanㄥ tʂəŋㄥ tʂʻʅ ·la iɛㄥ xauㄥ puㄥ laiㄥ iɛㄥ xuaiㄥ puㄥ liɑuㄥ.（光光：表示"只"）

你 光 光 的十多二十万，百八十万的，给他砸那儿。（光光：表示"全部"）

niㄥ kuɑŋㄥ kuɑŋㄥ ·ti ʂʅ tuoㄥ ɤㄥ ʂʅ uanㄥ, paiㄥ paㄥ ʂʅ uanㄥ ·ti, keiㄥ tʻaㄥ tsaㄥ narㄥ.

"光"重叠后其表示范围的语法意义并不改变。

③净 [tɕiŋㄥ]

净因为这个打架。（净：表示"只""都"）

tɕiŋㄥ inㄥ ueiㄥ tɕeiㄥ kɤㄥ taㄥ tɕiaㄥ.

净吃米，不吃面。

tɕiŋㄥ tʂʻʅㄥ miㄥ, pʻuㄥ tʂʻʅㄥ mianㄥ.（净：表示"只"）

5. 介词

斋堂话介词系统中，比较有特色的是"压"。"压"表示"沿"或"沿着"的意思，有时候还表示"从"的意义。例如：

表示"沿、沿着"：

压那儿奔趟走嘞。 沿着那儿跑着走一趟。

iaㄥ nɤㄥ pənㄥ tʻaŋㄥ tsouㄥ ·lei.

压他这儿岭上下去一条公路。

iaㄥ tʻaㄥ tʂɤㄥ liŋㄥ ʂɑŋㄥ ɕianㄥ tɕʻyㄥ iㄥ tʻiɑuㄥ kuŋㄥ luㄥ.

压这儿这个这着_{这样}直上去。_{沿着这儿这样直着上去。}

iaɤ˅ tʂɤ˅ tʂei˅ kɤ˅ tʂən˧ ·tʂɤ˅ tʂʅ˅ ʂɑŋ˅ tɕʻy˅.

表示"从、自从"：

压那个奔门头沟回来，还高速。_{从那儿奔着门头沟回来，还是高速公路。}

iaɤ˅ nei˅ kɤ˅ pən˅ mən˧ tʻou˧ kou˅ xuei˧ lai˧，xai˧ kɑu˅ su˅.

百花山西径，就压这儿上去。

pai˧ xua˅ ʂan˅ ɕi˅ tɕiŋ˅，tɕiou˅ ia˅ tʂɤ˅ ʂɑŋ˅ tɕʻy˅.

黄家压那打跑了之后，斋堂黄姓一个也没有啊。

xuɑŋ˅ tɕia˅ ia˅ na˅ ta˧ pʻɑu˅ ·la tʂʅ˅ xou˅，tʂai˅ tʻəŋ˧ xuɑŋ˅ ɕiŋ˅ iɤ˅ kɤ˅ iɛ˧ mu˧ iou˧ ·lia.

"压"原本作动词，在斋堂话里，也开始虚化成为介词。

6.动态助词

斋堂话常用的动态助词有：唎、啦、着。它们分别能表达完成体、短时体、进行体、持续体、将然体等动态意义。

（1）唎[·lia]/啦[·la]

"唎/啦[·la]"附着在谓词或谓词性短语后，组成"V唎/啦""V唎/啦O"或"VO唎/啦""V唎/啦C"或"VC唎/啦"等结构，作谓语或述语。。

①表示完成体：表示动作行为的完成。

他这一咧嘴，就刺拜_{咧嘴哭状}唎。

tʻa˅ tʂei˅ i˅ liɛ˧ tsuei˧，tɕiou˅ tsʻʅ˅ ·pai ·lia.

这两年开放了之后就都搬走啦。

tʂei˅ liaŋ˧ nian˧ kʻai˅ faŋ˧ ·la tʂʅ˅ xou˅ tɕiou˅ tou˅ pan˅ tsou˧ ·la.

玩儿核桃的人会越来越觉醒啦，不玩儿啦。

uer˧ xɤ˧ tʻɑu˧ ·ti ʐən˧ xuei˅ yo˅ lai˧ yo˅ tɕyɤ˅ ɕiŋ˅ ·la，pu˅ uer˧ ·la.

"V唎/啦"附在动词后，表示动作和状态已经完成并结束。在斋堂，不同的村庄使用动态助词会稍有不同，柏峪村常用"唎"，燕家台村、塔河村多用"啦",虽然读音形式有所不同,但是语法功能和意义是一样的。

"V 啊/啦 O"或"VO 啊/啦",表示动作行为的完成并有了结果。

灵岳寺,这个庙吧,造就啊这个斋堂、斋堂镇。

liŋ˨ iɑu˨ sʅ˧, tʂei˨ kɤ˨ miɑu˨ ·pa, tsɑu˨ tɕiou˨ ·lia tʂei˨ kɤ˨ tʂai˨ tʻəŋ˨、tʂ ai˨ tʻəŋ˨ tʂəŋ˨.

所以他写那个书是,借鉴啊我好些的东西。

suo˨ i˨ tʻa˨ ɕiɛ˨ nei˨ kɤ˨ ʂu˨ ʅ, tɕiɛ˨ tɕian˨ ·lia uo˨ xɑu˨ ɕiɛ˨ ·ti tu ŋ˨ ɕi˨.

人家彩礼这个,已经成啦那个风俗啦。

zən˨ tɕia˨ tsʻai˨ li˨ tʂei˨ kɤ˨, i˨ tɕiŋ˨ tʂʻəŋ˨ ·la nei˨ kɤ˨ fəŋ˨ su˨ ·la.

我那盖啦三间房,那是八〇年,才花啦八百块钱呐。

uo˨ nei˨ kai˨ ·la san˨ tɕian˨ faŋ˨, nei˨ ʂʅ pa˨ liŋ˨ nian˨, tsʻai˨ xua˨ ·la pa˨ pai˨ kʻuai˨ tɕʻian˨ ·na.

现在已经都有路啦,你看见啦没有。

ɕian˨ tsai˨ i˨ tɕiŋ˨ tou˨ iou˨ lu˨ ·la, ni˨ kʻan˨ tɕian˨ ·la mu˨ iou˨.

"V 啊/啦 C"或"VC 啊/啦",表示动作行为的完成,但可能结束了,也可能没有结束。

我这想啊一天,我都记上嘞!

ŋɤ˨ tʂei˨ ɕiaŋ˨ ·lia i˨ tʻian˨, ŋɤ˨ tou˨ tɕi˨ ʂaŋ˨ ·lei!

她跟这儿站啦一会儿,走啦。

tʻa˨ kən˨ tʂər˨ tʂan˨ ·la i˨ xuər˨, tsou˨ ·la.

上例中,"V 啊/啦 C"表示动作行为完成并且结束了。

他来啊三天啊。

tʻa˨ lai˨ ·lia san˨ tʻian˨ ·lia.

好几个柜子,压的不行啊。

xɑu˨ tɕi˨ kɤ˨ kuei˨ ·tsʅ, ia˨ ·ti pu˨ ɕiŋ˨ ·lia.

觉得,现在比以前强多啦。

· 299 ·

tɕyɛ˅ tiɜ˅, ɕian˅ tsai˅ pi˧ i˧ tɕʰian˅ tɕʰiɑŋ˅ tuo˅ ·la.

上例中，"V 唡/啦 C"或"VC 唡/啦"表示动作完成但是还没有结束。"来唡三天"但人还在这儿没走；"压的不行唡"但柜子还在承重；"比以前强多啦"表示现在仍然还是比以前强。

②表示将然体

天快亮唡。

tʰian˅ kʰuai˅ liɑŋ˅ ·lia.

天要下雨啦。

tʰian˅ iau˅ ɕia˅ y˧ ·la.

上例中，都是表示将要发生的事，表示动作快要发生的状态。

③表示持续体

他今儿个穿唡一身新衣。

tʰa˅ tɕiər˅ ·kɤ tʂʰuan˅ ·lia i˅ ʂən˅ ɕin˅ i˅.

要来这外姓就多啦，现在一直就王家掌权啦。

iau˅ lai˧ tʂei˅ uai˅ ɕiŋ˅ tɕiou˅ tuo˅ ·la, ɕian˅ tsai˅ i˅ tʂʅ˧ tɕiou˅ uɑŋ˅ tɕiaŋ˅ tʂɑŋ˧ tɕʰyan˧ ·la.

这个一直就停啦，凡是煤窑都停啦。

tʂei˅ kɤ˅ i˧ tʂʅ˧ tɕiou˅ tʰiŋ˧ ·la, fan˧ ʂʅ˅ mei˧ iau˅ tou˅ tiŋ˧ ·la.

上例中，"穿唡一身新衣"表示"穿着一身新衣服"，是动作的持续状态。"王家掌权啦""煤窑都停啦"，都是表示动作至今还保持着某种状态。

④表示起始体

天儿冷起来唡。

tʰiər˅ ləŋ˧ tɕʰi˧ lai˧ ·lia.

天儿热起来唡。

tʰiər˅ ʐɤ˅ tɕʰi˧ lai˧ ·lia.

上例中，表示天气开始进入"冷"或"热"的状态了，表示动作的起始貌。

（2）着 [·tʂuo]/[·tʂɤ]/[·tʂʅ]

"着"也是斋堂话常用的一个动态助词。附着在谓词或谓词性短语后，组成"V着"或"V着V着""V着O""V着C"等结构，作谓语或述语。

①表示持续体：表示动作行为呈持续的状态。

桌　　上　　放　　着一碗　　水儿。

tʂuoˇ ʂaŋˇ faŋˇ ·tʂɤ iˇ uanˇ ʂuarˇ .

门　　开　　着　　涅。

mənˇ kʼaiˇ ·tʂɤ ·niɛ .

沿几段儿进去，大门子设拦着。

ianˇ tɕiˇ tuɐrˇ tɕinˇ tɕʼyˇ, taˇ mənˇ ·tʂʅ ʂɤˇ lanˇ ·tʂɤ .

上例中，"V着"表示动作静态持续的样貌。

②表示进行体：表示动作行为正在进行的状态。

他　　吃　　着　　饭　　嘞。

tʼaˇ tʂʼaˇ ·tʂʅ fanˇ ·lei .

看见那个松鼠啊，抱着核桃吃核桃呢。

kʼanˇ tɕianˇ neiˇ kɤˇ suŋˇ ʂuˇ ·a, pauˇ ·tʂɤ xɤˇ tʼauˇ tʂʼʅ xɤˇ tʼauˇ ·ni .

那大机器拉来，沿黄安坨上百花山，直着走，十多里地，都一架架都抬着。

neiˇ taˇ tɕiˇ tɕʼiˇ laˇ laiˇ, ianˇ ·tʂɤ xuaŋˇ ŋanˇ tʼuoˇ ʂaŋˇ paiˇ xuaˇ ʂanˇ, tʂʅˇ ·tʂɤ tsouˇ, ʂʅˇ tuoˇ liˇ tiˇ, touˇ iˇ tɕiaˇ tɕiaˇ touˇ tʼaiˇ ·tʂɤ .

百花山咱们这儿去那都走着去。

paiˇ xuaˇ ʂanˇ tsanˇ ·mən tʂɤrˇ tɕʼyˇ naˇ touˇ tsouˇ ·tʂɤ tɕʼyˇ .

上例中，"V着O""V着C"都表示动作的进行状态。

③表示持续反复体：表示动作行为的反复出现的状态。

这小孩儿吵着吵着，笑话不少。

tʂeiˇ ɕiauˇ xɐrˇ tʂʼauˇ ·tʂɤ tʂʼauˇ ·tʂɤ, ɕiauˇ xuaˇ puˇ ʂauˇ .

唤着唤着，就唤出去啦。(名字)叫着叫着，就叫出去了。

xuan˅·tsɤ xuan˅·tsɤ，tɕiou˅ xuan˅ tʂʻu˅ tɕʻy˅·la

他瞧电视瞧着瞧着睡着啦。

tʻa˅ tɕʻiau˅ tian˅ ʂʅ˅ tɕʻiau˅·tsɤ tɕʻiau˅·tsɤ ʂuei˅ tʂau˅·la．

上例中，"V着V着"表示动作持续的状态下还反复进行。

斋堂话在表示动作行为的时候，经常性的还把"啊/啦""着"组合起来，表示某种体貌例如：

他看电视看着看着睡着啊。

tʻa˅ kʻan˅ tian˅ ʂʅ˅ kʻan˅·tsɤ kʻan˅·tsɤ ʂuei˅ tʂau˅·lia．

这类例句中，表示动作在反复进行后，接着就完成结束了。

7.结构助词

（1）的 [·ti]/[·tiɛ]

"的"在斋堂话中应用很广，能表达多种语法意义和附加意义。

①附加在称谓名词后，表示从事某类职业或行当的人。例如：

开车的 kʻai˅ tsʻɤ˅·ti 司机

锢露锅的 ku˅·lu kuo˅·ti 补锅匠

做衣裳的 tsuo˅ i˅·ʂaŋ·ti 裁缝

剃头的 tʻi˅ tʻou˅·ti 理发员

掌刀的 tʂaŋ˅ tau˅·ti 屠户

挑挑儿的 tʻiau˅ tʻiaur˅·ti 挑货郎

抬轿子的 tʻai˅ tɕiau˅ tsʅ˅·ti 轿夫

大伙房的 ta˅ xuo˅ faŋ˅·ti 厨师

映电影儿的 iŋ˅ tian˅ iə̃r˅·ti 放映员

鞍子房的 ŋan˅ tsʅ˅ faŋ˅·ti 饲养员

焊洋铁壶的 xan˅ iaŋ˅ tʻiɛ˅ xu˅·ti 焊补铁壶的人

钉马掌的 tiŋ˅ ma˅ tʂaŋ˅·ti 专门钉马掌和治疗病蹄的匠人

劁猪后的 tɕʻiau˅ tʂu˅ xou˅·ti 从事为牲畜做绝育的人

302

除了表示某种职业，还可以表示施行某种行为的人，具有泛指性。

点种儿的 tianㄥtʂũrㄥ·ti 播种的人

施粪的 ʂʅˇfənˇ·ti 施肥的人

要饭的 iɑuˇfanˇ·ti 乞丐

跑大海的 pʻɑuㄥtaˇxaiㄥ·ti 走江湖的人

拍花的 pʻaiˇxuaˇ·ti 拍花子的，专门拐带孩子的人

可以说，社会各行各业，三教九流，都可以采用这种"的"字结构来构成称谓名词。从内部结构来看，主要是述宾结构加上"的"构成，也有少数是由定中结构加上"的"构成。

②附加在谓词性词或短语后构成形容词

兴的：高兴的、美的、得意忘形

鸦莫轻声儿的：鸦雀无声状

齐大乎的：齐心合作

痴傻呆茶的：呆傻的样子

斋堂话形容词使用生动后缀时，常常必带一个"的"：

傻了吧唧的 丑了吧唧的 脏拉瓜巴唶的 楞二格正的

"的"在构词中，不仅有衬音的作用，某种程度上还起了强调的作用，或表示程度加深的作用。

③附加在谓词性词或短语后构成副词

治不的 tʂʅˇpuˇ·ti 极严重的程度

足的：一直的，到底的

悄悄的：小声地，偷偷地

光光的：只、仅仅

④表示附加成分和中心语之间的结构关系

一般是在偏正结构中，起领属限定或修饰的作用。例如：

斋堂话像我们这旮的六十多岁的人，还能说。

tʂaiˇtʻəŋˇxua ɕiaŋˇuoㄥ·mən tʂeiˇkaˇ·ti liouˇʂʅˇtuoㄥ·ti zənㄥ, xa iɻ nəŋɻ ʂouʋ.

这个唐代的时候，那会儿还不叫门头沟。

tʂeiɻ kɤɻ t'aŋɻ taiɻ ·ti ʂʅ ·xou, neiɻ xuɤɻ xaiɻ paiɻ tɕiauɻ mənɻ t'ouɻ kouʋ.

江水河是河北省的口音，怀来县的口音。

tɕiaŋɻ ʂueiɻ xɤɻ ʂʅɻ xɤɻ peiɻ ʂəŋɻ ·ti k'ouɻ inɻ, xuaiɻ laiɻ ɕianɻ ·ti kouɻ inɻ.

斋堂话的语料中，目前可见的，一般只有定中式偏正结构中使用"的"，斋堂土语很少使用状中式偏正结构。在出现状语作修饰成分时，也是使用"的[·ti]"来表示，例如：

猛　　猛　的 一 问儿 还 能　用。

məŋɻ məŋɻ ·ti iɻ uərɻ xaiɻ nəŋɻ yŋɻ.

（2）得[·tiɛ]

"得"作为补语的标记，与"的"分工不同，在读音上也有明确的区分。与助动词"得"[teiɻ]在读音上也做出了区别。例如：

且你到这儿都得休息一点儿，还得爬山。

tɕ'iɛɻ niɻ tauɻ tʂɤɻ touɻ teiɻ ɕiouɻ ɕiɻ iɻ tiɤrɻ, xaiɻ teiɻ p'aɻ ʂanʋ.

到白草畔得走着上去。

tauɻ paɻ ts'auɻ p'anɻ teiɻ tʂouɻ ·tʂɤ ʂaŋɻ tɕ'yʋ.

这是啊人他也得挣钱吧。

tʂeiɻ ʂʅɻ zənɻ t'aɻ iɛɻ teiɻ tʂəŋɻ tɕ'ianɻ ·pa.

助动词"得"表示必须、应该、需要等的意思，往往在句中作状语。

"得"做补语时，读音为[·tiɛ]，例如：

你稍微几句话他给你说得明白。

niɻ ʂauɻ ueiɻ tɕiɻ tɕyɻ xuaɻ t'aɻ keiɻ niɻ ʂouɻ ·tiɛ miŋɻ paiɻ.

那时候雨水大，老下雨，到现在不行，现在旱得不行。

naɻ ʂʅɻ xouɻ yɻ ʂueiɻ taɻ, lauɻ ɕiaɻ yɻ, tauɻ ɕianɻ tsaiɻ puɻ ɕiŋɻ, ɕianɻ tsaiɻ xanɻ ·tiɛ puɻ ɕiŋɻ.

有时候"的"也有充当补语标记的功能：

说的挺好听，文凭挺高，实际上啥病也治不了。

ʂuoʌ ·ti t'iŋʌ xauʌ t'iŋʌ, uənʌ p'iŋʌ t'iŋʌ kauʌ, ʂʅʌtɕinʌ ʂaʌ piŋʌ iɛʌ tʂʅʌ puʌ liauʌ.

他赚你点儿钱，他赚的少啊。

t'aʌ tʂuanʌ niʌ tiɛɹʌ tɕ'ianʌ, t'aʌ tʂuanʌ ·ti ʂauʌ ·a.

柏峪就有长城啊，沿河城就是城啊，看的到啊，在山上嘞。

paiʌ yʌ tɕiouʌ iouʌ tʂaŋʌ tʂ'əŋʌ ·a, ianʌ xɤʌ tʂ'əŋʌ tɕiouʌ ʂʅʌ tʂ'əŋʌ ·a, k'anʌ ·ti tauʌ ·a, tstsaiʌ ʂanʌ ·ʂaŋ lei.

在斋堂话中，补语的标志有时候可以将"得"用为"的"，不影响其语法功能和意义。例如："吃得饱。"一句，可以说：

吃得饱。tʂ'ʅʌ ·tiɛ pauʌ.

也可以说：吃的饱。tʂ'ʅʌ ·ti pauʌ.

8. 语气词

斋堂话有特色的语气词主要有：嘞、呢、湟几个。

（1）嘞 [·lei]

"嘞"作语气词，承担多种语气功能。

① "嘞"表示陈述，分别与北京话语气词"了₂""呢"和"的"的作用大体相当。

相当于"了₂"，一般表示事态发生了变化。

野鸭子也有，现在可能真不下蛋儿嘞。

iɛʌ iaʌ tsʅ iɛʌ iouʌ, ɕianʌ tsaiʌ k'ɤʌ nəŋʌ tʂənʌ puʌ ɕianʌ tɛɹʌ ·lei.

现在，我们杜家也是大户嘞。

ɕianʌ tsaiʌ, uoʌ mənʌ tuʌ tɕiaʌ iɛʌ ʂʅʌ taʌ xuʌ ·lei.

上例中，表示原来没有的事态，现在开始出现了。

"嘞"放在动词或形容词后，既表示动作或性状的出现，也表示事态发生了变化。

有的那个羊都活不了一两年呢，它有一年不到头就宰嘞。

iou˧ ˙ti nei˨ kɤ˨ iaŋ˨ xou˧ pu˨ liau˨ i˧ liaŋ˨ nian˨ ˙ni，tʻa˧ iou˧ i˧ nia n˨ pu˨ tau˨ tʻou˨ tɕiou˨ tsai˨ ˙lei.

这村里有，来过知识青年，这个沟来啦不少嘞。

tʂei˨ tsʻuən˨ tɕiou˨ iou˧，lai˨ kuo˨ tʂʅ˨ ʂʅ˨ tɕʻiŋ˨ nian˨，tʂei˨ kɤ˨ kou ˨ lai˨ ˙la pu˨ ʂau˨ ˙lei.

相当于"呢"，一般放在叙述句中，表示不同的语气。例如：

多着嘞，长着嘞。

tuo˨ tʂɤ ˙lei，tʂaŋ˨ tʂɤ ˙lei.

该句发音人是说斋堂的故事很多，很长，"嘞"指明事实时略带夸张。

我那在这正个看书嘞，看入啦迷啦。

ŋɤ˨ na˨ tsai˨ tʂei˨ tʂəŋ˨ ˙kɤ kan˨ ʂu˨ ˙lei，kʻan˨ ʐu˨ mi˨ ˙la.

他吃着饭嘞。

tʻa˧ tʂʻa˨ ˙tʂʅ fan˨ ˙lei.

上两例陈述事实的同时，"嘞"还有表示状态的持续的意味，常与副词"正、正个"或动态助词"着"搭配。

就一沿儿一沿儿的，垒起来，种点棒子嘞。

tɕiou˨ i˧ yer˨ i˧ yer˨ ˙ti，lei˨ tɕʻi˨ lai˨，tʂuŋ˨ tian˨ paŋ˨ ˙tsʅ ˙lei.

你想那个百花儿山谷嘞，都离咱们这儿都不远儿。

ni˨ ɕiaŋ˨ nei˨ kɤ˨ pai˨ xuɐ˨ ʂan˨ ku˨ ˙lei，tou˨ li˨ tsan˨ ˙mən tʂɤ˨ t u˨ pu˨ yer˨.

上两例都是客观陈述事实，"嘞"是陈述语气词。相当于"的"，用于陈述句末尾，表示肯定的语气。

我有能耐儿，我当老家父母嘞，我帮着你还。

uo˨ iou˨ nəŋ˨ nɐr˨，uo˨ taŋ˨ lau˨ tɕia˨ ˙lei，uo˨ paŋ˨ ˙tʂɤ ni˨ xuan˨.

到高咧你采点黄花儿嘞什么咧。

tau˨ kau˨ ˙liɛ ni˨ tsʻai˨ tian˨ xuaŋ˨ xuɐr˨ ˙lei ʂən˨ ˙mə ˙liɛ.

或者加上"嘞"可表示"已然"。例如：

到清初的时候，就康乾那个时候，还有守备嘞。

tɑuˇ tʂ'iŋˇ tʂ'uˇ ·ti ʂˠˇ xouˇ, tɕiouˇ k'ɑŋˇ tɕ'ianˇ neiˇ kˠˇ ʂˠˇ xouˇ, xaiˇ iouˇ ʂouˇ peiˇ ·lei.

② "嘞"表示疑问

"嘞"在句中还有充当疑问语气词的功能。

可表示特指问：

哪儿，哪儿买菜嘞？

nɐrˇ, nɐrˇ maiˇ ts'aiˇ ·lei?

常常用于反问，常与"啥、咋"等疑问词呼应：

你原先的人寿命为啥长嘞？

niˇ yanˇ ɕianˇ ·ti zənˇ ʂouˇ miŋˇ ueiˇ ʂaˇ tʂ'ɑŋˇ ·lei?

就这一个月的药，吃啥嘞？

tɕiouˇ tʂˠˇ iˇ kˠˇ yoˇ ·ti yoˇ, tʂ'ˠˇ ʂaˇ ·lei?

啊？你咋骂我嘞？

aˇ? niˇ tʂaˇ maˇ uoˇ ·lei?

③表示祈使

二十四小时恨不能都睡觉嘞！

ɚˇ ʂˠˇ sˠˇ ɕiauˇ ʂˠˇ xənˇ puˇ nəŋˇ touˇ ʂueiˇ tɕiauˇ ·lei!

④用于列举

就是驴嘞马嘞啥嘞，羊个啥嘞，活个一两年。

tɕiouˇ ʂˠˇ lyˇ ·lei maˇ ·lei ʂaˇ ·lei, iɑŋˇ kˠˇ ʂaˇ ·lei, xuoˇ kˠˇ iˇ liɑŋˇ nian.

（2）呢 [·ni]

"呢"作语气词，主要用在陈述句或疑问句中。

①表示陈述语气

那个时候呢，把这儿这个地方改成玉河县。

neiˇ kɤˇ ʂʅˇ xouˇ ·ni, paˇ tʂɤˇ tɕeiˇ kɤˇ tiˇ faŋˇ kaiˇ tʂʻəŋˇ yˇ xɤˇ ɕianˇ.

小龙门、洪水口、双塘涧，这块儿呢，接近房山的口音。

ɕiauˇ luŋˇ mənˇ、xuŋˇ ʂueiˇ kʻouˇ、ʂuaŋˇ tʻɑŋˇ tɕianˇ, tʂeiˇ kʻuɐˇ ·ni, tɕieˇ tɕinˇ faŋˇ ʂanˇ ·ti kʻouˇ inˇ.

常常在陈述句后表示状态的持续，例如：

打跑了之后就是王家跟我们杜家在这儿村呢。

taˇ pʻauˇ ·la tʂʅˇ xouˇ tɕiouˇ ʂʅˇ uaŋˇ tɕiaˇ kənˇ uoˇ ·mən tuˇ tɕiaˇ tsaiˇ tʂɤˇ tsʻuənˇ ·ni.

②用于句中停顿，或表示"至于，要说"的意思，常常用于列举：

后来呢，又来啦个姓王的，是两户，到这村子里，住下啦。

xouˇ laiˇ ·ni, iouˇ laiˇ ·la ɕiŋˇ uaŋˇ ·ti, ʂʅˇ liaŋˇ xuˇ, tauˇ tʂɤˇ tsʻuənˇ ·tsʅ liˇ, tʂuˇ ɕiaˇ ·la.

老啦呢，干活干不了啦。

lauˇ ·la ·ni, kanˇ xuoˇ kanˇ puˇ liauˇ ·la.

③表示疑问语气

那条路就洋灰、水泥铺的路面，花了多少钱呢？

neiˇ tʻiauˇ luˇ tɕiouˇ iaŋˇ xueiˇ、ʂueiˇ niˇ pʻuˇ ·ti luˇ mianˇ, xuaˇ ·la tuoˇ ʂauˇ tɕianˇ ·ni?

现在这猪肉为啥不好吃呢？喂饲料，喂添加剂。

ɕianˇ tsaiˇ tʂɤˇ tʂuˇ ʐouˇ ueiˇ ʂaˇ puˇ xauˇ tʂʻʅˇ ·ni? ueiˇ ʂʅˇ liauˇ, ueiˇ tʻianˇ tɕiaˇ tɕiˇ.

为啥上那儿求雨去呢？因为那个龙王是这儿的姑爷。

ueiˇ ʂaˇ ʂaŋˇ nɐrˇ tɕʻiouˇ yˇ tɕʻyˇ ·ni? inˇ ueiˇ neiˇ kɤˇ luŋˇ uaŋˇ ʂʅˇ tʂɤˇ ·tiku iɛˇ.

"呢"常常表示疑问或反问。

（3）涅[·niɛ]

"涅"应是"呢"的音变而来，其使用频率相对较低，其语法功能和意义与"呢"都一样。

这个地方涅，就靠着这个山，这边儿是灵山，这边儿是黄草梁，这边儿有个大峡谷。

tʂeiˇ kɤˇ tiˇ faŋˇ ·niɛ, tɕiouˇ kauˇ ·tʂɤ tʂeiˇ kɤˇ ʂanˇ, tʂeiˇ piɚˇ ʂʅˇ liŋˇ ʂanˇ, tʂeiˇ piɚˇ ʂʅˇ xuaŋˇ tsʻauˇ liaŋˇ, tʂeiˇ piɚˇ ʂʅˇ taˇ ɕiaˇ kuˇ.

我们说话涅，就是受气温，气候的影响，说话就比较粗。

uoˇ ·mən ʂuoˇ xuaˇ ·niɛ, tɕiouˇ ʂʅˇ ʂouˇ tɕʻiˇ uənˇ, tɕʻiˇ xouˇ ·ti iŋˇ ɕiaŋˇ, ʂuoˇ xuaˇ piˇ tɕiauˇ tsʻuˇ.

但是涅，为了通商，把这边关的口子，你要卡住。

tanˇ ʂʅˇ ·niɛ, ueiˇ ·la tʻuŋˇ ʂaŋˇ, paˇ tʂeiˇ pianˇ kuanˇ ·ti kʻouˇ ·tsʅ, niˇ iauˇ kʻaˇ tʂuˇ.

书涅，书读不好，手艺涅，手艺也学不会，你咋儿办哪？

ʂuˇ ·niɛ, ʂuˇ tuˇ puˇ xauˇ, ʂouˇ iˇ ·niɛ, ʂouˇ iˇ iɛˇ ɕiauˇ puˇ xue i, niˇ tʂuɚˇ panˇ ·na?

"涅"主要表示陈述，或在句中停顿，表示列举、对举等，一般不在疑问句中出现。

（4）的[·tei]

"的"在斋堂话中也可以充当语气词，只不过读音有所改变，读为[·tei]。例如：

他们那个口音呐，是孩子学母亲的。

tʻaˇ ·mən neiˇ kɤˇ kouˇ inˇ ·na, ʂʅˇ xaiˇ tsʅˇ ɕiauˇ muˇ tɕʻinˇ ·tei.

一个村一个村数过来的

iˇ kɤˇ tsʻuənˇ iˇ kɤˇ tsʻuənˇ ʂuˇ kuoˇ laiˇ ·tei.

"的"一般附在叙述句句尾，表示陈述语气，叙述客观事实。有时候也可以出现在疑问句中，例如：

你 是 哪 一 年 来 的？

ni˧˩ ʂʅ˧˩ nei˧˩ i˧˩ nian˧˩ lai˧˩ ·tei？

"的"附在疑问句末，既有足句的作用，也是表示动作行为已经发生，疑问句采用疑问的形式对已发生的动作进行询问。

二、句法

（一）语序

1.否定副词与中心语的位置

在斋堂话中，否定副词与中心语的一般都是构成"不+中心语"的格式，与北京话是相同的，比如"不认得、不记得"，但是，在斋堂话中，"不知道"往往还保留着"知不道"的说法。例如：

这 事 儿 我 知 不 道。这事儿我不知道。

tʂɤ˧˩ ʂər˧˩ ŋɤ˧˩ tʂʅ˧˩ pu˧˩ tɑu˧˩.

他 压 根 儿 就 知 不 道。他根本就不知道。

t'a˧˩ ia˧˩ kər˧˩ tɕiou˧˩ tʂʅ˧˩ pu˧˩ tɑu˧˩.

他 起 先 知 不 道，后 尾 儿 才 听 说 的。他开始并不知道，后来才听说的。

t'a˧˩ tɕ'i˧˩ ɕian˧˩ tʂʅ˧˩ pu˧˩ tɑu˧˩, xou˧˩ iər˧˩ ts'ai˧˩ t'iŋ˧˩ ʂuo˧˩ ·ti.

其他"不认得、不记得"等是不能采用这种格式的，不能说"认不得、记不得"。

2.状语和中心语的位置

在日常口语中，斋堂话有些表示范围或频率、程度等的副词作状语时，有时会后置，例如：

那 个 老 谁，他 带 进 去 啦，还。

nei˧˩ kɤ˧˩ lɑu˧˩ ʂei˧˩, t'a˧˩ tai˧˩ tɕin˧˩ tɕ'i˧˩ ·la, xai˧˩.

垒 上，抹 上 水 泥，敷 上 还。

leoˎ ʂaŋˋ, moˎ ʂaŋˋ ʂueiˋ niˋ, fuˋ ʂaŋˋ xaiˋ.
上面还多了，一个坝一个坝的，大坝小坝的，多了相当还。

ʂaŋˋ mianˋ xaiˋ tuoˋ ·la, iˋ kɤˋ paˋ iˋ kɤˋ paˋ ·ti, taˋ paˋ ɕiɑuˋ paˋ ·ti, tuoˋ ·la ɕiɑŋˋ taŋˋ xaiˋ.

少数情况下，说话者也会把主谓成分后置，例如：

从那个什么村，骑着骡子也好，骑着马也好，下来，脚不能站地，还得铺上你站。

tsʻuŋˋ neiˋ kɤˋ ʂəˋ ·mə tsʻuəŋˋ, tɕʻiˋ ·tʂɤ luoˋ ·tsɿ iɛˋ xɑuˋ, tɕʻiˋ ·tʂɤ maˋ iɛˋ xɑuˋ, ɕiˋ laiˋ, tɕyɛˋ puˋ nəŋˋ tsanˋ tiˋ, xaiˋ teiˋ pʻuˋ ʂaŋˋ niˋ tsanˋ.

忙啥呀，后年₍去年₎不这，你还不知道小三儿他那个工作。

maŋˋ ʂaˋ ·ia, xouˋ nianˋ puˋ tʂɤˋ, niˋ xaiˋ puˋ tʂɿˋ tɑuˋ ɕiɑuˋ sɚˋ tʻaˋ neiˋ kɤˋ kuŋˋ tsuoˋ.

上例中，"还得铺上你站"是"你还得站在铺上"；"后年₍去年₎不这"是"这不后年₍去年₎"。

状语成分的后置，较大原因是说话人为了强调焦点信息或新信息，或者对前面的话语需要做出补充时，而做出的语言选择及处理。

3.补语和中心语的位置

斋堂话补语与中心语的语序与北京话基本相同，只是补语和中心语之间使用的结构助词，可以是"得[·tiɛ]"，也可以是"的[·ti]"。例如：

我花得只剩下一块钱啦。我花得只剩下一块钱了。

uoˋ xuaˋ ·tiɛ tʂɿˋ ʂəŋˋ ɕiaˋ iˋ kʻuaiˋ tɕʻianˋ ·la.

这个吃得，那个吃不得。这个吃得，那个吃不得。

tʂeiˋ kɤˋ tʂʻɿˋ tiɛˋ, neiˋ kɤˋ tʂʻaˋ puˋ tiɛˋ.

这人我不认得。这个人我不认得。

tʂeiˋ zənˋ uoˋ puˋ zənˋ ·tiɛ.

"得[·tiɛ]"可以附在动词、形容词后表示补充说明。

这东西你拿不拿得动？拿得动。_{这东西你拿不拿得动？}

tʂeiˇ tuŋˋ ɕiˇ niˇ naˇ puˇ naˇ ·ti tuŋˋ? naˋ ·ti tuŋˋ.

我打得过他。_{我打得过他。}

ŋɤˇ taˇ ·ti kuoˋ tʻaˋ.

香得很，是不是？_{香得很，是不是？}

ɕɕiaŋˋ ·tiˇ xənˇ, ʂʅˋ ·pu ʂʅˋ?

这个山我爬得上去，他爬不上去。_{这座山我爬得上，他爬不上。}

tʂeiˇ kɤˋ ʂanˋ uoˇ pʻaˋ ·ti ʂaŋˋ tɕʻyˋ, tʻaˋ pʻaˋ puˇ ʂaŋˋ tɕʻyˋ.

"的[·ti]"也可以附在动词、形容词后表示补充说明。二者之间的差别是：

"得[·tiɛ]"更多地出现在"V得"的结构中；"的[·ti]"更多地出现在"V得C"的结构中。

斋堂话可能补语前用"得"或"的"，其肯定式和否定式是不同的。例如：

吃得　　喝得　　认得　　打的过　拿的动　爬的上
吃不得　喝不得　不认得　打不过　拿不动　爬不上

可能补语前肯定式用"得"或"的"，否定式用"不"。

（二）句子

斋堂话的句式和句类与北京话的句式和句类系统基本相同，常见的句式、句类有被动句、处置句、疑问句等，其中比较有特色的句式是斋堂话的被动句、处置句。下文具体分析。

1.被动句

斋堂话的被动句，使用的被动标记主要有：给、叫，老派斋堂话不使用"被"字表示被动，新派斋堂话才开始使用"被"字作被动标记。

"给、叫"作为被动句标记，产生相应的被动句式。

第四章 门头沟斋堂话语法

（1）给字句

那水位浅给挡着了，就是这个水的问题。那水位浅被挡着了，就是这个水的问题。

neiɴ ʂueiɴ ueiɴ tɕianɴ kei taŋɴ ·tʂɿ ·la, tɕiou ʂɿˇ ʂuei ·ti uənɴ tʼiɴ.

这个车必须得稳当，嘿嘿，不能再给它颠出来。这个车必须开得稳，嘿嘿，不能再被它颠出来了。

tʂeiɴ kɤˇ tʂʻɤˇ piɴ ɕyˇ teiɴ uənɴ taŋˇ, xeiɴ xeiɴ, puɴ nəŋɴ tsaiɴ kei tʼaɴ tianɴ tʂʻu ɴ laiɴ.

土著人，这就分散汉化啦给。土著人被分散汉化了。

tʼu ɴ tʂu ɴ zənɴ, tʂɤˇ tɕiou fənɴ san xanɴ xuanɴ ·la keiɴ.

他也下头都给挖空啦，上头都裂开啦。他下头都被挖空了，上头都裂开了。

tʼaɴ iɛɴ ɕianɴ tʼou tou kei uan kuŋɴ ·la, ʂaŋɴ tʼou tou liɛɴ kʼaiɴ ·la.

猛猛地一问，真给问住啦。猛地一问，真被问住了。

məŋɴ məŋɴ ·ti iɴ uənɴ, tʂənɴ kei uənɴ tʂu ɴ ·la.

（2）叫字句

衣服叫雨淋湿唡。衣服被雨淋湿了。

iɴ fu ɴ tɕiauɴ yɴ linɴ ʂɿˇ ·lia.

叫狗咬唡一口。被狗咬了一口。

tɕiauɴ kouɴ iauɴ ·lia iɴ kʼouɴ.

鱼叫猫给吃唡。鱼被猫吃了。

yɴ tɕiauɴ mauɴ kei ʂɿˇ ·lia.

斋堂话被动句，结构上大体和北京话相同，只是"给字句"和"叫字句"在具体的结构上二者稍有差异：

①给字句里的"给"可以不引进施事，而直接用于动词之前；叫字句里的"叫"后必须出现施事，因此，给字句可以不引进施事，属于不完全的被动句；而叫字句必须引进施事，属于完全的被动句。

②给字句和叫字句都用于表示消极意义的场合，但给字句也可以用于非消极意义的场合；而叫字句更多地是表达消极的意义。

他　给　评　上　先　进　啦。
tʻaˇ keiˇ pʻiŋˇ ʂɑŋˇ ɕianˇ tɕinˇ ·la.
门　　窗　给　关　好　啦。
mənˇ tʂʻuɑŋˇ keiˇ kuanˇ xɑuˇ ·la.

上面的句子，不能使用叫字句。但是，事情由坏向好的方面发展，经过努力而达到良好的愿望，也可以使用叫字句。例如：

这个电视真叫人给修好啦。
tʂeiˇ kɤˇ tianˇ ʂʅˇ tʂənˇ tɕiɑuˇ neˇ keiˇ ɕiouˇ xɑuˇ ·la.
事儿竟然叫他给办成啊。
ʂərˇ tɕinˇ zanˇ tɕiɑuˇ tʻaˇ keiˇ panˇ tʂʻəŋˇ ·lia.

③叫字句在结构上，通常使用"叫……给"的框式结构，给字句一般没有"给……给"的结构。

在日常生活中，乡民经常性地认为，被动句不是必须使用的句式，有时候遇到表示被动的意义时，也可以不使用被动句式。例如："碗被他打破了"一句，人们认为不必使用被动表达，可以说成：

他　又　摔　啦　碗　嘞！
tʻaˇ iouˇ ʂuaiˇ ·la uanˇ ·lei.

2. 处置句

斋堂话的处置句，使用的处置标记主要有：把、管、拿，作为表示处置的标记。

（1）把字句

你　把　门儿　关　上。
niˇ paˇ mərˇ kuanˇ ·ʂɑŋ.
城里城外跑啊三天，把我累的是够呛。
tʂʻəŋˇ liˇ tʂʻəŋˇ uaiˇ pʻɑuˇ pʻɑuˇ ·lia sanˇ tʻianˇ, paˇ uoˇ leiˇ ·ti ʂʅˇ kouˇ tɕʻiɑŋˇ.

把　黄　家　给　打　跑　啦。

pa˩ xuaŋ˩ tɕia˅ kei˩ ta˩ pʻɑu˩ ·la.

实际上他这中间有个山，把他们给隔开啦。

ʂʅ˅ tɕin˅ ʂɑŋ˅ tʻa˅ tʂei˅ tʂuŋ˅ tɕian˅ iou˩ kɣ˅ ʂan˅, pa˩ tʻa˅ mən˩ kei˩ tɕiɛ˅ kʻai˅ ·la.

把　钱　给　丢啦。

pa˩ tɕʻian˩ kei˩ tiou˅ ·la.

上述把字句分别表示处置、表示致使以及表示不如意的事情，其语义及其语法功能与北京话是相同的。与把字句功能相似的还有下列的拿字句和管字句。

（2）拿字句

你们是大学生们下来，拿小麦当韭菜，拿韭菜当小麦一个样。

ni˩ ·mən ʂʅ˅ ta˅ ɕiau˩ ʂəŋ˅ ·mən ɕia˩ lai˩, na˩ ɕiau˩ mai˅ tɑŋ˅ tɕiou˩ tʂʻai˅, na˩ tɕiou˩ tʂʻai˅ tɑŋ˅ ɕiau˩ mai˅ i˅ kɣ˅ iɑŋ˅.

拿　麦秸　当　柴　火。

na˩ mai˅ tɕiɛ˅ tɑŋ˅ tʂʻai˅ ·xuo.

"拿"相当于介词"把"，构成"拿……当"的格式，用来称说事物。

（3）管字句

柏　峪　管　燕　家　台　叫　燕　台。

pai˩ y˅ kuan˩ ian˅ tɕia˅ tʻai˅ tɕiɑu˅ ian˅ tʻai˅.

他　们　管　我　叫　老　三。

tʻa˅ ·mən kuan˩ uo˩ tɕiɑu˅ lau˩ san˅.

"管"相当于介词"把"，构成"管……叫"的格式，主要用来称说人和事物。

上述表示处置的句式中，把字句主要具有两种形式："把"既有"把N+V"，也有框式结构"把N给V"的格式，其中"把……给"是完全虚化的框式介词结构；而拿字句、管字句只有一种格式，即框式结构"拿

/管N+当/叫","拿/管"后面的动词限于"当"和"叫"。两种框式结构在形式上是不同的。从使用频率上，拿字句、管字句出现的频率较低。

3.正反问句

北京话用正反问重叠的形式表示询问，若带宾语，一般有几种格式：

VO不VO　　　抽烟不抽烟

V不VO　　　抽不抽烟

VO不V　　　抽烟不抽

VO不　　　　抽烟不

斋堂话正反问主要采用"VO不/没价"这种格式。例如：

你抽烟不？

ni˩ tṣʻou˥ ian˥ pu˥？

你抽烟没价？

ni˩ tṣou˥ ian˥ mu˥ ·tɕia？

这些例子是肯定式和否定式连用的询问。斋堂话否定词"不"和"没价"都可以用在这种格式中，是一种省略的格式。正如前文所述，斋堂话的"没""没价"既是否定副词也是动词，与北京话相对应，可以说：

（1）吃没吃饭　　抽没抽烟　　看没看戏

（2）吃饭没价　　抽烟没价　　看戏没价

在第一种格式只能使用"没"，第二种格式只能使用"没价"。 在正反问句中"VO没价"是主要的形式，基本不使用"V没VO"的形式。

用"不"构成正反问"VO不"也是斋堂话用得较频繁的形式：

我给你捎个信不？

uo˩ kei˩ ni˩ ʂau˥ kɤ˥ ɕin˥ ·pu？

吃得好了不？吃得好了。

tṣʻʅ˥ ·ti xau˩ liau˩ ·pu？tṣʻʅ˥ ·ti xau˩ ·la.

问他还晕不？不晕了。

uən˥ tʻa˥ xai˩ yn˥ ·pu？pu˥ yn˥ ·la.

此外，"不"还能使用在是非问句中，其相当于疑问语气词"吗"。例如：

吃啊饭再去行不？

tṣʻʅ˩ ·lia fan˩ tsai˩ tɕʻy˩ ɕiŋ˩ ·pu？

拿得动不？拿得动。

na˩ ·ti tuŋ˩ ·pu？na˩ ·ti tuo˩.

你还有钱不？

ni˩ xai˩ iou˩ tɕʻian˩ pu˩？

斋堂话的否定副词"不"，既可以用在正反问中，又可以用在是非问中，构成疑问句的形式，这也是该地方言的一个特色。

三、语法例句

1.谁啊？我是老三。（谁啊？我是老三。）。

ṣuei˩ ·a？ŋɤ˩ ʂʅ˩ lau˩ san˩.

2.老四涅？他正跟朋友那儿说话嘞。（老四呢？他正在跟一个朋友说着话呢。）

lau˩ ʂʅ˩ ·niɛ？tʻa˩ tʂəŋ˩ kən˩ pʻəŋ˩ iou˩ nar˩ ṣuo˩ xua˩ ·lei.

3.他还没说完嘞？（他还没有说完吗？）

tʻa˩ xai˩ mu˩ ṣuo˩ uan˩ ·lei？

4.没价，大约再等一会儿就说完啊。（还没有，大约再有一会儿就说完了。）

mu˩ ·tɕia, ta˩ yo˩ tsai˩ təŋ˩ i˩ xuər˩ tɕiou˩ ṣuo˩ uan˩ ·lia.

或：还么有嘞，一会儿就说完啊。

xai˩ mu˩ iou˩ ·lei, i˩ xuər˩ tɕiou˩ ṣuo˩ uan˩ ·lia.

5.他说马上就走，怎么这半天了还在家里涅？（他说马上就走，怎么这半天了还在家里呢？）

t'aʋ ʂouʋ maʋ ʂaŋʋ tɕiouʋ tsouʋ, tsənʋ ·mə tʂeiʋ panʋ t'ianʋ ·lia xaiʋ tsaiʋ tɕiaʋ liʋ·niɛ?

6.你到哪儿去啊？我到城里去。(你到哪去？我到城里去。)

niʋ tɑuʋ narʋ tɕ'iʋ ·a? ŋɤʋ tɑuʋ tʂ'əŋʋ ·li tɕ'iʋ.

7.在那儿，不在这儿。(在那，不在这。)

tsaiʋ narʋ, puʋ tsaiʋ tsɤr.

8.不是恁子做，是要这子做。(不是那么做，是要这么做的。)

puʋ sʅ məŋʋ ·tsʅ tsuoʋ, sʅ iɑuʋ tʂənʋ ·tsʅ tsuoʋ.

9.太多啊，用不着恁子多，只要这子多就够啊。(太多了，用不着那么多，只要这么多就够了。)

t'aiʋ tuoʋ ·lia, yŋʋ puʋ tʂɑuʋ nənʋ ·tsʅ tuoʋ, tʂʅ ʋ iɑuʋ tʂənʋ ·tsʅ tuoʋ tɕiouʋ kouʋ ·lia.

10.这个大，那个小，这两个哪一个好一点儿涅？(这个大，那个小，这两个哪一个好一点儿呢？)

tʂeiʋ kɤʋ taʋ, neiʋ kɤʋ ɕiɑuʋ, tʂeiʋ liɑŋʋ kɤʋ naʋ iʋ kɤʋ xɑuʋ iʋ tiɚʋ ·niɛ?

11.这个比那个好。(这个比那个好。)

tʂeiʋ kɤʋ piʋ neiʋ kɤʋ xɑuʋ。

12.这些房子不若/没价那些房子好。(这些房子不如那些房子好。)

tʂeiʋ ɕieʋ faŋʋ ·tsʅ puʋ ʐuoʋ/muʋ ·tɕia neiʋ ɕieʋ faŋʋ ·tsʅ xɑuʋ.

13.他今年多大岁数？(他今年多大岁数？)

t'aʋ tɕinʋ nienʋ tuoʋ taʋ sueiʋ ʂuʋ?

14.大概有三十来岁吧。(大概有三十来岁吧。)

taʋ kaiʋ iouʋ sanʋ ʂʅ laiʋ ʂueiʋ ·pa.

15.这个东西有多沉涅？(这个东西有多重呢？)

tʂeiʋ kɤʋ tuŋʋ ɕiʋ iouʋ tuoʋ tʂənʋ ·niɛ?

16.有五十斤沉呐。(有五十斤重呢。)

iou↙ u↙ ʂʅ↙ tɕin↙ tʂən↙ ·na .

17.拿得动不？拿得动。（拿得动吗？拿得动。）

na↙ ·ti tuo↘ ·pu ? na↙ ·ti tuo↘ .

18.我拿得动，他拿不动。（我拿得动，他拿不动。）

ŋɤ↙ na↙ ·ti tuo↘ , t'a↘ na↙ ·pu tuo↘ .

19.真不轻，沉得连我都拿不动。（真不轻，重得连我都拿不动了。）

tʂən pu↘ tɕ'iŋ↘ , tʂ'ən↙ tiɛ lian ŋɤ↙ tou↘ na↙ ·pu tuo↘ .

20.你说得挺好，你还会说点啥涅？（你说的很好，你还会说点儿什么呢？）

ni↙ ʂuo↘ ·ti t'iŋ↙ xau↙ , ni↙ xai↙ xuei↘ ʂuo↘ tian↘ ʂa↘ ·niɛ ?

21.我嘴笨，我说不过他。（我嘴笨，我说不过他。）

ŋɤ↙ tsuei↙ pən↘ , ŋɤ↙ ʂuo↘ pu↘ kuo↘ t'a↘ .

22.说俩一遍，又说俩一遍。（说了一遍，又说一遍。）

ʂuo↘ ·lia i↘ pian↘ , iou↘ ʂuo↘ ·lia i↘ pian↘ .

23.请你再说一遍。（请你再说一遍。）

tɕ'iŋ↙ ni↙ tsai↘ ʂuo↘ i↘ pian↘ .

24.不早啦，快去吧。（不早了，快去吧。）

pu↘ tsau↙ ·la, k'uai↘ tɕ'y↘ ·pa.

25.现在还早着涅，等一会儿再去吧。（现在还很早呢，等一会儿再去吧。）

ɕian↘ tsai↘ xai↙ tsau↙ ·tʂuo ·niɛ , təŋ↙ i↘ xuər↘ tsai↘ tɕ'i↘ ·pa .

26.吃俩饭再去行不？（吃了饭再去，好吧？）

tʂ'ʅ↙ ·lia fan↘ tsai↘ tɕ'y↘ ɕiŋ↙ ·pu ?

27.慢慢儿地吃啊，不要着急。（慢慢儿地吃啊，不要急啊。）

man↘ man ·ti tʂ'a↘ ·a, pu↘ iau↘ tʂuo↘ tɕi↙ .

28.坐着吃比站着吃好些。（坐着吃比站着吃好些。）

tsuo↘ ·tʂuo tʂ'a↘ pi↙ tʂan↘ ·tʂuo tʂ'a↘ xau↙ ɕiɛ↘ .

29. 他吃俩饭啦，你吃俩饭没价？（他吃了饭了，你吃了饭没有呢？）

tʻaʴ tʂʻaʴ ·lia fanʴ ·la, niʴ tʂʻaʴ ·lia fanʴ muʴ ·tɕia？

30. 他去过上海，我没去过。（他去过上海，我没有去过。）

tʻaʴ tɕʻiʴ kuoʴ ʂaŋʴ xaiʴ，ŋɤʴ muʴ tɕʻiʴ kuoʴ.

31. 来听听这朵花儿香不香。（来闻闻这朵花香不香。）

laiʴ tʻiŋʴ tʻiŋʴ tʂeiʴ touʴ xauɻʴ ɕiaŋʴ ·pu ɕiaŋʴ.

32. 给我一本儿书。（给我一本书。）

keiʴ ŋɤʴ iʴ pənʴ ʂuʴ.

33. 我实在没的书。（我实在没有书嘛。）

ŋɤʴ ʂʅʴ tsaiʴ muʴ ·ti ʂuʴ.

34. 你说给他。（你告诉他。）

niʴ ʂuoʴ keiʴ tʻaʴ.

35. 好好儿地走，别跑。（好好儿地走！不要跑！）

xauʴ ·xauɻ ·ti tsouʴ, pieʴ pauʴ.

36. 小心跌下去爬也爬不上来。（小心跌下去爬也爬不上来。）

ɕiauʴ ɕinʴ tieʴ ɕiaʴ tɕʻyʴ pʻaʴ ieʴ pʻaʴ puʴ ʂaŋʴ ·lai.

37. 大夫叫你多睡一会儿。（医生叫你多睡一睡。）

taiʴ ·fu tɕiauʴ niʴ tuoʴ ʂueiʴ iʴ xuərʴ.

38. 抽烟，或者喝茶都不成。（吸烟或者喝茶都不行。）

tʂʻouʴ ianʴ, xuoʴ tʂɤʴ xaʴ tʂʻaʴ touʴ puʴ tʂʻəŋʴ.

39. 烟也好，茶也好，我都不喜欢。（烟也好，茶也好，我都不喜欢。）

ianʴ ieʴ xauʴ, tʂʻaʴ ieʴ xauʴ, ŋɤʴ touʴ puʴ ɕiʴ xuanʴ.

40. 不管你去不去，反正我得去。（不管你去不去，反正我是要去的。）

puʴ kuanʴ niʴ tɕʻyʴ puʴ tɕʻyʴ, fanʴ ʂəŋʴ ŋɤʴ teiʴ tɕʻyʴ.

41. 我非去不可。（我非去不可。）

ŋɤʴ feiʴ tɕʻiʴ puʴ kʻɤʴ.

42. 你是哪一年来的？（你是哪一年来的？）

niㄣ ʂʅˇ neiㄣ iˇ nianㄣ laiㄣ ·tei？

43.我是前年到的北京。(我是前年到的北京。)

ŋɤㄣ ʂʅˇ tɕ'ianㄣ nianㄣ tɑuㄣ ·ti pei tɕiŋˇ.

44.今儿个开会谁的主席啊？(今天开会谁的主席？)

tɕiərˇ ·kɤ k'aiˇ xueiˇ ·ti tʂuㄣ ɕiㄣ ·a？

45.你得请客。(你得请我的客。)

niㄣ teiˇ tɕ'iŋㄣ k'ɤˇ.

46.一边儿走一边儿说。(一边走，一边说。)

iˇ pierˇ tsouㄣ iˇ pierˇ ʂuoˇ.

47.越走越远，是越说越多。(越走越远，越说越多。)

yoˇ tsouㄣ yoˇ yanㄣ，ʂʅˇ yoˇ ʂuoˇ yoˇ tuoˇ.

48.把那个东西拿给我。(把那个东西拿给我。)

paㄣ neiˇ kɤˇ tuŋˇ ɕiㄣ naㄣ keiˇ uoˇ.

49.有些地方把太阳叫爷爷。(有些地方把太阳叫日头。)

iouㄣ ɕiˇ tiˇ fɑŋˇ paㄣ t'aiㄣ iɑŋㄣ tɕiɑuˇ iɛˇ iɛˇ.

50.你贵姓？我姓王。(您贵姓？我姓王。)

niㄣ kueiˇ ɕiŋˇ，ŋɤㄣ ɕiŋˇ uɑŋㄣ.

51.你姓王，我也姓王，咱们俩都姓王。(你姓王，我也姓王，咱们两个人都姓王。)

niㄣ ɕiŋˇ uɑŋㄣ，ŋɤㄣ iɛㄣ ɕiŋˇ uɑŋㄣ，tsanˇ ·mən liaㄣ touˇ ɕiŋˇ uɑŋㄣ.

52.你先去吧，我们等一会儿再去。(你先去吧，我们等一会儿再去。)

niㄣ ɕianˇ tɕ'yˇ ·pa，uoˇ ·mən təŋㄣ iˇ xuerㄣ tsaiˇ tɕ'yˇ.

53.这个吃得，那个吃不得。(这个吃得，那个吃不得。)

tʂeiˇ kɤˇ tʂ'aˇ ·tiɛ，neiˇ kɤˇ tʂ'aˇ puˇ ·tiɛ.

54.这是他的书，那本儿是他哥的。(这是他的书，那本是他哥哥的。)

tʂeiˇ ʂʅˇ t'aˇ ·ti ʂuˇ，neiˇ pərˇ ʂʅˇ t'aˇ kɤˇ ·ti.

55.看书的看书，看报的看报，写字儿的写字儿。(看书的看书，看报的看报，写字的写字。)

k'anˇ ʂuˇ ·ti k'anˇ ʂuˇ, k'anˇ pauˇ ·ti k'anˇ pauˇ, ɕiɛˇ tsər ·ti ɕiɛˇ tsər.

56.香得很，是不是？(香得很，是不是？)

ɕiaŋˇ ·ti˨ xənˇ, ʂʅˇ ·pu ʂʅˇ?

57.试试看，试一下，试下看，试一试，试试。(试试看，试一下看，试下看，试一试，试一下，试试)

ʂʅˇ ʂʅˇ k'anˇ, ʂʅˇ iˇ ɕiaˇ, ʂʅˇ ɕiaˇ k'anˇ, ʂʅˇ iˇ ʂʅˇ, ʂʅˇ ʂʅˇ.

58.今儿个很热。(今天很热。)

tɕiərˇ ·kɤ xənˇ ʐɤˇ.

59.今儿个非常热。(今天非常热。)

tɕiərˇ ·kɤ feiˇ tʂ'aŋˇ ʐɤˇ.

60.他在门头沟上班。

t'aˇ tsaiˇ mən˨ t'ouˇ kouˇ ʂaŋˇ panˇ.

61.我买俩一个碗儿。

ŋɤˇ mai˨ ·lia iˇ kɤˇ uan˨.

62.我吃俩三碗饭还没/没价吃饱。

ŋɤˇ tʂ'aˇ ·lia sanˇ uan˨ fanˇ xai˨ mu˨/mu˨ ·tɕia tʂ'aˇ pauˇ.

63.他吃着饭嘞。(他在吃饭。)

t'aˇ tʂ'aˇ ·tʂʅ fanˇ ·lei.

64.他今儿个穿俩一身新衣。(他今天穿着一身新衣服。)

t'aˇ tɕiərˇ ·kɤ tʂ'uanˇ ·lia iˇ ʂənˇ ɕinˇ iˇ.

65.桌上放着一碗水儿。(桌上放着一碗水。)

tʂuoˇ ʂaŋˇ faŋˇ ·tʂʅ iˇ uan˨ ʂuər˨.

66.门开着涅。(门开着呢。)

mən˨ k'aiˇ ·tʂɤ ·niɛ.

67.你坐着，别站起来。(坐着，别站起来。)

ni˨ tsuoˇ ·tʂɤ, piɛˇ tsanˇ tɕ'iˇ lai˨.

68.他看电视看着看着睡着啊。(他看电视看着看着睡着了。)

tʻav kʻanv tianv ʂɿv kʻan·tʂɤ kʻan·tʂɤ ʂueiv tʂauv ·lia.

或：他瞧电视瞧着瞧着睡着啦。

tʻav tɕʻiauv tianv ʂɿv tɕʻiau·tʂɤ tɕʻiau·tʂɤ ʂueiv tʂauv ·la.

69.他来嘞。(他来了。)

tʻav laiv ·lei。①

70.天亮啦呢。(天亮了。)

tʻianv liaŋv ·lə ·ni.

71.天快亮啊。(天快亮了。)

tʻianv kʻuaiv liaŋv ·lia.

72.天要下雨啦。(天要下雨了。)

tʻianv iauv ɕianv yv ·la.

73.天儿冷起来啊。(天气快凉了。)

tʻiɐrv ləŋv tɕʻiv laiv ·lia.

74.我吃啊饭啊。(我吃了饭了。)

ŋɤv tʂʻav ·lia fanv ·lia.

75.他来啊三天啊。(他来了三天了。)

tʻav laiv ·lia sanv tʻianv ·lia.

76.前年我去过长城。(前年我去过长城。)

tɕʻianv nianv ŋɤv tɕʻyv kuov tʂʻaŋv tʂʻəŋv.

77.我去过三趟天安门。(他去过三趟天安门。)

ŋɤv tɕʻyv kuov sanv tʻaŋv tʻianv ŋanv mənv.

78.你穿穿这件儿衣裳，看合不合身。(你穿上这件衣服看合不合身。)

niv tʂʻuanv tʂʻuanv tʂeiv tɕiɐrv iv ·ʂaŋ, kʻanv xɤv ·pu xɤv ʂənv.

79.你吃饭啦没价/没得？(你吃饭了没有？)

---

① "他来了。"一句中，"他"要读重音，表示惊讶时用。若为叙述时，就换用"来了个人"这种句子。

ni˩ tʂʻʅ˧ fan˩ ·la mu˩ ·tɕia / mu˩ tiɛ˩?

80.他走得很快。(他走得很快。)

tʻa˩ tsou˩ ·ti xən˩ kʻuai˩.

81.我打得过他。(我打得过他。)

ŋɤ˩ ta˩ ·ti kuo˩ tʻa˩.

82.二八个的我打不过他。(我打不过他。)

ər˩ pa˩ kɤ˩ ·ti ŋɤ˩ ta˩ pu˩ kuo˩ tʻa˩.

或：他我打不过。

tʻa˩ ŋɤ˩ ta˩ pu˩ kuo˩.

83.你去唤/吆喝他一声儿。(你去叫他一声。)

ni˩ tɕʻi˩ tɕiɑu˩ tʻa˩ i˩ ʂɤ̃˩.

或：你去唤/吆喝一声他。

ni˩ tɕʻi˩ tɕiɑu˩ i˩ ʂɤ̃˩ tʻa˩.

84.这座/个山不若/没价那座/个山高。(这座山不如那座山高。)

tʂei˩ tsuo˩/kɤ˩ ʂan˩ pu˩ ʐuo˩ / mu˩ ·tɕia nei˩ tsuo˩/kɤ˩ ʂan˩ kɑu˩.

85.别急，先喝点儿水再说。(别急，先喝点儿水再说。)

piɛ˩ tɕi˩, ɕian˩ xa˩ tiɤr˩ ʂuei˩ tsai˩ ʂuo˩.

86.衣服上衣干啦，裤还没干。(衣服上衣干了，裤子还没干。)

i˩ ·fu ʂaŋ˩ i˩ kan˩ ·la, kʻu˩ xai˩ mu˩ kan˩.

87.他坐在椅子上。(他坐在椅子上。)

tʻa˩ tsuo˩ tsai˩ i˩ ·tsʅ ʂaŋ˩.

88.你是北京人，我也是北京人，他不是北京人。(你是北京人，我也是北京人，他不是北京人。)

ni˩ ʂʅ˩ pei˩ tɕiŋ˩ ʐən˧, uo˩ iɛ˩ ʂʅ˩ pei˩ tɕiŋ˩ ʐən˧, tʻa˩ pu˩ ʂʅ˩ pei˩ tɕiŋ˩ ʐən˧.

89.你把门儿关上。(你把门关上。)

ni˩ pa˩ mər˩ kuan˩ ʂaŋ˩.

90.你把钱放好，别丢啊。(把钱放好，别丢了。)

ni˧ pa˧ tɕʻian˧ faŋ˥ xau˥, piɛ˥ tiou˥ ·lia.

91.那碗让/叫/给他摔啦。(那个碗被他打破了。)

nei˥ uan˧ ʐɑŋ˥/tɕiau˥/kei˧ tʻa˥ ʂuai˥ ·la.

92.把火笼上。(把炉子生上火。)

pa˧ xuo˧ luŋ˧ ʂaŋ˥.

93.他把炉子笼上啦。(他把炉子给生上了火。)

tʻa˥ pa˧ lu˧ ·tsɿ luŋ˧ ʂaŋ˥ ·la.

94.把钱给丢啦。(把钱给丢了。)

pa˧ tɕʻian˧ kei˧ tiou ·la.

95.你把门儿关上。(你把门关上。)

ni˧ pa˧ mər˧ kuan˥ ·ʂaŋ.

96.你又摔啦碗嘞！(碗被他打破了。)

ni˧ iou˥ ʂuai˥ ·la uan˧ ·lei.

97.杯子他给打破啦。(杯子被他打破了。)

pei˥ ·tsɿ tʻa˥ kei˧ ta˧ pʻo˥ ·la.

98.衣服叫雨淋湿啊。(衣服给雨淋湿了。)

i˥ fu˧ tɕiau˥ y˧ lin˧ ʂɿ˥ ·lia.

99.鱼叫猫给吃啊。(鱼被猫吃了。)

y˧ tɕiau˥ mau˥ kei˧ ʂɿ˥ ·lia.

100.他们管我叫老三。(他们管我叫老三。)

tʻa˥ ·mən kuan˧ uo˧ tɕiau˥ lau˧ san˥.

101.城里城外跑啊三天，把我累的是够呛。(城里城外跑了三天，给我累得够呛。)

tʂʻəŋ˧ li˧ tʂʻəŋ˧ uai˥ pʻau˧ pʻau˧ ·lia san˥ tʻian˥, pa˧ uo˧ lei˥ ·ti ʂɿ˥ kʻou˥ tɕʻiaŋ˥.

102.他把老头儿给撞啊一个大跟头。(他把老头儿给撞了一个大跟头。)

t'aˇ paˇ lauˇ t'ourˇ keiˇ tʂuaŋˇ ·lia iˇ kɤˇ taˇ kənˇ ·t'ou.

103.昨个儿/列列个我让他打电话给你。(昨天我让他打电话给你。)

tsuoˇ kɤrˇ/lieˇ lieˇ ·kɤ ŋɤˇ zaŋˇ t'aˇ taˇ tianˇ xauˇ keiˇ niˇ.

104.让我试一试。(让我试一试。)

zaŋˇ uoˇ ʂʅˇ iˇ ʂʅˇ.

105.喝浓茶让他觉着有精神。(喝浓茶使他觉得有精神。)

xaˇ nuŋˇ tʂ'aˇ zaŋˇ t'aˇ tɕyoˇ ·tʂʅ iouˇ tɕiŋˇ ʂənˇ.

106.你给我一把剪子。(你给我一把剪刀。)

niˇ keiˇ uoˇ iˇ paˇ tɕianˇ ·tsʅ.

107.他给我一个桃。(他给我一个桃子。)

t'aˇ keiˇ uoˇ iˇ kɤˇ t'auˇ.

108.这个山我爬得上去,他爬不上去。(这座山我爬得上,他爬不上。)

tʂeiˇ kɤˇ ʂanˇ uoˇ p'aˇ ·ti ʂaŋˇ tɕ'yˇ, t'aˇ p'aˇ puˇ ʂaŋˇ tɕ'yˇ.

109.你再吃一碗儿。(你再吃一碗。)

niˇ tsaiˇ tʂʅˇ iˇ uɐr.

110.我没听清,你重说一遍。(我没听清,你重说一遍。)

ŋɤˇ muˇ t'iŋˇ tɕ'iŋˇ, niˇ tʂ'uŋˇ ʂuoˇ iˇ pianˇ.

111.列列个他没有来,今儿个他还没来。(昨天他没有来,今天他还没有来。)

lieˇ lieˇ ·kɤ t'aˇ muˇ iouˇ laiˇ, tɕiərˇ ·kɤ t'aˇ xaiˇ muˇ laiˇ.

112.你坐这儿,他坐那儿。(你坐这儿,他坐那儿。)

niˇ tsuoˇ tʂɤr, t'aˇ tsuoˇ nɐr.

113.我是老师,他也是老师。(我是老师,他也是老师。)

uoˇ ʂʅˇ lauˇ ʂʅˇ, t'aˇ iɛˇ ʂʅˇ lauˇ ʂʅˇ.

114.书涅,书读不好,手艺涅,手艺也学不会,你咋儿办哪?(书呢书读不好，手艺呢手艺学不会，你怎么办啊？）

ʂuʌ ·niɛ, ʂuʌ tuʌ puʌ xɑuʌ, ʂouʌ iʌ ·niɛ, ʂouʌ iʌ iɛʌ ɕiɑuʌ puʌ xueʌ i, niʌ tʂuɐrʌ panʌ ·na?

115. 找遍了整个村子都没找着他。（找遍了整个村子都没找到他。）

tʂɑuʌ pianʌ ·la tʂəŋʌ kɤʌ ts'uənʌ tsʅ touʌ muʌ tʂɑuʌ tʂɑuʌ t'aʌ.

116. 你去不去？（你去不去？）

niʌ tɕ'yʌ ·pɤ tɕ'yʌ?

117. 他去没去？（他去没去？）

t'aʌ tɕ'yʌ muʌ tɕ'yʌ?

118. 哥们儿三个他最大。（弟兄三个他最大。）

kɤʌ ·mər sanʌ kɤʌ t'aʌ tsueiʌ taʌ.

或：他们哥儿仨他是老大。

t'aʌ ·mən kɤrʌ saʌ t'aʌ ʂʅʌ lɑuʌ taʌ.

119. 这碗儿菜忒咸了。（这碗菜太咸了。）

tʂeiʌ uɐrʌ ts'aiʌ t'eiʌ ɕianʌ ·la.

120. 这事儿我知不道。（这事儿我不知道。）

tʂɤʌ ʂərʌ ŋɤʌ tʂʅʌ puʌ tɑuʌ.

121. 这人我不认得。（这个人我不认得。）

tʂeiʌ zənʌ uoʌ puʌ zənʌ ·tiɛ.

122. 这东西你拿不拿得动？拿得动。（这东西你拿不拿得动？拿得动。）

tʂeiʌ tuŋʌ ɕiʌ niʌ naʌ puʌ naʌ ·ti tuŋʌ? naʌ ·ti tuŋʌ.

123. 你能不能去？——能去。（你能不能去？——能去。）

niʌ nəŋʌ puʌ nəŋʌ tɕ'yʌ? —— nəŋʌ tɕ'yʌ.

124. 这封信今儿个快写完啦。（这封信今天快写完了。）

tʂeiʌ fəŋʌ ɕinʌ tɕiərʌ ·kɤ k'uaiʌ ɕiɛʌ uanʌ ·la.

125. 他快来啦。（他快来了。）

tʻaʌ kʻuaiʌ laiˋ ·la.

126. 小王和小李儿一样/一般儿高。(小王和小李一样高。)

ɕiauˋuaŋˋ xɤˋ ɕiauˋ lieɹˋ iˋ iaŋ/iˋ peɹˋ kauˋ.

127. 天气一天比一天热。(天气一天比一天热。)

tʻianˋ tɕʻiˋ iˋ tʻianˋ piˋ iˋ tʻianˋ ʐɤˋ.

128. 我比他大。(我比他大。)

uoˋ piˋ tʻaˋ taˋ.

或：我譬他打。

uoˋ pʻiˋ tʻaˋ taˋ.

129. 我比他大三岁。(我比他大三岁。)

uoˋ piˋ tʻaˋ taˋ sanˋ sueiˋ.

130. 我没价他大。(我没有他大。)

uoˋ muˋ ·tɕia tʻaˋ taˋ.

131. 你的衣裳挺干净的。(你的衣服挺干净的。)

niˋ ·ti iˋ ·ʂaŋ tʻiŋˋ kanˋ tɕʻiŋˋ ·ti.

132. 你忒不讲道理啦。(你太不讲道理了。)

niˋ tʻeiˋ puˋ tɕiaŋˋ tauˋ liˋ ·la.

133. 他的心眼儿忒好。(他的心眼儿特好。)

tʻaˋ ·ti ɕinˋ ieɹˋ tʻeiˋ xauˋ.

134. 他特别喜欢游泳/洗澡。(他特别喜欢游泳。)

tʻaˋ tʻɤˋ ɕiˋ xuanˋ iouˋ yŋˋ/ɕiˋ tsauˋ.

135. 鸡死啦。(鸡死了。)

tɕiˋ sʅˋ ·la.

136. 天儿热起来啦。(天儿热起来了。)

tʻieɹˋ ʐɤˋ tɕʻiˋ laiˋ ·la.

137. 这样吃下去，老本儿都要吃光啦。(这样吃下去，老本都要吃光了。)

tʂeiˋ iaŋˋ tʂʻʅˋ ɕiaˋ tɕʻiˋ, lauˋ peɹˋ touˋ iauˋ tʂʻʅˋ kuaŋˋ ·la.

第四章 门头沟斋堂话语法

138. 吃得饱。(吃得饱。)

tʂʻʅ˅ ·ti pɑu˩.

139. 吃不饱。(吃不饱。)

tʂʻʅ˅ pu˅ pɑu˩.

140. 吃饱啦。(吃饱了。)

tʂʻʅ˅ pɑu˩ ·la.

141. 打得过他。(打得过他。)

ta˩ ·ti kuo˅ tʻa˅.

142. 打不过他。(打不过他。)

ta˩ pu˅ kuo˅ tʻa˅.

143. 叫他一声。(叫他一声。)

tɕiɑu˅ tʻa˅ i˅ ʂəŋ˅.

144. 叫一声他。(叫一声他。)

tɕiɑu˅ i˅ ʂəŋ˅ tʻa˅.

145. 他给我一个笔。(他给我一支笔。)

tʻa˅ kei˩ uo˩ i˅ kɤ˅ pi˩.

146. 给我一个笔。(给我一支笔。)

kei˩ uo˩ i˅ kɤ˅ pi˩.

147. 你有钱没价？(你有没有钱？)

ni˩ iou˩ tɕʻian˅ mu˅ ·tɕia?

148. 你抽烟不？你抽烟没价？(你抽烟不抽烟？你抽烟吗？)

ni˩ tʂʻou˅ ian˅ pu˅? ni˩ tʂou˅ ian˅ mu˅ ·tɕia?

149. 你还有钱不？(你还有钱吗？)

ni˩ xai˩ iou˩ tɕʻian˅ pu˅?

150. 我花得只剩下一块钱啦。(我花得只剩下一块钱了。)

uo˩ xuan˅ ·tie tʂʅ˩ ʂəŋ˅ ɕia˅ i˅ kʻuai˅ tɕʻian˅ ·la.

151. 这是我的，那是你的。(这是我的，那是你的。)

329

tʂei˅ ʂʅ˅ uo˧ ·ti, nei˅ ʂʅ˅ ni˧ ·ti.

152. 你在这儿坐着。(您在这坐着。)

ni˧ tsai˅ tʂɤ˅ tsuo˅ ·tʂɤ.

153. 你跟这儿坐着。(您跟这坐着。)

ni˧ kən˅ tʂɤ˅ tsuo˅ ·tʂɤ.

第五章　门头沟斋堂话语料记音

一、谚语（俗语）

ʐʅ˅ tʂʻu˅ tuŋ˅ nan˧ xuŋ˧, u˧ y˧ tiŋ˧ iou˧ fəŋ˅.
日　出　东　南　红，无　雨　定　有　风。

tuŋ˅ tɕiaŋ˅ yn˧ tsʻai˧, ɕin˅ tɕiaŋ˅ y˧.
东　虹　云　彩，西　虹　雨。

yɛ˅ lan˧ pu˅ kuo˅ san˧, pu˅ ʂʅ˅ ɕian˧ y˧ tɕiou˧ in˧ tʻian˅.
月　拦（月晕）不过　三，不　是　下　雨　就　阴　天。

liŋ˧ ʂan˅ tai˅ mau˧, pi˅ iou˧ y˧ tau˧.
灵　山　戴　帽，必　有　雨　到。

tʻou˧ fu˧ luo˧ ·po ər˅ fu˧ tɕiɛ˅, san˅ fu˧ pai˧ tsʻai˅ uaŋ˧ tɕia˅ tʂuai˅.
头　伏　萝　卜　二　伏　芥，三　伏　白　菜　往　家　拽。

tʻau˧ san˅ ɕiŋ˅ sʅ˧ li˧ u˧ nian˧, xɤ˧ tʻau˧ ʂʅ˅ ·tsʅ tɕʻi˅ pa˅ nian˧, suan˅ tsau˧ taŋ˧ nian˧ nəŋ˧ mai˅ tɕian.
桃　三　杏　四　梨　五　年，核　桃　柿　子　七　八　年，酸　枣　当　年　能　卖　钱。

tɕʻi˅ yɛ˅ tsau˧, pa˅ yɛ˅ li˧, tɕiou˧ yɛ˅ ʂʅ˅·tsʅ xuŋ˅ ·lia pʻi˧.
七　月　枣，八　月　梨，九　月　柿　子　红　啊　皮。

tʻau˧ pau˧ ʐən˧, ɕiŋ˅ ʂaŋ˅ ʐən˧, li˧·tsʅ ʂu˅ ɕia˅ tʂəŋ˅ sʅ˅ ʐən˧.
桃　养　人，杏　伤　人，李　子　树　下　撑　死　人。

ɕiaŋ˯ tʂʅ˪ sʅ˪ paʯ zʅ˯, ɕiŋ˯ lan˯ iˎ kuoˎ tʂouˎ.
夏至十八日，杏烂一锅粥。

sanˎ yɛˎ inˎ tʂʻənˋ sʅˋ yɛˎ xauˋ, u˪ yɛˎ kɤˋ lai˪ taŋˋ tʂai˯ ʂauˋ.
三月茵陈四月蒿，五月割来当柴烧。

sʅˋ moˎ·ku, tʂai˯ tʂənˎ·tsʅ, tɕʻinˋ iɛ˪ puˎ kuˎ tɕʻinˋ suənˎ·tsʅ.
拾蘑菇，摘榛子，亲爷不顾亲孙子。

fuˎ yˎ puˎ fuˎ yˎ, ɕianˎ kʻanˎ kʻaŋˋ ʂaŋˎ iouˋ muˎ ɕiˋ.
富裕不富裕，先看炕上有没席。

tsʻuənˎ tsʻauˎ tʂaˋ sanˎ tauˎ, u˪ liauˋ iɛˋ ʂaŋˎ piauˎ.
寸草铡三刀，无料也上膘。

kʻaiˎ mənˋ tɕʻiˋ tɕianˎ sʅ˩, tʂai˪ miˎ iouˋ ianˎ tɕiaŋˎ tsʻuˎ tʂʻaˋ.
开门七件事，柴米油盐酱醋茶。

ni˪ kuoˎ tsuoˋ fanˎ touˎ liaŋˎ tʂʻaiˋ.
泥锅做饭斗量柴。

fanˎ tʂʅ˩ paˎ tʂʻənˋ pauˎ, tauˎ lauˎ tʂʻaŋˎ ueiˋ xauˋ; taˎ suanˎ sʅˋ kɤˋ pauˎ, tʂʻaŋˎ tʂʻʅˎ ʂənˎ tʻiˋ xauˋ.
饭吃八成饱，到老肠胃好；大蒜是个宝，常吃身体好。

tʻianˎ tʻianˎ tʂʻʅ˩ saˋ tsauˎ, iˋ peiˋ puˎ tɕianˎ lauˎ; u˪ kuˋ tɕianˎ ɕiauˎ ˪tsauˎ, ʂənˎ sʅ˯ liŋˋ tʂʅ˩tsʻauˎ.
天天吃仨枣，一辈不见老；五谷加小枣，胜似灵芝草。

niŋˎ tʂʅ˩ feiˎ tɕʻinˋ sʅˋ liaŋˎ, puˎ tʂʅ˩ tsouˋ ʂouˎ iˎ tɕinˋ.
宁吃飞禽四两，不吃走兽一斤。

xauˋ xanˎ xuˎ sanˎ tsʻuənˋ, xauˋ kouˎ xuˎ sanˎ linˋ.
好汉护三村，好狗护三邻。

kouˋ iauˋ paˎ ʂʅ˩·ti, puˎ ʂʅ˩ tʻaiˎ tɕyˋ.
狗咬把屎的，不识抬举。

niŋ˅ uei˅ tɕi˅ ʂou˅, pu˅ uei˅ niou˅ xou˅.

宁　为　鸡　首，不　为　牛　后。

luo˅ ma˅ tʂʻəŋ˅ paŋ˅ xou˅ piɐr˅ kan˧, lɤ˅ tʻuo˅ i˅ pɐr˅ tɕian˅ tʻou˅ la˅.

骡　马　成　帮　后　边儿　赶，骆　驼　一　把儿　前　头　拉。

san˅ pai˅ liou˅ ʂʅ˅ xaŋ˅, tʂuaŋ˅ tɕia˅ tʻou˅ i˅ xaŋ˅.

三　百　六　十　行，庄　家　头　一　行。

tʂʅ˅ pu˅ tɕʻyŋ˧, xua˅ pu˅ tɕʻyŋ˧, suan˅ tɕi˅ pu˅ tau˅ tɕiou˅ iau˅ tɕʻyŋ˧.

吃　不　穷，花　不　穷，算　计　不　到　就　要　穷。

iau˅ ɕiaŋ˧ fu˅, tsau˅ tʂʻuan˅ kʻu˅; iau˅ ɕiaŋ˧ tɕʻyŋ˧, ʂuei˅ tau˅ lau ˅iər˅ xuŋ˅.

要　想　富，早　穿　裤，要　想　穷，睡　到　老爷儿_{太阳}红。

tɕʻyan˅ tɕyn˅ piɛ˅ tsuo˅ kʻuei˅ ɕin˅ ʂʅ˅, ku˅ uaŋ˅ tɕin˅ lai˅ ʐau˅ kuo˅ ʂuei˅.

劝　君　别　做　亏　心　事，古　往　今　来　饶　过　谁。

二、歇后语

mai˅ san˅ li˅ xuŋ˅ ·ti ʂuo˅ ʂuei˅ y˅ —— tɕiou˅ tʂɤ˅ i˅ kua˅.

卖　山　里　红的　说　睡　语——就　这　一　挂（褂）①。

mən˅ tʻou˅ kou˅ ·ti lɤ˅ tʻuo˅ —— tau˅ mei˅.

门　头　沟　的　骆　驼——倒　煤（霉）。

lu˅ kou˅ tɕiau˅ ·ti lɤ˅ tʻuo˅ —— tsau˅ uan˅ tuo˅.

卢　沟　桥　的　骆　驼—— 早　晚　多。

pian˅ ly˅ xɤ˅ ʂaŋ˅ ŋai˅ tau˅ tʻuo˅ pu˅ kuo˅ —— tsai˅ tɕiɛ˅ nan˅ tʻau˅.

便　绿和　尚　挨刀　拖　不　过 —— 在　劫　难　逃。

---

① 买红果的歇后语，斋堂之前有叫卖歌"还有两挂哩，大山里红啊。真正的苇甸红果。"

tɕyʌ uan˨ ·ti tai˨ ian˨ tɕiŋ˨ —— mei˨ tsʻa˨ tʂɑu˨ tsʻa˨.
锔　碗　的　戴　眼　镜　—— 没　茬　找　茬。

tɕiŋ˨ tʂʻəŋ˨ ·ti xɤ˨ ʂɑŋ˨ uai˨ tʂʻu˨ ·ti kuan˨ —— li˨ xai˨
京　城　的　和　尚　外　出　的　官 —— 厉　害。

tʂʻuŋ˨ ta˨ ian˨ ·ti tɕiou˨ —— tʂʻəŋ˨ nəŋ˨
充　　大　眼　的　舅 ——　逞　能。

mo˨ fɑŋ˨ ·ti mo˨ —— tʻiŋ˨ ly˨ ·ti
磨　坊　的　磨 ——　听　驴　的。

mo˨ fɑŋ˨ ·ti ly˨ —— tʻiŋ˨ xa˨ ·ti
磨　坊　的　驴 ——　听　喝①　的。

nian˨ tʻuo˨ tsa˨ nian˨ pʻan˨ —— ʂʅ˨ ta˨ ʂʅ˨
碾　砣　砸　碾　盘 —— 石（实）打（实）。

pʻi˨ ·xu ʂɑŋ˨ kʻou˨ tɑu˨ ·tsʅ —— iou˨ tian˨ ɕyɛn˨
屁　户　上　扣　刀　子 —— 有　点　悬（险）。

tsʻai˨ tɑu˨ kən˨ ·ti ɕiɛ˨ —— tʻi˨ pu˨ tɕʻi˨ lai˨
踩　　倒　根　的　鞋 —— 提　不　起　来。

tʂʻu˨ ·ti tɕʻyan˨ ʂuei˨ —— tu˨ pu˨ tʂu˨
出　的　泉　水 —— 堵　不　住。

三、民谣

pɑŋ˨ ·tsʅ pʻiər, pian˨ tʂʻəŋ˨ piər˨, pian˨ tɕyan˨ pian˨ fəŋ˨ tʂʻəŋ˨ tsuo˨
棒　子　皮儿，编　成　辫儿，边　卷　边　缝　成　坐

tiər˨. i˨ piər˨ pian˨, i˨ piər˨ tʻian˨, tsuo˨ tian˨ pian˨ ·tə ku˨ iou˨ yan.
垫儿。一边儿编，　一边儿添，　坐　垫　编　得　鼓　又　圆。

---

① 指磨主人的吆喝。

uei˨ tian˨ ku˨ tai˨ tṣʻan˨ uei˨ ɕi˨, tɕia˨ iou˨ kʻaŋ˨ ɕi˨ nai˨ fu˨ y˅;
苇 甸 古 代 产 苇 席，家 有 炕 席 乃 富 裕；

zu˨ tɕin˨ tsʻuaŋ˨ ṣaŋ˨ yŋ˨ pʻin˨ xuan˅, ʂɿ˅ tɕʻyŋ˨ ʂɿ˅ fu˨ xɤ˨ tau˨ li˨?
如 今 床 上 用 品 换， 是 穷 是 富 何 道 理?

liŋ˨ ṣuei˨ ·ti tsuər, tɕʻiŋ˨ ṣuei˨ ·ti tʻuər, tuŋ˨ ɕi˨ tsai˨ tʻaŋ˨ ta˅ ian˨ kuər.
灵 水 的 嘴儿，清 水 的 腿儿，东 西 斋 堂 大 烟 鬼儿。

tuŋ˨ ɕi˅ xu˨ lin˨ tṣʻaŋ˨ liou˨ ṣuər, tɕyn˨ ɕiaŋ˨ ṣuei˨ nian˨ tṣʻu˨ tɕin˨ tsər˅,
东 西 胡 林 长 流 水儿，军 响 水 碾 出 金 子儿，

saŋ˨ y˅ tsʻan˨ sɿ˅ tṣʻəŋ˨ ta˅ kuər, xai˨ iou˨ mei˨ uo˅ ·ti ṣan˨ iau˨ tsər.
桑 峪 蚕 丝 成 大 捆儿，还 有 煤 窝 的 山 药子儿。

kau˅ ṣu˅ ni˅, kau˅ ṣu˅ tʻa˅, liŋ˨ ṣuei˨ xɤ˨ tʻau˨ yŋ˨ tṣʻu˨ ta˅，ʂɿ˅ yŋ˅
告 诉 你，告 诉 他，灵 水 核 桃 用 处 大，食 用

iau˨ yŋ˨ tṣa˅ iou˨ yŋ˨, kʻuŋ˨ xu˨ xai˨ tsuo˅ tsʻɿ˅ ·la ·la.指小孩玩具。
药 用 榨 油 用， 空 核 还 做 刺 啦 啦

tɕian˨ iaŋ˨ mau˨, pian˨ uaŋ˨ pau˨, faŋ˨ iaŋ˨ ṣaŋ˅ ṣan˨ pu˅ kʻɤ˨ ṣau˅;
剪 羊 毛， 编 网 包， 放 羊 上 山 不 可 少；

tṣʻu˨ mən˨ pei˅ ·tṣɿ fan˅ xɤ˨ ṣuei˅, xuei˨ pʻo˅ yŋ˨ tʻa˅ pei˨ ṣan˨ tʻau˨.
出 门 背着 饭 和 水， 回 坡 用 它 背 山 桃。

kʻu˅ tsʻai˅ li˨ iou˨ san˨ liaŋ˨ liaŋ˨, tɕi˅ pau˨ tu˅ ·tsɿ iou˨ tṣaŋ˨ iaŋ˨.
苦 菜 里 有 三 两 粮， 既 饱 肚 子 又 壮 阳。

men˨ tʻou˨ kou˨ iou˨ san˨ tsuŋ˨ pau˨，pʻo˅ mian˨ kʻu˅, pʻo˅ mian˨
门 头 沟 有 三 种 宝， 破 棉 裤， 破 棉

ŋau˨, na˨ pu˅ tɕin˅ ·ti ʂɿ˅ ·tsɿ yŋ˨ xuo˅ kʻau˅.
袄，拿 不 净 的 虱 子 用 火 烤。

tɕia˨ iou˨ pan˅ uan˨ tṣou˨, pu˅ tɕin˅ men˨ tʻou˨ kou˨. zən˨ iou˨ pan˅
家 有 半 碗 粥， 不 进 门 头 沟。 人 有 半

uan˧ fan˥, pu˥ tɕ'y˥ mei˧ iɑu˧ kan˥. tɑu˥ ·liɑ men˧ t'ou kou˥, ʐən˧ uɑŋ˧
碗　饭，不去煤窑干。到俩门　头　沟，人　亡

tɕiɑ˧ iɛ˧ tiou˧. tɕiɑ˧iou˧pan˧uan˧t'ɑŋ˥, pu˥ tɕ'y˥ ɕiɑ˥ mei˧ k'uɑŋ˥, mei˧
家　也　丢。家有　半　碗　汤，不　去　下　煤　矿，煤

k'uɑŋ˧ xuo˧ ti y˥, ɕiɑ˥ tɕ'y˥ tɕiou˥ nan˧ ʂɑŋ˥. tɕiɑ˧ iou˧ i˧ kən˥ ɕian˥,
矿　活　地　狱，下　去　就　难　上，家　有　一　根　线，

pu˥ tʂ'ʅ˧ mei˧ iɑu˧ ·ti fan˥, iɑu˥ tʂ'ʅ˧ mei˧ ɑu˧ ·ti fan˥, tɕiou˥ tei˧ nɑ˧ miŋ˥
不　吃　煤　窑　的　饭，要　吃　煤　窑　的　饭，就　得　拿　命

xuan.
换。

  i˧ pɑ˧ li˥ ·tsʅ, i˧ pɑ˧ tsɑu˧, ɕiɑu˧ ·ti kən˥ tʂuo tɑ˥ ·ti p'ɑu˥.
  一　把　栗　子，一　把　枣，小　的　跟　着　大　的　跑①。

  i˧tɕiou˧ər˧tɕiou˧pu˧tʂ'u˧sou˧, san˧tɕiou˧sʅ˧tɕiou˧piŋ˧ʂɑŋ˧tsou˧,
  一　九　二　九　不　出　手，三　九　四　九　冰　上　走，

u˧tɕiou˧liou˧tɕiou˧ian˧xɤ˧k'an˥ liou˧, tɕ'i˧tɕiou˧xɤ˧k'ai˧pɑ˧tɕiou˧ian˧lai˧,
五　九　六　九　沿　河　看　柳，七　九　河　开　八　九　燕　来，

tɕiou˧tɕiou˧tɕia˧i˧tɕiou˧, kəŋ˥niou˧pian˧ti˧tsou˧.
九　　九　　加　一　九，耕　牛　遍　地　走②。

---

① （结婚）撒帐歌
② 九九歌

四、儿歌

kɤ˧˩ tian˧˩ tieɹ˧˩
咯 颠 颠儿

kɤ˧˩ tian˧˩ tieɹ˧˩,
咯 颠 颠儿,
kɤ˧˩ tian˧˩ tieɹ˧˩,
咯 颠 颠儿,
tɕʻi˧˩ ·tʂʅ mɑu˧˩ ly˧˩ mai˧˩ ɕiŋ˧˩ kan˧˩.
骑 着 毛 驴 卖 杏 干。

kuo˧˩ ·kuo tɕiau
蝈 蝈 叫

kuo˧˩ ·kuo tɕiau,
蝈 蝈 叫,
lau˧ tian˧˩ fei˧˩
老旦_{绿色蚂蚱}飞,
nan˧ kua˧˩ tou˧˩ tɕiau˧ uaŋ˧˩ tɕia˧˩ pei˧˩.
南 瓜 豆 角 往 家 背。

i˧˩ ɕyan˧˩ xəŋ˧˩
一 旋 横

i˧˩ ɕyan˧˩ xəŋ˧˩,
一 旋 横,

337

liaŋˇ ɕyanˋ niŋˋ,

两　　旋　　拧，

sanˋ ɕyanˋ taˋ tɕianˇ puˋ iɑuˋ miŋˋ.

三　　旋　打　架　不　要　命。

sanˋ ʂʅˋ uanˇ ·ʂɑŋ niouˇ iˋ ɕiouˇ
三　　十　晚　上　扭　一　宿

ərˋ ʂʅˇ sanˋ, tʻɑŋˇ kuɐrˋ tʂanˋ
二　十　三，　糖　瓜儿　粘；

ərˋ ʂʅˇ sʅˋ, ɕiɛˇ taˋ tsʅˋ;
二　十　四，　写　大　字；

ərˋ ʂʅˇ uˇ, tʻueiˋ meiˇ ʂuˇ;
二　十　五，　推　糜　黍；

ərˋ ʂʅˇ liouˋ, tsaiˇ tʂuˋ ʐouˋ;
二　十　六，　宰　猪　肉；

ərˋ ʂʅˇ tɕiˋ, ʂaˋ kuŋˋ tɕiˋ;
二　十　七，　杀　公　鸡；

ərˋ ʂʅˇ paˋ, paiˋ mianˋ faˋ;
二　十　八，　白　面　发；

ərˋ ʂʅˇ tɕiouˋ, tʻuanˇ yanˋ tɕiouˇ;
二　十　九，　团　圆　酒；

sanˋ ʂʅˇ uanˇ ʂɑŋˋ niouˇ iˋ ɕiouˇ.
三　十　晚　上　扭　一　宿。

laˇ taˇ tɕyˇ tʂɤˊ taˇ tɕyˇ
拉 大 锯　扯 大 锯

laˇ taˇ tɕyˇ tʂɤˊ taˇ tɕyˇ,
拉 大 锯 扯 大 锯,

lauˊ ·lau tɕiaˇ tʂʻaŋˇ taˇ ɕiˇ,
姥　姥　家　唱　大 戏,

tɕiɛˇ kueiˇ nyˊ, xuanˇ nyˊ ɕyˇ,
接　闺 女,　换　女　婿,

tɕiouˇ ʂɭˇ puˇ ʐaŋˇ ʂeiˇ ʂeiˇ tɕʻyˇ,
就　是 不　让　谁　谁　去,

meiˇ lianˊ ·ti uaiˇ ʂəŋˇ kanˊ ·tʂɭ tɕʻyˇ.
没　脸　的 外 甥　赶　着 去。

xuaiˊ ʂuˇ xuaiˊ
槐　树　槐

xuaiˊ ʂuˇ xuaiˊ, xuaiˊ ʂuˇ xuaiˊ,
槐　树 槐,　槐 树　槐,

xuaiˊ ʂuˇ tiˊ ɕiaˇ taˇ ɕiˇ tʻaiˊ,
槐　树 底　下 搭 戏　台,

ʐənˊ tɕiaˇ ·ti kueiˇ nyˊ touˇ kʻanˇ ɕiˇ,
人　家　的 闺 女　都　看 戏,

uoˊ ·ti kueiˇ nyˊ xaiˊ meiˊ laiˊ,
我　的 闺 女 还 没 来,

ʂuoˇ ·tʂɭ ʂuoˇ ·tʂɭ tɕiouˇ laiˊ ·lia,

339

说　着说　着　就　来啊，
tɕʻiˋ·tʂɿ lyˋ, taˋ·tʂɿ sanˋ,
骑　着　驴，打　着　伞，
kuaŋˋ·tʂɿ pʻiˋ·xu, uanˋ·tʂɿ tsuanˋ.
光　着屁户，挽　着　篡。

ɕiauˋ ɕiauˋ tsərˋ
小　　小　　子儿

ɕiauˋ ɕiauˋ tsərˋ, naˋ yɛˋ·ʂɿ,
小　　小　　子儿，拿　钥　匙，
kʻaiˋ kʻaiˋ tɕianˋ xouˋ mənˋ,
开　开　前　后　门，
paˋ ɕianˋ tsuoˋ pʻaŋˋ paiˋ iˋ tsərˋ,
八　仙　桌　旁　摆　椅子儿，
iˋ tueiˋ xuŋˋ tʻuŋˋ tɕiouˋ suˋ tsərˋ,
一　对　红　铜　酒　嗉子儿，
paˋ kɤˋ taˋ uanˋ, iˋ kɤˋ xuoˋ kuor,
八　个　大　碗，一　个　火　锅儿，
ɕiaŋˋ tʂʻɿˋ feiˋ·ti tsauˋ ʐouˋ pʻianˋ,
想　吃　肥　的　炒　肉　片，
ɕiaŋˋ tʂʻɿˋ souˋ·ti tsauˋ ʐouˋ sɿ,
想　吃　瘦　的　炒　肉　丝，
tɕʻiˋ tʂʻaŋˋ ʐaŋˋ tʂʻaŋˋ tuənˋ feiˋ tsərˋ,
脐　肠　让　肠　炖　肺子儿，
ʂauˋ tɕiˋ ʂauˋ yˋ ʂauˋ iaˋ·tsɿ,
烧　鸡　烧　鱼　烧　鸭子，

ṣauˇ kɤˇ ɕiau˧ tʂuˇ ɕynˇ tʂou˧ ·tsʅ,
烧 个 小 猪 熏 肘 子,

kʻuˇ ·luŋ ian˧ tɕiŋˇ pai˧ lian˧ ŋou˧,
窟 窿 眼 睛 白 莲 藕,

yan˧ ·pa ·liou ·ti ɕiau˧ uan˧ tsər˧,
圆 巴 溜 的 小 丸 子儿。

tian˧ niou˧ ian˧
点　牛　眼

tian˧, tian˧
点,　点,

tian˧ niou˧ ian˧.
点　牛　眼。

niou˧ ian˧ xuaˇ,
牛　眼　花,

mai˧ tʻian˧ kuaˇ.
买　甜　瓜。

tʻian˧ kuaˇ kʻu˧,
甜　瓜　苦,

maiˇ touˇ ·fu.
买　豆　腐。

touˇ ·fu lanˇ,
豆　腐　烂,

tʻanˇ tɕiˇ tanˇ.
摊　鸡　蛋。

tɕiˇ tanˇ tɕiˇ tanˇ kʻɤˇ ·kɤ,

鸡 蛋 鸡 蛋 壳 壳,
li˧ mian˥ tʂu˥ ·tʂʅ kɤ˥ ·kɤ.
里 面 住 着 哥 哥。
kɤ˥ ·kɤ tʂʻu˥ lai˧ ʂaŋ˥ pan˥,
哥 哥 出 来 上 班,
li˧ mian˥ tʂu˥ ·tʂʅ tɕiɛ˥ ·tɕiɛ,
里 面 住 着 姐 姐。
tɕiɛ˥ ·tɕiɛ tʂʻu˥ lai˧ ʂaŋ˥ ɕyɛ˥,
姐 姐 出 来 上 学,
li˧ mian˥ tʂu˥ ·tʂʅ nai˧ ·nai.
里 面 住 着 奶 奶。
nai˧ ·nai tʂʻu˥ lai˧ mai˧ tsʻai˥,
奶 奶 出 来 买 菜,
li˧ mian˥ tʂu˥ ·tʂʅ ku˥ ·niaŋ.
里 面 住 着 姑 娘。
ku˥ ·niaŋ tʂʻu˥ lai˧ tian˧ təŋ˥,
姑 娘 出 来 点 灯,
ʂau˥ ·lia ku˥ ·niaŋ pi˧ ·tʂʅ ian˧ tɕiŋ˥.
烧 唡 姑 娘 鼻 子 眼 睛。

五、谜语

(一) 植物谜语

tɕiɛ˧ mei˥ tɕʻi˥ pa˥ kɤ˥, uei˧ tʂuo tʂu˥ ·tʂʅ tsuo˥, nei˧ kɤ˥ ɕiaŋ˧ tʂʻu˥ tɕia˥? i˥ fu˧ ɕian˧ tʂʻɤ˥pʻo˥. —— ta˥ suan˥ ·tou
姐 妹 七 八 个, 围 着 柱 子 坐, 哪 个 想 出 来? 一 幅 鲜 泼。

第五章 门头沟斋堂话语料记音

嫁？衣服先扯破。——大蒜头

iou˧ kɤ˥ ɕiau˧ ku˥ ·niaŋ, ʂəŋ˥ tsai˥ ʂuei˧ tʂuŋ˥ iaŋ˥, ʂəŋ˥ tʂʻuan˥ fən˧
有 个 小 姑 娘，生 在 水 中 央， 身 穿 粉

xuŋ˧ ŋɑu˧, tsuo˥ tsai˥ ly˥ tʂʻuan˧ ʂɑŋ˥. —— xɤ˧ xuaɤ˥
红 袄， 坐 在 绿 船 上。——荷花

sɿ˥ kɤ˥ tɕiɛ˧ mei˧ i˥ mu˧ ʂəŋ˥, tʻou˧ ni˧ tai˥ ʂuei˧ tʂʻɿ˧ tʻɑŋ˧ tʂuŋ˥,
四 个 姐 妹 一 母 生， 拖 泥 带 水 池 塘 中，

tɑ˥ tɕiɛ˧ pai˧ pʻaŋ˥ ni˧ li˧ ʂuei˥, ər˥ tɕiɛ˧ tʂʻəŋ˧ san˧ tɑ˧ liaŋ˧ tʻiŋ˧, san˧
大 姐 白 胖 泥 里 睡， 二 姐 撑 伞 搭 凉 亭， 三

tɕiɛ˧ tɕiɑu˧ ian˥ ɕiaŋ˥ sɿ˥ i˥, sɿ˥ tɕiɛ˧ man˧ mian˥ tuo˧ ian˧ tɕiŋ˥.
姐 娇 艳 香 四 溢，四 姐 满 面 多 眼 睛

—— ŋou˧ tɕiɛ˧、xɤ˧ iɛ˥、xɤ˧ xuaɤ˥、lian˧ pʻəŋ˧
——藕 节、荷 叶、荷 花、莲 蓬

lɑu˧ tɑ˥ tʂaŋ˧ ·tə kɑu˥, lɑu˧ ər˥ mɑu˧ ·tsuo iɑu˥, lɑu˧ san˧ kʻɤ˧ ti˥ kuan˧,
老 大 长 得 高， 老 二 猫 着 腰， 老 三 可 地 滚，

lɑu˧ sɿ˥ tʂaŋ˧ ·tsuo i˥ tsuo˧ mɑu˥. —— kɑu˥ ·liaŋ、ku˧ tsɿ、nan˧ kua˥、y˧ mi˧
老 四 长 着 一 撮 毛。——高 梁、谷 子、南 瓜、玉 米

ʂən˧ tʻi˧ yan˧ yan˧ pu˧ tʂaŋ˧ mɑu˥, pu˧ ʂɿ˥ pʻiŋ˧ kuo˧ pu˧ ʂɿ˥ tʻɑu˧,
身 体 圆 圆 不 长 毛， 不 是 苹 果 不 是 桃，

yn˧ li˧ u˥ li˧ tu˥ tɕi˧ iɛ˥, tʻuo˧ tɕʻy˥ ly˥ pʻɑu˥ xuan˥ xuŋ˧ pʻɑu˥. —— lan˧ ʂɿ˥
云 里 雾 里 度 几 夜，脱 去 绿 袍 换 红 袍。——漤柿

tɕʻi˧ kuai˥ tɕʻi˧ kuai˥ tʂəŋ˧ tɕʻi˧ kuai˥, pʻi˥ xu˧ ʂaŋ˥ mian˥ tʂaŋ˧ ·lia
奇 怪 奇 怪 真 奇 怪， 屁 户 上 面 长 啊

kai˧, ɕiɑu˧ ʂɿ˥ ʂən˧ fei˥ tsʻuei˥ ly˥. lɑu˧ lai˧ pian˥ xuŋ˧ ʐən˧ ʐən˧ ai˥.
盖， 小 时 一 身 翡 翠 绿。老 来 变 红 人 人 爱。

—— tɑ˥ kai˥ ʂɿ˥
——大盖柿

tɕiɛ˩ lia˩ i˥ kɤ˩ niaŋ, i˥ kɤ˩ yan˩ lai˩ i˥ kɤ˩ tʂʻaŋ˩, i˥ kɤ˩ sɿ˩ tsai˩ tʂuən˩
姐 俩 一 个 娘， 一 个 圆 来 一 个 长， 一 个 死 在 春

san˩ yue˩, i˥ kɤ˩ sɿ˩ tsai˩ tɕʻiou˩ fəŋ˩ li˩. —— y˩ tɕian˩、 y˩ iɛ˩
三 月， 一 个 死 在 秋 风 里。 —— 榆 钱、 榆 叶

（二）动物谜语

ɕiɑu˩ ɕiɑu˩ iou˩ yŋ˩ tɕia˥，ʂuo˩ xua˩ kua˩ kua˩ kua˩，ɕiɑu˩ ʂɿ˩
小 小 游 泳 家， 说 话 呱 呱 呱， 小 时

mei˩ iou˩ tɕiɑu˩，ta˩ ʂɿ˩ mei˩ uei˩ pa˩. —— xɤ˩ ma˩
没 有 脚， 大 时 没 尾 巴。 —— 蛤 蟆_{青蛙}

ɕiŋ˩ iɛ˩ ʂɿ˩ tsuo˩, li˩ iɛ˩ ʂɿ˩ tsuo˩, tsuo˩ iɛ˩ ʂɿ˩ tsuo˩, uo˩ iɛ˩ ʂɿ˩ tsuo˩.
行 也 是 坐，立 也 是 坐， 坐 也 是 坐， 卧 也 是 坐。

—— xɤ˩ ma˩
—— 蛤 蟆_{青蛙}

ɕiŋ˩ iɛ˩ ʂɿ˩ uo˩，i˥ iɛ˩ ʂɿ˩ uo˩，tsuo˩ iɛ˩ ʂɿ˩ uo˩，uo˩ iɛ˩ ʂɿ˩ uo˩
行 也 是 卧， 立 也 是 卧， 坐 也 是 卧，卧 也 是 卧。

—— kʻɤ˩ tou˩
—— 蝌 蚪

ɕia˩ tɕian˩ tʻa˩ lai˩ tɑu˩, tɕiou˩ xou˩ u˩ tʂʻu˩ tʂɑu˩, tsʻuei˩ zən˩ kʻuai˩
夏 前 它 来 到， 秋 后 无 处 找， 催 人 快

po˩ tʂuŋ˩, nian˩ nian˩ uaŋ˩ pu˩ liɑu˩. —— kɤ˩ pɤ kɤ˩
播 种， 年 年 忘 不 了。 —— 割 不 割_{布谷鸟}

i˥ tuo˩ xuŋ˩ xua˩ tʻou˩ ʂaŋ˩ tai˩, tsʻai˩ i˥ pu˩ yŋ˩ tɕian˩ ·tsɿ tsʻai˩,
一 朵 红 花 头 上 戴， 彩 衣 不 用 剪 子 裁，

tʻian˩ miŋ˩ tʂɿ˩ tʻiŋ˩ kɤ˩ i˥ tɕʻy˩, tʂaŋ˩ ·ti tɕʻian˩ mən˩ uan˩ xu˩ kʻai˩.
天 明 只 听 歌 一 曲， 唱 得 千 门 万 户 开。

—— ta˩ kuŋ˩ tɕi˩

—— 大 公 鸡

　　tsuŋ˧ ·tṣɿ t'ou˧, mei˧ xua˧ tɕiau˧, tsuo˥ ·tṣɿ fan˧ pi˧ tṣan˥ ·tṣɿ kau˧,
　　粽　子　头，梅　花　脚，　坐　着　反　比　站　着　高，
iou˧ nəŋ˧ xou˧ iou˧ nəŋ˧ pau˥, k'an˥ tɕia˧ xu˥ yan˧ pən˧ liŋ˧ kau˧.
又　能　吼　又　能　跑，看　家　护　院　本　领　高。
—— kou˧
—— 狗

（三）日常事务谜语

　　tsʻu˧ ku˧ ·lu tuər, tsʻu˧ ku˧ ·lu tuər, tʂʻɿ˧ tɕiŋ˧ tsʻau˥, niau˧ xuaŋ˧ suar˥.
　　粗　轱　辘　墩儿，粗　轱　辘　墩儿，吃　青　草，　尿　黄　尿儿
—— tʂʻa˧ tiau˥ ·tṣɿ
—— 茶　吊　子

　　ɕyŋ˧ ti˧ ər˥ zən˧ i˧ pan˧ tʂʻaŋ˧, ɕiŋ˧ iŋ˧ pu˧ li˧ tsuŋ˧ tʂʻəŋ˧ tʂuaŋ˧,
　　兄　弟　二　人　一　般　长，　形　影　不　离　总　成　双，
pu˧ lin˧ suan˥ t'ian˧ y˧ k'u˧ la˥, lia˧ zən˧ tou˧ tei˥ i˧ k'uai˥ tʂʻaŋ˧.
不　论　酸　甜　与　苦　辣，俩　人　都　得　一　块　尝。
—— k'uai˥ ·tṣɿ
—— 筷　子

　　i˧ u˧ mei˧ t'ou˧ iɛ˧ mei˧ tɕiau˧, t'ian˧ t'ian˧ tsai˥ na˧ k'aŋ˥ ʂaŋ˧ tau˥,
　　一　物　没　头　也　没　脚，　天　天　在　那　炕　上　倒，
tʂʻɿ˧ piɛ˧ ku˧ lai˧ tʂʻuan˧ xua˧ ŋau˥, tɕia˧ tɕia˧ xu˥ xu˥ li˧ pu˧ liau˥.
吃　瘪　谷　来　穿　花　袄，家　家　户　户　离　不　了。
—— tʂən˧ ·tou
—— 枕　头

　　tɕia˧ tṣu˥ tʂʻɿ˧ t'aŋ˧ ʂuei˧ pu˧ ʂən˧, tʂaŋ˧ ta˥ kua˧ ku˧ iou˧ tsʻou˧ tɕin˧,
　　家　住　池　塘　水　不　深，长　大　刮　骨　又　抽　筋，

· 345 ·

tɕinˇ ·la faŋˋ mənˋ tɕiouˇ ʂaŋˋ kʻaŋˋ, peiˋ panˋ lauˇ ʂauˋ iˋ tɕianˋ ʐˏənˋ.
进　了　房　门　就　上　炕，陪　伴　老　少　一　家　人。
——ueiˇ ɕiˋ
——苇　席

　　yanˇ kʻanˋ ʂanˋ iouˇ sˆˋ, tɕinˋ tʻiŋˋ ʂueiˇ uˋ ʂəŋˋ, tʂʻuənˋ tɕʻyˋ xuaˋ
　　远　看　山　有　色，近　听　水　无　声，春　去　花
xaiˋ tsaiˋ, ʐˏənˋ laiˋ niɑuˇ puˋ tɕiŋˋ. ——ʂanˋ ʂueiˇ xuaˋ
还　在，人　来　鸟　不　惊。——山　水　画

六、传说　故事

　　ərˋ lɑŋˋ ʂənˋ tanˋ ʂanˋ tuˇ xaiˇ
　　二　郎　神　担　山　堵　海

　　tɕiŋˋ ɕiˋ paiˇ xuaˋ ʂanˋ tuŋˋ pianˋ iouˇ tsuoˋ taˋ liŋˇ tɕiauˋ tʂaiˋ ɕiŋˋ
　　京　西　百　花　山　东　边　有　座　大　岭　叫　摘　星
liŋˇ. liŋˇ ·ti tuŋˋ nanˋ pierˋ iouˇ tsuoˋ ʂanˋ tɕiauˋ nanˋ ʂanˋ, ɕiˋ peiˇ pianˋ
岭。岭　的　东　南　边儿　有　座　山　叫　南　山，西　北　边
iouˇ tsuoˋ ʂanˋ tɕiauˋ ɕiˋ liŋˇ. tʂeiˋ sanˋ tsuoˋ ʂanˋ tsʻuŋˋ tuŋˋ nanˋ tɑuˋ
有　座　山　叫　西　岭。这　三　座　山　从　东　南　到
ɕiˋ peiˇ, ɕiŋˋ tʂʻəŋˋ iˋ tʻiɑuˋ ɕianˋ, xuoˋ ɕiaŋˋ iˋ kɤˋ ʐˏənˋ tʻiauˋ ·tʂˏ iˋ
西　北，形　成　一　条　线，活　像　一　个　人　挑　着　一
fuˋ tanˋ ·tsˏ.
副　担　子。

　　xənˇ tsauˇ xənˇ tsauˇ iˇ tɕianˋ, tɕiŋˋ ɕiˋ tʂeiˋ iˋ taiˋ ʂˏˋ iˋ kɤˋ meiˇ
　　很　早　很　早　以　前，京　西　这　一　带　是　一　个　美
liˋ fuˋ ʐˏauˋ ·ti tiˋ faŋˋ, ʐˏənˋ ·mən faŋˋ ɕiˋ tsuˋ ʂˏˋ ŋaŋˋ tɕʻyˋ lɤˋ iɛˋ. kʻɤˋ

ʂɿ˧˩ xu˧˩ zan˧˩ tuŋ˧˩ pian˧˩ tʂaŋ˧˩ tɕʰi˧˩ ·lia xai˧˩ ʂuei˧˩ pa˧˩ tsei˧˩ i˧˩ tai˧˩ tɕʰyan˧˩ kei˧˩
丽 富 饶 的 地方，人 们 丰 衣 足 食 安 居 乐 业。可
是 忽然 东边 涨 起 啊海 水 把 这一带 全 给

ian˧˩ ·lia, ian˧˩ kʰan˧˩ ·tʂuo xai˧˩ ʂuei˧˩ yɤ˧˩ tʂaŋ˧˩ yɤ˧˩ ta˧˩, i˧˩ kɤ˧˩ tɕiə̃˧˩ ·ti uaŋ˧˩
淹 啊，眼 看 着 海 水 越 涨 越 大，一个 劲儿 地 往

ɕin˧˩ tɕyan˧˩ kuo˧˩ lai˧˩. pai˧˩ ɕiŋ˧˩ xu˧˩ tɕiou˧˩ ʂəŋ˧˩ tɕiŋ˧˩ tʰian˧˩ tuŋ˧˩ ti˧˩.
西 卷 过 来。百 姓 呼 救 声 惊 天 动 地。

  tʂei˧˩ tɕʰiŋ˧˩ tɕiŋ˧˩ kei˧˩ ɕyn˧˩ iou˧˩ ·ti tʰian˧˩ ʂən˧˩ fa˧˩ ɕian˧˩ ·lia, xuo˧˩ su˧˩
  这 情 景 给 巡 游 的 天 神 发 现 啊，火 速

fei˧˩ xuei˧˩ tʰian˧˩ tʰiŋ˧˩, tɕiaŋ˧˩ ʂɿ˧˩ tɕʰiŋ˧˩ pau˧˩ kau˧˩ ·lia y˧˩ xuaŋ˧˩ ta˧˩ ti˧˩, y˧˩
飞 回 天 庭，将 实 情 报 告 啊 玉 皇 大 帝，玉

xuaŋ˧˩ ta˧˩ ti˧˩ i˧˩ mian˧˩ pʰai˧˩ zən˧˩ tʂuei˧˩ tʂa˧˩ tuŋ˧˩ xai˧˩ luŋ˧˩ uaŋ˧˩ sɿ˧˩ tsɿ˧˩
皇 大 帝一 面 派 人 追 查 东 海 龙 王 私 自

kʰuo˧˩ ta˧˩ xai˧˩ y˧˩ ·ti tsuei˧˩ tsɤ˧˩, i˧˩ mian˧˩ pʰai˧˩ ər˧˩ laŋ˧˩ ʂən˧˩ tɕʰy˧˩ tan˧˩ ʂan˧˩
扩 大 海 域的 罪 责，一 面 派 二 郎 神 去 担 山

tu˧˩ xai˧˩.
堵 海。

  ər˧˩ laŋ˧˩ ʂən˧˩ i˧˩ tʰɑŋ˧˩ i˧˩ tʰɑŋ˧˩ ·tə tʰiau˧˩ tɕʰi˧˩ ta˧˩ ʂan˧˩ uaŋ˧˩ xai˧˩ li˧˩ ʐəŋ˧˩,
  二 郎 神 一 趟 一 趟 地 挑 起 大 山 望 海 里 扔，

tʂei˧˩ iaŋ˧˩ tɕiou˧˩ iou˧˩ ·lia pʰan˧˩ ʂan˧˩、ian˧˩ ʂan˧˩、u˧˩ liŋ˧˩ ʂan˧˩、tɕyn˧˩ tu˧˩ ʂan˧˩、
这 样 就 有 啊盘 山、燕 山、雾 灵 山、军 都 山、

xai˧˩ tʰuo˧˩ ʂan˧˩、liŋ˧˩ ʂan˧˩、pai˧˩ xua˧˩ ʂan˧˩……taŋ˧˩ tʰa˧˩ tsʰuŋ˧˩ tʰai˧˩ xaŋ˧˩
海 坨 山、灵 山、百 花 山……当 他 从 太 行

ʂan˧˩ tʰiau˧˩ tɕʰi˧˩ liaŋ˧˩ tsuo˧˩ ʂan˧˩ uaŋ˧˩ tuŋ˧˩, tsou˧˩ tau˧˩ tʂai˧˩ ɕiŋ˧˩ liŋ˧˩ ʂaŋ˧˩,
山 挑 起 两 座 山 往 东，走 到 摘 星 岭 上，

pian˧˩ tan˧˩ kou˧˩ ·tsɿ pa˧˩ ʂan˧˩ kou˧˩ xuo˧˩ ·lia, liaŋ˧˩ tsuo˧˩ ʂan˧˩ tiau˧˩ ·lia ɕian˧˩
扁 担 钩 子 把 山 沟 豁 啊，两 座 山 掉 啊 下

lai˧, tɕiou˧ tʂʻən˧ ·lia ɕian˧ tsai˧ ·ti nan˧ ʂan˧ xɤ˧ ɕi˧ liŋ˧. ɕian˧ tsai˧ liaŋ˧ tsuo˧
来，　就　　成啊现　在　的　南　山　和　西岭。现　在　两　座

ʂan˧ xai˧ iou˧ tan˧ xou˧ ·tsɿ ·ni！iou˧ y˧ ər˧ laŋ˧ ʂən˧ ʂɿ˧ ·ti tɕiə̃˧ tʻiŋ˧ ta˧,
山　还有　大　豁　子呢！由于　二　郎　神　使的　劲儿挺大，

ʂou˧ pu˧ tʂu˧ tɕiau˧ i˧ ɕian˧ ·tsɿ tʂʻuŋ˧ ʂaŋ˧ yn˧ ɕiau˧，i˧ tʻou˧ tʂuaŋ˧ tau˧
收　不住　脚，一下　子　冲　上　云　霄，一头　撞　到

tʻian˧ ʂaŋ˧, tʂɿ˧ tʻiŋ˧ tə tɕiŋ˧ tʻian˧ tuŋ˧ ti˧ i˧ ʂən˧ ɕiaŋ˧, mau˧ tʂʻu˧ ·lia ɕy˧
天　　上，只　听得　惊天　　动　地一声　响，冒出啊许

tuo˧ xuo˧ ɕiŋ˧ ·tsɿ，tsei˧ tɕiou˧ ʂɿ˧ tʻian˧ ʂaŋ˧ ·ti ɕiŋ˧ ɕiŋ˧，tʻian˧ tiŋ˧
多　火　星　子，这　就　是　天　上　的星　星，天　顶

xɤ˧ tʻian˧ ɕiaŋ˧ tʂuaŋ˧ ·ti ti˧ faŋ˧，tɕiou˧ ʂɿ˧ ɕian˧ tsai˧ ·ti yɛ˧ liaŋ˧. ər˧
和　天　相　　撞　的地　方，　就　是　现　在　的月　亮。二

laŋ˧ ʂən˧ yŋ˧ li˧ i˧ pa˧ ·la tʻian˧，tʻian˧ tɕiou˧ tʂuan˧ tɕʻi˧ lai˧ ·lia，ʂɿ˧ tau˧
郎　神　用力一　扒　拉天，　天　就　　转　起来啊，直　到

ɕian˧ tsai˧ tʻian˧ xai˧ tsai˧ tʂuan˧. xou˧ lai˧，tuŋ˧ xai˧ luŋ˧ uaŋ˧ fu˧ tsuei˧
现　在　天　还在　转。　后　来，东　海　龙　王　服　罪

·lia，xai˧ ʂuei˧ iɛ˧ tʻuei˧ ·lia. kɤ˧ ɕian˧ tsai˧ ʐən˧ mən i˧ kʻan˧ tɕian˧ nan˧
啊，海水　也　退　啊。可　现　在　人　们 一　看　见　南

ʂan˧ xɤ˧ ɕi˧ liŋ˧ ·ti ʂan˧ xuo˧ ·tsɿ, tɕiou˧ ɕiaŋ˧ tɕʻi˧ ər˧ luŋ˧ ʂən˧ tan˧
山　和　西岭　的山　豁　子，就　　想　起二　郎　神　担

ʂan˧ tu˧ xai˧ tsei˧ xuei˧ ʂɿ˧ lai˧ ·lia.
山　堵　海　这　回　事来　啊。

仙 山 的 传 说
ɕianˇ ṣanˇ ·ti tṣʻuanˉ ṣuoˇ

lauˇ xuaˇ ṣuoˇ ṣanˉ iouˇ ɕianˉ tsɤˇliŋ. tṣʻuanˉ ṣuoˇ liŋˉ ṣanˉ ·ti "liŋˉ"
老　话　说　山　有　仙　则　灵。传　说　灵　山　的　"灵"
tsˌˇ, pianˇ ṣˌˇ inˉ ɕianˉ ərˉ tɤˇ. tsaiˇ xənˇ yanˇ xənˇ yanˇ ·ti ṣˌˇ xouˇ,
字，便　是　因　仙　而　得。在　很　远　很　远　的　时　候，
liŋˉ ṣanˉ tṣuˇ ·ṣuo xənˇ tuoˉ ɕianˉ ʐənˉ, ɕianˉ ʐənˉ tuoˉ ·lia, tṣʻˌˇ fanˇ
灵　山　住　着　很　多　仙　人，嫌　人　多　啊，吃　饭
xɤˉ ṣueiˉ touˉ iouˇ uənˇ tʻiˉ, yˉ ṣˌˇ yˉ xuaŋˉ taˇ tiˇ ɕiaˇ liŋˇ, paˇ tɕʻyanˉ
喝　水　都　有　问　题，于　是　玉　皇　大　帝　下　令，把　全
kuoˇ ·ti tɕiaŋˉ xɤˉ xɤˉ ·ti ṣueiˇ touˉ inˇ tauˇ tṣɤˇ liˉ lai, kuŋˉ ɕianˉ ʐənˉ
国　的　江　和　河　的　水　都　引　到　这　里　来，供　仙　人
·mən tṣʻˌˇ yŋˇ. ɕianˇ tsaiˇ liŋˉ ṣanˉ ɕiaˇ ·ti tʻianˉ xɤˉ ṣueiˇ tsʻuən, ṣˌˇ paˇ
们　吃　用。现　在　灵　山　下　的　天　河　水　村，是　把
tʻian xɤˉ ·ti ṣueiˇ inˇ laiˉ ·ti tiˇ faŋˇ; ɕiauˇ luŋˉ mənˉ tsʻuənˉ ṣˌˇ ṣuoˇ luŋˉ
天　河　的　水　引　来　的　地　方；小　龙　门　村　是　锁　龙
mənˉ ·ti iˇ ·sˌ, paˇ luŋˉ ṣuoˇ tsaiˇ tṣɤˇ liˉ; ṣuaŋˉ tʻaŋˉ tɕianˇ tsʻuənˉ ṣˌˇ
门　的　意　思，把　龙　锁　在　这　里；双　塘　涧　村　是
paˇ ṣueiˇ tsʻuənˉ tɕʻiˉ laiˇ ·ti ṣueiˇ kʻuˇ, uaˇ iauˉ tsʻuənˉ ṣˌˇ keiˇ ɕianˉ
把　水　存　起　来　的　水　库；瓦　窑　村　是　给　仙
ʐənˉ kaiˇ faŋˉ ṣauˉ tṣuanˉ uaˇ ·ti tiˇ faŋˇ; liˉ yanˉ liŋˉ ṣˌˇ ɕianˉ ʐənˉ ·mən
人　盖　房　烧　砖　瓦　的　地　方；梨　元　岭　是　仙　人　们
tṣʻˌˇ kuoˇ ·tsˌ ·ti kuoˇ yanˉ ·tsˌ . paˇ tṣeiˇ ɕieˇ xɤˉ ia, tʻaŋˉ iaˇ ·ti ṣueiˇ tɕyˉ
吃　果　子　的　果　园　子。把　这　些　河　呀，塘　呀　的　水　聚
tsaiˇ iˇ tɕʻiˉ tɕiouˇ ṣˌˇ liŋˉ ṣanˉ tiŋˇ ṣaŋˇ ·ti tɕiaŋˉ ṣueiˇ xɤˉ tsʻuənˉ. tsʻuŋˉ
在　一　起，就　是　灵　山　顶　上　的　江　水　河　村。从

tɕiaŋ˧ ʂuei˧ xɤ˧ i˧ ɕian˧ iou˧ i˧ kɤ˥ ta˧ ʂan˧ ɑu˧ ·tsɿ, tʂɤ˧ li˧ tɕiau˥ kuo˧ kʻəŋ˧,
江　水　河 以 下　有 一　个　大 山　凹子, 这 里　叫　锅　坑,

ʂɿ˧ ɕian˧ zən˧ tsuo˧ fan˧·ti ti·faŋ. tɕiaŋ˧ ʂuei xɤ˧ ʂuei˧ liou˧ tau˧ kuo˧
是　仙 人　做　饭 的 地方。江　水 河 水 流 到　锅

kʻəŋ˧, yŋ˧ pu˧ liau˧·ti liou˧ ɕia˧ lai˧ tɕie˧ tsai˧ xuŋ˧ ʂuei˧ kʻou˧ tsʻuən˧.
坑, 　 用 不 了 的 流 下 来 截 在 洪　水　口　村。

tɕʻi˧ ʂɿ˧ liŋ˧ ʂan˧ ɕia˧·ti tʂei˧·ɕiɛ tsʻuən˧ kən˧ pən˧ mu˧ ʂuei, ta˧ kai˧ ʂɿ˧
其 实 灵 山 下 的 这 些 村 根 本 没 水, 大 概 是

zən˧ mən˧ pʻan˧ ʂuei˧ pʻan˧·ti. pʻan˧ tʂʻu˧ lai˧ ɕy˧ tuo˧ tʂɤ˧ iaŋ˧ tai˧
人　们　盼　水　盼　的。盼　出　来　许 多　这 样 带

"ʂuei˧"·ti tsʻuən˧ miŋ˧. zən˧·mən tou˧ tʂʻuan˧ ʂuo˧ liŋ˧ ʂan˧ ʂɿ˧ iou˧
"水"　的　村　名。人 们 都 传 说 灵 山 是 有

ɕian˧·ti, ər˧ tɕʻiɛ˧ iou˧ ɕy˧ tuo˧ ɕy˧ tuo˧·ti ɕian˧, tʻa˧·mən ɕi˧ xuan˧ xua˧,
仙 的,而 且 有 许 多 许 多 的 仙, 他 们 喜 欢 花,

pa˧ tʻian˧ ɕia˧·ti kɤ˧ tʂuŋ˧ xua˧ tɕʻyan˧ i˧ tau˧ liŋ˧ ʂan˧ ʂaŋ˧ lai˧, tʂɤ˧
把 天 下 的 各 种 花 全 移 到 灵 山 上 来, 这

tɕiou˧ ʂɿ˧ ɕian˧ zən˧ tʂuŋ˧·ti ɕian˧ tsʻau˧, ɕian˧ tsai˧ ta˧ yɤ˧ xai˧ iou˧
就 是 仙 人 种 的 仙 草, 现 在 大 约 还 有

i˧ tɕʻian˧ tuo˧ tʂuŋ˧·ni. ɕian˧ zən˧·mən ai˧ tʂʻɿ˧ tɕiou˧ tsʻai˧, tʂɤ˧ li˧ iou˧
一 千 多 种 呢。仙 人 们 爱 吃 韭 菜, 这 里 有

i˧ kɤ˧ tɕiou˧ tsʻai˧ pʻo˧, nian˧ nian˧ sɿ˧ yɤ˧ tʂʻu˧ pa˧, sɿ˧ tʂou˧ kɤ˧ ɕiaŋ˧
一 个 韭 菜 坡, 年 年 四 月 初 八, 四 周 各 乡

pai˧ ɕiŋ˧ tou˧ pei˧·tsuo lou˧·tsɿ lai˧ kɤ˧ tɕiou˧ tsʻai˧, tʂɤ˧ li˧·ti tɕiou˧ tsʻai˧
百 姓 都 背 着 篓 子 来 割 韭 菜, 这 里 的 韭 菜

iɛ˧ kʻuan˧ xou˧, zən˧·mən ɕiaŋ˧ kɤ˧ tsʻau˧ sɿ˧·tə kɤ˧ ɕia˧ lai˧, na˧ xuei˧
叶 宽 厚, 人 们 像 割 草 似 的 割 下 来, 拿 回

tɕʻy˧ tsuo˧ pau˧·tsɿ, niɛ˧ tɕiau˧·tsɿ; tau˧ pa˧ yɤ˧, na˧ xuaŋ˧ xua˧ liŋ˧
去 做 包 子, 捏 饺 子; 到 八 月, 拿 黄 花 灵

去做包子，捏饺子；到八月，那黄花岭
ṣaŋ˅ ·ti xuaŋ˅ xua˅ i˅ k'ai˅, lau˨ pai˨ çiŋ˅ na˨ ma˨ tai˨ tç'y˨ tṣuaŋ˨, na˨
上的黄花一开，老百姓拿麻袋去装，拿
xuei˨ lai˨ tṣəŋ˨ i˨ tṣəŋ˨ liaŋ˨ kan˨ tçiou˅ ṣʅ˨ xuaŋ˅ xua˅ ts'ai˅. tçiou˨ ts'ai˨
回来蒸一蒸晾干就是黄花菜。韭菜
iε˅ xau˨ xuaŋ˅ xua˅ ts'ai˅ iε˅ xau˨, tou˅ ṣʅ˨ ṣən˨ çian˅ tṣ'ʅ˨ ·ti ts'ai˅. çian˅
也好黄花菜也好，都是神仙吃的菜。现
tsai˨ ṣən˨ çian˅ mei˨ iou˨ ·lia, liŋ˨ ṣan˨ çia˅ ·ti pai˨ çiŋ˅ tṣ'uan˨ kɤ˨ tçiou˨
在神仙没有啊，灵山下的百姓春割韭
ts'ai˅, tç'iou˅ ta˨ xuaŋ˅ xua˅, tṣɤ˅ ṣʅ˨ ṣən˨ çian˅ liou˅ çia˨ lai˨ kei˨ ta˨
菜，秋打黄花，这是神仙留下来给大
tçia˅ xuor˨ ·ti.
家伙儿的。

xan˅ lin˨ tçiaŋ˅ tṣʅ˨
翰 林 降 职

ts'uŋ˨ tç'ian˨ k'aŋ˨ çi˨ xuaŋ˨ ti˨ uai˅ tṣ'u˅ iou˨ uan˨, ṣən˨ pian˅ kən˨
从前康熙皇帝外出游玩，身边跟
·tṣuo çy˨ tuo˅ uən˨ tṣ'əŋ˨, taŋ˨ k'aŋ˨ çi˨ xuaŋ˨ ti˨ lai˨ tau˅ i˨ kɤ˨ iou˨
着许多文臣，当康熙皇帝来到一个有
ṣʅ˨ ẓən˨ ṣʅ˨ ma˨ ·ti ku˨ mu˅ tç'ian˨, uən˅ ṣən˨ pian˅ ·ti i˨ uei˅ xan˅ lin˨,
石人石马的古墓前，问身边的一位翰林，
ṣuo˅: "ṣʅ˨ ẓən˨ tçiou˅ ṣʅ˨ tṣ'əŋ˨ uei˨ ṣʅ˨ ẓən˨ ma?" ·tṣɤ˅ kɤ˨ xan˅ lin˨ maŋ˨
说："石人就是称为石人吗？"这个翰林忙
xuei˨ ta˨ ṣuo˅: "ṣʅ˨ ẓən˨ tṣ'əŋ˨ tsuo˅ tṣuŋ˨ uən˅." tç'i˅ ṣʅ˨ k'aŋ˨ çi˨ xuaŋ˨
回答说："石人称作仲翁。"其实康熙皇

回　答　说："石　人　称　作　仲　翁。"其　实　康　熙　皇
ti˩ tʂʅ˥ tau˩ ʂʅ˥ zən˩ tʂʻəŋ˩ tsuo˥ uəŋ˩ tʂuŋ˩, uəŋ˥ ·ti mu˩ ti˩ ʂʅ˩ ɕiaŋ˩
帝　知　道　石　人　称　作　翁　仲，　问　的　目　的　是　想
liau˩ tɕiɛ˩ ɕia˩ tʻa˥ ɕyɛ˩ uən˩ tsən˥ ·mə iaŋ˩, mu˩ ɕiaŋ˩ tau˩ pʻəŋ˩ tau˩
了　解　下　他　学　问　怎　么　样，没　想　到　碰　到
tʂɤ˥ iaŋ˩ tʂʻa˩ tɕin˩ ·ti zən˩. xuaŋ˩ ti˩ xuei˩ xuaŋ˩ kuŋ˥ xou˩ ɕiɛ˩ ·lia
这　样　差　劲　的　人。皇　帝　回　到　皇　宫　后　写　啊
i˥ ʂou˩ ʂʅ, tɕiau˩ tʻai˩ tɕian˩ suŋ˩ tau˩ xan˩ lin˩ yan˩, ʂʅ˩ ʂʅ˥ tʂɤ˥ iaŋ˩
一　首　诗，叫　太　监　送　到　翰　林　院，诗　是　这　样
ɕiɛ˩ ·ti: "ʂʅ˩ zən˩ zu˩ xɤ˥ tʂʻəŋ˩ tʂuŋ˩ uəŋ˩? ɕiaŋ˩ in˥ tʂʻuaŋ˥ ɕia˩ ʂau˩
写　的："石　人　如　何　称　仲　翁？想　因　窗　下　少
yŋ˩ kuŋ˥, zu˩ tɕin˥ pu˩ ɕy˩ uei˩ xan˩ lin, pian˩ tau˩ tɕiaŋ˩ nan˩ tsuo˥
用　工，如　今　不　许　为　翰　林，贬　到　江　南　作
pʻan˩ tʻuŋ˥." tʂɤ˥ ʂou˩ ʂʅ˥ xən˩ xau˩ ɕiau˩, in˥ uei˩ tʂɤ˥ ʂou˩ ʂʅ˥ tsuei˩
判　通。"这　首　诗　很　好　笑，因　为　这　首　诗　最
xou˩ i˥ kɤ˥ tsʻʅ˥ ʂʅ˩ tian˩ tau˩ ·ti, tɕʻi˩ ʂʅ˩ tɕiou˩ ʂʅ˩ kʻaŋ˥ ɕi˥ xuaŋ˩ ti˩
后　一　个　词　是　颠　倒　的，其　实　就　是　康　熙　皇　帝
tuei˩ tʂei˩ kɤ˥ xan˩ lin˩ ·ti ɕi˩ nəŋ˩, tʂɤ˥ uei˩ xan˩ lin˩ iɛ˩ in˥ uei˩ pu˩ ɕy˩
对　这　个　翰　林　的　戏　弄，这　位　翰　林　也　因　为　不　学
u˩ ʂu˩ kei˩ pian˩ tɕiaŋ˩ tʂʅ˩ ·lia.
无　术　给　贬　降　职　啊。

ɕiaⵯ maⵯ liŋⵯ
下 马 岭

ɕiaŋⵯ tṣʻuanⵯ tɕʻianⵯ luŋⵯ xuŋ tiⵯ, iouⵯ iⵯ tṣʻɿⵯ tṣʻuⵯ iouⵯ xueiⵯ tɕiŋⵯ
相 传 乾 隆 皇 帝，有 一 次 出 游 回 京
tuⵯ ʂɿⵯ, tsouⵯ tauⵯ ɕianⵯ tsaiⵯ tɕʻiŋⵯ pʻaiⵯ kʻouⵯ ɕiaŋⵯ ʂɿⵯ, kʻanⵯ tauⵯ luⵯ
都 时，走 到 现 在 青 白 口 乡 时，看 到 路
·ti tʂəŋⵯ tɕʻianⵯ faŋⵯ iouⵯ iⵯ kʻuaiⵯ taⵯ ʂɿⵯ·tʻou, ʂɿⵯ·tʻou ʂaŋⵯ iouⵯ kɤⵯ ɕiauⵯ
的 正 前 方 有 一 块 大 石 头，石 头 上 有 个 小
tuŋⵯ uⵯ tuənⵯ·tsuo, mianⵯ tueiⵯ tɕʻianⵯ luŋⵯ xuaŋⵯ tiⵯ pʻəŋⵯ·tsuo tɕʻianⵯ tsuaⵯ,
动 物 蹲 着， 面 对 乾 隆 皇 帝 捧 着 前 爪，
liaŋⵯ tʂɿⵯ ianⵯ tɕʻiauⵯ·tsuo kuoⵯ luⵯ ʐənⵯ. tɕʻianⵯ luŋⵯ xuaŋⵯ tiⵯ uənⵯ: "tɕʻianⵯ
两 只 眼 瞧 着 过 路 人。 乾 隆 皇 帝 问："前
faŋⵯ ʂɿⵯ·tʻou ʂaŋⵯ ʂɿⵯ ʂənⵯ·mə tuŋⵯ uⵯ? tʻaⵯ ueiⵯ xɤⵯ tɕianⵯ ʐənⵯ puⵯ pʻauⵯ?"
方 石 头 上 是 什 么 动 物？它 为 何 见 人 不 跑？"
sueiⵯ tsʻuŋⵯ·ti taⵯ tʂʻəŋⵯ maŋⵯ ʂuoⵯ: "tʂɤⵯ ʂɿⵯ suŋⵯ ʂuⵯ, tʻaⵯ tsuanⵯ tɕiŋⵯ
随 从 的 大 臣 忙 说："这 是 松 鼠，它 尊 敬
piⵯ ɕiaⵯ, tʂəŋⵯ" keiⵯ ninⵯ tsuoⵯ iⵯ·ni!" tɕʻianⵯ luŋⵯ xuŋⵯ tiⵯ tʻiŋⵯ·lia lianⵯ
陛 下， 正 给 您 作 揖 呢！" 乾 隆 皇 帝 听 唡 连
ʂəŋⵯ tauⵯ xauⵯ, iⵯ ʂɿⵯ kauⵯ ɕiŋⵯ pianⵯ tsʻuŋⵯ maⵯ ʂaŋⵯ ɕiaⵯ laiⵯ, puⵯ ɕiŋⵯ
声 道 好，一 时 高 兴， 便 从 马 上 下 来， 步 行
ɕiaⵯ ʂanⵯ. xouⵯ laiⵯ, ʐənⵯ·mən tɕiouⵯ keiⵯ tʂeiⵯ kɤⵯ tiⵯ faŋⵯ tɕʻi minⵯ ueiⵯ
下 山。后 来， 人 们 就 给 这 个 地 方 起 名 为
ɕiaⵯ maⵯ liŋⵯ, tʂɿⵯ tɕinⵯ paiⵯ ɕiŋⵯ tʂuŋⵯ xaiⵯ liouⵯ tʂʻuanⵯ·tsuo tʂeiⵯ kɤⵯ
下 马 岭， 至 今 百 姓 中 还 流 传 着 这 个
kuⵯ ʂɿⵯ。
故 事。

saŋ˨ tʂʻuei˨ saŋ˨ ta˨
三　吹　三　打

ɕiaŋ˨ tʂʻuan˨,　uan˨ pʻiŋ˨ ɕian˨ iou˨ uei˨ ɕin˨ ʂaŋ˨ ʐən˥ ˙ti ɕian˨ kuan˨,
相　　传，　宛　平　县　有　位　新　上　任　的　县　官，
fa˨ ɕian˨ pən˨ ɕian˨ liŋ˨ ʂan˨ ʂaŋ˨ iou˨ i˨ kɤ˨ ɕiɑu˨ tsʻuan˨ i˨ tuo˨ nian˨
发　现　本　县　灵　山　上　有　一　个　小　村　已　多　年
mu˨ tɕiɑu˨ ti˨ mu˨ ʂuei˨ ˙lia, tʻa˨ taŋ˨ tɕi˨ pʻai˨ ˙lia tɕi˨ kɤ˨ ia˨ i˨ tɕʻy˨ tʂei˨
没　交　地　亩　税　啊，他　当　即　派　啊 几　个　衙 役 去　这
tsʻuən˨ tsʻuei˨ ʂuei˨ na˨ ʐən˨。
村　　催　税　拿　人。

tɕi˨ kɤ˨ ia˨ i˨ tɕin˨ ʂan˨ i˨ lu˨ ta˨ tʻiŋ˨ tʂei˨ kɤ˨ tsʻuan˨ ˙ti tɕiŋ˨ kʻuaŋ˨,
几　个　衙 役　进　山　一　路　打　听　这　个　村　的　情　况，
ʂan˨ li˨ ʐən˨ tu˨ ʂuo˨ tʂei˨ kɤ˨ tsʻuan˨ tɕia˨ tɕia˨ tʂʻʅ˨ fan˨ tou˨ ʂʅ˥ "san˨
山　里　人　都　说　这　个　村　　家　家　吃　饭　都　是 "三
tʂʻuei˨ san˨ ta˨"。tɕi˨ kɤ˨ ʐən˨ i˨ lu˨ ʂaŋ˨ ˙ti ˙ku: "tʂei˨ ti˨ faŋ˨ tsan˨
吹　　三　打"。几　个　人　一　路　上　嘀 咕："这　地　方　咱
˙mən kʻɤ˨ iɑu˨ tuo˨ tɕia˨ ɕiɑu˨ ɕin˨。" tɕi˨ kɤ˨ ia˨ i˨ lai˨ tɑu˨ ˙lia tʂei˨ kɤ˨
们　可　要　多　加　小　心。" 几　个　衙 役　来　到　啊 这　个
tsʻuən˨, kʻan˨ tɕian˨ i˨ kɤ˨ tʂuŋ˨ nian˨ xan˨ tsʅ˨ tʂəŋ˨ tsai˨ tɕiŋ˨ tʻai˨ ʂaŋ˨
村，　看　见　一　个　中　年　汉　子　正　在　井　台　上
ɕi˨ ʂan˨ iɑu˨ tan˨, tʻa˨ ˙mən kuo˨ tɕʻy˨ uən˨ tɑu˨:"ni˨ tʂən˨ ˙mə tuo˨
洗　山　药　蛋，他　们　过　去　问　道："你　这　么　多
ʂan˨ iɑu˨ tan˨, tou˨ tsən˨ ˙mə tʂʻʅ˨ ˙ia？" nei˨ ʐən˨ kʻan˨ ˙lia tʻa˨ ˙mən i˨
山　药　蛋，都　怎　么　吃　呀？" 那　人　看　啊 他　们　一
ian˨ ʂuo˨: "san˨ tʂʻuei˨ san˨ ta˨。" tɕi˨ kɤ˨ ia˨ i˨ ti˨ ian˨ sɤ˨, tʻa˨ tɕiou˨
眼　说："三　吹　三　打。" 几　个　衙 役　一　递　眼　色，他　就

· 354 ·

第五章 门头沟斋堂话语料记音

ʂʅ˨ kʻaŋ˥ ʂuei˨ pu˨ tɕiau˨ ·ti nei˨ kɤ˨ tsʻuən˨ ·ti ʐən˨, pu˨ iou˨ fən˨ ʂuo˨
是 抗   税   不   交   的 那 个 村   的   人, 不 由 分 说
suo˨ lian˨ ·tsɿ i˨ tou˨ tɕiou˨ pa˨ tʻa˨ suo˨ tɕʻi˨ lai˨ tai˨ tsou˨ ·lia. tɕi˨ kɤ˨
锁   链   子 一 抖   就 把 他   锁   起   来 带   走 啊。 几 个
ia˨ i˨ xuei˨ ɕian˨, ɕiaŋ˨ ɕian˨ kuan˨ piŋ˨ miŋ˨ tɕʻiŋ˨ kʻuaŋ˨, ɕian˨ kuan˨
衙 役   回   县,   向   县   官   禀   明   情   况,   县   官
i˨ tʻiŋ, tʻa˨ ɕiaŋ˨, tʂɿ˨ iou˨ xuaŋ˨ ʂaŋ˨ yŋ˨ ʂan˨ tsʻai˨ nəŋ˨ "san˨ tʂʻuei˨
一 听, 他   想,   只   有   皇   上   用   膳   才   能   "三   吹
san˨ ta˨", ʂan˨ iɛ˨ tsʻau˨ min˨ tʂʻɿ˨ fan˨ tan˨ kan˨ "san˨ tʂʻuei˨ san˨
三   打", 山 野   草   民   吃   饭   胆   敢   "三   吹   三
ta˨" tʂei˨ fən˨ miŋ˨ ʂɿ˨ iau˨ mou˨ fan˨ ·na ! taŋ˨ tɕi˨ fən˨ fu˨ ʂəŋ˨ tʻaŋ˨
打", 这   分   明   是 要   谋   反 哪! 当   即   吩   咐   升   堂
ʂən˨ uən˨. tʂei˨ kɤ˨ tʂuŋ˨ nian˨ xan˨ tsɿ˨ kuei˨ tsai˨ ta˨ tʻaŋ˨ ʂaŋ˨ xan˨
审   问。 这   个   中   年   汉   子   跪   在   大 堂   上   喊
yan˨: "ɕiau˨ ʐən˨ fan˨ ·lia ʂən˨ ·mə tsuei˨ ·a ?" ɕian˨ kuan˨ ta˨ fa˨ lei˨ tʻiŋ˨,
冤: "小   人   犯   啊   什 么   罪   啊?" 县   官   大 发   雷 霆,
tɕiŋ˨ tʻaŋ˨ mu˨ i˨ pʻai˨ uən˨ tau˨: "tuo˨ nian˨ kʻaŋ˨ ʂuei˨ pu˨ tɕiau, tʂʻɿ˨
惊   堂   木 一   拍   问   道: "多   年   抗   税   不   交,   吃
fan˨ san˨ tʂʻuei˨ san˨ ta˨, tʂɿ˨ iou˨ xuaŋ˨ ʂaŋ˨ yŋ˨ ʂan˨ tsʻai˨ nəŋ˨ iou˨
饭   三   吹   三   打, 只   有   皇   上   用   膳   才   能   有
tʂɤ˨ iaŋ˨ ·ti pʻai˨ tʂʻaŋ˨ ʂən˨ ʂan˨ ɕiau˨ min˨ tɕiŋ˨ kan˨ ʐu˨ tsʻɿ˨, fən˨ miŋ˨
这   样   的 排   场   深   山   小   民   竟   敢   如   此,   分   明
ʂɿ˨ iau˨ mou˨ fan˨, xai˨ pu˨ tsʻuŋ˨ ʂɿ˨ tʂauˇ lai˨!" tʂei˨ kɤ˨ nuŋ˨ min˨ lian˨
是 要   谋   反, 还   不   从   实 招   来!" 这   个   农   民   连
lian˨ kɤ˨ tʻou˨ ʂuo˨: "uo˨ mən˨ tsʻuən˨ tou˨ ʂɿ˨ lau˨ ʂɿ˨ ·ti tʂuaŋ˨ tɕia˨
连   磕   头   说: "我   们   村   都   是   老   实 的   庄   稼
ʐən˨, mu˨ iou˨ iau˨ mou˨ fan˨ ·ti, tɕiŋ˨ lau˨ iɛ˨ miŋ˨ tʂa˨." ɕian˨ kuan˨
人,   没   有   要   谋   反   的, 请   老 爷   明   察。"   县   官

· 355 ·

人，没有要谋反的，请老爷明察。"县官
muˇ uanˇ tʂʻuˇ kʻouˇ kuŋˇ, iouˇ pʻaiˇ ʐənˇ tɕʻyˇ tiɑuˇ tʂɑˇ. yanˇ laiˇ tʂeiˇ
没 问 出 口 供，又 派 人 去 调 查。原 来 这
kɤˇ tsʻuənˇ tiˇ tʂʻuˇ liŋˇ ʂanˇ panˇ ʂanˇ iɑuˇ, ʂanˇ kɑuˇ tʻuˇ pɑuˇ, uˇ ʂuaŋˇ
个 村 地 处 灵 山 半 山 腰，山 高 土 薄，无 霜
tɕʻiˇ tuanˇ, puˇ nəŋˇ tʂuŋˇ taˇ tʂuɑŋˇ tɕianˇ, touˇ ʂʅˇ iˇ tʂuŋˇ ʂanˇ iɑuˇ
期 短，不 能 种 大 庄 稼，都 是 以 种 山 药
tanˇ ueiˇ tʂuˇ. lɑuˇ ɕiaŋˇ iˇ nianˇ sʅˇ tɕiˇ iɛˇ iˇ tʂʻʅˇ ʂanˇ iɑuˇ tanˇ ueiˇ
蛋 为 主。老 乡 一 年 四 季 也 以 吃 山 药 蛋 为
ʂəŋˇ. tʻaˇ mənˇ ·ti tʂʻʅˇ faˇ ʂʅˇ yŋˇ ʂɑuˇ kʻaŋˇ xuoˇ ʂɑuˇ xuoˇ ·ti tsɑuˇ xuoˇ
生。他 们 的 吃 法 是 用 烧 炕 或 烧 火 的 灶 火
xueiˇ, maiˇ ʂaŋˇ ʂanˇ iɑuˇ tanˇ, ʂɑuˇ ʂouˇ ·lia yŋˇ muˇ kuanˇ paˇ ·la tʂʻuˇ laiˇ,
灰，埋 上 山 药 蛋，烧 熟 俩 用 木 棍 扒 拉 出 来，
tɕʻyanˇ tɕiaˇ ʐənˇ luŋˇ tsaiˇ iˇ tɕʻiˇ, naˇ tɕʻiˇ ʂanˇ iɑuˇ tanˇ, yŋˇ tsueiˇ
全 家 人 拢 在 一 起，拿 起 山 药 蛋，用 嘴
tsʻueiˇ tiɑuˇ ʂaŋˇ mianˇ ·ti xueiˇ, tsaiˇ yŋˇ ʂouˇ taˇ tiɑuˇ ʂɑuˇ xuˇ ·ti pʻiˇ,
吹 掉 上 面 的 灰，再 用 手 打 掉 烧 煳 的 皮，
inˇ tsʻʅˇ, lɑuˇ ɕiaŋˇ mənˇ fəŋˇ tɕyˇ ·ti kuanˇ tʂeiˇ tʂuŋˇ tʂʻʅˇ faˇ tɕiɑuˇ "sanˇ
因 此，老 乡 们 风 趣 的 管 这 种 吃 法 叫 "三
tsʻueiˇ sanˇ taˇ". iaˇ iˇ mənˇ tɑuˇ kɤˇ tɕiaˇ iˇ kʻanˇ, tɕiaˇ tɕiaˇ touˇ ʂʅˇ sʅˇ
吹 三 打"。衙 役 们 到 各 家 一 看，家 家 都 是 四
kɤˇ kaˇ laˇ kʻuŋˇ, touˇ ʂʅˇ "sanˇ tsʻueiˇ sanˇ taˇ" ·ti tʂʻʅˇ ʂanˇ iɑuˇ tanˇ.
个 旮 旯 空，都 是 "三 吹 三 打" 的 吃 山 药 蛋。
iaˇ iˇ xueiˇ ɕianˇ paˇ tɕʻiŋˇ kʻuaŋˇ piŋˇ miŋˇ ɕianˇ kuanˇ, ɕianˇ kuanˇ ɕiaŋˇ
衙 役 回 县 把 情 况 禀 明 县 官，县 官 想
lɑuˇ puˇ ·tsuo ʂənˇ ·mə iouˇ ʂueiˇ, tʂʅˇ xɑuˇ puˇ liɑuˇ liɑuˇ tʂʅˇ.
捞 不 着 什 么 油 水，只 好 不 了 了 之。

第五章 门头沟斋堂话语料记音

tṣai˅ tɑŋ˧ ·ti tɑ˅ xuai˧ ʂu˅

斋 堂 的 大 槐 树

tsɑu˧ ɕian˅ tṣai˅ t'ɑŋ˧ fən˧ tuŋ˧ ts'uən˧ xɤ˅ ɕi˧ ts'uən˧ liaŋ˧ kɤ˅ ts'uən˅,
早 先 斋 堂 分 东 村 和 西 村 两 个 村,
iou˧ i˧ li˧ tʂʅ˧ tɕie˧, tan˅ ʂəŋ˧ xuo˧ɕi˧ kuan˅ pu˧ ta˅ i˧ iaŋ˅. tuŋ˧ ts'uən˧
有 一 里 之 隔, 但 生 活 习 惯 不 大 一 样。 东 村
iou˧ tʂ'əŋ˧ tɕ'iaŋ˧, tʂ'əŋ˧ mən˧, suo˧ uei˅tṣai˧ t'ɑŋ˧ tʂ'əŋ˧ ta˅ tou˧ tʂʅ˧ ti
有 城 墙, 城 门, 所 谓 斋 堂 城 大 都 指 的
ʂʅ˅ tuŋ˧ tṣai˅ t'ɑŋ˧, fan˧ pei˅ tɕiŋ˧ tʂ'əŋ˧ li˧ iou˧ ·ti ɕi˧ kuan˅ tʂɤ˅ li˧ tou˧
是 东 斋 堂, 凡 北 京 城 里 有 的 习 惯, 这 里 都
iou˧, li˅ lai˧ pei˅ tɕiŋ˧ tʂ'əŋ˧ li˧ ʂʅ˧ ɕiŋ˅ ʂən˧ ·mə, tṣai˅ t'ɑŋ˧ tʂ'əŋ˧ ie˅
有, 历 来 北 京 城 里 时 兴 什 么, 斋 堂 城 也
tɕiou˅ iou˧ ʂən˧ ·mə, suo˧ i˅, t'a˅ pu˅ uaŋ˧ uei˧ tṣai˅ t'ɑŋ˧ tʂ'əŋ˧ ·ti tʂ'əŋ˧
就 有 什 么, 所 以, 它 不 枉 为 斋 堂 城 的 称
xu˧. k'ɤ˅ ʂʅ˅ ɕi˧ ts'uən˧ tɕiou˅ pu˅ t'uŋ˧ ·lia, tʂəŋ˧ kɤ˅ i˧ p'ai˅ ʂan˅ tṣuaŋ˧
呼。 可 是 西 村 就 不 同 啊, 整 个 一 派 山 庄
tɕiŋ˅ sɤ˅, kei˧ zən˧ ·mən liou˧ ɕia˅ ·lia i˧ ɕie˅ ʂan˧ li˧ uei˅, k'ɤ˅ ʂʅ˅ tɕ'ian˧
景 色, 给 人 们 留 下 啊 一 些 山 里 味, 可 是 千
pu˅ t'uŋ˧, uan˅ pu˅ t'uŋ˧, iou˧ i˧ tian˧ ʂʅ˅ ɕiaŋ˧ t'uŋ˧ ·ti, nei˅ tɕiou˅ ʂʅ˅
不 同, 万 不 同, 有 一 点 是 相 同 的, 那 就 是
tɕie˅ ʂaŋ˅ tou˧ iou˧ nən˅ ·mə tɕi˧ k'ɤ˅ ku˧ lau˧ ·ti xuai˧ ʂu˅, tṣei˅ xuai˧
街 上 都 有 那 么 几 棵 古 老 的 槐 树, 这 槐
ʂu˅ ʂuo˧ pu˅ tɕ'iŋ˧ ʂʅ˅ nei˧ tṣau˧ nei˧ tai˅ tṣuŋ˅ ·ti ·la, t'iŋ˧ lau˧ zən˧ la˧
树 说 不 清 是 哪 朝 哪 代 种 的 啦, 听 老 人 拉
tɕia˧ kuo˅, ʂʅ˅ ts'uŋ˧ xuŋ˧ t'uŋ˧ ɕian˅ tai˅ lai˧ ·ti, tɑŋ˧ tʂ'u˧ ian˅ uɑŋ˧ sɑu˧
家_{说过、聊过}过, 是 从 洪 洞 县 带 来 的, 当 初 燕 王 扫

pei˨, pa˨ tsei˨ i˨ tʂʻuan˨ ·ti zə̩˨ tou˨ kei˨ ʂa˨ kuaŋ˨ ·lia，xou˨ lai˨ ·ti
北，　把　这　一　川　的　人　都　给　杀　光　啊，后　来　的
zə̩˨ tou˨ ʂʅ˨ tsʻuŋ˨ xuŋ˨ tʻuŋ˨ ɕian˨ ta˨ xuai˨ ʂu˨ ti˨ ɕia˨ pan˨ kuo˨ lai˨ ·ti,
人　都　是　从　洪　洞　县　大　槐　树　底　下　搬　过　来　的,
zə̩˨ mən tsʻu˨ tau˨ tʂɤ̩˨ li˨ ɕiaŋ˨ tɕia˨ ·ia，iou˨ zə̩˨ tɕiou˨ ʂuo˨ tʂuŋ˨
人　们　初　到　这　里　想　家　呀，有　人　就　说　种
tɕi˨ kʻɤ˨ ta˨ xuai˨ ʂu˨，zaŋ˨ tsʅ˨ suən˨ uan˨ tai˨ tʂʅ˨ tau˨，uo˨ ·mən tou˨
几　棵　大　槐　树，让　子　孙　万　代　知　道，我　们　都
ʂʅ˨ tsʻuŋ˨ ta˨ xuai˨ ʂu˨ ti˨ ɕia˨ lai˨ ·ti, u˨ pai˨ nian˨ tɕian˨ tou˨ ʂʅ˨ i˨ tɕia˨ tsʅ˨.
是　从　大　槐　树　底　下　来　的，五　百　年　前　都　是　一　家　子。

pʻiɛ˨ tɕiŋ˨ tɕʻiaŋ˨
撇 京 腔

tsʻuŋ˨ tɕʻian˨ i˨ kɤ˨ ʂan˨ li˨ tʂaŋ˨ ta˨ ·ti uer˨ tau˨ tʂʻəŋ˨ li˨ ɕiau˨ ·lia
从　前　一　个　山　里　长　大　的　娃儿　到　城　里　学　啊
i˨ ʂou˨ ·ti mai˨ mai˨ pian˨ uaŋ˨ ·lia pən˨ ·la. pʻa˨ zə̩˨ tɕia˨ ʂuo˨ tʻa˨ ʂʅ˨
一　手　的　买　卖，便　忘　啊　本　啦。怕　人　家　说　他　是
ʂan˨ li˨ zə̩˨, lian˨ tɕia˨ ɕiaŋ˨ xuar˨ iɛ˨ pu˨ tɕiaŋ˨ ·lia, pan˨ ʂəŋ˨ pu˨ ʂou˨
山　里　人，连　家　乡　话儿　也　不　讲　啊，半　生　不　熟
·tə pʻiɛ˨ kʻai˨ ·lia tɕiŋ˨ tɕʻiaŋ˨. tʂuan˨ kuo˨ nian˨ ·ti tɕʻiou˨ tɕiŋ˨ tʻian˨, tʻa˨
地　撇　开　啊　京　腔。转　过　年　的　秋　景　天，他
xuei˨ tɕia˨ lai˨ ·lia，tsou˨ tau˨ tsʻuən˨ pian˨ ʂaŋ˨ tɕʻiau˨ tɕian˨ i˨ pʻian˨ tɕʻiau˨
回　家　来　啊，走　到　村　边　上　瞧　见　一　片　荞
mai˨ ti˨. tsei˨ kʻuai˨ tɕʻiau˨ mai˨ ti˨ tʂaŋ˨ ·tə xau˨ tʂuaŋ˨ ʂʅ˨, kʻai˨ ·tsuo
麦　地。这　块　荞　麦　地　长　得　好　壮　实，开　着
ɕyɛ˨ pai˨ ɕyɛ˨ pai˨ ·ti xuar˨ ti, iou˨ i˨ kɤ˨ zə̩˨ mau˨ ·tsʅ iau˨ tʂaŋ˨ tsai˨

第五章 门头沟斋堂话语料记音

ti˨ li˨ pa˨ tsʻau˨. tʂei˨ ʂan˨ li˨ uɐ˨ tɕian˨ ·lia pən˨ tsʻuən˨ ti ɕiaŋ˨ tɕʻin˨,
雪　白　雪　白　的花儿，有　一　个　人　猫　着　腰　正　在
地里拔　草。这　山　里　娃儿见　啊本　村　的　乡　亲，

ɕiaŋ˨ ɕian˨ ·pai ɕian˨ ·pai tsʅ˨ kɤ˨, tɕiou˨ na˨ ·tʂʅ tiau˨ pʻiɛ˨ ·tʂʅ tɕiŋ˨
想　显　摆显　摆自　个儿，就　拿着调儿撇着京

tɕʻiã˨ ta˨ ʂəŋ˨ ·tə uən˨: "ɕian˨ ʂəŋ˨, tʂei˨ tɕʻiŋ˨ tʂʅ˨ ly˨ iɛ˨ kʻai˨ pai˨ xuə˨
腔儿大　声　地问："先　生，这青枝绿叶开白花

ɹ˨ ·ti tsʻau˨ tɕiau˨ xɤ˨ miŋ˨ tsʅ˨?" nei˨ lau˨ ɕiaŋ˨ tɕʻin˨ xau˨ ɕiaŋ˨ ʂa˨ iɛ˨
儿的　草　叫　何　名　字？"那老　乡　亲　好　像　啥也

mei˨ tʻiŋ˨ tɕian˨, təŋ˨ ʂan˨ li˨ uɐ˨ tsou˨ tau˨ kən˨ tɕʻier, məŋ˨ ·tə tʂan˨
没　听　见，等　山　里　娃儿走　到　跟　前儿，猛　地　站

tɕʻi˨ lai˨, tʻai˨ tɕʻi˨ ʂou˨ luən˨ yan˨ ·lia tsʻʅ˨ tsʻʅ˨ ʂʅ˨ ʂʅ˨ kei˨ ·lia tʻa˨ i˨ kɤ˨
起　来，抬　起　手　抡　圆　啊磁　磁　实　实　给　啊他一个

ta˨ tsuei˨ ·pa. tʂei˨ i˨ pa˨ tʂaŋ˨ ta˨ ·tə tʂən˨ xən˨! tʻuŋ˨ tɤ˨ nei˨ ʂan˨ li˨
大　嘴　巴。这　一巴　掌　打得　真　狠！痛　得那　山　里

uɐ˨ u˨ ·tʂʅ sai˨ paŋ˨ tsʅ tʂʅ˨ tɕiau˨ xuan˨: "ai˨ ·yo, niaŋ˨ ·a, tɕʻiau˨ mai˨
娃儿捂着腮　帮　子直　叫　唤："哎哟，娘啊，荞麦

ti˨ li˨ ta˨ sʅ˨ ʐən˨ ·lou!"
地里打死　人　喽！"

　　təŋ˨ tau˨ nei˨ ɕiau˨ tsər˨ tiŋ˨ ɕia˨ ʂən˨ lai˨ i˨ tʂʻou˨, kan˨ tɕʻiŋ˨ pu˨
　　等　到　那　小　子儿定　下　神　来一　瞅，敢　情　不

ʂʅ˨ uai˨ ʐən˨, yan˨ lai˨ sʅ˨ tʻa˨ tɕʻin˨ tiɛ˨!
是　外　人，原　来　是他亲　爹！

·359·

ṣuˇ uaŋˇ ·ti kuˇ ṣɿˇ
树 王 的 故 事

ɕiaŋˇ tṣʻuanˇ·ni, miŋˇ taiˇ kʻaiˇ kuoˇ xuaŋˇ tiˇ tṣuˇ yanˇ tṣaŋˇ, iouˇ
相　　传　　呢，明　　代　　开　国　　皇　　帝　朱　元　　璋，有
ərˇ ṣɿˇ tuoˇ kɤˇ xuaŋˇ tsɿˇ, kɤˇ iouˇ fəŋˇ tiˇ, touˇ fəŋˇ tṣʻəŋˇ·lia uaŋˇ.
二　　十　　多　个　皇　子，各　有　封　地，都　封　成　啊　王。
tɕʻiˇ tṣuŋˇ tṣuˇ tiˇ fəŋˇ ueiˇ ianˇ uaŋˇ. kuanˇ liˇ peiˇ tɕiŋˇ tṣeiˇ tiərˇ, tʻaˇ
其　中　朱　棣　封　为　燕　王，　管　理　北　京　这　地儿，他
neiˇ xuərˇ sauˇ peiˇ ṣɿˇ, iˇ tsʻɿˇ keiˇ kuanˇ tsaiˇ tɕiŋˇ ɕiˇ ṣanˇ tṣuŋˇ·lia.
那　会儿　扫　北　时，一　次　给　困　在　京　西　山　中　啊。
tɕianˇ puˇ tṣauˇ tsʻuənˇ xouˇ puˇ tṣauˇ tianˇ, ŋɤˇ·ti ṣɿˇ liaŋˇ ianˇ faˇ xuənˇ,
前　不　着　村　后　不　着　店，饿　的　是　两　眼　发　昏，
kʻouˇ tṣʻuanˇ tsʻuˇ tɕʻiˇ, iouˇ tɕʻiˇ uˇ liˇ·ti taŋˇ touˇ la iˇ kʻɤˇ saŋˇ ṣuˇ ɕiaˇ
口　喘　粗　气、有　气　无　力　的　躺　到　啦一　棵　桑　树　下
·lia. iɛˇ ṣɿˇ ianˇ uaŋˇ miŋˇ puˇ kaiˇ tɕyoˇ, xuˇ zanˇ iˇ tṣənˇ taˇ fəŋˇ kuaˇ
啊。也　是　燕　王　命　不　该　绝，忽　然　一　阵　大　风　刮
laiˇ, iˇ kʻɤˇ iouˇ xuŋˇ iouˇ tʻianˇ·ti saŋˇ zənˇ tiauˇ tauˇ·la tʻaˇ·ti kʻouˇ
来，一　颗　又　红　又　甜　的　桑　葚　掉　到　啦他　的　口
tṣuŋˇ, tʻaˇ laŋˇ tʻuənˇ xuˇ ianˇ·ti tṣʻɿˇ·la kɤˇ tuˇr yanˇ, taˇ·tṣɿ pauˇ kɤˇ
中，他　狼　吞　虎　咽　的　吃　啦个　肚儿　圆，打　着　饱　嗝
lianˇ ṣuoˇ: "xauˇ tṣʻɿˇ! xauˇ tṣʻɿˇ!" taˇ·la ṣənˇ tṣaŋˇ xueiˇ laiˇ·ti luˇ
连　说："好　吃！好　吃！"打　啦胜　仗　回　来　的　路
ṣaŋˇ·nie, tʻaˇ yanˇ yanˇ·ti tɕiauˇ tɕianˇ iˇ kʻɤˇ ṣuˇ, kuaˇ xuaŋˇ tʻouˇ xuŋˇ,
上　涅，他　远　远　的　瞧　见　一　棵　树，挂　黄　透　红，
ɕiaŋˇ tɕʻiˇ·lia saŋˇ zənˇ tṣʻuŋˇ tɕiˇ·ti ṣɿˇ tɕiŋˇ·lia. tɕiouˇ ṣuoˇ: "tṣɿˇ ŋənˇ
想　起　啊桑　葚儿　充　饥　的　事　情　啊。就　说："知　恩

puꜜ pauꜜ feiꜜ tɕynꜜ ·tsʅ, tʂənꜜ iauꜜ fənꜜ niꜜ ueiꜜ ʂuꜜ uaŋꜜ." laiꜜ tauꜜ neiꜜ
不　报　非　君　子，朕　要　封　你　为　树　王。"来　到　那

kʻɤꜜ ʂuꜜ ɕianꜜ, iꜜ tʂouꜜ muꜜ ʂʅꜜ yanꜜ tɕianꜜ ·ti saŋꜜ ʂuꜜ, ʂʅꜜ iꜜ kʻɤꜜ iouꜜ
棵　树　下，一　瞅　没　是　原　前　的　桑　树，是　一　棵　又

tʂʻouꜜ iouꜜ niŋꜜ ·ti tʂʻuanꜜ ʂuꜜ. neiꜜ ʂuꜜ ʂaŋꜜ xuaŋꜜ tʂuŋꜜ tʻouꜜ xuŋꜜ ·ti, ʂʅꜜ
臭　又　硬　的　椿　树。那　树　上　黄　中　透　红　的，是

ʂuꜜ ·ti tʂuŋꜜ ·tsʅ xuanꜜ "tʂʻouꜜ kuꜜ ·ku". xuanꜜ ·ti ʂʅꜜ tɕinꜜ kʻouꜜ yꜜ ianꜜ,
树　的　种　子　唤　"臭　咕　咕"。皇　帝　是　金　口　玉　言，

tsɤɹ nəŋꜜ fanꜜ kʻouꜜ ·niɛ? tʂʅꜜ xauꜜ tɕiaŋꜜ tsʻuoꜜ tɕiouꜜ tsʻuoꜜ, tʂʻouꜜ
咋　儿　能　反　口　涅？只　好　将　错　就　错，臭

tʂʻuanꜜ ʂuꜜ tɕiouꜜ tʂeiꜜ iaŋꜜ iꜜ tʂʻaꜜ iaŋꜜ tsʻuoꜜ ·ti keiꜜ fənꜜ ueiꜜ tʂaiꜜ tʻəŋꜜ
椿　树　就　这　样　阴　差　阳　错　的　给　封　为　斋　堂

tʂuanꜜ ·ti ʂuꜜ uaŋꜜ ·lia.
川　的　树　王　啊。

　　tʂʻouꜜ tʂʻuanꜜ ʂuꜜ fəŋꜜ uaŋꜜ ·ti ʂʅꜜ, iꜜ ɕiaꜜ tɕiouꜜ tʂuanꜜ kʻaiꜜ ·lia. tʂʻuanꜜ
　　臭　椿　树　封　王　的　事，一　下　就　传　开　啊。传

tauꜜ tʻuꜜ tɕʻynꜜ, tʻuꜜ uaŋꜜ ʂuoꜜ: "ŋaiꜜ ʂeiꜜ taŋꜜ, ʂeiꜜ taŋꜜ, kuanꜜ niꜜ
到　兔　群，兔　王　说：" 爱　谁　当，谁　当，关　你

pʻiꜜ ʂʅꜜ!" iouꜜ neiꜜ xauꜜ ʂʅꜜ ·ti zənꜜ ʂuoꜜ: "tʂʻuanꜜ ʂuꜜ taŋꜜ uaŋꜜ xauꜜ
屁　事！"有　那　好　事　的　人　说："椿　树　当　王　好

·ua, uoꜜ tɕiaꜜ ·ti taꜜ tʻuoꜜ tɕiouꜜ ʂʅꜜ tʂʻuanꜜ muꜜ." tʂʅꜜ tɕinꜜ tʂʻaiꜜ tʻəŋꜜ liouꜜ
哇，我　家　的　大　柁　就　是　椿　木。"至　今　斋　堂　留

ɕiaꜜ ·la kaiꜜ faŋꜜ piꜜ iouꜜ tʂʻuanꜜ muꜜ ·ti fəŋꜜ suꜜ. naꜜ pʻaꜜ yŋꜜ ʂaŋꜜ iꜜ kɤꜜ
下　了　盖　房　必　有　椿　木　的　习　俗。哪　怕　用　上　一　个

tʂʻuanꜜ muꜜ ɕieꜜ·tsʅ, puꜜ zanꜜ faŋꜜ tɕiouꜜ pʻaꜜ pʻaꜜ tsuoꜜ ɕiaŋꜜ. tʂuanꜜ tauꜜ
椿　木　楔　子，不　然　房　就　啪　啪　作　响。传　到

ʂuㄟ tɕieㄟ, naㄟ kʻɤㄟ taㄟ puㄟ iㄟ iaŋㄟ ·lei. liㄟ ʂʅㄟ inㄟ tɕʻiㄟ ·la iㄟ tʂʻaŋㄟ fəŋㄟ poㄟ.
树 界， 那 可 大 不 一 样 嘞， 立 时 引 起 啦 一 场 风 波。

ɕiaŋㄟ tʂʻuanㄟ ʂuㄟ ʂuoㄟ: "tʂʻuanㄟ ʂuㄟ tʻouㄟ tʂʻouㄟ ·lɤ ·pa ·tɕi ·ti, ŋɤㄟ
香 椿 树 说：" 椿 树 头 臭 了 吧 唧 的， 我
ɕiaŋㄟ tʂʻuanㄟ, ɕiaŋㄟ iaㄟ nənㄟ xuaŋㄟ ·ti, ʂuㄟ uaŋㄟ iŋㄟ kaiㄟ ʂʅㄟ ŋɤㄟ!" suŋㄟ
香 椿， 香 芽 嫩 黄 的， 树 王 应 该 是 我！" 松
paiㄟ lauㄟ kɤㄟ ·lia iㄟ taㄟ iㄟ tʂʻaŋㄟ: "tʂʻuanㄟ ʂuㄟ lɤㄟ ieㄟ kuaŋㄟ tʻuㄟ tʻuㄟ ·ti,
柏 老 哥 俩 一 答 一 唱：" 椿 树 落 叶 光 秃 秃 的，
iouㄟ ʂaㄟ fəŋㄟ tɕiŋㄟ, puㄟ zuㄟ tsanㄟ ·mən tuŋㄟ ɕiaㄟ tʂʻaŋㄟ tɕʻiŋㄟ!" liouㄟ ʂuㄟ
有 煞 风 景， 不 如 咱 们 冬 夏 长 青！" 柳 树
tɕieㄟ meiㄟ ieㄟ ʂuoㄟ: "tʂʻuanㄟ ʂuㄟ suanㄟ ʂənㄟ ·mə tuŋㄟ ɕiㄟ! zuŋㄟ puㄟ tɕʻyㄟ
小 姐 妹 也 说：" 椿 树 算 什 么 东 西！ 荣 不 取
tʂʻuŋㄟ, mauㄟ puㄟ tɕiŋㄟ zənㄟ, piŋㄟ ʂənㄟ ·mə fəŋㄟ tʻaㄟ ueiㄟ uaŋㄟ?"
宠， 貌 不 惊 人， 凭 什 么 封 他 为 王？"

tsʻənㄟ iouㄟ iㄟ ʂʅㄟ, ʂuㄟ tɕieㄟ yanㄟ puㄟ liㄟ uaŋㄟ, kɤㄟ kɤㄟ tɕʻiㄟ ·ti sʅㄟ tɕʻyㄟ
曾 有 一 时， 树 界 言 不 离 王， 个 个 气 的 死 去
xuoㄟ laiㄟ. ɕiaŋㄟ tʂuanㄟ tɕʻiㄟ ·ti pʻoㄟ ·lia tuㄟ, suŋㄟ paiㄟ tɕʻiㄟ ·ti tʻiauㄟ ·lia nieㄟ,
活 来。 香 椿 气 的 破 啊 肚， 松 柏 气 的 跳 啊 崖，
iaŋㄟ ʂuㄟ tɕʻiㄟ ·ti tʻiauㄟ ·lia xɤㄟ, tsauㄟ ʂuㄟ ieㄟ tɕʻiㄟ ·ti xuənㄟ ʂənㄟ ʂənㄟ tʂʻuㄟ
杨 柳 气 的 跳 啊 河， 枣 树 也 气 的 浑 身 生 出
·lia tsʻərㄟ. tʂʻuanㄟ ʂuㄟ ·ni tsauㄟ tsʻaŋㄟ ʂənㄟ xuoㄟ: "fəŋㄟ uaŋㄟ puㄟ fəŋㄟ uaŋㄟ
啊 刺 儿。 椿 树 呢 照 常 生 活：" 封 王 不 封 王
xaiㄟ puㄟ ʂʅㄟ neiㄟ xueiㄟ ʂərㄟ, neiㄟ suanㄟ kɤㄟ ʂaㄟ ·ia?" saŋㄟ ʂuㄟ ŋanㄟ tʂuŋㄟ
还 不 是 那 回 事 儿， 那 算 个 啥 呀？" 桑 树 暗 中
ʂʅㄟ tɕiərㄟ, iouㄟ uㄟ saŋㄟ zərㄟ kʻanㄟ ʂeiㄟ laiㄟ tʂaiㄟ.
使 劲 儿， 有 无 桑 葚 儿 看 谁 来 摘。

tşɿ˅ tɕin˅ ɕiaŋ˅ tşʻuən˅ ʂu˅ pʻi˧ tsuŋ˧ ʂɿ˅ pʻo˅ ·ti, suŋ˧ pai˧ tuo˅ tşaŋ˧
至今香椿树皮总是破的，松柏多长
tsai˅ nie˅ tʻou˧, iaŋ˧ liou˧ tɕin˅ şəŋ˧ tsai˅ ian˧ xɤ˧ liaŋ˧ ŋan˅ , saŋ˧ ʂu˅
在崖头，杨柳尽生在沿河两岸，桑树
fən˅ tşʻəŋ˧ ·la kuŋ˅ mu˅, tsɑu˅ ʂu˅xuən˧ şən˅ tşɿ˅ tsʻɿ˅. tɕy˅ ʂuo˅ tou˅ ʂɿ˅
分成啦公母，枣树浑身是刺。据说都是
in˅ ian˅ uaŋ˅ tsʻuo˅ fəŋ˧ ʂu˅ uaŋ˅ in˅ tɕʻi˧ ·tiɛ. xai˧ ʂɿ˅ saŋ˧ ʂu˅ tu˅ liaŋ˅
因燕王错封树王引起的。还是桑树肚量
ta˅, zəŋ˧ ʐan˧ mo˅ mo˅ ·ti fəŋ˅ ɕian˅ ·tʂɿ saŋ˧ iɛ˅ xɤ˧ ʐən˅ ·tsɿ.
大，仍然默默的奉献着桑叶和葚子。

附录：门头沟方言代表点语音系统

一、龙泉镇大峪村音系（东片区）

1. 声母系统

龙泉镇大峪村声母共22个，包括零声母：

p波把布帮	p'坡怕陪庞	m妈摸么慢	f发分飞凤
t对到等的	t'天他图偷	n你年那溺	l雷里卢立
ts在组字作	ts'从成才村		s三宋四岁
tʂ中者找摘	tʂ'成出查焯	ʂ是说上书	ʐ日如软瑞
tɕ就姐剧建	tɕ'去清群全	ɕ想行下先	
k个更郭国	k'看快可坑	x好和辉鹤	
∅音惟殷余			

2. 韵母系统：韵母共38个。

ɿ字词四斯	i地里你壁	u哭古书粗	y去余许剧
ʅ之吃屎痴			
a巴怕打擦	ia家呀下掐	ua瓜哇夸瓦	
o播坡博破		uo国扩说若	
	iɛ切姐撇捏		yɛ学月越雪
ɚ二而儿耳			

ɤ饿鹅恶鄂

ai台带白宰　　　　　　　　　　　uai块怪外帅

ɑu包跑找造　　　iɑu叫桥表飘

ei陪呗没类　　　　　　　　　　　uei为贵亏吹

ou头投手首　　　iou丢流牛秀

an版懒蛋赞　　　ian见脸面片　　uan玩馆款栓　　yan娟元诠选

ən晨真神妹　　　　　　　　　　　uən滚困顿村

　　　　　　　　　in斌拼林敏　　　　　　　　　　yn军寻云训

ɑŋ帮庞糖当　　　iɑŋ两娘将样　　uɑŋ爽装框广

əŋ枫绳捧更　　　　　　　　　　　uəŋ 翁嗡甕

　　　　　　　　　iŋ并命平清　　uŋ东葱宗动　　yŋ穷冏用熊

3. 声调系统：声调共4个

调类	调值	调型	例字
阴平	44	˧	天初飞发
阳平	24	˦	头南神族
上声	213	˩	果口彩尺
去声	51	˥	坐谢爱木

二、潭柘寺镇赵家台村音系（东片区）

1. 声母系统

赵家台村声母共23个，包括零声母：

p巴跛贝逼　　　p'铺批排袍　　m模米埋墨　　f法废粉服

t多堵对德　　　t'拖吐腿藤　　n挪拿娘内　　　　　　　　l庐雷燎缕

ts左租糟簪　　　ts'搓醋草蹭　　　　　　　　s碎三撒速

tʂ蔗朱制罩　　　tʂ'茶车雏炒　　　　　　　　ʂ沙蛇世税　　ʐ如饶软染

tɕ居骄九结　　　tɕ'区茄桥瘸　　　　　　　　ɕ虚西消畜

k 歌姑该乖　　　kʻ可开葵砍　　　ŋ鹅安儿袄　　　x荷火呼孩
ø牙乌衣益

2. 韵母系统：韵母共38个。

ɿ紫此撕资　　　i齐米细契　　　u铺苏租酷　　　y驴女徐去
ʅ世支驰日
a霸茶洒骂　　　ia贾匣恰鸭　　　ua瓜华跨耍
o波菠破磨　　　　　　　　　　uo多挪骡若
　　　　　　　　iɛ些爹姐憋　　　　　　　　　　yɛ瘸靴绝月
ɚ而尔耳饵
ɣ歌荷课者
ai拜来概乃　　　　　　　　　　uai乖筷歪外
au宝袍帽祷　　　iau郊巧孝削
ei贝妹雷费　　　　　　　　　　uei推崔碎盔
ou偷逗狗丑　　　iou留嗅幼丢
an砍暗蓝喊　　　ian碱陷脸钳　　uan酸款晚涮　　yan选院圆券
ən沉婶森枕　　　　　　　　　　uən滚准损吞
in饮琴禁赁　　　　　　　　　　　　　　　　　　yn匀君群韵
aŋ旁蟒郎炕　　　iaŋ娘将想抢　　uaŋ广黄双撞
əŋ朋等赠剩　　　　　　　　　　uəŋ翁嗡瓮
iŋ凭陵凝应　　　uŋ公龙荣孔　　　　　　　　　yŋ庸永雄用

3. 声调系统：声调共4个

调类	调值	调型	例字
阴平	54	˥	添猪边摘
阳平	24	˦	床平陈活
上声	214	˨˩˦	古走老抹
去声	51	˥˩	抱爱菜鹤

三、雁翅镇苇子水村音系（北片区）

1. 声母系统

苇子水村声母共23个，包括零声母：

p巴霸表拔	p'坡爬普配	m麻忙买帽	f夫肥反复
t多度短斗	t'偷台腿探	n男拿女纳	l聊礼路历
ts租杂早坐	ts'猜从草测		s三苏所算
tʂ支枕助折	tʂ'初缠炒撤	ʂ师傻晒舌	ʐ然如扰任
tɕ尖姐橘夹	tɕ'枪秦劝戚		ɕ西徐小现
k高国敢逛	k'坤肯款扩	ŋ熬爱恶沤	x花欢环获
ø影牙稳屋			

2. 韵母系统：韵母共38个。

ɿ资词思斯	i批梨洗替	u扑徒母目	y区徐雨巨
ʅ使翅之直			
a把麻洒八	ia夹霞夏甲	ua抓划瓦挂	
o磨驳破泼		uo左朵过桌	
iɛ切街姐页			yɛ薛约抉岳
ɚ儿而耳二			
ɤ哥责渴客			
ai胎来彩麦		uai乖怀甩快	
ɑu招桃逃浩	iɑu标苗鸟耀		
ei梅没类泪		uei催垂鬼对	
ou头投手首	iou流牛秀六		
an帆番胆灿	ian边棉点欠	uan端团暖乱	yan捐元犬炫
ən晨真神妹		uən敦存损棍	
in心彬信品			yn军云训旬
ɑŋ帮房场让	iɑŋ江良抢样	uɑŋ庄床谎矿	

· 367 ·

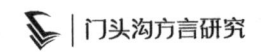

əŋ 瞪逞胜   uəŋ 翁嗡瓮

iŋ 冰景顶宁   uŋ 冬总动从   yŋ 熊穷窘用

3. **声调系统**：声调共4个

调类	调值	调型	例字
阴平	32	˧˨	安开粗谷
阳平	23	˨˧	糖蓝神杰
上声	214	˨˩˦	女手好骨
去声	51	˥˩	坐谢爱蜜

四、斋堂镇江水河村音系

1. **声母系统**：声母23个

江水河村声母共23个，包括零声母：

p 补布帮别   p' 谱怕盘陪   m 门妈摸慢   f 凡飞佛发

t 点当到的   t' 谈天兔唐   n 能泥年农   l 连楼里类

ts 综在字则   ts' 才擦村测   s 搜三宋塞

tʂ 张中找琢   tʂ' 柴超成崇   ʂ 沙书说是   ʐ 让仍如肉

tɕ 间今就极   tɕ' 泉群清曲   ɕ 秀先向锡

k 高个刚革   k' 开看可阔   ŋ 我安熬额   x 海好和核

ø 元英赢阳

2. **韵母系统**：韵母42个

ɿ 资姊师诗   i 衣体喜利   u 猪楚煮木   y 女徐去绿

ʅ 知池智扇

ɚ 贰耳而日

a 爬傻世符   ia 徐家体鸭   ya 靴薛菊雪

o 波婆磨破   uo 骡矬坐过

iɛ 茄野鞋肋

ɤ 歌鹅社木

ai 胎台晒百　　　　　　　　　uai 怀筷率蟀

ei 该飞搀山　　　　　　　　　uei 税端酸囙

ɑu 保毛闹淆　　iɑu 挑条料叫

ou 高捎烧路　　iou 溜九韭六

an 南满暗淡　　　　　　　　　uan 船喘卷院　　yan 元原远怨

in 林心新星　　uŋ 村婚论庄

ɑŋ 当堂浪抗　　iɑŋ 将墙香虹　　uɑŋ 广黄况旺

əŋ 深人珍榛　　iŋ 紧银引印　　uəŋ 温稳瘟翁

ɛ̃ 耽贪憨竿　　iɛ̃ 镰尖脸念　　uɛ̃ 官关宽欢

ã 蘸陕闪占

aʔ 发割福服　　iaʔ 七铁白歇　　uaʔ 录落鹿绿

iʔ 急积挟一　　　　　　　　　　　　　　　　yoʔ 月血药约

3.声调系统：声调共5个。

调类	调值	调型	例字
阴平	43	˦	天高安波
阳平	53	˥	投男才抬
上声	24	˨˦	紫柳耳海
去声	51	˥˩	道秀净圣
入声	42	˦˨	织福桌月

参考书目

[1]北京大学中国语言文学系语言学教研室编.汉语方言词汇[M].语文出版社，1995年。

[2]北京大学中国语言文学系语言学教研室编.汉语方音字汇[M].语文出版社，2003年。

[3]北京市门头沟区地方志编纂委员会.北京市门头沟区志[M].北京出版社，2006年。

[4]北京市方志馆编著.京郊方言[M].中国书店，2015年。

[5]北京百科全书总编辑委员会.北京百科全书·门头沟卷[M].奥林匹克出版社，北京出版社，2001年。

[6]河北省昌黎县县志编纂委员会，中国社会科学院语言研究所合编.昌黎方言志[M].上海教育出版社，1984年。

[7]郭锡良.汉字古音手册[M].北京大学出版社，1986年。

[8]贺巍，钱曾怡，陈淑静.河北省北京市天津市方言的分区（稿）[J].方言，1986年，第4期。

[9]林焘.北京官话区的划分[J].方言，1987年，第3期。

[10]林焘.北京官话溯源[J].中国语文，1987年，第3期。

[11]李荣.汉语方言分区的几个问题[J].方言，1985年，第2期。

[12]李荣.汉语方言的分区[J].方言，1989年，第4期。

[13]刘援朝.北京话与四周邻近地区四声调值的差异[J].语文研究，

1991年，第3期。

[14]（明）沈榜编著.宛署杂记[M].北京古籍出版社，1983年。

[15]孙常叙.汉语词汇[M].上海古籍出版社，2017年。

[16]石锋.语音格局——语音学与音系学的交汇点[M].商务印书馆，2008年。

[17]石锋，王萍.北京话单字音声调的统计分析[J].中国语文，2006年，第1期。

[18]万钦，赵永高总编.斋堂文化丛书[M].中国博雅出版社，2011年。

[19]赵永高编.京西物产[M].北京燕山出版社，2007年。

[20]张万顺.京西斋堂话[M].北京燕山出版社，2007年。

[21]张志敏.北京官话[J].方言，2008年第1期。

[22]张世方.也谈北京官话区的范围[J].北京社会科学，2008年，第4期。

[23]朱炼.京西门头沟斋堂镇方言调查研究[D].中央民族大学硕士学位论文，2015年。

[24]谢汉江.门头沟方言语音格局的实验研究[D].中央民族大学硕士学位论文，2020年。

[25]中岛教之.北京门头沟区斋堂话词汇调查报告[D].北京语言文化大学硕士学位论文，1998年。

后 记

　　与门头沟结缘已差不多十年的时光。2013年6月笔者获得国家社科基金的项目资助，年底旋即开始调查北京各区方言，门头沟就是最先在计划中的调查片区之一。2014年11月通过介绍，笔者带着两位研究生正式踏上前往门头沟调研的征途，开展门头沟方言田野调查的第一个调查点，就是斋堂镇沿河口村，在这里退休教师高文贤先生接待了我们，因沿河口村条件简陋，调查小组只能在紧邻的村庄——沿河城村的民宿饭店住宿。高文贤先生是地地道道的沿河口人，多年从事教育工作，他朴实淳厚，开朗热情，短短的几天里，不仅担任发音合作人，同时也充任向导。在他的带领下，调查之余，我们登上沿河口村明长城高耸的碉楼，徘徊在沿河城村的窄窄的小街，低矮的城门和绵延的城墙，观赏到这里的独特民居，门墩石敢当，影壁四合院，秋风阵阵掠过，似乎能感受到当年戍边的将士在碉楼上奋勇御敌的嘶吼；又似看到沿河城村，窄小的石头城门，有猎猎的军旗伴着威武的车马滚滚而出；城墙之内，军户老少宁静而安详的流水生活，历史的烟云下，所有的古迹和斋堂的土语，都在记录着这逝去的一切，这就是门头沟给人留下的第一印象，也是崇山峻岭中八十公里斋堂川给人无比的震撼！民宿店的老板是沿河城村原妇女主任，一个明快干练、勤劳好客的山村女子，听说我们要深入调查门头沟方言，马上介绍了沿河城村的老书记，门头沟著名的民俗专家赵永高先生（时任门头沟区文联民俗协会主席），由此，在赵先生的介绍下，笔者开始接触到门头沟的一群民俗专家，谭怀孟先生（时任门头沟区文联民俗协会副主席）、杨德林先生（时任门头沟区文联民俗协会秘书长）、安武先生（时任门头沟民俗协会副秘书长），一张张笑脸，古道热肠，也是这群朴实的人们，一听说要去哪里调查，旋即介绍当地百姓，甚至安排到自己家中住宿，提供各种便利；常常也毫不吝啬地赠送自己撰写的有关门头沟各行各业民俗风情的著作；与此同时，课题组也得到门头沟各级文化部门、乡政府的积极引荐和帮助，由此，笔者带领课题组开始了近十年的语言调查，笔者带领年轻的学子们向上来到北京最高峰灵山上的江水河村，向下来到热闹繁华的平原中心龙泉镇；由北向南雁翅镇、妙峰山镇、王平镇、大台地区、潭柘寺镇、永宁镇，许多的人们都来积极地配合工作，他们中有热情的乡民，也有豪爽的矿工；有村干部、公务员，教师、城市居民，所有人都为了一个目标：为门头沟的文化历史传承尽自己一份力量，这种力量源自生活在这片热土上的人们对故乡的由衷的热爱，对桑梓山水的天然的感恩和敬重。没有他们的帮助，笔者不可能完成对门头沟所有乡镇的调查，也不能采集到众多发音人的方音土语以及词汇、语法的原始材料和庞大的数据。如今这些厚重的调查表格就静静地陪伴在笔者的身边，那些醇厚的乡音记录在电子文档中，它们都成了描写门头沟语言历史的样本和数据库，为保护京西的宝贵文化遗产服务。

经过多年的调查研究，《门头沟方言研究》终于要付梓印刷了，作者不免感慨万分，对于这本小书的诞生，还要感谢课题组年轻的学子们一同调研，一路陪伴以及资料的整理和实验数据的分析，希望他们在参与到项目的研究中，也扎扎实实地得到专业基础的夯实，有满满的收获。回首过往，皆为序章，对于门头沟这本方言大书，她悠远的历史，深厚的文化，笔者所能描写的不及其中的万分之一，如今形成这本小书，希望能抛砖引玉，后辈学人薪火相传，为中国语言文化历史，为纯朴的土语方音留下永久的记忆。

卢小群
2023年9月于北京